Horst Krüger

Unterwegs

Gesammelte Reiseprosa

Hoffmann und Campe

CIP-Kurztitelaufnahme der Deutschen Bibliothek

Krüger, Horst:
[Sammlung]
Unterwegs : gesammelte Reiseprosa / Horst Krüger.
– Sonderausg., 1.–10. Tsd. – Hamburg : Hoffmann und Campe, 1980.
ISBN 3-455-04007-1

Gesetzt aus der Bembo-Antiqua
Fotosatz Otto Gutfreund, Darmstadt
Druck- und Bindearbeiten Richterdruck, Würzburg
Printed in Germany

Inhalt

Berliner Geschichten

Aus deutscher Steinzeit

Berlin leuchtete

Ich frage mich manchmal: Was ist das? Ist das ein Spleen, eine Marotte, eine wunderliche und ziemlich fixe Idee bei dir? Ist das Heimatgefühl, also Stallgeruch, uraltes Wissen – paß auf, du kommst jetzt nach Hause? Riechst du Berlin? Kontrollpunkt Drewitz: die Föhren, das Kiefernholz, der märkische Sand und – Mauern dann; die Zäune, die Wachttürme, das Vorzeigen der Pässe, strenge Grenzkontrollen.

Dann öffnet sich schließlich der Schlagbaum, und man fährt los. Langsam, erst zögernd: Dreißig Kilometer sind vorgeschrieben. Man fährt durch diesen langen Schlauch, diese Gasse West. Die Autobahn hier ist schon West-Berlin, aber rechts und links ist noch DDR, also Mauern, Zäune, Wachttürme, die begleiten. Und plötzlich ist man auf der Avus. Du bist jetzt im Westen, ganz östlich. Man ist frei, man fährt los, legt den vierten Gang ein, man fliegt der Stadt entgegen. Man sagt: Paß auf, gleich wird der Funkturm kommen, gleich Grunewald, dann Eichkamp, die Deutschlandhalle, also zu Hause, die Kindheit, Berliner Jugend, Erinnerung. Berlin, du bist meine Kitschgeschichte. Von so etwas kommt man nicht los.

Es kam hinzu, daß diesmal Sommerzeit war. Licht, Wärme, Freundlichkeit lag über der Stadt. Berlin leuchtete. Meistens kommt man nur im Winter dahin, im November, wenn alles kahl und diesig ist. Es waren wenige, schwülwarme, feuchtwarme Frühsommertage, die fast ein Gefühl von Tropen mitbrachten. Berlin leuchtete. Es schwitzte, es ging baden, es radelte, es ging rudern, es lag in Haufen am Wannsee, es fuhr Dampfer nach Spandau, nach Tegel hinauf. Eine Weile ging ich an der Havel spazieren, sah den Berlinern zu, die hier im Sand lagen, sich sonnten.

Es kam weiter hinzu, daß ich diesmal nicht im Zentrum am Zoo, sondern draußen am Wannsee wohnte. Soviel Stille, soviel Grün, soviel Wasser. Es war wie Sommerfrische, wie Schweden, Gripsholm zum Beispiel. Das alte Haus am Wannsee, von uralten Bäumen fast zugewachsen. Wenn ich meine Balkontür öffnete, rauschte und atmete es schwer in den mächtigen Baumkronen, die sich erinnerten. Vor hundert Jahren wurden sie einmal gepflanzt vom preußischen Großbürgertum. Morgens immer das Frühstück am S-Bahnhof Wannsee. Die *Morgenpost* und den *Tagesspiegel* gekauft, dann draußen auf der Terrasse die Kaffeekanne. Diese grundlose Erregung, diese kindliche Freude, wieder in Berlin zu sein, als gäbe es da etwas zu entdecken. Jetzt überall rumfahren: nach Zehlendorf, Moabit, Wedding, Frohnau. Warum eigentlich, was treibt dich um?

Und dann sitzt man an seinem Gartentisch, und neben einem sitzen all die Berlin-Klischees, die jeder kennt und die es doch wirklich gibt in der Stadt. Die alte Frau, die mit Topfhut und großgeblümtem Kleid dasitzt und Torte schleckt. Der Rentner, der liebevoll-bösartig seinen Dackel tätschelt und mit einer Bockwurst verwöhnt, schon morgens vor zehn. Der Taxifahrer drüben in seiner Droschke, der nicht ohne Verbissenheit *Bild* liest. Der junge Revolutionär, der Student der FU, der die Stadt in die Luft sprengen will oder doch wenigstens ihren Senat. So zornig, so wütend sieht sein Anarchistenbart aus. Daneben Arbeiterjugend, Burschen, freundlich-flapsig, frech, die in engen, altmodischen Turnertrikots Sportrennen fahren. Sie haben ihre blitzenden, federleichten Rennräder an einer Stehbierhalle vor dem S-Bahnhof abgestellt. Sie trinken ihr Weißbier mit Schuß. Sie grinsen und quatschen.

Es ist schön, wieder dazusein, diesen spröden, trockenen Witz der Stadt zu spüren, in der alles etwas langsamer und friedlicher kreist als im Westen. Ich ließ mich treiben vom Rhythmus der Stadt. Er kreist jetzt in sich. Die Stadt hat sich eingerichtet. Jeden Abend im alten Haus am Wannsee der Sonnenuntergang hinter Kladow, Licht, das sich langsam bricht, das müde wird. Ein paar Segler, ein Ruderboot auf der Havel. Man hört die Kommandorufe, mit denen der Steuermann seine Mannschaft im Takt hält. Und wie dann langsam der Himmel immer diesiger, verschwommener wird und wie die Sonne am Horizont in diese Dunstzone einsinkt, versackt und dann weg ist hinter den Grenzen irgendwo in der DDR. Rötlicher Nachschein: Ist das schöne Wetter vorbei? Wird es morgen Regen geben?

Ich fuhr in die Stadt. Ich fuhr über die Avus zum Kurfürstendamm. Fahrtwind schlug mir ins Gesicht. Berlin leuchtete, jetzt bei Nacht, ein bläulicher, rötlicher Nachthimmel, der leuchtete vom Zentrum her. Ich brauche das nicht zu beschreiben: Berlin bei Nacht – die Schaufenster und Restaurants, die Theater, die Kinos, die Beatschuppen, die Konzertsäle, die Kunstgalerien, die Nachtsauna am Halensee, der Strich auf der Straße des 17. Juni. Die Anarchoszene von der Kantstraße bis zum Kreuzberg. Am Bahnhof Zoo die Gastarbeiter, die Türken, die Jugoslawen. Die alten Leute in den Kneipen, die ihre Erbsensuppe löffeln oder in einem Eisbein herumschneiden. Die Jugend, die an den Stehtischen herumlümmelt. Alles etwas gutmütiger und altmodischer als im Westen.

Berlin ist ein schöner Sumpf. Hier läßt es sich leben – im Zentrum der DDR. Sozialismus in einem Lande? fragte man in Moskau bald nach der Revolution, die Weltrevolution bedenkend. Wird das gehen? Ja, war die Antwort, aber man muß im anderen Land leben. Das ist West-Berlin, das andere Land, wo es sich leben läßt. Wo die Macht auszieht, ist gute Zeit für den Geist. Berlin ist ein geistiger Treffpunkt, immer noch. Kultur kommt zuletzt in schöner, böser Zersetzung.

Also lange Gespräche des Nachts unter Freunden, Intellektuellen-Gespräche, was in Berlin jetzt Thema ist. Was? fragt mich jemand. Weshalb sind Sie in Berlin? Ach, sage ich etwas kleinlaut, ich will etwas über die Mauer schreiben. Schweigen, Erstaunen, Kopfschütteln, etwas wie Spott im Gesicht der Freunde, dann lautes Gelächter. Nein, so etwas, wie komisch! So uralte Geschichten wollen Sie ausgraben? Da sind wir nun wirklich gespannt, was Sie finden. Ich sage: Ich auch. Ich weiß es auch nicht. Man muß mal sehen.

Lokaltermine

Ich bin also dagewesen. Ich habe sie abgefahren. Stück für Stück, zehn Tage lang. Sag mal, hast du wirklich nichts Wichtigeres zu tun? Verrückte Geschichten, ich weiß auch nicht genau. Irgendwas habe ich hier nachzuholen. Was? So etwas macht man am besten allein, wenn man unsicher ist. Also die Sachen zusammensuchen, sich ins Auto setzen, die Fenster herunter, das Schiebedach auf, den Berliner Stadtplan neben sich, fahr los, Lokaltermine. Man wird ja sehen. Ich fuhr zunächst zum Brandenburger Tor. Es ist gar nicht leicht, hier heranzukommen. Auch vom Westen her hört fünfhundert Meter vorher der Zugang auf: Grenzbarrieren, Polizeibaracken, Wachhäuschen; nein, ohne Sonderausweis kein Zugang. Ich sah, wie der Verkehr die Grenze flüssig umströmte. Die Busse biegen ab, rechts oder links, die Autoschlangen blinken, alles Abbiegerverkehr. Es sind neue, breite Straßen da. Es hat sich inzwischen alles neu einreguliert und fließt flüssig drumrum, als wenn da nichts wäre. Amputation einer Stadt, vernarbte Geschichten, gottlob; die Inselstadt lebt, und nicht einmal schlecht.

Es war zehn Uhr abends, als ich zum erstenmal vor dem Reichstag stand. Der Himmel war noch hell, blaßblau, etwas rötlich. Ich hörte die S-Bahn schlagen. Der Fernsehturm Ost vom Alexanderplatz leuchtete mit seiner Kugel wie ein Silbermond, riesig. Es ist schon einmalig, so eine Zweiwelten-Stadt: NATO und Warschauer Pakt, im Berliner Stadtplan miteinander verhakt, und so still und friedlich hier alles. Ich hatte zwei Engländer gesehen, Soldaten Ihrer Majestät, die sich in Wachräumen langweilten. Sie hatten, schlaksig wie eben Briten, die Beine auf dem Schreibtisch und schienen über einer Illustrierten, über Kreuzworträtseln ein wenig ins Dämmern geraten. Berlin: ein Warteraum der Geschichte.

Das Reichstagsgebäude liegt wie ein einsamer Koloß direkt vor der Mauer und träumt vor sich hin jede Nacht, diesen schiefen, falschen Traum der deutschen Nation, also Reichsgeschichte. Es ist alles leer und tot und falsch hier draußen, falsche Pracht. Es stimmt nichts. Da haben sie zwei Meter von der Mauer entfernt dieses Parlament des Reichs wieder aufgebaut, und es ist nun nur eine einzige Verlegenheit. Sie haben diesen falschen Renaissance-Palast Wallots wieder hochgezogen, wieder ausgebaut, eine Torte in Stein. »Dem deutschen Volke«, steht darüber, doch das Volk ist nicht da. Es ist leer und tot hier draußen. So etwas tut weh – mir jedenfalls. Ein gewaltiger Aufmarschplatz vor dem Reichstag und kein Hund darauf, was immerhin etwas heißen will in Berlin, der klassischen Hundestadt. Im Licht des Scheinwerfers, der das Portal anstrahlt, hocken zwei Gammler mit ihrem Auto. Sie haben ihren VW auseinandergenommen, sie wechseln Reifen aus, sie fummeln an Achsen, Bremsbacken, Stoßdämpfern herum. Sie liegen auf der Erde, haben eine Fettube in der Hand und beginnen abzuschmieren. Hier ist Platz und Ruhe für solche Geschäfte. Große Inspektion, kleine Inspektion? »Dem deutschen Volke« steht darüber und darunter, an der Tür: »Geschlossen. Besichtigungen des Reichstages finden nicht statt.«

Also da, genau hinter diesem Bau, wenn man auf der Rückseite die Arme ausstreckt, kann man beide Bauwerke mit den Händen gleichzeitig liebevoll fassen – dort steht sie zum Beispiel, und es ist nichts über sie zu sagen, was man nicht wüßte, seit Ewigkeit. Lange, hellgraue Betonbalken schichten sich schwer und abweisend etwa drei Meter fünfzig hoch. Peitschenleuchten darüber. Ganz oben liegt immer eine Betonröhre, die das Werk rundet und krönend abschließt. Die Rundung soll das Fassen und Festhalten von Kletterern verhindern. Und jedermann weiß, daß diese Mauer eigentlich gar nicht die wirkliche Mauer ist, sondern nur die Westseite eines breiten Verteidigungsgürtels, der erst dahinter beginnt. Ein ganzes System militärischer Abwehren. Hier kann man es nicht sehen, aber anderswo gut. Dahinter beginnen diese verschiedenen Grenzzonen: die spanischen Reiter, die Panzersperren, die Minenfelder, die Sandzonen, Todesstreifen, die Seilzüge, an denen Wachhunde laufen; etwa alle fünfhundert Meter die hohen Wachttürme, in denen Doppelposten stehen, mit Feldstechern und geschulterten Maschinenpistolen Ausschau halten. Sie blicken nach West, aber Unruhe, Alarm, wenn überhaupt einmal, kommt nur aus Ost, wenn einer versucht, aus dem Sozialismus durchzubrechen. Unsere Staatsgrenze West, unser antifaschistischer Schutzwall, heißt das. Nun sag es einmal im Klartext: Es sieht immer noch monströs und barbarisch aus; sprachlos und kalt die Mauern.

Nächster Tag: Bernauer Straße. Warum mache ich das? Warum tu ich mir so etwas an? Sind das perverse Neigungen? Auch hier diese Leere, diese Ausgebranntheit alter Schlachtfelder. Nichts geht mehr. Die Leute sind weggezogen von der Grenze, Gastarbeiter rückten nach, eine Türkenstadt. Ich sah einen türkischen Fleischerladen, einen orientalischen Hammelsalon direkt an der Mauer. Eine Großstadtstraße, die über einen Kilometer leer und tot ist, kein Auto, das parkt, nichts. Nichts geht mehr. Es ist alles verstaubt und vergessen, was war. Verstaubt und verblaßt das Wort KZ, das die Wut einmal an die Mauer pinselte. Es ist, wie wenn man als Kind auf einen Speicherboden ging: lauter verstaubte Geschichten, Gerümpel der Zeitgeschichte. Verblaßt die Parolen von damals: »Mauern können uns nicht trennen« und »Wir bleiben doch vereint«, verwaschen und ausgeblichen das Gedenkkreuz für einen Flüchtling, der hier starb, erschossen wurde.

Mauern können sehr wohl trennen, Gräber fallen ein, Kränze welken, Klagen verstummen schließlich. Wahrheiten, die nun absurd wirken; eine Warntafel vor der Mauer: »Achtung, Sie verlassen hier den amerikanischen Sektor.« Ach Gott, versuch das doch mal!

Und man kommt sich natürlich etwas komisch und großväterlich vor, wenn man inmitten dieser Leerzonen dann doch auf eines der hölzernen Aussichtspodeste klettert, die noch aus den großen Tagen des Kalten Krieges hier stehen. Damals war das was: rübergucken, die Logenplätze der Zeitgeschichte. Jetzt kommt kaum jemand her. Nicht einmal als Fremdenattraktion ist das mehr gefragt. Ein alter Mann kommt aus der Ackerstraße. Er hat den schleifenden, müden Gang gelernter Rentner. Er ächzt die Holztreppe empor, er zieht sich das Holzgeländer hoch. Er hat eine Milchkanne in der linken Hand, in der rechten *Bild,* und die Milch schwabbert und gluckert etwas in seinem Blechtopf, wie er sich hochzieht. Der Mann hat dieses versteinerte, harte Insektengesicht, das mich immer wieder erschreckt bei alten Leuten hier, zum Beispiel um die Augen. Faltige Panzergesichter, Chitinpanzer, tote Augen, die trotzdem funkeln. Sie haben zuviel durchgemacht seit Weimar und Hitler. Ich sah solche Härte auch in Israel, in Tel Aviv bei den alten Leuten manchmal. Geschichte verhärtet. Offenbar kommt er jeden Vormittag nach dem Milchholen herauf, steht hier oben wie ein Witwer vor dem Grab seiner Frau, blickt nach Ost-Berlin und klettert dann wieder runter, sprachlos und steif. Na, kieken Se ma scheen, sagte er zu mir, sich abwendend. Ich hörte die Stille, die Leere in seinen Worten. Diese Brüder da drüben, na juten Morgen! Er legte wie ein Mann von der Wach- und Schließgesellschaft einen Augenblick die rechte Hand an die Glatze, als säße da eine Schirmmütze.

Kohlhasenbrück, Albrechts-Teerofen-Weg, also beinah schon Stadtkreis Potsdam. Strenggenommen ist das nicht Berliner Mauer, sondern Grenze zur DDR, doch sind solche Unterscheidungen rein theoretisch geworden. Ein Ding sieht aus wie das andere, erfüllt die gleiche Funktion, ist also dasselbe. Die Mauer hier schlägt eigensinnige Haken. Sie folgt wie überall treudeutsch alten, kommunalen Bezirksgrenzen, die nun ziemlich sinnlos und aufwendig sind; sie läuft wie auf einem Schachbrett im Rösselsprung immer um Ecken, springt wie ein Rechteck vor, überspringt ein Stück Autobahn, zieht sich dann wieder vor und bildet so ganz absurde Grenzräume, Hohlräume, Schachteln von Freiheit, Westbüchsen, die nur durch ganz enge Schläuche zu erreichen sind. Und in diesen Schachteln, diesen Westbüchsen liegen die Berliner, relaxing. Es ist warm und still hier draußen, Junisonne im Grünen. Die Kiefern, die Birken, die Weiden am Wasser, märkischer Sommer, Fontane und Kleist, das Kleistgrab ist hier auch in der Nähe. Und ich? Tja, meine skurrilen, perversen Neigungen – ich bin eigentlich entzückt.

Da haben sie doch tatsächlich in diesen windstillen Winkeln der Weltgeschichte ein Ferienidyll aufgebaut, komplett. Natürlich, die Erde ist knapp auf der Insel. Wohnwagen sind durch die engen Schläuche geschleust worden, ein Campingplatz und all sein kurioses Glück. Die Leute liegen in Liegestühlen. Sie müssen die Stühle manchmal etwas rücken, weil die Mauer am späten Nachmittag lange Schatten wirft. Diese kleine, pieksaubere, adrette Welt unserer neudeutschen Gartenzwerge: der Rasen geschoren, der Kies und die Blumenrabatten, ein Springbrunnen zum Aufklappen, ein Gartengrill, auch aufklappbar. Ich gehe durch diesen Platz – Poesie des Absurden; ach, ich bin hingerissen: Phantasien der Weltpolitik. Ich weiß: So schön, so phantastisch kann sich's kein Schriftsteller einfallen lassen; so ist nur die Wirklichkeit, manchmal hierzulande. Da hat doch diese dicke Frau, die hier in ihrem Liegestuhl liegt und sich sonnt, tatsächlich einen Vogelkäfig an die Mauer gehängt. Wenn die das wüßten, drüben! Zwei Nägel verunzieren den antifaschistischen Schutzwall, eine Schnur dazwischen, und an dieser Schnur baumelt ein großer goldglänzender Käfig, in dem wie eine atavistische Gottheit, streng und weiß, ein großer Papagei hockt, der manchmal Laura sagt. Berlin, ein Käfigtraum – vergoldet?

Komm noch einen Schritt weiter, steig noch eine Etage tiefer: Lokaltermine, ganz unten. Es gibt vergessene, verwunschene Winkel an West-Berlins Grenzen, die könnten nur Verrückte, Poeten, Träumer beschreiben: Cocteau zum Beispiel, zum Beispiel der Waldweg zum Griebnitzsee, ein Film von Cocteau. Ich liebe das. Die Mauer ist hier wie ein altes Schwert, das schließlich stumpf wurde, besiegt von Natur, die wächst und wuchert und die in diesen tropisch warmen Junitagen etwas Urwaldhaftes hat. Ich steige immer tiefer. Märkischer Wald, der die Mauer verschlingt. Ein ozeanisches Gefühl von Grün überall. Es wogt von dem Blätterdach, es hängen Schlingpflanzen herunter. Sind das Schlangen? Vögel pfeifen, ein Kuckuck ruft. Es ist drückend heiß und der Boden morastig. So muß die Unterwelt sein, Kinderträume, Verwunschenheit, Hänsel und Gretel, und wie dann die Hexe kommt. Einsame Verzauberung, frühe Gefangenschaft. Die Mauer ist nicht zu sehen. Nur eine Tafel im grünen Geschlinger: »You are leaving the American sector.« Versuch das doch mal!

Erinnerungen

Ich versuche, wiederherzustellen, was einmal war. Was, wo, wie? Zeit, die verlorenging: meine, unsere Zeiten der Konfrontation. Bin ich ein kalter Krieger? Ich möchte nur wissen, was war. Ich weiß, daß es in Paestum war. Es war Sommer, August 61 – mein Gott, so lange ist das her –, und wir waren in Ferien. Die Sonne, das Licht von Paestum. Zikaden und Grillen im Gras. Man kennt dieses mediterrane Zirpen, das in der Hitze den ganzen Tag anhält und in der Nacht noch stärker wird, Zirpen, das sagt: Einmal haben Insekten die Welt beherrscht. Hört ihr uns noch? Ein kühler Wind kam vom Meer, und wir lagen unter den Tempeln Poseidons im Gras, machten so nichts, keine Stilstudien der Antike, wir machten nichts als eben Ferien, blickten in den Himmel, rochen den starken, würzigen Geruch des Thymians, der in Paestum wild wächst. Urlaubsentspannung.

Ein Junge kam angelaufen. Er hatte draußen offenbar unseren deutschen Wagen gesehen und versprach sich ein Trinkgeld. Der Junge stürmte plötzlich auf uns zu in jenen besessenen und doch maßvollen Gebärden, die man aus der antiken Tragödie kennt, von der Rolle des Boten zum Beispiel. Der Junge rief quer durch die Tempelsäulen: Signore, attenzione – grande muro in Berlino! Er blieb dann vor uns stehen, fragte später: Cento lire, prego? Ich weiß, daß wir damals einen Augenblick fassungslos waren. Was, wie bitte? Es war wie ein Blitz, der einen schweren, unerträglich heißen Sommer beendet, damals. War das also die Lösung? Katastrophen haben ja immer auch Entlastungsfunktion. War das die Berlin-Lösung der Russen? Berlin war ja damals, wer erinnert sich, eine Art Kriegsschauplatz. Die Stadt trieb dem Bürgerkrieg zu. Sie lebte im kranken Taumel der Massenfluchten. Mittwoch über tausend Flüchtlinge registriert, Donnerstag schon zweitausend. Zum Wochenende vielleicht viertausend. Es waren diese letzten Massenfluchten, eine Art Völkerwanderung, nur weg in den Westen. Man spürte, es liegt etwas in der Luft. Es waren Frontberichte: Kesselschlacht Ost. Und das war die Lösung?

Wir fuhren nach Hause. Wir packten die Koffer, stopften das Auto voll. Autostrada del Sole: Neapel, Rom, Florenz, nichts als zurück. Ich weiß, daß ich hinter Florenz manchmal nervös am Autoradio zu drehen begann. Ich suchte nach deutschen Sendern. Wir fuhren sehr schnell. Wir schafften die Strecke Florenz–Zürich an einem Tag, und als wir dort einfuhren, ich weiß, daß es auf der Höhe von Rüschlikon am Zürichsee war, es war schon Nacht und ich sehr ermüdet, hörte ich zum erstenmal im Radio Berichte direkt aus Berlin. Ich war sprachlos. Ich sagte wirklich nichts, schüttelte nur immer den Kopf, dachte: Das ist doch unmöglich. Man kann doch einen solchen Konflikt nicht mit Steinen und Stacheldraht lösen. Es ist unfaßbar, die Primitivität dieses Einfalls. Einfach eine Grenze ausheben, zumachen, dichtmachen und dann schießen auf das, was läuft. Das ist doch ein Einfall der Vorgeschichte, Steinzeitgeschichten.

Dann zu Hause im Fernsehen die ersten Bilder. Zunächst und am Anfang wurde ja nicht gemauert. Man vergißt das schnell. Es wurden Stacheldrahtballen geworfen, spanische Reiter aufgestellt, Betonpflöcke gesetzt, Straßenpflaster aufgerissen, Militärsperren: Die Abgrenzung, die Teilung begann – nun begann sie wirklich. Zeiten der Konfrontation, Bürgerkriegszeiten. Ich sah die Bilder vom Checkpoint Charlie, vom Potsdamer Platz, von der Bernauer Straße: deutsche Tragödie, letzter Akt. Es war wirklich der letzte Akt, denn vorher war das Land schon zweimal geteilt worden: durch die Währungsreform 48 und die Gründung der Bundesrepublik 49 – übrigens beide Male vom Westen. Aber das sah man damals nicht, nicht so genau. Kalter Krieg oder heißer Krieg? Man sah alles gefühlsmäßig, natürlich. Für ein paar Tage war Bürgerkriegsstimmung in Berlin, ziemlich heiß. Man sah Panzer auf beiden Seiten der Grenze auffahren, Militär sich verteilen, Sandsäcke, Straßenbarrikaden, Jeeps. Sechs Kompanien der Volksarmee sperrten die Straße Unter den Linden am Brandenburger Tor, das nun geschlossen wurde. Auf der Westseite standen die West-Berliner, reglos und stumm, fassungslos, auch fassungslos, daß die Amerikaner nicht eingriffen. Warum halfen sie nicht den Deutschen drüben? War das nicht der schroffste Bruch des Viermächtestatus?

Und später dann die Bilder vom Bau dieses Dings. Man konnte sie immer abends in der verlängerten Tagesschau sehen: Sonderberichte, und auch diese Bilder waren so, daß sie ganz tiefe Gefühle ansprachen – entsetzlich. Die Handwerker sahen wie richtige Maurerpoliere aus. Sie trugen weiße Arbeitsanzüge, weiße Ballonmützen, schichteten lange Schottersteine übereinander, mauerten sich selber zu, denn man sah sie dann immer weniger, nur eine Brust, ein Hals, ein Kopf noch, noch eine Steinreihe, dann sah man nur noch Hände, die mörtelten. Dahinter stand meistens ein Offizier. Man sah die eiserne Miene preußischen Militärs, undurchdringlich. War das also das Antlitz des Sozialismus in Deutschland? Dann war die Mauer fertig. Man sah gar nichts mehr.

Dann die Flüchtlingsgeschichten. Berliner Lokaltragödien, viel Stoff für die Welt damals. Weißt du noch: Fenster, Haustüren, die zugemauert wurden, Menschen, die aus Fenstern kletterten, die von Dächern sprangen, die an Balkonen hingen, beschossen wurden, sich fallen ließen – fielen sie Ost oder West? Deutsche Tragödie; es ist nicht so leicht, eine Stadt auseinanderzuschlagen. Sie ist in hundert Jahren gewachsen wie Wald und muß nun auseinandergehackt werden wie Wald: also Waldschneisen im Zentrum Berlins. Villen, Siedlungshäuser sanken dahin, Mietskasernen wurden abgebrochen, Kirchen verrammelt, Friedhöfe eingeebnet. Staub, Schutt, brechende Wände; man sah Bulldozer fahren drüben. Sie machten das schon sehr gründlich, die roten Preußen. Sie bauten jetzt ihre Grenze: rabiat. Aber immer noch kamen Leute rüber. Leute, die sprangen, die krochen, die schlichen, die sich fallen ließen, die lieber sterben wollten als dort leben. Dann der Schießbefehl. Es fielen die ersten Schüsse an der Mauer, Blut floß. Man zerrte die Toten hinüber, herüber. West oder Ost? Es war schon eine Tragödie für die Menschen. Politik ist eine furchtbare Sache. Sie geht immer auf Kosten von Menschen. Für die Großmächte war die Sache wohl vorher politisch geregelt worden; ein abgekartetes Spiel, sagte man später, zwischen den Siegermächten. Für die Berliner war das noch ein Schock. Viele konnten nicht begreifen, daß die Amerikaner nicht bereit waren, die Mauer wegzuräumen. Sie glaubten nicht, daß das einen Krieg kosten werde.

Und schließlich – darf ich auch das noch sagen, obwohl es hart am Kitsch ist? Kitsch ist ja oft sehr nah an der Wirklichkeit –: nationale Wehleidigkeit, deutsche Kleinbürgertragödie, letzte Gebärde, zum Schluß. Man sah Menschen winken. Sie standen hier, sie standen drüben in Fenstern, auf Balkonen, auf Dächern. Sie hatten Tücher und Babys in der Hand. Sie schwenkten die Tücher, die Babys. Sie winkten sich zu, noch einmal. Sie hielten Schilder hoch, wo stand: Auf Wiedersehen, auf Wiedersehen, grüßt Tante Grete. Das war schon entsetzlich, menschlich gesehen. Es wurde ein Schwert gelegt in die Stadt, unter die Menschen. Am besten, man schloß die Augen. Die drüben errichteten Sichtblenden. Trennung. Man kennt dieses Gefühl ja auch von Kaimauern, von Bahnhöfen, auch vor offenen Gräbern: Leb wohl, ade, good bye, passé, kein Winken hilft. Wir sind getrennt, geschiedene Leute. Berlin ist nun geteilt.

Totenblumen

Merkwürdig, nicht wahr, wie schnell so etwas vergessen wird? Wo ist das hin? Es ist nicht lange her, was ich beschreibe, und hört sich doch an wie aus uralten Zeiten. Verblichene, vergilbte Bilder aus einem alten Familienalbum. Wo ist das hin? Es ist andere Zeit heute, Zeit der Entspannung und Kooperation. Mir scheint das sehr richtig. Ich frage mich nur: Warum dann damals diese maßlose Erregung, dieser ungeheure Zorn, diese Gefühlswallung Ost, und ja nicht nur damals, als die Mauer gebaut wurde, auch schon vorher, beim 17. Juni, beim Aufstand in Budapest, später dann bei der Besetzung der Tschechoslowakei? Wer spricht heute noch von Dubček, nicht wahr? Immer diese Erregungen, diese liberalen Aufgeregtheiten von drei, vier Wochen, dann weg vom Tisch, den Schaum wieder ab. Jetzt kommt die Politik wieder zu Wort, und die ist ziemlich nüchtern, beinah schmerzhaft. Ich frage mich schließlich: Was ist das eigentlich für ein System, Sozialismus genannt, an dem all diese moralischen Niederlagen schließlich abprallen wie Tennisbälle? Zum Schluß wird eben immer wieder Politik gemacht, Handel der

Macht, den ich richtig finde. Nur, warum dann diese verzweifelten Szenen, die wir so schnell vergessen?

Einstweilen weiß ich nur eins: Gefühle altern nicht. Sie sterben jung wie Blumen. Zorn kann nicht ewig zornig sein. Schmerz weint sich aus. Und dann? Dann geht es eben weiter. Man kann die Empörung nicht ewig hochhalten, sie wird dann steif und schal, riecht sauer wie ein altes Sahnebaiser. Solange wir leben, vernarben alle Wunden schließlich. Das ist ja das Leben: daß es weitergeht. Es bleiben Brandmale, Verkrüppelungen, harte Stellen, Knorpel, und man hat dann nach der Krise nichts als den Wunsch, weiterzuleben wie früher. Nun laß diese alten Geschichten. Guck weg von den Brandmalen, fingere nicht immer herum an diesen Narben – alte Geschichten. Was, jetzt wollen Sie etwas über die Mauer berichten? So uralte Geschichten? Da sind wir nun wirklich gespannt, was Sie finden. Ich sage: Ich auch. Ich weiß es auch nicht. Man muß mal sehen. Weitersehen.

Es gibt immer noch eine »Arbeitsgemeinschaft 13. August« in der Weststadt. Die Arbeitsgemeinschaft unterhält eine kleine Gedenkstätte – ein Mauermuseum, könnte man sagen – am Checkpoint Charlie. Ich bin dagewesen. Ich sah, was ich sagte: Gefühle altern nicht. Sie sterben jung wie Blumen. Wer sie trotzdem hält, hält schließlich Papierblumen in der Hand, ausgetrocknete Sträuße in alten Vasen, verdorrte Kränze, Wachsblumen, Wachsfiguren der Zeitgeschichte, und war doch einmal unsere Zeit, unser Leben, unser Schmerz. Meiner war es einmal.

Und drinnen an den Wänden die Bilder, die Fotos, die Texte, sehr zahlreiche Fluchttrophäen. Die Requisiten derer, die rüberkamen, vor allem der Soldaten. Ihre Maschinenpistolen, ihre Munitionsgurte, ihre Stiefel und ihre Ausweise, bitte. Man erfährt ausführlich von allen Phasen des Widerstandes gegen die Mauer. Man sieht Ernst Lemmer, ein Gespräch mit einem Vopo versuchend: Moral gegen Macht, möchte man sagen. Es kam nicht zustande. Kennedy und Adenauer auf hohem Mauerpodest, die Berliner beruhigend. Ich bin ein

Berliner. Auch Willy Brandt ist übrigens dabei. Wo ist das hin?

Dann all die Fluchtgeschichten, Anekdoten zur Zeitgeschichte: der Hauptmann von Köpenick, aus Köpenick in der DDR. Er hat sich die neue Uniform eines Rotarmisten angelegt, er hat ein paar funkelnde Orden, schöne rote Sterne daraufgeheftet und ging dann so durch die Grenzkontrollen, unkontrolliert. Man lächelt etwas müde. Man steht vor dem kleinen Sportwagen, dem schnellen Flitzer, der sportlich, also so niedrig und flach gebaut war, daß er unter den Grenzbarrieren durchfahren konnte. Das waren noch Zeiten! Man sieht die Lastwagen, die einen Durchbruch versuchten, den Omnibus, der steckenblieb, das gepanzerte Privatauto, das durchkam, das Schlauchboot, das U-Boot, den Schnorchel, die Drahtseilanlage, mit der sich einer mitten in der City abseilte vom Sozialismus. Er schwebte lautlos rüber. Dann kommen riesige Kabeltrommeln, die im Interzonenverkehr zu transportieren waren von der DDR in den Westen. Ich kann hier nicht einfach vorbeigehen. Das Bild hat mich getroffen, wie eben nur Bilder treffen können. Bilder gehen tief, und das Bild blieb: Die Menschen hocken nämlich in diesen Trommeln gekrümmt wie Embryos. Das Bild hat etwas Urmenschliches. Der Mensch ist zur Freiheit geboren. Sie hokken wie Babys im Mutterleib, sie hoffen, geboren, geborgen zu werden – im Westen. Ich kann seitdem Kabeltrommeln auf der Straße nicht sehen, ohne daran zu denken. Und schließlich, letzter Raum: diese Fluchttunnelgeschichten. Man glaubt es wirklich nicht. Das waren zum größten Teil Studenten der Freien Universität: Fluchthelfer und Tunnelspezialisten. Studentenempörung gegen den Sozialismus. Auch davon ist nichts geblieben. Wo ist das hin?

Das Museum ist leer. Ich gehe durch lauter Vergangenheit, die doch vor kurzem war und die schon vergangener ist als andere Vergangenheit. Wie ist das nur? Ich weiß es nicht. Ein junger Amerikaner, Tourist, steht vor einem Fluchtauto, betrachtet, befingert, prüft alles sehr gründlich. Macht dann ein paar Fotos, Leicaschnappschüsse. Bei ihm zu Hause in Ohio oder Alabama wird das noch ein Andenken sein, das lebt, das etwas sagt, den Leuten. Aber hier? Doch, sagte der Museumsinhaber, den ich anspreche, ein Mann Mitte Dreißig, das weggewischte, vergrämte Gesicht aller Museumsdiener – doch, es kommen noch Besucher, manchmal ganze Busse. Auch Schulklassen. Aber meistens ist es ruhig. Ja schon, natürlich. Es ist nicht mehr viel los hier. Und dann erzählt der Mann mir aus seinem Leben. Er selber sei drüben Unteroffizier der Volksarmee gewesen, er sei rübergekommen, als es nicht mehr ging für ihn, als es unerträglich wurde. Hier auf dem Bild, bitte, an der Wand, das sei er selber. Man habe ihn im Augenblick der Flucht fotografiert, vom Westen aus. Er habe das alles eigenhändig mit Freunden aufgebaut und versuche, es so gut wie möglich instand zu halten. Nein, Hilfe, einen Zuschuß vom Senat bekomme er nicht, auch nicht aus Bonn. Deswegen sehe es hier so vergammelt aus. Und man ist dann in einer dummen Lage beim Verabschieden. Was soll man sagen? Am besten, man steckt etwas Geld in die Büchse. Man möchte den Mann nicht kränken, nicht verletzen, nicht sagen: Nun schließen Sie doch diesen Laden endlich. Sie müssen doch merken, daß das vorbei ist: Totenblumen. Wer will das noch?

Ich meine, so leicht kann man es sich auch nicht machen; es ist die Sache mit den großen Kabeltrommeln. Der Mensch hat ein Recht auf Freiheit. Der Mensch hat das unverletzbare Recht, zu leben nach seinem Willen. Jedenfalls wir meinen das. Jedenfalls seit der Aufklärung, seit der Abschaffung des Feudalsystems haben wir uns auf dieses Grundrecht des Menschen geeinigt. Zwangsbürgerschaft gibt es nicht bei zivilisierten Nationen. Staatsbürgerschaft begründet sich nur in der freien Zustimmung der Bürger. Das Wort Republikflucht ist ein Atavismus. Früher einmal, zur Zeit der preußischen Kurfürsten, gab es das auch. Es stand die Todesstrafe auf illegaler Abwanderung. Es war eine Art Leibeigenschaft damals, und die DDR, das muß man sagen, hat diesem

Atavismus wieder Rechtskraft gegeben. Die Menschen sind drüben dem Sozialismus leibeigen. Einmal DDR-Bürger, immer DDR-Bürger, noch bis ins dritte Geschlecht. Das hat schon etwas Barbarisches an sich. Es verletzt unser Rechtsgefühl, das Bewußtsein der Freiheit und Würde des einzelnen. Große Worte, ich weiß, und doch kann ich sie jederzeit einlösen. Ich kann jederzeit hingehen, wohin ich will, im Westen. Ich möchte dem Staat nicht leibeigen sein, auch nicht dem Sozialismus. Dem Sozialismus schon gar nicht. Gerade er wollte doch mehr Freiheit und Menschenwürde bringen. So meinte Karl Marx einmal.

Also? Ich weiß es nicht, ich spüre nur: Diese Gedenkstätte hier ist paradox. Sie ist wahr und falsch zugleich. Es ist natürlich alles vorbei und tot, was hier rumliegt, ein Zeughaus rascher Vergangenheit. Es ist wahr, was hier aufbewahrt ist: die verlorene Zeit – wahr und doch tot. Eine merkwürdige Sache. Es ist wahr, daß man Völker nicht leibeigen machen, also einmauern darf, und doch stimmt das Ganze nicht mehr. Dieser Mann hängt an einem Augenblick der Geschichte, fast wie ein Insekt an der hellen Glasscheibe. Er will immer nur diesen Augenblick des Mauerbaues wiederholen. Was sonst noch geschieht auf der Welt, interessiert ihn nicht. Auch das in der DDR nicht. Er besteht auf ihrem Maueraspekt. Er ist wie ein Neurotiker, der von seiner frühen Verletzung nicht freikommt, der hängenbleibt, lebenslänglich, an diesem ersten Schmerz, Frustration durch den Vater. Er ist für die Freiheit und ist dabei selber schon abhängig, unfrei geworden zu handeln. So kommt man nicht raus aus der ganzen Geschichte. So geht das nicht mehr. Das ist sicher. Gefühle sterben jung. Sie werden sonst zu Totenblumen. Wo liegt denn die Wahrheit in dieser Sache? Man muß mal sehen, sage ich wieder. Weitersehen. Sag mal, wie war das dann weiter bei dir, ganz persönlich?

Ich erinnere mich wieder. Ich versuche, wiederherzustellen, was einmal war. Was, wo, wie? Wie war es denn später mit dir und der Mauer? Das war doch noch eine lange Geschichte, fast ein Prozeß. Ich erinnere mich, daß wir westdeutsche Intellektuelle damals alle verstört und ziemlich aufgeschreckt waren, nach der Mauer. Darf ich daran erinnern? Hans Werner Richter gab damals bei Rowohlt ein Bändchen heraus: *»Die Mauer oder der 13. August«,* in dem die westdeutschen Autoren ihren Protest anmeldeten, einige Ostdeutsche aber auch eine verschämte Art der Zustimmung laut werden ließen. Die Gruppe 47 schickte einen offenen Brief an die Vereinten Nationen, in dem die Prinzipien des Völkerrechts eingeklagt wurden: die Menschenrechte, was ich eben meine mit Leibeigenschaft. Wolfdietrich Schnurre, der Berliner, stand ein, zwei Jahre empört davor und schrieb exklusiv Mauerproteste, Empörungsliteratur, und nicht nur er. Nur Uwe Johnson hatte in einem Mailänder Disput einen Satz fallenlassen, der damals erbittert diskutiert wurde. Johnson hatte in seiner bedächtigen, schwerfälligen, fast wunderlichen Art gesagt: Wenn die DDR-Machthaber ihren Staat erhalten wollten, mußten sie dieses Bauwerk errichten. Sie waren gezwungen dazu. Ich weiß, daß dieses Wort damals den empfindsamen Hermann Kesten in Mailand maßlos erregte. Es war wieder diese tiefe Erregung, von der ich schon sprach. Sie kann sich nicht dauernd halten. Ich selber war von der Auskunft des knorrigen Mecklenburgers, dieses schweigsamen DDR-Bürgers von gestern, betroffen, irritiert. Ich begann nachzudenken: Konnte man die Mauer tatsächlich so deuten? War das möglich? So vom Staat her zu denken? Wer ist denn eigentlich wichtiger: der Staat oder die Menschen? Was war denn zuerst: das Ei oder die Henne? In solchen Sackgassen lief ich mich fest. Eben Mauergeschichten.

Es begann damals jene Zeit, wo nach einem neuen Berlin-Image gesucht wurde. West-Berlin war erst jetzt eine Insel, all seiner Funktionen als Treffpunkt von Ost und West beraubt, kein Schaufenster mehr der freien Welt. Die Kunden waren verhindert. Man suchte nach neuen Funktionen, neuen Rollen, Zukunftsaspekten für West-Berlin, und eine Chance der Stadt bestand in der Kultur. West-Berlin sollte ein literarisches Zentrum werden – nach der Mauer. Damals siedelten Autoren der Gruppe 47 nach Berlin über. Es begann eine Zeit kurzer Euphorien: Literaturgespräche nach der Mauer. Glückliche Zeiten für Kulturmacher, für Leute vom Funk und vom Fernsehen. Damals eröffnete Walter Höllerer seinen literarischen Zoo in West-Berlin. Einladungen, Ausstellungen, Vorführungen erlesenster Geister aus aller Welt, massenhaft. Damals gab die Ford Foundation viel Geld für die Freiheit, damals, kurz nach der Mauer. Mein Gott, ist das lange her!

Ich kam immer wieder in die Stadt in solchen Zusammenhängen. Ich war ein Zuhörer. Ausstellungen, Diskussionen, Theaterpremieren, Filmfestivals, Lesungen, Gespräche, Kolloquien, die Stadt hat ja viel zu bieten dem Geist. Sie war zu keiner Zeit ihrer bedrängten Geschichte verödet und tot, wie das die im Osten erhofft und geplant hatten. Ich erinnere mich, daß der Mauer-Komplex ganz allmählich bei mir nachzulassen begann. Der Schock blieb, aber er verlor an dynamischer Aufladung. So versinken, versacken Gefühle. Verletzung vernarbt. Ich ging bei jedem Besuch in der Stadt auch dorthin, sah mir das für ein paar Minuten an, schüttelte den Kopf, dachte, was für ein Monstrum mitten in Deutschland, stieg auf die Aussichtspodeste, blickte nach drüben, aber, richtig erinnert, waren das Abstecher, Stippvisiten, schmale Scheiben aus dem runden Topfkuchen West-Berlin, der immer noch schmeckte.

Das Erstaunlichste war ja, daß die Stadt weiterlebte, trotz allem und wider alle Statistik und Wahrscheinlichkeit, fast so wie Israel. Die Weststadt, amputiert, zerschnitten, schrecklich vermauert, stabilisierte sich wieder. Der Kapitalismus hat ja immer diese verblüffende und enorme Anpassungsfähigkeit. Er ist wie die katholische Kirche; er schluckt alles und wird dabei nur noch dicker. Er kann sich in Krisenzeiten rasend schnell umstellen, anpassen, verändern, was ihm, wie ich meine, auch bei künftigen Krisen noch einige Überlebenschancen gibt, die schwer vorauszusehen sind. Und diese Überlebenskraft Berlins sehend, beobachtend, wie sich die Stadt nun umformte, umstrukturierte – sie wurde jetzt immer mehr eine Touristen-, eine Kongreß-, eine Kriegsdienstverweigerer- und eine Fremdarbeiterstadt, hochsubventioniert –, diese Metamorphosen registrierend, merkte ich kaum, wie mir die Mauer immer mehr aus dem Blick geriet, langsam ferner rückte. Nicht gerade gleichgültig, wohl aber unwichtiger. Man gewöhnt sich eben an alles. Man mußte jetzt mit ihr leben. Sie war da, und je länger sie nun da war, nahm sie immer mehr Unumstößlichkeit an. Sie war jetzt da wie eine schlechte Jahreszeit, wie etwa der Winter, mit dessen Eis und anderen Beschwerlichkeiten man eben rechnen muß. Ich flog meistens. Die Mauer war nur ein Naturereignis.

Ich erinnere mich weiter. Ich ging öfters nach Ost-Berlin, jetzt erst recht, durch die Mauer. Ich sagte: Passierschein für Ost-Berlin, bitte. Der geregelte Grenzübergang jetzt, jetzt nur noch an drei Stellen. Immer den Paß abgeben unten im Bahnhof Friedrichstraße, immer das winzige Märkchen in der Hand, warten, mit anderen sehr lange warten. Gefühle, Erinnerungen, Gewissenserforschungen: Du wirst doch nicht einmal etwas Verletzendes über die DDR geschrieben haben? Ein eifersüchtiger und rechthaberischer Staat, leicht beleidigt wie Gouvernanten. Warum dauert das Tagesvisum so lange? Aber dann war man dran.

Es hat immer geklappt. Ich kam immer rein in die Oststadt, die sich nun ganz offen Hauptstadt der DDR nannte. Ich fuhr herum. Ich sah mir die Menschen, die Häuser, die Geschäfte an. Ich roch den Desinfektionsgeruch überall. Eine fremde Welt; Reise in ein anderes Land, hieß das damals. Ja, ein Staat, aber ein sehr fremder Staat für uns. Ich aß im HO Alexanderplatz eine Schlachtplatte, ich trank im Operncafé

Unter den Linden einen Tee, ich ging ins Theater, sah all die Stücke von Brecht, die hier am Schiffbauerdamm in diesem raffinierten, hochmanierierten Regiestil des Dichters zu klassischen Mustern erstarrt waren: so schön, daß sie beinah leblos wirkten – vor Vollkommenheit. Märchenstücke des Marxismus, dachte ich manchmal in der Pause, zwischen den Ostmenschen stehend.

Theaterbesuche in Ost-Berlin trotz der Mauer, mit der Mauer, durch die Mauer – nicht wahr, das muß spätestens Mitte der sechziger Jahre gewesen sein? Heute gibt es das nicht mehr, obwohl es theoretisch noch möglich wäre. Und ich kam dann zurück, und die Freunde fragten am nächsten Tag neugierig: Wie war's denn drüben, gestern? Und ich sagte kopfwiegend: Na ja, so gemischt. Immerhin, wirtschaftlich sieht es jetzt etwas besser aus, nach der Mauer. Das Grau hellt sich auf. Es belebt sich manches. Ich sagte nicht ohne Ironie, sehr melancholisch: Wissen Sie, die Mauer beginnt sich für die drüben langsam auszuzahlen. Eine komische Sache, nicht? Erst nach der Mauer geht es da besser, wirtschaftlich. Und das Komischste ist, auch der blanke Terror hat nachgelassen. Die Leute leben entspannter. Sie sind ja nun unter sich, trotzdem.

War das mein Erwachen, eine Ernüchterung, Bildwechsel, harter Schnitt, Drehpunkt der eigenen Aspekte? Kritische Aufmerksamkeit, die an die Stelle tiefen Gefühls trat? Du mußt es politisch sehen. Ich saß im Flugzeug, flog wieder zurück in den Westen. Ich dachte zum erstenmal: Eine schreckliche Sache. Aber was blieb ihnen anderes übrig? Sie mußten es machen, so oder ähnlich. Sie mußten sich abgrenzen, zurückziehen, nachdem die Teilung 1948 durch die Währungsreform, 1949 durch die Gründung der Bundesrepublik ja vom Westen her in Gang gebracht worden war. Der Staat, die Wirtschaft, die ganze Gesellschaft drüben wäre zusammengebrochen, es gäbe überhaupt keine DDR mehr ohne die Mauer. Die Leute wären weggelaufen. Nicht alle natürlich: Die Alten, die Kranken, die Rentner wären geblieben, wie ja auch fast alle Rentner zurückkamen nach Westbesuchen – aber die Jungen, die Tüchtigen, die herum- und vorwärtskommen wollen in der Welt, die wären abgehauen. Die Ärzte, Ingenieure, die Manager, die Lehrer, die Naturwissenschaftler, sie hätten drüben die Ausbildung kostenlos mitgenommen, und nach dem Examen: Nichts wie ab in den Westen. Das System war nicht nur fremd und hart, es war ganz anders. Es war so vollkommen andersartig strukturiert, daß es sich im freien Spiel mit dem Kapitalismus gar nicht entfalten konnte. Man kann sagen: Flucht, eine Volksabstimmung zu Fuß; aber was eigentlich zur Wahl stand, welche Gesellschaftsstruktur angeboten werden sollte, das konnte überhaupt nicht aufgebaut werden mit offenen Grenzen. Es konnte nur in einer geschlossenen Gesellschaft durchexerziert werden. Geschlossene Gesellschaft, ein böses Wort, nicht wahr? Es erinnert an Geheimbünde, Irrenhäuser, Gefängnisse. Der Sozialismus ist nur in geschlossenen Ländern möglich, das ist sicher. Er fängt an. Wir sind fertig.

Ich saß im Flugzeug. Ich flog hoch über der DDR in den Westen zurück nach Frankfurt, dachte: Sind das nicht uralte Quittungen, Rechnungen, die uns jetzt präsentiert werden? Erst die Sowjetunion überfallen, sie mit Mord und Tod und Krieg überziehen, dann diesen Krieg verlieren und dann auch noch erwarten, daß der ausgeblutete Riese sich wieder zurückziehe. Wer hat die Russen ins Land geholt? Wir Deutsche waren es doch, und wenn das so war, dann folgte eins ganz notwendig aus dem anderen: Die Russen brauchten an ihren Westgrenzen diesen Staat. Der Staat war kurz vor dem Zusammenbruch, sie mußten ihn retten. Es leuchtete mir jetzt ein, was ich zuvor nicht begriff: Man kann einen solchen Konflikt mit Steinen und Stacheldraht lösen. Ein Einfall der Vorgeschichte, der Steinzeit, ja, aber politisch sehr wirksam. Es herrschte nun Ruhe, und die DDR begann sich zu stabilisieren. Sie war auf dem Wege, ein wichtiger Industriestaat zu werden. Wer ist denn wichtiger: der Staat oder die Menschen? Was war zuerst: das Ei oder die Henne? Ich dachte: Du hast es nur immer moralisch gesehen, von dir aus. Politisch war dieses Monstrum unumgänglich – für den Osten.

Hinter der Mauer

Gestern bin ich drüben gewesen, wieder einmal. Es ging glatt, nicht gerade mühelos. Immerhin: In zehn Minuten war ich durch, mit dem Auto. Der Grenzübergang Heinrich-Heine-Straße hat alles Provisorische verloren. Er ist modern ausgebaut, hat für Zeiten des Andrangs mindestens zehn Bahnen und zehn Abfertigungsschalter.

Und ich kam mit den besten Vorsätzen herüber. Ich hatte die Mauergeschichten West hinter mir: die Bernauer Straße, die Harzer Straße, die Totenblumen im Museum – alles vorbei und zu Ende. Ich mach' da nicht mit, mit Mauerklagen. Es ist schlimm, aber wahr: Es sind nun zwei Staaten, und es war gar nicht anders möglich. Es hat sich ja auch alles verbessert, befriedet, beruhigt seit der Mauer. Man muß doch zugeben, daß endlich Ruhe eingekehrt ist mitten in Deutschland. Zeit der Entspannung, Kooperation. Nun stell dir bloß vor, was los wäre, wenn morgen die Mauer hier abgebrochen würde: dieses Gerenne, welche schreckliche Dramatik des Kalten Krieges wieder. Nein, es ist trotz allem schon besser so – mit der Mauer. Und ich sah wieder, wie sich das Ding ausgezahlt hat für die DDR. Daran ist nicht zu rütteln. Wirtschaftlich geht es den Menschen jetzt besser. Ich sah das neue Berlin, das sie bauen. Nicht nur den Alexanderplatz, den man kennt. Ost-Berlin wird eine helle, moderne, zeitgenössische Stadt, viel Wohnungsbau. Natürlich schmeckt das alles nach Ost, nach Warschauer Pakt; es ist alles etwas verzwickt, umständlich und für uns eben fremd. Ich aß im Hotel Unter den Linden ein Mittagessen; der Spargel war ausgekühlt, der Schinken eigentlich ein Stück Pökelfleisch, und die holländische Soße schmeckte eher nach Vanille. Immerhin, der Preis war derselbe wie in West-Berlin und die Bedienung von ähnlicher störrischer Uninteressiertheit. Es saß ein Rentnerpaar aus Halle an meinem Tisch, das etwas vergrämt war, seiner Staatsangehörigkeit wegen. Immer diese Ausländer, sagte sie, immer diese Fremden hier bei uns – aus der Sowjetunion, aus Polen, Rumänien. Wir DDR-Bürger kommen zuletzt dran. Wir werden immer zuletzt bedient. Wissen Sie, in Werder beim Kirschenpflücken, da gibt es immer gleich zwei Körbchen: Die guten Kirschen kommen ins West-Körbchen für den Export, die schlechteren sind für uns. Ich war wieder erstaunt, wie frei die reden.

Ich stand am Brandenburger Tor, auf der anderen Seite der Mauer. Das Komische ist: Der Kult mit diesem Ding wird jetzt drüben betrieben. Die DDR ist ja immer etwas zurück, hinterher, und das bedeutet, daß Mauerbesichtigungen jetzt hier Mode, sehr aktuell, sogar erwünscht sind. Ich sah Touristenbusse, Schulklassen, Fremdenführer. Die Besucher aus dem Ostblock werden in Delegationen davor geführt: Unsere Staatsgrenze West, heißt es, unser antifaschistischer Schutzwall, sieht das nicht sauber, sicher, beinah schmuck aus – Aktion schöne Grenze? Es blühte tatsächlich ein Meer von gelben Veilchen vor der Mauer drüben. Der Wind strich durch die Beete. Er bewegte die Veilchenköpfe zärtlich. Soviel schönes Gartenidyll. Unsereiner wird an Furchtbares erinnert, an den Kommandanten Höß zum Beispiel. Man möchte solche Vergleiche nicht. Sie stimmen auch nicht, aber diese kleinbürgerliche Naturlyrik, Balkonkunst, ein Blütenmeer vor Maschinengewehren – das ist schon sehr deutsch. Wenigstens darin sind wir verbunden.

Zwei Burschen standen neben mir. Es waren Arbeiter aus Karl-Marx-Stadt, Kinder der DDR, etwa zwanzigjährig. Und ich sagte, was ich eben mitbrachte aus dem Westen und ins Veilchenmeer blickend: Immerhin, man muß zugeben, es sieht ganz manierlich aus jetzt. Man muß einräumen: Es ist besser so – klare Grenzen. Die beiden sahen mich etwas erstaunt und ungläubig an. Na, Sie sind ja komisch, sagte der eine. Kommt da einer aus dem Westen und sagt uns: Besser so. Denkt ihr alle so drüben? Na ja, sagte ich, Sie sind noch zu jung, aber wenn Sie wüßten, was hier einmal los war am Brandenburger Tor – es war Bürgerkrieg, schrecklich. So konnte es doch nicht weitergehen. Die beiden starrten nach West-Berlin. Sie starrten abweisend. Ich sah eigentlich nur zwei junge Nasen, die immer wie verhext auf die Siegessäule blickten, die hier ganz nahe ist. Man spürte diese wahnsinnige Neugier der Jugend: Wie ist das denn hinter der Gartenmauer? Sie hätten gern erforscht und erprobt die Welt draußen. Glauben Sie nur nicht, daß bei uns alles besser ist, sagte ich. Ein Arbeiterstaat ist das nicht, bei uns. Wenn das so ist, sagte der eine zum anderen etwas grinsend, versteh' ich nur nicht, warum kein Arbeiter aus dem Westen in die DDR zieht. Hast du schon mal einen westdeutschen Arbeitslosen bei uns gesehen, Karl? Sie lachten böse. Ich kam also nicht an mit meinen Revisionsanträgen: Entspannung und Abgrenzung und Kooperation. Die Leute sind hier einfach zurück. Sie sind nicht fertig mit dieser Sache.

Ich fuhr zu den Freunden. Es wurde ein langer, schwieriger, mühsamer Nachmittag: Vergeblichkeit. Ich bin immer so hoffnungsfroh, naiv, einfach neugierig, auch zuversichtlich in Sozialismusfragen. Ich hatte der Frau rote Rosen mitgebracht. Die Rosen der Republik, sagte ich, schön, aber stachlig – paß auf! Das kam nicht an. Und ich versuchte wieder, ein Gespräch in Gang zu bringen, zu forschen, zu bohren, zu fragen. Recherchen: Wie geht's denn, und was gibt's denn hier Neues, und was macht ihr denn jetzt? Ich merkte, daß soviel Hoffnung verdroß. Fang doch nicht damit wieder an, sagten sie, jedes Jahr kommst du mit diesen Fragen. Hier ist es wie immer, immer das Alte. Hier ändert sich nichts, immer der gleiche Trott: Sozialismus, stur heil. Zieh doch mal her eine Weile, sagte die Frau später spöttisch, da wirst du's schon merken, wie das für unsereinen ist. Nein, sagte der Mann vermittelnd, es genügt, wenn er drei Tage in West-Berlin unser Fernsehen betrachtet. Da wird alles klar. Es ist genau wie im Fernsehen Adlershof: so.

Ich spürte die Verdrossenheit aller Eingeschlossenen und wie sich daraus eine Mischung aus Resignation, Zynismus und Abwehr gebildet hat, die man nicht mehr durchbricht. Es geht euch doch aber besser jetzt, beharrte ich, man hört und sieht es doch überall. Ja, sagten sie, wirtschaftlich ist es nicht mehr die Katastrophe von früher, aber normal geht es nicht. Weißt du, wir müssen oft lachen, wenn wir in eurem Fernsehen diese hitzigen Sozialismus-Debatten eurer Studenten sehen. Soviel Heilserwartung. Nach dreißig Jahren Praxis hier, hier am Oranienburger Tor, damit möchten wir sagen: Der Sozialismus ist eine Methode, den Menschen das Leben schwerzumachen. Es geht, aber es geht schwerer, viel mühsamer. Es ist alles so unsagbar umständlich und mühsam hier. Die kleinsten Dinge kosten unsagbare Kräfte. Ist dir nicht aufgefallen, daß die Leute hier so angestrengt, abgeschlafft, erschöpft aussehen? Sozialismus macht müde.

Draußen am Weißensee trug ich dann meine Mauer-Theorie vor. Wir saßen in einem Gartencafé am Wasser. Wir sahen die Kinder mit Trampelbooten auf dem See fahren. In der Ferne hörte man eine Mannschaft Fußball spielen. Der Abend fiel über die Stadt, gelblich, rötlich, bläulich, dann ins Grau sich verfärbend. Ach, Berlin, meine Kitschgeschichte. Ich weiß nicht, sagte ich, mit dem Feuerzeug spielend, wir sehen das heute eigentlich anders als früher. Vielleicht war die Mauer doch unumgänglich, politisch gesehen. Und immerhin: Es ist jetzt Ruhe eingetreten hier in Berlin. Zwei deutsche Staaten leben in Frieden jetzt. Ich weiß, daß die beiden mich da etwas merkwürdig ansahen. Es war wieder diese Mischung aus Resignation und Zynismus, mit etwas Erbitterung, einem Anflug von Aggression gegen mich. Beide sagten zusammen wie aus einem Mund, also im Chor sozusagen: Ruhe? Ja, für euch, für euch im Westen. Das ist schon wahr – für euch herrscht jetzt Ruhe. Für uns geht es weiter.

Ich war niedergeschlagen. Ich war so enttäuscht, daß ich, später allein, nicht auf die Straße achtete. Ich verfuhr mich am S-Bahnhof Jannowitzbrücke. Ich verlor den Weg Richtung

Grenze. Es war still und leer, acht Uhr abends. Kein Mensch auf den breiten Straßen. Doch, da vorne, da geht einer. Ich fuhr scharf ran an den Bürgersteig, bremste, kurbelte das Fenster herunter. Ein Mann Anfang Fünfzig: so ein richtiges Biertrinker-Budiken- und Handwerkergesicht wie überall in Berlin. Wo geht's denn hier zum Grenzübergang Heinrich-Heine-Straße, bitte? Der Mann lehnte sich in mein Autofenster. Er sagte gar nichts. Er schwieg. Er sah sich den Wagen nur an von innen. Ich glaube, er blieb so zwei oder drei Minuten stehen in dieser merkwürdigen Hockhaltung, mit dem Oberkörper ganz im Auto, mir also ganz nahe. Er sah sich sehr gründlich um und sagte dann sehr bedächtig: Sie haben's gut, mein Herr. Sie können rüber, nicht wahr? Wir nicht. Wir müssen bleiben. Er fuhr sich mit der Hand über den Mund, als hätte er eben Bier getrunken, wischte den Schaum sich ab, sagte dann: Na ja, also jetzt rechts um die Ecke, dann unter dem S-Bahn-Bogen durch. Dahinter ist gleich die Grenze. Und gute Fahrt – in den Westen.

Rückzüge

Ich fahre zurück, zurück in den Westen, lauter Rückzüge. Was bringst du mit? Was sind deine Erkenntnisse? Ich sage: Ich sah etwas Schreckliches. Man kann Völker teilen, man kann Städte zerschneiden; Mauern trennen sehr tief. Und wenn man es richtig bedenkt, begann alles mit diesem Ding. Ich wiederhole: Mit diesem Ding hat alles begonnen. Ohne die Mauer gäbe es diesen Staat nicht mehr. Die DDR würde nicht existieren. Die Teilung wäre niemals gelungen. Mit ihr ist sie nun ein sehr respektabler, ein fast normaler Staat geworden. Dieses Ding hat deutsche Geschichte gemacht und wird es weiter tun. Es gibt in diesem Jahrhundert nur zwei Daten der deutschen Nation, die wahrhaft historisch sind: den 30. Januar 1933, als Hitler das Reich eroberte, und den 13. August 1961, als Ulbricht diese Mauer zog. Alles andere ist Folge, also Drumrum. Das Schwert ist gelegt. Es dringt immer tiefer. Es gibt zwei deutsche Staaten und zweimal Berlin. Die Menschen darin sind sich fremd geworden. Ich fahr' nicht mehr rüber. Es hat keinen Sinn mehr: das Päckchen nach drüben. Daß man das machen konnte: mit Druck und Mauern und sehr viel Zeit schließlich doch so etwas wie ein eigenes Gefühl des Andersseins zu erzeugen. Ich würde es nicht gerade ein stolzes Staatsgefühl drüben nennen, aber doch dieses: Wir sind nicht mehr die da drüben, die im Westen. Wir sind anders, andere Deutsche, aus einer anderen, schweren Geschichte kommend, zusammengeklammert in einer anderen Zeit, in anderer Not. Wir sind eben DDR-Menschen. Also deutsche Selbstentfremdung: ein langer Prozeß, eine böse Erkenntnis. Die Teilung der Deutschen ist vollzogen und wird weitergehen.

Später einmal, sehr viel später, vielleicht in hundert Jahren, wird man auf die zweite Hälfte des 20. Jahrhunderts rückblikkend sagen: Damals entwickelten sich zwei deutsche Staaten zu ganz verschiedenen Gebilden – im Schatten ihrer Siegermächte. Das Verfahren ist anhängig, der Prozeß noch im Gange. Ich kann da nicht eingreifen. Die deutsche Einheit wurde verspielt – nach Hitler. Wir sind jetzt in zwei Öfen geschoben; wir werden gebacken wie Brotteig. Zwei ganz verschiedene Sorten, zweimal Deutschland: Ost, West. Es bäckt uns die Zeit, die Geschichte. Backe, backe Kuchen, der Bäkker hat gerufen.

(1975)

Die Grenze

Fränkische Impressionen

An der Saale

Merkwürdig war dieser erste Tag. Den ganzen Tag unterwegs von Frankfurt nach Nürnberg, von Nürnberg nach Bayreuth, von Bayreuth nach Hof, dann Richtung Berlin. Immer dieses Fahren, Fließen, Rauschen der Autobahnströme, Natur, die hüglig und grün ist, sehr still, beinah verträumt, Franken, mitten in Deutschland. Dann Rudolphstein, direkt an der Grenze. Näher geht es nicht. Schön ist das hier, sagt man aussteigend, wie still das hier ist, richtig erholsam. Hörst du das Schweigen? Reine, kräftige, würzige Luft mit Dorfgeschmack, also Stallgeruch. Man atmet tief ein, tief aus. Man quartiert sich ein und sagt dann, auf dem Balkon des Hotelzimmers stehend: Weißt du, so etwas hier nannten wir früher Sommerfrische. Wir kamen dann aus Berlin.

Die Grenze hat Rudolphstein gewisse Aufschwünge gebracht. Ein paar neue Hotels, blitzblank und schnell hingestellt, weiße Pappschachteln mit Neonlicht. Man geht in den Ort. Die Straße fällt, sie senkt und windet sich immer tiefer: Fachwerkhäuser, Bauernhäuser, neue Siedlungshäuser, dann ein Schloß, das auch Zimmer vermietet an Fremde. Das Wort »Zimmer« steht in weißen Lettern riesengroß wie eine drohende Einladung auf dem massigen Turm geschrieben. Ob da Raubritter locken? Dann fällt die Straße weiter. Sie windet und dreht sich, ist reine Verführung zur Tiefe. Büsche, Bäume, Waldgestrüpp, dann noch eine Kneipe, noch einmal Coca-Cola und bayerisches Bierangebot, letzter Tresen der freien Welt, dann die Warntafel, eine Schlucht, tief dunkelgrünes Blätterrauschen. Dann kommt plötzlich das, was einen so betroffen und stumm macht: ein Wasser, ein Flüßchen, das unten tief in der Schlucht vor sich hin gluckert, über Steine stolpert, ein dunkler, versackter Bach, wie er eigentlich nur noch in Märchen und alten Volksliedern rauscht – so tief, so rein, an der Saale hellem Strande. Das ist die Grenze? Und das da drüben, hinter dem Bach? Wie gesagt: Das ist schon der Rede wert, aber man merkt es wirklich erst, wenn man direkt mit der Nase davorsteht. Es geht nicht mehr weiter.

Man muß sich die Szene idyllisch vorstellen. Eine Art Freilichtbühne der deutschen Teilung, erster Akt, erster Aufzug, für mich. Seit fünfundzwanzig Jahren gibt es das, und man meinte, es längst zu kennen als Berliner: uralte Mauergeschichten, Steinzeitgeschichten rund um Berlin. Aber das hier ist anders. Ich spüre es im ersten Hinsehen: Das hast du noch nie gesehen. Wie? Sie haben die Landschaft zerschneiden, aber nicht wirklich zerstören können. Ist es das? Es ist alles noch da: das Tal, die Flußsenke, die Wälder und Wiesen, der Himmel darüber. Grauer Abendnebel senkt sich nieder. Da war einmal eine Brücke, die rüberführte ins Dorf gegenüber. Es liegt dreißig Meter entfernt und sieht von hier aus wie alle Dörfer aus: Giebelhäuser, Bauernhäuser, Lehmhütten. »Sparnberg«, ist noch auf dem Schild zu lesen. Die Brücke ist zerstört. Es ist nur noch ein grauer Stumpf auf unserer Seite. Unkraut wächst aus den Fugen, blüht in rosa und gelben Dolden. Eine Birke hat sich schlank und weiß darauf angesiedelt, neigt sich stumm dem Osten entgegen. Gras und Moos überziehen die Steinbrocken. Eigentlich ist alles schon wieder zusammengewachsen – die Zeit heilt ja Wunden –, wenn da nicht dieser eine, scharfe Rasiermesserschnitt wäre: nur ein Stahlblechzaun, der nicht schrecklich wirkt. Man sieht hinter dem Zaun Leben.

Ein Auto kommt dort die Straße herunter, so ein grauer, lustloser Lastwagen des Sozialismus. Er hält vor dem gelben

Haus. Zwei Menschen klettern heraus, ein junger Mann, eine junge Frau, sie packen Schachteln, Körbe, Koffer aus. Der Fahrer steigt wieder ein, setzt zurück. Die beiden gehen langsam und unschlüssig auf das Haus zu, sie öffnen die Haustür und tragen später ihre Gepäckstücke hinein. Es sieht aus, als wenn sie hier einzögen, als wenn sie als Neubürger eben hier eingewiesen worden wären, direkt an der Grenze. Ist das Verbannung? Ist das eine Auszeichnung, in der verbotenen Sperrzone zu wohnen? Absurde Geschichten. Ich stelle mir vor, wie sie dort leben werden, direkt vor dem Zaun, lebend und halbwegslebend, sehend und wegsehend. Muß das nicht des Nachts seltsame Träume erzeugen? Träume des Fliegens, der stolzen Selbsterhebung. Ein dunkler Flügelschlag nur: Sie schwingen herüber mit sanftem Gleiten. Sie haben plötzlich die köstliche Freiheit der Vögel im Sozialismus; sie dürfen ja auch noch ohne Visum. Oder? Ich sehe zum Himmel auf; Spatzen und Tauben ziehen im Abendlicht ihre Bahnen, kurven im Äther, als wenn gar nichts wäre – himmlische Boten im deutschen Hain. Ach, all die Volkslieder hier, und wie sie passen: An der Saale hellem Strande und Wenn ich ein Vöglein wär' und Die breite, stromdurchglänzte Au – ich wollt', mir wüchsen Flügel. Ja, ja: Ich will zu guter Sommerzeit ins Land der Franken fahren.

Wir gingen zurück ins Dorf. Wir saßen im Gasthaus. Wir aßen zu Abend. Man soll sich die Grenzdörfer nicht verarmt, verrottet und hinter dem Mond vorstellen. Es hat sich ja inzwischen in Deutschland das Gerücht durchgesetzt: Je mehr du ins Zonenrandgebiet kommst, um so trostloser wird es. Ich kann dieses Gerücht nicht bestätigen. Es gibt enorme Probleme: Abwanderung, Landflucht, Leerräume; es gehört Mut und sehr viel Treue dazu, hier durchzuhalten, aber umsonst war das nicht, wie mir scheint. Die Dörfer sehen sauber und freundlich aus. Es wird immer noch gebaut; noch zweihundert Meter vor der Grenze setzt Wüstenrot seine Bungalows einladend hin. Die Straßen versacken und zerbröckeln zur Grenze hin nicht. Sie sind in gutem Zustand, und wo sie sich im Stacheldraht verlieren, hat man oft schmale neue Umgehungsstraßen gebaut: Grenzpromenaden. Man schaltet herunter, man fährt im Schritt, sieht zum Fenster hinaus: Ah ja, da ist ja wieder die Grenze. Erstaunlich, wie sich das neu einrangiert hat.

Der Gasthof; er roch nicht altfränkisch, also nach schöner, besonnter Vergangenheit und bayerischem Bier. Neudeutscher Hotelstil war in das alte Fachwerkhaus eingezogen: alles in Teakholz und poppigen Plastikbezügen, freundlich und modern, was man im Augenblick unter westdeutscher Gastronomie versteht. Pensionsgäste, ein paar Autotouristen, ein paar einheimische Burschen vor Bierkrügen: fränkische Rundschädel mit Pagenfrisur – von den Augenbrauen bis zu den Nasenflügeln erinnern sie immer an Dürergesichter.

Der Fernseher war auf den DDR-Kanal geschaltet. Er zeigte ein Fußballspiel aus Magdeburg. Aus der Musikbox hörte man Peter Alexander schluchzen. Den älteren Ehepaaren, die hier Ferien machen, schien das zu gefallen. Die Männer starrten zum Fernseher, die Frauen schienen am Mund Peter Alexanders zu hängen. Sie schwelgten und schmachteten sehnsüchtig mit: O sole mio. So etwas ist nicht totzukriegen. Wir saßen an unserem Tisch, sahen zum Fenster hinaus. Dämmerung lag jetzt über dem Land, fahles Abendlicht. Man sah die Saale und wie sie sich hier durch die Wiesen windet, wie eine Schlange. Sie zieht sich in lauter Bögen und Kurven durchs Land, so daß Rudolphstein eine launische, spielerische Grenze hat. Die DDR hat ihre Staatsgrenze West, auch antifaschistischer Schutzwall genannt, diesen Launen der Natur sehr preußisch-korrekt unterworfen. Sie läuft eisern mit. Welch eine Zaunverschwendung für Planwirtschaft.

Die Kellnerin brachte das Essen. Es gibt immer Sauerbraten, Schweinebraten, Rippchen oder Preßsack in diesen Grenzdörfern. Schmackhaft und deutlich billiger. Es gibt diesen hellen, trockenen, sandigen Frankenwein dazu, den ich zu schätzen gelernt habe in meinen späten Tagen. Er läuft leicht durch die Kehle und beschwingt mit Vernunft: nur karge Verzauberung im Blut und ein klarer Kopf dann am nächsten Morgen. Wann beginnt der Feuerzauber? fragte ich das Mädchen. Ich meine, wann wird hier die Grenze beleuchtet von drüben? Schön muß das aussehen des Nachts: die Saale im Flutlicht des Sozialismus. Der Rhein in Flammen. Ich kenne das auch aus Berlin. Ach, nichts, sagte sie. Hier bleibt alles dunkel. Hier ist überhaupt nichts los bei uns.

Die Narben der deutschen Teilung

Sicher, man kann fragen: Warum? Warum machst du so etwas überhaupt – Grenzlandfahrt? Wo soll das hin? Das sind doch uralte, versackte Geschichten, Elegien der fünfziger Jahre, abgeschlafft: mitten in Deutschland und Deutschland dreigeteilt, niemals, Thilo Koch und der Stacheldraht, in Einheit und Freiheit. Deutsche Teilung – niemals. Wir wollen niemals auseinandergeh'n. Eisen, Stein und Marmor bricht, aber unsere Liebe nicht. Auch so ein Hit, bald nach dem Mauerbau. Jetzt ist das alles vorbei und verbraucht und vergessen. Wer will diese Beschwörungen und Spruchbänder von damals noch hören? Wenn man bedenkt, was wir alles geschluckt und vergessen haben: den Aufstand der Bauarbeiter in Berlin, Budapest, die Tage des Mauerbaues, den Einmarsch der Russen in Prag. Selbst Solschenizyns barbarische Ausweisung aus seiner Heimat ist schon wieder vergessen. Soviel Empörung, soviel Schaum – und wie der dann abtrocknet und schal wird, richtig sauer. Das Oh und Ah, das Au und Weh der deutschen Teilung ist längst durchgestöhnt. Die Operation ist zu Ende, die Tragödie ist aus. Der Held ist gefallen im letzten Akt. Gestürzt ist der deutsche Riese. Siegfried ist tot. Es gibt zwei deutsche Staaten. Es gibt jetzt einen Grundvertrag zwischen ihnen, Geschäftsbeziehungen: Nebeneinander, geregelte Verhältnisse. Also, was soll das Ganze?

Eben, möchte ich erwidern, das genau ist es, was mich

interessiert. Das treibt mich um. Wie sieht es aus nach der Tragödie? Wie sind denn die Wunden vernarbt? Gehabte Schmerzen, die hat man gern. Was heißt das für die Menschen hier: Entspannung und Aussöhnung, geregeltes Nebeneinander und friedliche Koexistenz? Ich kann mir unter so großen Worten schwer etwas vorstellen. Ich muß das sehen, konkret. Ich fahre also durch das Land, immer an der Wand lang, immer scharf an der Grenze, die Berge rauf und runter: Täler, Hügel, Städte, Dörfer, Badeorte, Frankens schöne Auen. Manchmal komme ich mir auch etwas wunderlich vor: ein Müllsammler und Lumpenhändler in deutscher Vergangenheit. Stacheldraht liegt da noch rum und Coca-Cola-Büchsen. Ich will mit dem Kopf durch die Wand. Ich stehe an Tankstellen, an Straßenkreuzungen, vor Wirtshäusern und Kirchen und frage: Ach, bitte, wo geht's denn hier hin zur Grenze? Die Leute sehen einen dann etwas mißtrauisch an, so, als wollten sie sagen: Was ist das für ein komischer Kerl? Der spinnt wohl. Da ist doch alles dicht und zu – an der Grenze. Eben, eben, sage ich, genau das will ich ja sehen: die Narben der deutschen Teilung. Wie zu ist das denn?

O tiefer, deutscher Traum, Verwirrtraum und Bilderbuch der Geschichte, Heimatidyll, durch das wir mußten, zunächst: Waldeinsamkeit und zarte Wiesen, Dörfer mit Zwiebelturmkirchen und goldenen Barockaltären, braune Fachwerkhäuser mit Wirtsstuben, in denen das Holz noch knarrt von der Last der Vergangenheit: süße Verrottung. Wo sind wir gewesen? Was haben wir gesehen, nebenbei? Bauernhäuser mit prächtigen Toreinfahrten, kleinen, stolzen Barockfassaden, Bürgerhäuser mit hellblauen Muttergottesfiguren, den Strom der Lastwagen segnend. Und dann all die Klöster, die Burgen, die Schlösser hier, Frankens noble Reste. Die Schlösser liegen wie erschöpfte, zusammengebrochene Elefanten, massig und kolossal, einfach am Boden, dämmern im Grünen, blinzeln aus blinden Fenstern und können nicht sterben, röcheln so vor sich hin, zu Lasten der bayerischen Staatskasse.

Ich will sagen: Schön ist das hier, arm und reich, berühmt und zugleich vergessen. Ja, ja, Provinz, natürlich Provinz. Hier werden die Schlachten der Zeit nicht geschlagen. Hier ist alles Erinnerung, abgesunkene Zeit, grüner Traum von der Erde, Kindertraum ganz vom Anfang. All dieses Kindergrün, wo wir waren; all diese grünen Ortsnamen: Froschgrün, Tiefengrün, Unter-Tiefengrün, Christusgrün, Sigmundsgrün, Gottsmannsgrün – lauter grüne Nester, grüner geht es nicht. Und irgendwo dort zieht sich dann diese Grenzlinie durch, ein bleicher Todesstreifen, in sattes Grün gefaßt.

Merkwürdig: Jetzt in der Erinnerung geht alles durcheinander. Es wird sich immer ähnlicher. Man möchte sagen: Ach, im Grunde war es doch immer dasselbe. Wenn man eine Grenzstelle gesehen hat, kennt man alle. Aber das ist nicht wahr; es scheint nur so im Verwirrspiel der Zeit. Die Wahrheit ist, daß diese Grenze immer und überall anders ist. Sie sieht an jeder Stelle neuartig und etwas verändert aus. Sie mußten einen zähen und erbitterten Kampf mit der Landschaft führen. Natur ist launisch und eigenwillig, fast wie eine Pariser Kokotte. Die will mal so, mal so. Die läßt sich nicht plan machen, von Planstrategen. Sie war auch vom Sozialismus nicht kleinzukriegen. Die Grenzbauer hatten abenteuerlichen Wegen zu folgen. Das ist auch eine Leistung: auf tausenddreihundertfünfzig Kilometer Länge etwas auseinanderzuhacken, was seit vielen Jahrhunderten zusammengewachsen war. Meister der Abgrenzung, könnte man sagen.

Sie haben sich da nicht lumpen lassen: Das gesamte Grenzgebiet, das sie von der Ostsee bis zur ČSSR mit ihrem Todesstreifen lahmgelegt haben, entspricht in der Größe immerhin dem Territorium von Luxemburg. Sie sind streng bei der Sache geblieben, und das bedeutet, daß die Grenze, obwohl eigentlich eintönig, doch immer und überall anders aussieht. Sie zieht sich quer durch Seen, Wiesen und Wälder, sie läuft mitten durch Dörfer, Kleinstädte, manchmal durch Bauerngehöfte, sie klettert steile Berge hoch, sie zieht sich in sanften

Schwingen an Hügeln entlang, läuft eine Weile mit Straßen und Schienen mit und legt sich dann plötzlich quer; an hohen Felsen macht sie abenteuerliche Verrenkungen und richtige Bocksspringe, sie fliegt über Schluchten hinweg, sinkt in schwarzen Wald zurück, hackt einen Ort auseinander und läuft dann wieder eine Weile mit einem Flußbett.

Manchmal ist die Grenze eine Betonmauer. In den Ortschaften sieht sie streng und kahl aus wie die Berliner Mauer. Weiter draußen ist sie meist nur ein hoher Stahlblechzaun, Aktion moderne Grenze, aber oft ist es auch noch immer der alte, verrostete Stacheldraht, der aus den fünfziger Jahren stammt. Windschiefe Zementpfähle sind da drei- oder viermal mit Stacheldraht umwunden. Das sieht harmlos, immer noch provisorisch aus, etwa in Ebersdorf bei Neustadt beim Gasthaus Bergmühle, Landkreis Coburg, wo wir wieder Sauerbraten mit Knödeln aßen, Frankenwein tranken, manchmal zum Fenster hinaussahen. Feriengäste im Restaurant. Urlaubsstille. Es sah friedlich aus. Drüben bestellten Landarbeiter die Felder. Was hinter dem Stacheldraht ist: all die Gräben und Erdbunker, die Stolperdrähte und Minen, die Abhöranlagen und Wachtposten – nichts war zu sehen. Ich sage das nur, damit niemand glaubt, es gäbe da undichte Stellen. Es sieht manchmal so aus, aber ist nicht so. Sagen wir es ruhig im Klartext: Das ist die gewaltigste Tötungsanlage, die ich je sah, nach Auschwitz. Wenn deutsch sein heißt, eine Sache um ihrer selbst willen zu tun, so ist das eine sehr deutsche Grenze geworden. Friedliche Koexistenz auf Tretminen.

Mein Fernsehfilm

Plötzlich dieser Einfall unterwegs, der mich für einen Augenblick mutlos machte. Weißt du, sagte ich, das ist eigentlich falsch, was wir machen: so von Grenzbaum zu Grenzbaum, fast wie ein Hund, suchen, finden, sehen, denken, dann wieder weiterfahren. Später soll ich etwas darüber schreiben; ich weiß gar nicht, wie. Das Ganze ist doch ein Filmstoff, unerhört optisch. Das muß man gesehen haben. Das springt ins Auge und spricht für sich. Darüber sollte man nicht reden. Ich könnte mir einen Fernsehfilm vorstellen, ganz ohne Text, lauter Schnappschüsse, nur Bilder, nichts als Bilder, ein stummes Bilderbuch deutscher Selbstverstümmelung, grausam wie Märchenbücher. Nur Bilder sind wahr.

Ich kann das natürlich nicht machen, jetzt. Vielleicht später einmal. Aber ich kann mir vorstellen, wie ich das täte, was ich dem Kamerateam sagen würde, Ratschläge für unterwegs nach erstem Recherchengang. Motivsuche heißt das in der Sprache der Filmleute. Ich habe viele Motive. Ihr solltet zuerst nach Töpen fahren, würde ich also zu ihnen sagen. Es liegt an der Bundesstraße 2 und war vor dem Wiederaufbau der Saalebrücke bei Hof der einzige Straßenübergang von Bayern nach Thüringen und Sachsen. Es war einmal eine wichtige Schaltstelle: von Töpen nach Juchhöh, DDR. Hier war was los: deutsche Binnenwanderung, Grenzgängergeschichten, Wegelagerer, Frühlingsgeschichten. Jetzt ist das alles zu, tot und vergessen. Es ist verlassen, leer, abmontiert. All die blinkenden Herrlichkeiten unserer Erdölgesellschaften – kein Zapfhahn, kein Tankwart, kein Hund ist hier mehr. Der Wind wird wehen am Ende der Welt. Wenn die Autofahrer von Töpen tanken wollen, müssen sie heute nach Hof fahren. Also nehmt diese Straßensequenz in einer ruhigen, sehr langsamen Fahrt auf. Ein schöner Anfang: tote Tankstellen, verrottete Schnellrestaurants, ausgeplünderte Kioske, Omnibuswracks, lauter Autohalden, die an Amerika erinnern, verlassene Goldgräberorte, obwohl Töpen, der Ort, sehr proper aussieht.

Fahrt in das Nachbardorf. Es heißt Mödlareuth. Hier geht die Mauer mitten durch den Ort, siebenhundert Meter lang, und vierzehn Gehöfte liegen schon drüben. Man spricht oft von dem geteilten Berlin. Es gibt auch geteilte Dörfer in Deutschland. Ihr solltet euch das Motiv nicht entgehen lassen. Von der Höhe gleich hinter dem Dorf könnt ihr das Leben drüben mühelos filmen. Das Merkwürdige ist ja, daß drüben trotz aller Sperrzonen und aller wütenden Militarisierung immer auch noch gelebt, und das heißt im Sozialismus natürlich: gearbeitet wird, ganz zivil. Man hört es dampfen, zischen, hämmern, rauschen. Ja, jetzt fallen mir Motive ein, massenhaft, wunderschön. Ihr müßt unbedingt nach Bad Steben fahren, von dort nach Lichtenberg. Von Lichtenberg führt eine neu gebaute Straße an der Saale, also direkt an der Grenze entlang, von Blechschmiedenhammer nach Kemlas und Issigau. Komische Namen sind das – zum Lachen. Das gibt eine noch längere Straßensequenz, ungefähr vier Kilometer, und da die Straße auf unserer Seite etwas höher liegt, habt ihr keine Mühe mit den beiden Dörfern drüben. Sie heißen Blankenstein und Blankenberg.

Nehmt Farbfilme, nicht Schwarzweiß, denn gleich hinter Blankenstein gibt es ein Kuriosum. Das war der Punkt, wo ich zum erstenmal dachte: Unbeschreiblich, bloß keine Worte verlieren. Das muß man gesehen haben. Es gibt da in der Mauer eine Tür. Die Tür ist knallrot, führt zum Westen in ein Wochenendhaus, das am grünen Saalestrand liegt und natürlich noch einmal extra eingezäunt ist, aber nicht unüberwindlich. Diese schwere, rote Eisentür hat uns merkwürdig belustigt. Das wäre vielleicht ein Gag für euch. Man entwikkelt hier Galgenhumor. Der Gedanke, daß man hier für ein Wochenende vielleicht heraustreten kann aus dem Warschauer Pakt, nur so zu privater Erholung, ist verwirrend. Danach müßt ihr dann die Fabriken von Blankenberg filmen. Ihre Westmauern bilden die Grenze. Die Fabriken sind nicht geräumt. Sie arbeiten auf Volldampf. Ein weißes Schaumzeug zischt aus Oströhren direkt in den Westen, verschmutzt hier in weißen Wattewolken die Saale. Es sage nur niemand, Umweltverschmutzung sei eine Folge der kapitalistischen Profitgier. Die sind doch nicht besser. Nehmt auch die großen Spruchbänder mit – ein sehr überzeugendes Motiv für unsere Neomarxisten; auf dem einen steht »Frieden«, auf dem anderen »Alles für das Volk«. Kinder und Hunde liefen am Zaun spazieren, zwei Soldaten der Nationalen Volksarmee daneben: die Klassengrenze.

Ich rate euch jetzt zu Kuriosa. Das alles ist todtraurig, also ganz nahe beim Lachen. Ihr müßt zum Beispiel nach Ludwigsstadt fahren im Landkreis Kronach. Da springt der Westen tief in die DDR hinein und reicht bis kurz vor Probstzella. Die B 85 bei Falkenstein ist gesperrt; es geht nicht mehr weiter, aber die Bundesbahn kann, die Eisenbahnlinie nach Probstzella ist offen. Das gibt ein sehr dankbares Motiv für euch. Ihr müßt eure Kamera direkt an der Bahnschiene vor dem DDR-Zaun aufbauen. Der Zaun ist für die Züge, die hier durchfahren, tatsächlich für fünf oder sechs Meter unterbrochen. Kein Soldat steht daneben. Man kann die Gleise entlang von Deutschland nach Deutschland laufen. Auf der DDR-Seite beginnt allerdings gleich ein Tunnel, der es wohl in sich haben wird: schwarze Vermutung. Ihr müßt Geduld haben, bis ein Zug kommt. Drei- oder viermal am Tag kommt ein Zug, manchmal nur mit Güterwagen, aber immerhin. Wie der ganz unberührt, beinah hoheitsvoll über diese heißeste Grenze der Welt rollt, als wenn gar nichts wäre: Das macht was her. Unsere gute alte Eisenbahn – nicht totzukriegen.

Danach müßt ihr in dem Gasthaus hier am letzten Bahnhof der Bundesrepublik filmen. Im Restaurant sitzen oft Busgesellschaften, die wieder etwas Heiteres hergeben für euren Film. Es sind meist ältere Frauen. Kaffeefahrten zur Zonengrenze; das ernährt auch seine Unternehmer. Die Frauen sehen grundsolide, etwas abgeschafft und irgendwie katholisch aus. Ich meine, so mit Bluse, mit Brosche, mit Dutt und etwas Kropf. Sie löffeln ungeheure Buttercremeberge. Sie vertilgen schweigend und sehr nachdenklich herrliche Sahnekunstwerke und trinken dazu Kaffee, kennerhaft. Ein Führer ist immer dabei, der etwas bedrückt wirkt und sorgenvoll zum Aufbruch mahnt. Aber die Damen schert das nicht viel. So sehr sind sie an der deutschen Teilung nun auch wieder nicht interessiert. Ob ihr das hinkriegen werdet? Ich rate zu lauter Schnappschüssen, also Standfotos, rasch hintereinander und Großaufnahmen: wie etwa ein Stück Torte zu Munde geführt wird in lauter starren Verzögerungen. Ja?

Danach solltet ihr Tettau machen. Jedermann im Grenzland kennt das. Aber wer kennt das in Deutschland? Es ist zu vermuten, daß dieses Motiv im Zuge der kommenden Grenzbereinigungen verschwinden wird. Ihr solltet es festhalten. Der Kleintettauer Zipfel könnte ein Höhepunkt unseres Films werden. In eurer Sprache heißt das: Knüller. Ich sagte auf meine Art: Ionesco. Das ist absurdes Theater auf deutsch. In dem hohen, einsamen Grenzdörfchen Kleintettau liegen nämlich drei Häuser am äußersten Dorfrand, die schon zur Nachbargemeinde Lichtenhain gehören, die ihrerseits ganz zur DDR gehört. Wieder diese verrückte Grenzziehung, die den Wunderlichkeiten deutscher Provinzgeschichte getreulich folgt: zum Lachen, zum Weinen. Die drei Häuser sind geräumt, verfallen, verrottet. Die DDR hat sie offenbar abgeschrieben, aber observiert sie doch manchmal mit Hubschraubern. Immerhin kann man in diesem spitzen Winkel ganz straflos und ohne Visum den volkseigenen Boden der Arbeiterklasse betreten, auch russisch küssen, wenn man will.

Die Grenzlinie der Bundesrepublik, weißgelb, ist schlicht auf die Steine gepinselt, die hier im Boden liegen. Einen Meter entfernt steht der DDR-Grenzpfahl, schwarzrotgolden, mit einer grauen Staatsplakette versehen. Auf der DDR-Seite vergammelt jetzt alles, auf der Westseite, also nur zwei Meter entfernt, ist ein wütender Aufbauwille am Werk. Da baut nämlich ein Kleintettauer sein Haus wieder auf. Mein Notizbuch vermerkt nur die Wörter: Drei irre Arbeiter, Steine schleppend, schweigend. Ich bin natürlich nicht sicher, ob ihr die Szene noch antreffen werdet. Es gelang uns nicht, die Arbeiter in ein gesamtdeutsches Gespräch zu verwickeln. Sie schwiegen und schleppten nur. Man spürte diese bürgerliche Besitzwut, die immer nur an sich selber denkt, ganz sicher ein

Ausfluß der kapitalistischen Wolfsgesellschaft, wie sie drüben sagen. Der Wolf baute sich ein sehr schönes Eigenheim. Ich war etwas fassungslos, sah dem Aufbau stumm zu, sagte nur manchmal: Mensch, passen Sie doch auf, lieber Mann, Sie stehen ja schon wieder in der DDR mit Ihrem linken Fuß. Ihr Zementbottich da drüben ist auch eine Grenzverletzung.

Danach müßt ihr in die Rhön fahren. Ich rate zu Mellrichstadt, dann weiter hinauf zum Tanner Zipfel. Dort, wo die B 278 auf die Grenze stößt, ist man gleich auf drei Seiten von DDR-Gebiet umgeben. Ein himmlischer Friede herrscht hier – nichts geht mehr. Rechts neben dem Grenzpfahl empfehle ich euch die Mülltonne in Großaufnahme. Da muß ein einsames, trunkenes Fest des Dionysos stattgefunden haben. In der Mülltonne liegen noch leere Weinflaschen; »Himmlisches Moseltröpfchen«, ist zu lesen. Die Mülltonne hat ein paar wütende Pistoleneinschüsse. Daneben eine wacklige Bank. Auf der Lehne die Aufschrift: »Eigentum der Grenzpolizei – Beschädigungen werden strafrechtlich verfolgt!« Mein Notizbuch vermerkt noch die Stichworte: Hochrhönstraße, Hilders, Wegspinne Schwarzes Moor. Ihr werdet ja sehen. Ich sage nichts. Nur ein Hinweis für den Schlußtake, vielleicht.

Ich würde als letzte Szene zur Thüringer Warte raten. Während der Abspann schon durchläuft, fahrt ihr immer höher. Ihr kurvt auf einer schmalen Straße durch schwarze Waldeinsamkeit in vielen Serpentinen höher und höher. Es wird immer dunkler und verlassener, und oben öffnet sich plötzlich die Szene. Sie haben den Thüringer Wald hier auf einer Breite von vierhundert Metern abgeholzt, wegrasiert, saubergeputzt und ihre Abgrenzungsmaschinerie in vorbildlicher Frische aufgebaut: ein Muster moderner Mauer. Eine weiße Schneise läuft beinah anmutig kilometerlang halbschräg den Berg hoch: Stahlzäune, Laufgräben, Zementbahnen, sauber geharkte Sandstreifen. Wir standen lange davor, staunend, fassungslos. Ich werde das Staunen in solchen Sachen niemals verlernen. Und ich erinnere mich, daß ich dann sagte: Vielleicht wird man das später einmal sehen, wie wir heute die römischen Kastelle und Militärbefestigungen am Rhein sehen. Grenzwall eines neuen Imperiums. Das ist doch eigentlich – der russische Limes. Wär' das nicht ein Titel für unseren Film?

Brief aus Coburg

Diese Zeilen, meine Liebe, schreibe ich Dir aus einer komischen Ecke; erschrick bitte nicht. Ich sitze hier im Krankenhaus, Station 23, Lungenabteilung, direkt neben der Intensivstation. Ich sitze in einer Flurecke mit Zimmerpalmen, Nierentischchen, herausgerückten Blumenvasen und einem Kruzifix drüber. Irgendwo liegen auch Mullbinden herum. Das Linoleum riecht nach Terpentin, die Luft scharf nach Chloroform mit etwas Bratkartoffelgeschmack. Es ist nämlich 16.30 Uhr. Es wird das Abendbrot ausgeteilt. Schwestern schreiten mit ernsten Mienen von Tür zu Tür, letzte Ölung, also letzte Spritzen spendend. Dicke Mädchen balancieren plattfüßig große Tabletts vor sich her. Ein junger Mann trägt Urinflaschen. Ist das ein Kriegsdienstverweigerer? Ach, diese öde Tristesse eines Samstagnachmittags im städtischen Krankenhaus – zum Sterben. Das hat gar nichts von Zauberberg, obwohl hier lauter Lungenfälle liegen. Es ist das, was man heute die öffentliche Hand nennt, eine mürrische, eine mörderische Hand. Hier muß man krank werden. Ich fühle mich so. Ich warte auf den Arzt, und solange der nicht kommt, nicht wahr, kann ich Dir doch diese Zeilen schreiben.

Ja, wir sind auf unserer Reise jetzt in Coburg gelandet. Seit drei Tagen sind wir in dieser alten Residenzstadt, und obwohl es inzwischen schon Anfang Mai ist, meine ich immer: Ein deutsches Wintermärchen. Es wirkt alles traut und verspielt, so knusprig und irgendwie verschneit hier, daß man immer denkt: Morgen kommt der Weihnachtsmann. Morgen, da ist

Heiligabend. Was es in unserem Restdeutschland, BRD genannt, doch noch an verborgenen Kostbarkeiten gibt, Perlen der Vergangenheit, Provinznester mit goldenen Eiern darin, wirklich: eine schöne Bescherung. Natürlich hätte ich Coburg nie kennengelernt ohne diese Grenzreise. Ich hätte viel versäumt, denn, glaube mir: Etwas Deutscheres ist in Deutschland nicht denkbar. Coburg ist really made in Germany. Ich weiß, wie sehr diese Orte hier im Zonenrandgebiet wirtschaftlich Not leiden. Es sind zugleich Dreisternpunkte des Tourismus. Warum verkaufen sie ihre Schönheit nicht besser? Man müßte einen Werbefeldzug starten, im Ausland vor allem. Deutschland? Da wird in den Tourismusbüros in New York immer das Hofbräuhaus in München, die Drosselgasse in Rüdesheim, vielleicht noch das Brandenburger Tor in Berlin gezeigt, schön und gut. Aber all das zusammen ist kaum halb so deutsch wie diese Städtchen hier in Franken und nach Sachsen und Thüringen rüber. »Königreich Preußen«, ist manchmal noch auf sehr alten Grenzsteinen hier zu lesen, jetzt DDR: deutsche Erbfolge, wilhelminischer Sozialismus.

Coburg ist reines Theater. Es spielt dauernd ein Stück. Es tanzt ein Ballett, das Glanz und Elend deutscher Geschichte heißt: Kleinstaaterei und Weltläufigkeit, Einheit und Zerstrittenheit seiner Stämme, ein Land, das politisch immer eng und verwinkelt, so skurril und phantastisch zurück war, daß es einen Jean Paul hervorbringen mußte, und kulturell so offen und kosmopolitisch wie Goethe. Luther war hier und der deutsche Turnverein, später die Nazis, natürlich. Ich kann es mir vorstellen, wie das hier war 33. Du kennst die Geschichte des Coburger Herrscherhauses? Eine winzige Dynastie, ein Zwergstaat: die von Sachsen-Coburg-Gotha. Mit ihren Prinzen und Prinzessinnen haben sie einmal Europa versorgt. Es sollen besonders schmucke Kinder gewesen sein, beste deutsche Rasse, die sich in Paris und London, in Rußland, England, Belgien, Portugal, Schweden, Bulgarien, Griechenland und wo sonst noch gut verscherbeln ließen am Hof. Die Coburger haben in ihrer Heiratspolitik sogar den

Habsburgern den Rang abgelaufen. Du, glückliches Coburg, heirate! In der Geschichte der Herrscherhäuser bin ich allerdings nicht sehr beschlagen. Im Grunde läßt sie mich kalt. Aber man muß sich schon fragen, warum *Heim und Welt,* die *Bunte,* das *Grüne Blatt* und wie sonst die Organe unserer Regenbogenpresse heißen, in Coburg nicht ihre Zentralredaktionen angesiedelt haben. Das ist hier der Sammelpunkt aller Fürstenhäuser, und was immer noch hochgestellte Frauenherzen heute leiden mögen, die gekrönten und auch die nicht mehr gekrönten: Wenn man es genau verfolgt, führt deren Schmerzgeschichte irgendwann immer nach Coburg zurück. Hier schlürft man noch an der Quelle.

Das Deutsche? Als wir vor drei Tagen einfuhren, spürte ich sofort: Es schlägt einem sanft um die Nase. Am Marktplatz duftet es nach Thüringer Wald, deutscher Mitte. Es ist ja nicht nur das Rathaus mit seinem schönen Portal, die gegenüber liegende »Cantzley« mit ihren viel zu großen Figuren auf dem Dachsims, die alte Apotheke mit ihrer herrlichen Renaissancefassade; für mich waren es diese Wurstbratereien, winzige Verkaufsstände, wo Thüringer Würste gebraten werden. Die Spezialität sind die Tannenzapfen, die unter dem Rost zartrot und aschweiß verglühen und den Würstchen einen würzigen Beigeschmack deutschen Walds geben, der köstlich sein soll. Gleichwohl: Mir schmecken die Nürnberger Bratwürstchen besser. Überall sieht man graublaue Rauchfahnen aufsteigen. Es hat etwas von einer Kulthandlung, wie die hier gegrillt, verkauft und verzehrt werden. Es gehen Frauen mit strengen Schneiderkostümen und hochgestecktem Haarkranz durch enge Straßen. Sie gehen stolzer und fraulicher als die Frauen in Frankfurt oder München, wo alles verschlampt wirkt und verwildert in diesem verrotteten Jeanskult: Geschlechter sind nicht mehr zu unterscheiden. Die Frauen von Coburg wirken dagegen immer noch etwas wie Hofdamen. Sie gehen nicht gerade königstreu, aber doch adlig. Es stolpern stämmige Männer mit Kniehosen und roten Strümpfen daneben, Kerle, die erschreckend gesund und wie ihre Stallburschen wirken, ich meine, wie Lady Chatterley's Lovers, so bullig. Ich möchte in ihre Hände nicht fallen.

Und es gehört ganz selbstverständlich zu diesem Stadtbild, daß immer Aufmärsche und Umzüge stattfinden. Auch das ist deutsch, nicht erst seit Richard Wagner. Coburg ist ein Bühnenprospekt mit Zinnsoldatenspielen. In der Ferne hört man Blasmusik, leichten Trommelschlag. Die Musik wird lauter, die Hoffnung größer, und dann kommt diese Schützengarde anmarschiert, lauter rüstige Uniformträger. Sie kommen in Sechserreihen mit herrlichen Wimpeln und Fahnen. Die Meistersinger von Coburg, letzter Akt. Sie tapsen eher, als daß sie marschieren. So ganz nehmen es die Zinnsoldaten nicht ernst, gottlob. Es macht Spaß. Sie haben Freude an solchen Szenen. Wir, ahnungslos und aus Frankfurt kommend, an jedem Wochenende eher Bürgerkrieg, Klassenkampftheater in der Frankfurter City gewöhnt, fragten erstaunt: Nanu, wofür wird hier demonstriert? Ist hier auch die Revolution im Kommen? Es war keine Demonstration. Es war ein Coburger Umzug. Ich glaube, es wurde eine Reisegesellschaft, die in Bussen aus Darmstadt eingetroffen war, um Coburg zu visitieren, mit klingendem Spiel eingeholt. Waren das Gut- oder Neckermann-Reisen? Coburg läßt sich nicht lumpen. Ich frage mich: Wo gibt es noch solche Riten der Gastfreundschaft?

Du wunderst Dich, daß ich kein Wort über die Hauptsache verliere? Noch kein einziges Wort über die stolze Veste, ja, mit V, nicht mit F geschrieben. Ich weiß auch nicht, warum, ich meine, das mit dem V. Sie ist nämlich schuld daran, daß ich jetzt hier in diesem Krankenhaus sitze, Station 23, Lungenabteilung, und immer noch warte, ob der Arzt vom Dienst vielleicht kommen wird. Es ist so: Wir sind natürlich auch da oben gewesen. Wir haben alles getreulich besichtigt, was zu besichtigen ist, aber mir ist soviel Vergangenheit, soviel kalte Geschichte auf die Lungen geschlagen. Vielleicht sind es auch nur die Bronchien. Du kennst meine Anfälligkeit. Ich bin ziemlich stabil körperlich, ich kann da nicht klagen, aber wenn ich einmal an einem Körperdefekt sterben werde, und man stirbt ja meistens an solchen Erkältungen, nicht an den großen Menschheitsleiden, so werden es bei mir die Atmungsorgane sein, wie bei Karl Jaspers. Einmal werde ich ersticken ganz zum Schluß. Zum Schluß wird alles aussein, die Luft ganz raus; doch lassen wir das. Ich bin noch hier, und hier war das so:

Burgen, Schlösser, Festungen, Klöster, Kirchen, die liegen immer oben. Die hochgebaute Stadt, die stolz ist, aufblicken zu dürfen. Man steigt munter los, man pustet und schwitzt nach einer Weile, man klettert mit großer Entschlossenheit weiter, immer höher, immer weiter, und wenn man dann ganz oben ist und das Hemd schon etwas naß unter den Achseln, dann empfängt einen dort eine steinerne Pracht, die sehr kalt ist. Selbst Anfang Mai sind solche Festungen noch Eiskeller. Der Eishauch der Geschichte weht einen an. Man wird durch einen Traum deutscher Geschichte geführt, wie die Romantiker sich das Mittelalter vorgestellt hatten; das meiste ist renoviert, also nachgemacht. Die Führung dauert exakt zwei Stunden: der Herzoginbau, der Herzog-Carl-Eduard-Bau mit all seinen Kunstsammlungen, die Steinerne Kemenate, der Fürstenbau, die Lutherkapelle. Es ist noch viel mehr.

Auch Rotary tagte hier. Auch Rotary war zuvor an die DDR-Grenze gefahren und hatte direkt am Stacheldraht einen Vortrag vernommen mit dem Titel: »Hier endet Rotary«. Bitte: Ich sah graumelierte, würdige Herren den Roten Turm erklimmen. Ich sah herrliche Grafiken, Plastiken, Gemälde, Gläser, Keramiken, Waffen, Münzen und Möbel. Aber sah ich sie wirklich noch? Ich stand vor glanzvollen Fürstenkarossen. Ich dachte: Das waren die Mercedes 600, die Porsches von damals, nur gemütlicher. Ich spürte, wie ich dabei zu frieren begann, ganz von innen, dann zu schwitzen und wie mir plötzlich so fad im Mund, so schlapp in den Kniekehlen wurde. Ich setzte mich nieder, sicher auf einen fürstlichen Sessel, der eigentlich verboten war. Herrliche Weingläser standen steif in großen Vitrinen, aber interessierten mich nicht. Oder doch? Sie funkelten mich böse an aus scharfen Brillengläsern wie alte Herzoginnen, die fühlen lassen, daß unsereiner nicht standesgemäß ist, nur so ein Schreiber, bürgerlich und aus Frankfurt. Ich spürte den Kopf dröhnen, die Glieder schmerzen und dachte, während man eben Elfenbeingeschnitztes aus dem Umkreis von Tilman Riemenschneider würdigen sollte: Jetzt hat es dich wieder erwischt. Wieder so ein grippaler Infekt oder mehr. Du bist zu früh aufgestanden neulich in Frankfurt.

Wie dem nun sei: Wir sind auf jeden Fall gleich heruntergefahren ins Krankenhaus. Ein böser Kontrast. Ich fiel aus Coburgs Veste direkt in Coburgs öffentliche Hand. Die ist kein Anlaß für Fremdenführungen. Es ist schäbig hier. Und der Arzt kommt immer noch nicht. Ich könnte Dir immer noch mehr schreiben, aber will es nicht. Ich sitze in meiner komischen Ecke, fühle mich elend, sehe plötzlich nur Elend, denke: Ist das also die Kehrseite der schönen Medaille? Spitzgiebelromantik und hohe Burg – was ist darunter? Wie unterentwickelt ist dieses Land?

Über kleinen Grenzverkehr

Wir hatten den Grundvertrag einem Test unterzogen. Wir waren nach Berlin gefahren, und ich, der ich sonst lieber fliege, von Frankfurt aus, hatte bewußt gesagt: Laß uns diesmal mit dem Auto fahren. Wir wollen selbst durchexerzieren, wie das läuft – nach dem Grundvertrag. Es ist ja im Augenblick mühelos möglich, der DDR alle möglichen Fallstricke und Bosheiten zu unterstellen. Ich neige selber zu Skepsis, zu Reserve, aber ich muß nach diesen beiden Transitfahrten auch einräumen: Die DDR hält sich hier wenigstens korrekt an die neuen Abmachungen. Es ist keine Strapaze mehr, auf dem Landweg nach Berlin zu reisen. Wir wurden nicht durchsucht, durchstochert, bespiegelt und auseinandergenommen wie früher. Keine Anatomie des Klassenfeindes.

Man kann jetzt im Auto sitzen bleiben, bekommt seine Visa schnell, sogar höflich, im Ton korrekt. Sie geben sich alle Mühe, sich als unabhängiger und zivilisierter Staat zu präsentieren; ein ganz normaler Staat, wie jeder andere. Auf uns wirkt das immer noch etwas verkrampft, auch komisch. Immerhin, sie gehen ein Risiko ein. Das Auto wird auch bei der Ausfahrt nach West-Berlin nicht kontrolliert. Man könnte also, theoretisch gesprochen, durchaus DDR-Bürger im Kofferraum hinausschmuggeln. Es winken einem unterwegs Menschen zu von Autobahnbrücken, von Parkplätzen. Die Transitbahn nach West-Berlin scheint für manche ein Ausflugsziel; da geht man spazieren am Sonntagnachmittag. Man hält da und dort, spricht ein paar Worte zunächst etwas gewollt, aber dann geht es mühelos. Es sind immer noch Deutsche wie wir.

Ich bin immer verblüfft, wie selbstverständlich man miteinander reden kann. Die Zeit scheint nichts zu verändern. Ausländer sind das nicht. Es wäre ja auch ziemlich grotesk etwa in Berlin, zwei Siebzehnjährige, der eine von der Friedrichstraße, der andere vom Zoo – sie beide als Ausländer zu betrachten. Was ist aber die DDR, wenn sie nicht Ausland ist, bitte? Doch ich komme vom Thema ab. Ich wollte nur sagen, und dies als erfahrener Berliner: Für den Zugang nach West-Berlin ist der Grundvertrag ein Fortschritt. Daran gibt es nichts zu rütteln. Und hier? Wieviel Fortschritte brachte der kleine Grenzverkehr?

Schon das Wort ist falsch, wie mir scheint. Es setzt Hoffnungen in Aussicht, die nicht erfüllt werden. Es läßt Zustände vermuten, die an Basel oder Straßburg erinnern. Da fahren die Menschen, die in den Grenzzonen wohnen, hin und her, fast unkontrolliert. Da bleiben alte Bindungen intakt, und neue entstehen natürlich. Man pendelt über die Grenzen, wie wenn sie nicht wären; und sie sind ja auch kaum noch real im alten Europa, das neu werden möchte. Von etwas Vergleichbarem kann hier nicht die Rede sein. Man müßte eigentlich von Tagesbesuchsmöglichkeiten grenznaher Bundesbewohner in den grenznahen Gebieten der DDR sprechen – ein abscheuliches Deutsch, mit dem man schon mittendrin ist im Sozialismus und in seinen verbalen Unmenschlichkeiten.

Es handelt sich um Tagespassierscheine von West nach Ost genau wie in Berlin; da es aber trotz vier neuer Grenzübergänge auf der ganzen Grenzlinie von tausenddreihundertfünfzig Kilometern nur neun Übergangsstellen gibt, sind Anfahrt und Einreise viel mühseliger und komplizierter als in Berlin. Mit Tagespassierscheinen ist hier wenig gedient. Bei diesen weiten Entfernungen hier müßten für Hin- und Rückreise mindestens dreitägige Aufenthalte erlaubt sein. Das aber soll nicht sein, vom Osten her. Es wird bewußt erschwert in einer Taktik hinhaltenden, bürokratischen Widerstandes. Abkapselung, Abgrenzung soll sein. Es soll dort drüben ein neues, zweites Staatsvolk deutscher Nation, ganz ohne Erinnerung und Bindung an früher, entstehen. Daran wird auch der Grundvertrag nichts ändern. Dabei soll auch der Grenzverkehr nicht hinderlich sein. Es ist hier also nur von einem halben Erfolg der Ostpolitik zu sprechen. Sehr viel ist das nicht, aber, zugegeben: Etwas mehr Kontakt als vor dem Grundvertrag ist doch. Ein Spatz in der Hand scheint mir auch hier immer noch mehr als die Taube auf dem Dach. Ich berichte also von Spatzengeschichten, von Spatzengezwitscher in Deutschland. Die Tauben der deutschen Einheit sind ja ohnehin längst entschwunden. Wohin?

Ob das ein Zufall war? Paradoxe Erfahrung unterwegs: Je näher man an die Grenze kommt, um so weniger wollen die Menschen von dieser neuen Verkehrschance etwas wissen. Ganz hart an der Grenzlinie ist das Thema tabu. Sie zucken mit den Schultern, sie stellen sich taub, sie sehen einen etwas unwirsch bis mißmutig an, als hätte man ihnen einen unsittlichen Antrag gemacht. Da rüber? Hören Sie doch damit auf, sagen sie. Was soll das? Das hat keinen Sinn. Doch, wir haben es manchmal gemacht am Anfang. Aber was soll's? Wirklich rüber ins Nachbardorf kommt doch keiner: alles Sperrzonen.

Außerdem haben sie drüben die alten Bewohner längst ausgesiedelt. Es wohnen jetzt Ortsfremde dort, Menschen aus Mecklenburg oder der Lausitz. Und dann all die Schikanen beim Übergang, das Durchsuchen der Autos, wenn man es überhaupt benutzen darf, die Umständlichkeit jeder Anfahrt, die Umtauschquoten, die Geschenke, die natürlich erwartet werden. Eine teure, sinnlose Aktion. Man sitzt dann mit seinen Verwandten in einem Gasthaus in einer rückwärtigen Stadt. Die mußten ja auch anreisen. Wirklich frei reden kann man da nicht. Bei der Rückkehr des Nachts werden selbst noch die Kleinkinder aus dem Schlaf gerissen und mit Scheinwerfern wütend observiert wie Spione. Das wollen wir nicht. Das ist abgeschrieben: aus und passé. Wir nicht, hier nicht.

So hört man es dort, wo man direkt hinüberblicken kann. Ich würde sagen: Von-Dorf-zu-Dorf-Kontakt, also lokale Mund-zu-Mund-Beatmung, das ist nicht entstanden. Das funktioniert nicht. Die Ränder wachsen nicht wieder zusammen. Sie werden bewußt und mit eisernem Griff auseinandergehalten. Die Trennung der Staaten gerade in der gewachsenen Region soll sein und ist ja auch längst vollzogen. Daran wird der Grundvertrag nichts mehr ändern. Aber die ganze Wahrheit ist das auch wieder nicht. Es ist Lokalwahrheit, also Halbwahrheit. Von anderswo her sieht es wieder anders aus. Wir waren zum Beispiel am Grenzübergang Rottenbach, einer der vier neuen Stellen. Die Bundesstraße 4 führt hier von Coburg nach Eisfeld in der DDR, alles Straßen, die ich nie kennengelernt hätte in anderen Zeiten.

Sonne lag über dem Land. Es war Sonntagmittag, Ausflugsverkehr an die Grenze, Spazierfahrt zur Zone nach Sauerbraten mit Knödeln, eine Art Zoobesuch mit Gitterstruktur und dem leichten Gruseln vor wilden Tieren. Viel Opel Rekord auf den Parkplätzen. Man erkennt die deutsche Zuversicht nach dem Grundvertrag sofort an der Großzügigkeit und Modernität, in der die Übergangsstellen jetzt ausgebaut wurden. Blitzblanke Neubauten, frische, sehr breite Straßen, strahlende Abfertigungsgebäude, die einen Verkehr regulieren, der nicht ist. Ein Grenzbeamter nahm uns in Empfang. Er zeigte uns, was noch geplant sei. So ganz schien er nicht überzeugt von dem Aufwand. Das ist noch nichts gegenüber dem, was die drüben machen, sagte er, wie entschuldigend. Wir ziehen hier immer nur nach. Da drüben ist alles noch größer und einladender: eine perfekte Empfangsmaschine. Wahrscheinlich wird man hier einmal auch den Güterverkehr freigeben. Dann könnte sich der Aufwand lohnen, vielleicht.

Wir standen eine Weile direkt auf der Grenzlinie. Die DDR hatte ihre Einfahrt auf Grün geschaltet. Eine Verkehrsampel neben uns strahlte aus großen Augen ein hoffnungsfrohes, beinah verlockendes Grün aus. Das Grün sagt: Nun kommt doch, grüner wird es nicht. Nur kam niemand. Jetzt ist hier Pause, sagte der Beamte, so um Mittag ist Ruhe. Die Leute kommen ganz früh, manche schon in der Nacht, gleich nach Mitternacht, und kurz vor Mitternacht werden sie heute alle wieder zurück sein. Im Monat sind es hier in Rottenbach im Durchschnitt immerhin viertausend Wagen, mal weniger, mal mehr.

Wir fuhren zurück. In solchen Augenblicken weiß man nicht recht, wie sich die Trauer zur Zuversicht stellt. Da ist etwas zu Ende gegangen, etwas Neues fängt an: Melancholie mit Hoffnung, ein unklares Stimmungsgemisch, aus dem ich herausgerissen wurde, als ich draußen am grünen Wegrand das Wort las: »Gasthaus zum Deutschen Reich«. Heiterkeit griff wieder Platz. Laß uns hier bleiben, sagte ich, ein würdiger Ort im Augenblick. Wie doch Geschichte immer zum Schluß in Kinostoffen, auf Bierdeckeln und in Hotelnamen endet. Das »Deutsche Reich« wirkte verblichen. Es sah wie die Blüten aus, die wir früher als Kinder zwischen zwei Buchseiten preßten, später nach Monaten herausholten – alles noch da, nur eben verdorrt und verblichen. Das Leben raus. Ein Würstchenstand vor der Tür. Es lag wieder der würzige, rauchige Duft weiß verglühender Tannenzapfen in der Luft. Ich sah unseren Thüringer Wald, ich sah Deutschland verglühen.

Wir saßen dann in der Gaststube, tranken Kaffee. Peter Alexander röhrte wieder aus einer Musikbox. Ich blätterte noch einmal in meinen Papieren. Ich sah der sehr dicken Wirtin zu; ihr kolossaler Busen hing tief über dem Tresen und schien die Biergläser mitzuspülen. Ich las in den Zahlenkolonnen, die unter der Überschrift standen: »Grenznaher Verkehr mit der DDR«. Vielleicht wird es sich noch etwas entwickeln, sagte ich. Es ist dann damit zu rechnen, daß pro Jahr etwa eine halbe Million Bundesbürger aus dem grenznahen Bereich drüben Besuche machen. Wie gesagt: Viel ist das nicht, aber mehr als gar nichts ist es schon. Ein Spatz in der Hand – immerhin.

Bamberger Reste

Bamberg war dann zum Schluß wie ein Glockenklang, ach: wie ein Paukenschlag, ein Schlußakkord der Geschichte. Wir hatten nun so viele Grenzpfähle, Warnschilder, Mauern, Zäune, Wachttürme gesehen, daß ich es satt war und müde: Ich will nicht mehr, ich kann nicht mehr, Schluß damit, Schwamm drüber. Mir reicht's. Ich will zu guter Sommerzeit ins Land der Franken fahren. Laß uns noch einmal versinken im Bauch der Zeit, im großen Schoß der Geschichte, zurück zu den Anfängen, auch Mütter genannt. Historische Regressionen – warum sind sie so entlastend? Ich glaube, weil zum Schluß und in der Erinnerung immer nur das Schöne bleibt. Die Leiden der Völker, ihre Toten und Qualen sind dann vergessen. Es bleibt ein Giebelhaus, ein Portal, ein Kirchenfenster. Der Preis dafür ist vergessen und abgesunken. Ob das später einmal mit dieser Grenze auch sein wird? Man wird dann nur noch das Schöne sehen. Das Schöne der deutschen Teilung. Was ist das?

Wir fuhren nach Staffelstein. Wohlauf, die Luft geht frisch und rein. Vom Zentrum des kleinen Städtchens kann man das nicht sagen. Wir standen vor bunten, herrlichen Fachwerkhäusern. Adam Riese begrüßte uns vom hohen Sockel. Wir konnten mit ihm kein Rechenkunststück beginnen. Ein tiefes Bühnenbild der Vergangenheit, durch das dauernd Autos rasen, wie wahnsinnig. Schwere Lastwagen donnerten mit Qualm durch die Szene, vergifteten die Luft, drückten uns platt an die Hauswände. Die haben hier wohl noch nie etwas von Fußgängerzonen gehört? fragte ich etwas erbittert.

Wir fuhren zum Staffelberg. Ich geriet wieder etwas in Schweiß und Atemnot. Wer lange sitzt, muß rosten. Die letzte Bergstrecke muß man wieder zu Fuß machen. Oben erwartet einen wieder ein Eissalon: der heilige Veit, erfrorene Geschichte, Eisblumen der Frömmigkeit. Der Blick vom Staffelberg ist wieder etwas tief Deutsches wie Coburg. Schwer zu sagen, was da an Nähe und Ferne, an Sehnsucht und Heimseligkeit mitschwingt. Von Bamberg bis zum Grabfeldgau umrahmen Berg und Hügel die breite, stromdurchglänzte Au – ich wollt', mir wüchsen Flügel. Ja schon, so literarisch. Ich wollt' es nicht – in Wirklichkeit. Ich sagte schließlich, oben stehend: Es zieht hier so. Wir müssen weiter. Jetzt kommt Vierzehnheiligen.

Nein, ich werde jetzt nicht diesen Rosenkranz fränkischer Perlen herunterbeten: Seßlach, Schloß Banz, Schloß Geyersberg, dann Vierzehnheiligen. Ein Rausch der Freude ist das Barock, ein überquellendes Lebensgefühl, von dessen triumphalem Jubelton man spürt, wie er verströmt nach allen Seiten, grenzenlos, sich also erschöpfen wird. Schön ist das schon, wird aber bös enden. Wir fuhren in Bamberg ein. Es war, wie gesagt, wie ein Glockenklang. Ein Tor ging auf, ein Tor fiel zu, und wir saßen nun drinnen, gefangen im römischen Schrein deutscher Nation, verlockt vom fetten Speck der Geschichte, der sich hier angesetzt hat. Bamberg, wenn man es zum erstenmal sieht, ist reine Verführung der Sinne. Man muß ihr erliegen. Ein Rausch des Erinnerns: So ist das früher gewesen? Eigentlich fabelhaft, oder? Romanik, Gotik, Renaissance und eben Barock, wie das hier aufbewahrt ist. Warum ist die Stadt nicht berühmter? Sie hat etwas von einem deutschen Rom. Sie ist kein Bühnenprospekt abgeschlossener Epochen wie Coburg. Das ist alles noch belebt und spielt mit. Mir schien Bamberg das schönste Ausstellungsstück deutscher Geschichte.

Die Stadt muß sehr fromm sein. Oder scheint das nur so? Obwohl wir vorsorglich in einem evangelischen Hospiz logiert hatten, schlug doch eine Woge des Katholizismus über uns zusammen, ein Meer der Gläubigkeit. Es waren ja nur noch diese zwei, drei Tage. Ich war etwas verwirrt zum Schluß, und alles schien mir durcheinanderzugehen im Kopf. Ich konnte Vergangenheit und Gegenwart nicht auseinanderhalten. Ich sah den Bamberger Reiter; seine schulterlangen Haare waren wie die Haare unserer Kommunekinder. Es roch nach Weihrauch. Es schienen überall Chöre verborgen, die Messen sangen. Es zwitscherten die Sängerknaben, und Prozessionen zogen feierlich durch die engen Gassen, Muttergottesstatuen und fürstbischöfliche Standarten vor sich tragend. Orgeln präludierten eine Toccata mit Fuge. Domherren schritten würdevoll über den Domplatz, und irgendwo wurden Hexen verbrannt, massenhaft. Dazu jubilierten die Bamberger Symphoniker, deutsch und tschechisch. Im Diözesanmuseum prüften wir Meßgewänder. Wir sahen Pontifikalschuhe und heilige Handschuhstulpen. Wir lernten den Mantel der heiligen Kunigunde vom Sternenmantel Heinrichs II. zu unterscheiden. In Bamberg ist wie in Rom fast alles heilig, was alt ist, also früher mal war. Wir saßen dann später erschöpft und etwas verwirrt in einem Bierlokal. Der *Bayernkurier* lag aus. Gottlob, die Erde hatte uns wieder. Ich las eine dicke Balken-Überschrift: »Wie die in Bonn prassen!« Ja, die Erde hatte uns wieder. Ein Stammtisch war für die Würdenträger der CSU reserviert. Wir hielten gebotenen Abstand. Bamberg ist wirklich nicht tot. Das ist alles noch sehr lebendig und west fort, kraftvoll und schwarz. Und black soll ja jetzt beautiful sein, wie man hört.

Wie lange hält soviel Rausch? Wann kommt die Ernüchterung? Ich weiß nur, daß mich am Ende Ratlosigkeit überfiel, mehr noch: Trauer. Es war bei der Ausfahrt. Wir suchten die Autobahn nach Frankfurt und fanden sie nicht: verfahren, verfranzen, die Richtung verlieren. Es schien mir eine Weile, als wenn wir wieder zurückführen. Verwirrung im Spiegelreflex: Wenn wir so weiterfahren, dachte ich, sind wir gleich wieder in Nürnberg, wo das Ganze begann. Ich will aber raus; ich habe genug. Ich will wieder nach Frankfurt, wo alles nüchtern und platt ist, so ungeheuer banal, daß ich es fasse. Kapitalismus mit Revolutionsreflexen, das geht mir ein; soviel verstehe ich von Zeit und Geschichte, mehr nicht. Aber, nicht wahr, das reicht auch für die Grenzlandreise. Mehr steht hier nicht zur Debatte als Zeitgeschichte.

Wozu war das Ganze? Ich bin nicht klüger geworden. Wir sind immer nur drumrumgefahren: Sperren, Todesstreifen, Minengürtel. Wir sahen zwei neue Eingänge, das ist wahr. Für uns blieben sie geschlossen. Unsereinen lassen sie da nicht rein. Sie lassen sich nicht in die Karten gucken. Wir sind nur herumgeirrt: ein Eiertanz um die Mitte, die ausgespart blieb. Es hat mich vieles getroffen, verletzt und ratlos gemacht. Ich sagte zuvor: Die gewaltigste Tötungsanlage, die ich je sah, nach Auschwitz. Ich bleibe dabei, aber ich weiß auch: Die ganze Wahrheit ist das nicht. Es ist nur die Außenansicht. Die Innenseite ist nicht offenbar geworden. Es ist nicht deutlich geworden, was da geschieht, was sich so barbarisch und mörderisch abgrenzen muß. Was machen die eigentlich unter so schweren Zwängen? Warum töten sie Menschen, die weg wollen?

Und jedermann weiß, was man antworten kann. Es sind die Slogans der Zeit. Man kann sagen: Da wird eben ein neuer Staat gebaut, der erste sozialistische Staat deutscher Nation. Das ist die SED-Fassung. Man kann sagen: Die Ergebnisse des Zweiten Weltkriegs. Rußland reicht bis zur Elbe, nach Hitler. Ihr habt sie ja selber hereingeholt mit euren Panzern. Man kann sagen: Der sowjetische Imperialismus, der hat sich hier festgekrallt, mitten in Deutschland, mitten in Europa.

Das ist die CDU-Fassung. Was ihr saht, waren diese Krallen, nicht mehr und nicht weniger. Und dann kann man wieder zum Anfang zurückkehren und müßte nun sagen: Mit dieser Sowjetmacht, die nicht zu leugnen ist, kam auch eine Idee, die offenbar die Völker nicht gleichgültig läßt. In Italien und Frankreich, aber nicht nur dort – auch in Südamerika und anderswo zieht sie die Menschen an. Wahlen beweisen das. Ohne Frage ein schlechter und mißratener Sozialismus, der aus Bukow. Trotzdem ist nicht zu leugnen, daß die Idee für die Menschen Leuchtkraft hat. Sie leuchtet ja auch in den Gesichtern unserer Jugend: die sozialistische Hoffnung. Und nun müßte man wieder von vorne anfangen und sagen: Du träumst wohl. Du willst doch nicht im Ernst behaupten, daß die Menschen in Plauen und Sonneberg, das du immerhin von fern sahst: die Dächer, die Kirchen, die Wachttürme – daß die von der historischen Gewalt der sozialistischen Idee erfaßt worden wären? Das ist doch purer Sozialquatsch, was unsere junge Linke vor sich hin betet. Sie würden sich gerne bedanken für diesen Fortschritt. Der russische Limes? Das Bild stimmt auch nicht genau. Diese Grenze wurde nicht gegen den Feind außen, sie wurde gegen die Menschen im Inneren gebaut. Es ist nicht zu leugnen.

Ich drehe mich immer im Kreis. Ich finde die Lösung nicht. Ich finde den Ausweg nicht aus diesem Labyrinth der Geschichte. Es ist gut, sich in solchen Stunden der Ratlosigkeit an das Konkrete und an den einzelnen zu halten. Rudolphstein – ich kehre zum Anfang zurück. Ich sehe immer noch die beiden jungen Leute, die aus dem Lastwagen ausstiegen und einzogen in das gelbe Bauernhaus, drei oder vier Meter von dieser Grenze. Wie leben die jetzt? Was geschieht mit ihnen in diesem Augenblick, wo ich das hier schreibe?

Ich kann keine Auskunft geben. Ich weiß es nicht. Ich weiß nur: Ich könnte so nicht leben. Für mich wäre das Lager: also Stacheldraht, Wachttürme und fremde Faust – für mich.

(1975)

Böhmische Melancholien

Aufzeichnungen aus Prag

Der Aufbruch

Ob das ein Zufall war? Es war still und leer an der Grenze, als ich eintraf. Es war Juni, Sonnabendmorgen, frische Vorsaison – kein Auto, kein Bus, kein Fremdenverkehr an der Grenze. Es hing ein grauer Himmel über dem Land. Es regnete leicht. Ein Gefühl von Grau, von Müdigkeit und amtlicher Resignation. Es hingen kleine rote Fähnchen hinter dem Schlagbaum. Sie flatterten nicht, sie hingen schlaff, und viel zuviel hingen da, verräterisch viel. Die üblichen Fragen, die üblichen Grenzkontrollen: Zolldeklaration, Geldwechsel, die Visapapiere gestempelt. Einer übt Grenzüberschreitung, ganz für sich. Es fiel die Motorhaube zu, der Kofferraum wurde geschlossen. Ich fuhr los. Tiefes Grün empfing mich. Rauschten die Bäume im Wind? Sie klatschten manchmal in kleinen Böen Regennaß gegen das Autofenster. Wälder, nichts als tiefe, dunkle Wälder, die ich hinter dem Scheibenwischer etwas verschmiert sah. Ich fuhr nach Prag, und der erste Eindruck gleich hinter der Grenze war: Melancholie und schöne Einsamkeit. O Böhmen, deine Wälder, so still, so grün. Eigentlich liebe ich solche Landschaften.

Ja, einer übt Grenzüberschreitung ganz für sich. Mein Tick, mein Hobby, meine private Passion, politisch. Man könnte natürlich nach Spanien, Marokko, Sizilien fahren, Richtung Süden. Ich fahre in den Osten. Ich gehe rüber, ich kann es nicht lassen, ich versuche es immer wieder. Jedesmal wenn ich zurückkomme, schwöre ich mir: Jetzt war es das letztemal, jetzt fährst du nie mehr rüber. Aber das hält nicht lange. Man tut es sich immer wieder an. Warum? Ist das Neugier, Hoffnung, Sozialismus-Erwartung? Mal sehen, vielleicht hat sich doch etwas geändert. Fragen, Fragen; man muß immer wieder neu fragen können im Leben, meine ich. Nur der Fragende ist noch offen, ist unfertig, also lebendig. Ich hasse diese perfekten Vorauswisser hierzulande, diese Neunmalklugen und Manweißdasdochalles-Vertreter, die Rechten genau wie die Linken. Kommunismusverteufelung, Kommunismusverklärung, endgültige Urteile, klare Richtlinien, Schwarzweiß-Dogmatismus. Mir taugt das nichts. Ich kann damit gar nichts anfangen. Ich bin wie ein Thermometer. Ich muß eintauchen in die Masse. Ich muß das Klima fühlen – am Leib.

Ich muß schon einmal in Prag gewesen sein. Ich glaube, anläßlich eines Gewerkschaftskongresses, der mich ziemlich schockierte. Es war damals schlimmste Stalinzeit, Novotnýs Zeit. Ein eisiger Wind wehte. Ich erinnere mich nur an das gewaltige, schwarze Stalindenkmal, das hoch über der Moldau wie eine Drohung stand. Ich erinnere mich an einen großen, blutroten Konferenzsaal mit vielen jungen Funktionären, die sich in einer merkwürdigen kollektiven Hysterie gegenseitig im Klassenkampf überboten. Lautsprecher dröhnten gegen den Imperialismus, der nicht anwesend war im Saal. Es war ziemlich schrecklich damals in Prag. Ich bin nach drei oder vier Tagen weggefahren. Ich habe das längst verdrängt und vergessen. Es soll nicht mehr gelten.

Als ich jetzt einfuhr, wirkte Prag besser: warm, freundlich, etwas verschlafen. Der Regen hatte aufgehört. Der Himmel, in Fetzen aufgerissen. Prag ist zunächst eine Farbimpression für den Fremden. Die Goldene Stadt ist nicht golden. Es herrscht der Eindruck von Hellbraun, Tiefdunkelgelb und Ocker vor, das stumpfe Grün der Dachpatina dazwischen, also das Kolorit des Barocks. Es ist, als wenn man in eine Kulissenstadt einführe, eine tiefe Barockbühne an der Moldau. Überall Kirchen, Palais, Paläste, die ziemlich alt und mürbe wirken wie Mürbekuchen, so braun. Verstaubt, kann man sagen, oder: historisch. So weit ist das nicht auseinander. Man wird an Wien erinnert, an Österreichs goldene Gebrechlichkeit, seine imperiale Gebärde einst. Selbst als Autofahrer sieht man sich gleich von Fürsten, Feldherren und vielen Frommen umringt. Sie stehen überall in Bronze und Eisen gegossen: kolossale Verkehrshindernisse. Dazwischen klingeln rote Straßenbahnen und winden sich durch zu enge Gassen.

Und natürlich ist es die Silhouette der Burg, dieser gewaltige Schloßkomplex des Hradschins, den man als Fremder zunächst erkennt. Wiedererkennt, möchte man sagen. Es gibt Stadtsymbole, die etwas Mythologisches haben, die in uns sind, bevor wir die Stadt noch kennen; man denke an den Tower in London, den Eiffelturm in Paris oder das Brandenburger Tor. Jeder hat das schon vorweg in sich und begrüßt es erstmalig wie einen alten Bekannten. Man fährt durch die City und hat immer dieses kolossale Burgsystem vor sich, als Bezugssystem. Man macht sich Gedanken, erste, vorläufige. Man denkt: Ein Zeichen solider und aufgeklärter Demokratie ist der Hradschin nicht. So etwas könnte unmöglich in Bern oder Brüssel stehen. Er steht zu drohend, zu lastend, zu triumphierend über der Stadt. Erzählt er nicht eine alte Geschichte: Die Macht kommt von oben? Sie thront in den Wolken, hoch über der Stadt.

Und der erste Tag war nun mit den üblichen Erkundungen des Touristen erfüllt: Prager Anfängersorgen. Zunächst den Wenzelsplatz finden, Grundorientierung. Der Wenzelsplatz ist eigentlich kein Platz, er ist ein kurzer Boulevard, siebenhundertfünfzig Meter lang, sechzig Meter breit, der sich nach oben zum Denkmal und zum Nationalmuseum so deutlich hebt, daß das Ganze von weitem wie ein großer, viereckiger Versammlungssaal wirkt, der wie ein Tablett etwas hochgekippt ist. Den Wagen abstellen, die Tür abschließen, etwas ungelenk und humpelnd nach der langen Fahrt die ersten Schritte machen. Tief Luft holen, durchatmen, ah. Schon beim ersten Atemzug riecht man das wieder: Marxismus-Leninismus für Nasen. Wieder dieser vertraute, süßliche Geruch des ungereinigten Sowjetbenzins, Minol heißt das, glaube ich, mit dem schärferen Geruch von Lysol versetzt, diesem Desinfektionsmittel, mit dem man überall in den Ostblockstaaten den Boden wischt, westlicher Ansteckungsgefahr vorbeugend. Man merkt es nur als Fremder. Wieder dieses unklare Ostblockgefühl am Anfang. Was ist das? Die altmodischen, kolossalen Fassaden der Häuser aus den Gründerjahren, bourgeoise Architektur, mit vielen Transparenten und Aufrufen geschmückt. Prag ist eher trist jetzt, aber es ertrinkt in einem Meer kleiner roter Fähnchen, die nur hängen. Zeitungskioske, die schäbig und leer, Eiskioske, vor denen sich lange Schlangen bilden. Ostblockgefühl – was ist das? Ich meine, es ist ein Gefühl von Zurück, Hinterher: Regressionen der Zeitgeschichte. Das kennst du doch? Das war doch auch einmal unsere Welt, früher einmal.

Es galt, ein Hotelzimmer zu finden. Prag ist eine Millionenstadt, die den Fremden lockt und ruft und herzlich willkommen heißt in vielen bunten Prospekten. Es ist gastfreundlich wie München, es hat aber nur achttausend Fremdenbetten. Selbst *Rudé Právo* gibt diesen Engpaß zu. Wie immer in sozialistischen Plangesellschaften gerät man in eine etwas unheimliche, komplizierte Bürokratie, die zunächst entmutigt und müde macht, dann aber auch ganz überraschende Planlöcher zeigt – für Einzelfälle. Man wird an Čedok verwiesen, das alle Fremdenzimmer zentral verwaltet. Es war mir schon beim Eintritt ins Čedok-Büro klar, daß Čedok keine Zimmer haben würde. Verwaltung besteht ja darin, daß sie nichts verwaltet – mit Gründlichkeit. Auch mein vorsichtiger Hinweis, daß ich aus der Bundesrepublik sei, daß ich notfalls auch mit Dollars begleichen könne, verfing nicht.

Die Mädchen bei Čedok schienen eisern und unbestechlich. Čedok verwies mich wieder ans Jalta, wo ich zunächst gefragt hatte. Das Jalta verwies mich ans Ambassador. Das Ambassador ans Hotel Europa. Im Hotel Europa war nichts frei, aber man glaube zu wissen, daß das Palace vielleicht. Das Palace war auf eine verwirrende Weise zugleich total überbesetzt und auch frei. Das Palace schickte mich mit dieser rätselhaften Nachricht wieder zu Čedok. Čedok schrieb eine Zuweisung fürs Palace für eine Nacht. Ich bin dann zwei Wochen im Palace geblieben. Es schien mir: Wer einmal drinsitzt in solchen Planlöchern, hat eine Art Heimatrecht. Ich kam mir aufgehoben vor in dem alten, großen Haus. Ich hätte nun auch zwei Monate bleiben können, mehr noch: immer. Ich sank die erste Nacht etwas erschöpft, übermüdet ins Bett. Ich dachte zuletzt, einschlafend: Es gibt nicht nur Vaterländer, wie wir immer glauben. Es gibt auch Mutterländer. Der Sozialismus ist wie eine große störrische Mutter, eine mächtige Glucke. Schließlich und endlich nimmt sie einen doch ins Nest, unter die Fittiche.

Diese zweite Eiszeit

Das Neue am Stil sowjetischer Herrschaft heute ist: Man merkt davon nichts, jedenfalls nicht als Fremder. Man sieht keine Besatzungstruppen wie in der DDR oder anderswo. Auf der ganzen Reise keinem Sowjetsoldaten, keinem Panzer, keiner Kompanie der Roten Armee begegnet. Die fremde Macht ist da, sie herrscht souverän, aber sie zeigt sich nicht. Sie provoziert nichts. Sie agiert sehr diskret. Es ist nichts zu besichtigen an Okkupation in der Tschechoslowakei heute – nur ihre Reflexe, ihre Auswirkungen, ihre Antworten in den Gesichtern der Okkupierten. Das Denkmal des heiligen Wenzel war nicht mit Blumen geschmückt, wie ich erwartete. Es stand schwarz und hoch da, hoch über den Pragern. Hier hat sich einmal Jan Palach verbrannt. Auch davon ist nichts geblieben. Drei oder vier rote Polizeiwagen stehen neben dem Denkmal. Sie werden nicht benötigt. Fremdenverkehrs-Langeweile. Touristen steigen manchmal auf die Stufen, stellen sich steif hin, lächeln für eine Sekunde freundlich, werden von anderen Touristen geknipst. Es war sommerlich warm geworden. Die Sonne schien endlich. Sie schien über einer müden Stadt.

Merkwürdig: Auch wenn man nichts von der ganzen Politik wüßte – man spürt, daß hier etwas nicht stimmt. Prag ist zu still, heute. Es ist nur Schweigen, Zurückhaltung, Resignation zu hören. Es fehlt jede Helligkeit in den Gesichtern der Menschen. Sie stehen herum wie erloschene Kerzen. Sie schieben sich über die großen Boulevards in der City wie graue Arbeitskolonnen, die gleichzeitig hasten und sehr viel Zeit haben. Zerknitterte Kleinbürgerlichkeit herrscht vor; kaum Mädchen, die einen Hauch Eleganz, kaum Jungen, die schöne Provokation zeigen. Es vibriert nichts zwischen den Menschen. Da springt nichts über; es leuchtet nichts auf – im Vorübergehen.

Man ist also nach Prag gekommen, um etwas auszumachen, zu erfahren über die Stadt, und schon am zweiten oder dritten Tag merkt man: Hier ist überhaupt nichts zu erfahren. Du bist falsch am Platz. Hier kriegt man gar nichts raus. Die Leute schweigen. Sie sind nicht informiert, nicht einmal über ihre eigene Lage. Als Westdeutscher erfährt man über Prag viel mehr, wenn man morgens die *Süddeutsche Zeitung* oder die *Frankfurter Allgemeine* aufschlägt. Ich ging in die Prager Buchhandlungen. Ich fragte nach Büchern Franz Kafkas. Nichts, nichts als Schulterzucken, betretenes Lächeln, Schweigen. Offenbar unbekannt in der Stadt.

Weiter, was fällt weiter auf? Die Trägheit, die Passivität, eine Arbeitsunlust, die kollektiv sein muß, während der Woche. Taxifahrer, die nicht fahrbereit sind, Kellner, die ungern servieren, Badeanstalten, die geschlossen sind, Büros für Theaterkarten, die erst um drei Uhr nachmittags öffnen. Sie reagieren noch immer mit passiver Resistenz. Jeder tut hier nur das Nötigste, keine Handreichung mehr. Sie sind bockig wie kleine Kinder. Erst nach einigen Tagen fallen einem die Großbaustellen in der Stadt auf, die halbfertig herumliegen wie kaputte, weggeworfene Spielzeuge. Baustellen, die seit

Jahren herumliegen und nun langsam vergammeln. Ein Bauarbeiter, der unten ganz allein etwas Schutt wegschippt. Es sieht komisch aus, soviel Passivität.

Dafür belebt sich Prag, sobald es zum Weekend geht. Es wacht auf, wird lebendig, hat es rasend eilig. Jeden Freitagabend schiebt sich eine endlose Autokolonne durch die engen Straßen der Innenstadt hinaus ins Land, ins Grüne. Die Stadt ist plötzlich vom Wochenendfieber erfaßt. Fast jeder hat irgendwo draußen seinen Garten, sein Häuschen, seine Datscha. Die kleinen Freuden kleiner Leute stehen jetzt hoch im Kurs: den Garten pflegen, am Häuschen herumbasteln, in der Sonne liegen, schwimmen, vielleicht angeln gehen. Der Sport ist heute sehr wichtig in Prag. *Rudé Právo* soll den besten Sportteil der Landespresse publizieren und wird viel gelesen, deswegen wenigstens. Jeden Sonntagabend schiebt sich dieselbe Autokolonne zurück in die Stadt, hupend, stinkend. Man kann sagen: Genau wie bei uns. Die kleinen Freuden kleiner Leute – genau wie bei uns, nur daß das gleiche hier ein ganz anderes Vorzeichen hat: Politik ist gefährlich geworden. Man möchte schon, aber man kann sich nicht engagieren, öffentlich. Es ist von einer vehementen Entpolitisierung der Massen zu berichten, von ihrem Rückzug ins Private. Laß die da oben. Wir fahren ins Grüne.

Dumme Situation, in die man sich selber gebracht hat als Kundschafter. Man hat natürlich Adressen gesammelt vorher, man hat Telefonnummern in der Tasche: Prager Autoren, die bekannt sind, zur Literatur gehören in Europa. Man geht ins Hotel zurück, sagt sich: Jetzt versuche ich es noch einmal bei dem. Manchmal kommt das Gespräch nicht zustande, technisch; manchmal klappt es aber, und man sagt seinen Text auf, dies: daß man ein Schriftsteller aus der Bundesrepublik sei, hier in Prag zu Besuch. Man möchte recht herzliche Grüße übermitteln von unserem gemeinsamen Freund E. in München. Sie wissen doch, Ihr Übersetzer. Es entsteht dann immer jene kurze, dramatische Pause, die ich auch von ähnlichen Telefongesprächen in Ost-Berlin kenne.

Man spürt die Ratlosigkeit beim anderen. Man fühlt sich selbst etwas dumm in der dummen Rolle des Bittstellers. Denkt der jetzt: Wer ist das eigentlich? Will der mich nicht nur aufs Glatteis führen – und bitte, wer hört mit im Augenblick?

Manchmal räuspert sich etwas. Ein leises Stöhnen ist zu hören, ein kleines Nebengespräch auf tschechisch mit anderen Menschen im Zimmer. Manche winden sich dann mit umständlichen Erklärungen aus der Affäre. Einerseits schon, andererseits aber leider nicht im Augenblick. Meistens sind es Krankheiten, die sie verhindern, manchmal Reisen, die bevorstehen. Man erhält jetzt in Prag ausführliche Krankengeschichten übermittelt am Telefon von fast Fremden; die Geschichte einer Bauchspeicheldrüse wird dargelegt, der Verlauf eines Heufiebers detailliert erklärt: jetzt im Juni sei er am schlimmsten. Einer hatte auch sein Gehör verloren, gestern beim Tauchen in der Moldau, was das Gespräch etwas anstrengend und dröhnend machte. Schwerhörigkeit ist kein schlechtes Zeichen in solchen Zeiten. Es erleichtert die Lage. Es schien mir überhaupt, daß viele Prager Autoren jetzt an Ausfallsymptomen leiden, sich gern ins Bett verkriechen, auf dem Wege zum Arzt oder zur Klinik sind oder nach Karlsbad müssen, um eine Kur zu beginnen. Sie neigen alle etwas zur Kränklichkeit. Ob wir das nicht wüßten im Westen?

Natürlich sind solche Enttäuschungen nicht ermunternd für den Reisenden. Man wird selber etwas schlapp, schlapp und gereizt zugleich. Man geht wieder in die Stadt, geht zum Altstädter Ring, geht zu den Moldaubrücken, geht über die Karlsbrücke zur Prager Kleinseite, die doch eigentlich die große heißen müßte, weil dahinter der Hradschin beginnt. Die Heiligen auf der Karlsbrücke wirken nicht freundlich-aufmunternd, die Besucher begrüßend, wie es sein soll, wenn ich dem Čedok-Prospekt glaube. Sie stehen starr und stumm, scheinen auch schwerhörig zu sein und reizen mich in ihrer barock-betulichen Gebärde. Albern, denkt man. Nichts als fauler Zauber, denkt man. Nichts als Museen, Kirchen,

Schlösser, Paläste – ein Ramschladen der Geschichte in Prag. Man möchte etwas erfahren über die Stadt und wird immer wieder in den Staub ihrer Geschichte heruntergedrückt.

Dauernd dieses schöngeistige Getue, als wenn wir alle Kunsthistoriker wären: Haben Sie auch Wallensteins Palais observiert? Ist Ihnen im Veitsdom auch nicht im dritten Altar von links diese Madonna entgangen, beste böhmische Gotik? Haben Sie auch schon am Altstädter Ring die historische Uhr mit ihrem Glockenspiel zwölf Uhr mittags gesehen? Ich sagte: Ja, ich sah es, aber es interessierte mich nicht. Ich bin ein politischer Mensch. Kunstgewerbe der Geschichte gibt es überall. Als ich die heiligen Apostel oben für einen Augenblick aus ihren bunten Kästchen einzeln heraustreten sah, als ich beobachtete, wie steif und umständlich sie mit ihren Holzpuppenbewegungen dem Volk zunickten, reagierte ich ausgesprochen politisch. Ich dachte: Gewissermaßen die Herren vom tschechischen Zentralkomitee, die sich für Sekunden dem Volk zeigen, dann wieder verschwinden, steif und hölzern im Allerheiligsten der Macht. Bitte, das ist meine Optik. Politik heute. Wo ist sie? Ich finde sie nicht. Mich interessieren die Lebenden, nicht eure Toten. Ich telefoniere immer wieder, aber ich erreiche sie nicht. Es ist niemand zu sprechen. Ich komme nicht rein ins Schloß.

Ich sagte es nicht mehr, aber dachte: Siehst du, das eben ist Eiszeit, heutzutage: Flucht in die Vergangenheit, kollektiver Rückzug in die Geschichte, der niemandem weh tut. Die Massen weichen ins Grüne, die Intellektuellen in die Historie aus. Staub liegt auf allen Wegen hier, dieser ehrwürdige, langweilige Staub von Geschichtsbüchern. Eiszeit ist, daß jetzt viele Schriftsteller Prags gern von Rabbi Löw im 16. Jahrhundert sprechen, aber niemand von Parteichef Husák heute. Eiszeit ist, daß die Vorzüge verschiedener Schlösser in Böhmen subtil diskutiert werden, aber nicht der letzte Parteitag.

Man kann das historische Judenviertel von Prag besichtigen. Es ist eine Reise wert. So etwas Umfassendes über die

Geschichte des Judentums gibt es auf der ganzen Welt nicht; auch Israel hat das nicht. Es blieb alles unversehrt stehen auch im Zweiten Weltkrieg, weil Hitler nach Ausrottung der Juden hier eine Art Dokumentationszentrum eines ausgestorbenen Volks eröffnen wollte. Die strenge, fremde, düstere Schönheit von fünf Synagogen sollte den Enkeln vermitteln: Seht mal – so waren die, und wir haben sie ausgerottet. So weit, so schlimm. Das wird heute den Besuchern sehr genau und eindrucksvoll dargestellt. Aber fragt man dann die Führerin, die die Synagogen erklärt, eine ältere jüdische Dame, die man genauso in Brooklyn oder Tel Aviv finden könnte, genauso gepflegt, gut onduliert, das stehengebliebene Deutsch der dreißiger Jahre im Mund, fragt man sie also nach der Situation der Prager Juden heute, wie groß denn zum Beispiel die Gemeinde heute noch wäre, so setzt wieder dieses Schweigen, diese Ungenauigkeit diese etwas stotternde Verlegenheit ein: Heute? Es war, als wenn ich nach tiefer Vergangenheit fragte. Was ist schon heute? Wann war denn das? Die Dame wußte nichts. Sie sang immer nur das Lied Frühereinmal. Früher einmal vor fünfhundert Jahren. Ganz Prag schien mir so in die Geschichte versackt, aus der Gegenwart weggerutscht. Strohblumen, ausgetrocknete Blüten oder Eisblumen am Fenster? Ich konnte nicht durchblicken – in die Gegenwart.

Wer will nach Theresienstadt?

Jetzt kommt ein Schnitt. Einnerungen an Berlin. Berliner Erinnerungen: Sie war damals vierzehn, ich siebzehn. Sie hieß Cordelia, und wir waren befreundet. Wir wohnten Haus an Haus, Garten an Garten in Berlin-Eichkamp. Wir waren gemeinsam aufgewachsen, hatten Hopse und Himmel und Hölle, Räuber und Gendarm, später Federball zusammen gespielt, über den Gartenzaun weg. Cordelia war damals sehr hübsch. Ich habe ein flinkes, schmales Mädchen mit dunklen

Haaren und feingeschwungenen Augenbrauen in Erinnerung. Ein immer fröhliches, fast spitzbübisches Kindergesicht, das eher zu Schabernack als zu Ernst aufgelegt war. Für Theresienstadt war sie nicht geschaffen.

Ihr Problem (ich habe das alles erst später genau erfahren) war von jener juristischen Subtilität, die damals jeden Rassentheoretiker entzücken mußte. Für solche Fälle wie Cordelia hatte Globke damals seine Kommentare zu den Nürnberger Gesetzen verfaßt. Ihre Mutter, die Halbjüdin war, hatte eben, als sie zu uns nach Eichkamp gezogen war, einen Arier geheiratet, wie es damals hieß. Die Ehe war streng katholisch, so daß die Ehe, einschließlich der in ihr geborenen Kinder, als halbwegs arisch galt.

Cordelia aber war von ihrer Mutter in diese Ehe mitgebracht worden. Sie war vorehelich. Ihr natürlicher Vater war ein jüdischer Professor gewesen, Professor der Rechtswissenschaften in Berlin, glaube ich, der noch rechtzeitig auswandern konnte. Jedenfalls ergab sich für Cordelia nach Verkündung der Nürnberger Gesetze die Situation, daß sie als Dreivierteljüdin blank dem Judentum zugeschlagen wurde, ihre Familie aber, weil arisch verheiratet und christlich getauft, noch eben dem Deutschtum zumutbar schien. Damals mußte ja an jeder Haustür, hinter der ein Jude wohnte, der Judenstern angebracht werden. Cordelia belastete und bedrohte jetzt ihre Familie. Ihr Haus wurde zum Judenhaus deklariert. Fünf Menschen, die nun als Deutsche galten: Ihre Mutter, ihr zweiter Vater und drei Töchter, die inzwischen geboren waren, sollten unter dem Davidstern leben, dieses Mädchens wegen.

Ich will Cordelias Geschichte hier nicht erzählen. Sie ist zu schrecklich, um einfach als Stoff zu dienen. Ich will nur sagen: Cordelia hat diesen Konflikt mit ihrer Familie damals selber gelöst, fünfzehnjährig. Als sie sah, wie die Gestapo ihr Elternhaus unter die Judengesetze stellte, nur ihretwegen, ist sie aus dem Haus gegangen, aus freien Stücken, wie man sagt. Sie wollte, sie konnte ihre Familie nicht in ihr Unglück reißen. Man nennt das Passion oder Opfergang. So große Worte liegen mir nicht. Sie ist fünfzehnjährig, allein und für sich, erst in ein Berliner Getto und dann nach Theresienstadt gegangen, und natürlich erzähle ich diese Geschichte nur, um klarzumachen, warum und wie und in welcher Verfassung ich auf dieser Reise eines Tages auch nach Theresienstadt fuhr.

Offen gesagt: Bis dahin wußte ich gar nicht, daß Theresienstadt nur sechzig Kilometer von Prag entfernt liegt. Ich hatte es in Polen vermutet. Dies ist also keine KZ-Geschichte, allgemein. Es ist Cordelias Geschichte. Ich fragte mich: Wie hat sie dort gelebt und wo? Wie sieht das aus, was wir nur noch als Gerüchte, als diesen etwas aufgetriebenen Mythos der Verfolgung kennen? Auch Auschwitz ist heute ja nur noch ein Schlagwort, das jeder benutzt. Es ist untauglich für Lokaltermine. Es ist übrigens nachzutragen, daß Cordelia die Tochter von Elisabeth Langgässer war. Auch dieser Name gerät jetzt langsam ins Vergessen. Wer kennt ihn noch? Die Zeit ist wie ein Leichentuch. Sie deckt alles zu, zum Schluß.

Und ich muß noch hinzufügen, daß ich nicht allein nach Theresienstadt fuhr. Ich hatte Kontakt gefunden, ach, beinah Freunde. Es war mit mir aufwärtsgegangen. Wenn einmal die Mißtrauensschwelle überwunden ist, sind die Prager gastfreundlich. Man ist aufgenommen wie ein Sohn und wird betreut und umsorgt mit einer Wärme, die man bei uns im Westen nicht kennt. Die Böhmen sind herzliche und gute Menschen, weich und liebevoll, fast wie Frauen; vielleicht macht das ihre Geschichte so unglücklich. Man frage also jetzt nicht: Wer und wo und wie? Es soll niemand erneut bedroht und gefährdet werden, obwohl von Staatsfeindlichkeit im Haus dieses Prager Musikprofessors bestimmt nicht die Rede sein konnte.

Die Musiker haben es ohnehin gut in solchen Zeiten. Sie sind fein raus. Bach und Beethoven, Smetana und Dvořák werden immer gespielt und gebraucht. Es gibt keine Eiszeit für klassisches Kulturerbe im Sozialismus, im Gegenteil: Die

»Moldau« springt und tanzt und quirlt auch jetzt erst verspielt und zart, ganz jung und silbern. Sie wird breiter, wächst sich aus, wird Smetanas *»Vaterland«*, sie fließt weit und breit und rauscht schließlich majestätisch dahin wie ein böhmisches Volkslied, so sangbar und tief. Man kennt das aus Kurkonzerten. Wir hatten im Haus des Professors Mittag gegessen; böhmische Küche: Knödel und Schweinsbraten mit einer fetttriefenden, kolossalen Soße dazu, was mir immer so abgeht in Westdeutschland. Es gab Kuchen und Kaffee hinterher und danach die Frage: Kinder, was machen wir jetzt mit dem angebrochenen Nachmittag? Ich sagte etwas schüchtern und kleinlaut, obwohl gar nicht gefragt: Ich würde gern Theresienstadt sehen. Und der Professor fragte seine Familie etwas skeptisch reihum: Also, Kinder, wer will nach Theresienstadt?

Die Sache wurde bedacht, gebilligt, bewilligt, für gut, ja notwendig befunden, dem deutschen Gast zuliebe. Es wurde moralisch anerkannt, ja honoriert, daß ein westdeutscher Bürger, der doch eigentlich aus dem falschen Deutschland, dem Deutschland der Imperialisten, kam, also der Nazis, ausgerechnet darauf bestand, nach Theresienstadt zu fahren, nicht einfach ins Grüne zu Kaffee und Kuchen wie meistens DDR-Bürger. Der Ort heißt Terezín auf tschechisch, und wer jetzt eine blutrünstige KZ-Geschichte erwartet, ist falsch informiert, historisch.

Terezín war kein Vernichtungslager, obwohl auch hier etwa fünfunddreißigtausend Menschen, meist tschechische Kinder, umkamen. Theresienstadt war ein Mustergetto, das in einer kurzen Übergangsphase, 1941/1942, die zwar strenge, aber doch zivile Lösung der Judenfrage den Besuchern aus dem westlichen Ausland vortäuschen sollte. Es gibt heute noch einen Film der Nazis über das gute Leben im Getto dort. Ich glaube, auch Carl Jacob Burckhardt ist hier im Auftrag des Völkerbundes gewesen: Potemkinsche Dörfer. Schon ab Sommer 1942 war Theresienstadt nur Zwischenstation, ein Durchgangslager für die, die nach Auschwitz kamen.

Also nichts über die kleine Festung, die man am Eingang der Stadt zunächst passieren muß: ein KZ-Modell en miniature. Das wäre ein eigenes Thema. Wenn man noch einen Kilometer weiterfährt, kommt man in die Stadt, wo sie lebte zwei Jahre lang. Das Einmalige besteht darin, daß hier kein Lager gebaut wurde, daß eine komplette Stadt zu einem Getto umfunktioniert wurde, immerhin das größte in Osteuropa. Die Pläne waren so abwegig nicht. Theresienstadt ist nie eine zivile Bürgerstadt gewesen. Es wurde im Auftrag Josephs II. als Festung gegen die Preußen gebaut, also eine Kasernenstadt. Die deutsche Grenze ist hier nicht weit, und wahrscheinlich, dachte ich einfahrend, sind auch die DDR-Truppen im August 68 über Theresienstadt einmarschiert. Theresienstadt liegt genau auf der Mitte der Fernstraße Dresden–Prag.

Solche Expeditionen in die Vergangenheit sind notwendig, wenigstens für mich. Sie sind notwendig, obwohl natürlich ergebnislos. Sie führen zu nichts als Vermutungen. Die Zeit ist niemals zurückzuholen. Was ist denn zu sagen, jetzt? Theresienstadt ist jetzt wieder eine Militärstadt, tschechisch. Lauter große, alte Wohnblocks, rechtwinklig und öde gebaut wie Kasernen überall. Die Stadt wirkt trostlos wie ein gewaltiger Exerzierplatz. Ich ging durch die leeren Straßen. Junge Burschen knatterten auf einem Motorrad vorbei. An einigen Häusern waren noch Gettoinschriften zu finden. Hebräische Buchstaben, verblaßt, ausgeblichen. An einer Hausecke noch deutlich die Aufschrift: Block 17/3. An einer alten, verfallenden Haustür noch immer das deutsche Wort: Lebensmittelausgabe. Darüber hat einer mit weißer Farbe das Wort Dubček geschrieben. Mein Gott, lauter vergessene, uralte Geschichten.

Es ist leer und trostlos hier. Theresienstadt lebt wieder, aber wie unter Schatten, die lasten, nie weichen werden. Die Vergangenheit ist weg und doch nicht zu tilgen. Wo war es nun – ihr Haus? Wo hat sie gelebt und wie und mit wem? Wie ist das, wenn ein fünfzehnjähriges Mädchen aus Berlin-Eichkamp hierherkommt? Wie hat sie angefangen? Ich suche und finde es nicht, natürlich. Ich finde dich nicht, Cordelia. Wo bist du? Wo bist du damals gewesen? Ich stelle mir vor, daß... So müßte ich doch jetzt sagen, literarisch. So heißt das doch immer bei Schriftstellern, die im Vagen sich festzumachen versuchen. Wenn ich ehrlich bin, Cordelia – ich kann es mir überhaupt nicht vorstellen, wie du hier lebtest unter anderen Verfolgten, unter anderen Kindern und Halbwüchsigen, wie du hier arbeitetest, schliefst, vielleicht deine erste Liebe hattest. Ich habe so etwas Kitschiges später gehört. Das Leben ist ja von unglaublicher Trivialität. Ich weiß nur, daß du dann 1943 von hier nach Auschwitz gebracht wurdest. Du bist in Auschwitz nicht umgekommen. Auch so etwas gab es. Du hast überlebt. Du lebst heute immer noch irgendwo in Schweden und willst von Eichkamp, von deiner Familie und auch von mir nichts mehr wissen. Ich verstehe das.

Ich will nur das noch sagen, abschließend: Theresienstadt war nicht nur meine Sache, an diesem Sonntagnachmittag. Ich merkte es an der verlegenen und schweigenden Art, wie die Familie des Prager Professors neben mir ging. Irgendwie war ihnen das Ganze peinlich, als Gastgebern. Es gab nichts zu lachen – an meiner Seite. Es gehört eben mit zum Land, zu seiner Geschichte. Auch das steckt ihnen noch in den Knochen, und damals, als die Rote Armee zum erstenmal kam, auch mit Panzern, war sie tatsächlich die Befreierin eines Volks. Das Volk jubelte ihnen zu, den Rotarmisten. Damals war keine Eiszeit. Damals regte sich Hoffnung: 45.

Ein Schloß in Böhmen

Ich war auf den Hradschin gefahren. Selbst als westdeutscher Schriftsteller muß man sagen: Er wohnt zu gut hier oben. Er thront mit den Heiligen und Herrschern Prags hoch über der Stadt, hochherrschaftlich. Seine Wohnung grenzt diskret und nicht unpraktisch direkt an die Schweizer Botschaft. Seine

Fenster blicken direkt auf die Fenster des Staatspräsidenten im Hradschin. Soll der Schriftsteller nicht nach Solschenizyn eine Art Gegenregierung in der Gesellschaft darstellen? Pavel Kohout jedenfalls wohnt so: dem Staatspräsidenten genau gegenüber.

Ich brauche hier nicht zu chiffrieren. Ich kann im Klartext reden. Der Fall Pavel Kohout ist bekannt, auch den Behörden am Ort. Es wird ohnehin alles mitgeschnitten. Man kann nichts verderben, und man sollte sich auch das Leben eines so prominenten Prager Schriftstellers, der in Ungnade fiel, nicht allzu schlimm vorstellen. Wieder diese Biermann-Erfahrung aus Ost-Berlin: Sie sind nicht zerknirscht, zerbrochen, desolat. Ein Selbstbewußtsein, das ich als beneidenswert bezeichnen möchte. Es sagt ihnen klar: Ich bin im Recht. Die Partei liegt im argen. Überdies sind sie unverändert Kommunisten, auf ihre etwas romantische Art. Sie leben heute in einem merkwürdigen Schwebezustand von Isolierung und Exklusivität, Wohlstand und Ratlosigkeit. Sie sind nicht typisch für die Literatur ihres Landes, eher Ausnahmen: schöne Singvögel, die die Partei in den Käfig setzte; nicht gerade ein goldener, aber immerhin. Daß so etwas überhaupt möglich ist, privater Protest. Früher, zu Stalins Zeiten, wurden solche Leute erschossen. Etwas nuanciert sich hier doch im Sozialismus.

Und Kohout war unverändert, wie ich ihn schon aus der Gruppe 47 kannte. Er war nicht älter, nicht grauer geworden, trotz aller Niederlagen. Immerhin war er einer der Wortführer des Prager Frühlings. Er sprühte sofort von Witz und Sarkasmus, als ich eintrat, sagte: Entschuldigen Sie diesen unangemeldeten Besuch, eine Art Überfall des Imperialismus, privat. Mit Telefonieren habe ich hier ganz schlechte Erfahrungen gemacht. Man spürt in ihm sofort den Theatermann. Im Grunde ist er ein intelligenter Schauspieler, der sich blitzschnell in Szene setzt. Eine sehr schöne Frau an der Seite. Die wievielte? denkt man. Eine dekorative und große Wohnung; alles ausgelegt wie in einem Schaufenster. Auf vielen kleinen

Tischen lag das, was dem Volk verboten ist jetzt: Solschenizyns Bücher, eine Schweizer Zeitung, ein deutsches Magazin, eine amerikanische Ausgabe seines »*Tagebuchs eines Konterrevolutionärs*«. Und in dieser Exklusivität dann die Zynismen der Eingeschlossenen: Natürlich habe man ihm den Paß abgenommen. Dafür käme er jetzt endlich dazu, das Land kennenzulernen. Er sprach von der Stille, der Anmut, der Schönheit Böhmens, natürlich auch von seiner Datscha. Sie lebten jetzt meist auf dem Lande. Es war fast wörtlich von Biermann, als er dann sagte: Publikationsverbot? Natürlich schreibe ich weiter. Ich war noch nie so produktiv. Man muß nur Haltbareres schreiben. Außerdem gibt es Verträge mit meinem Schweizer Verleger, die man einhalten muß. Ja, dachte ich, das ist schon praktisch. Die wohnen hier zwei Treppen tiefer im Haus, die Schweizer. Aber die tschechoslowakische Literatur? wollte ich fragen. Es war mir längst klar, daß ich hier nichts erfahren würde. Wenn Sie die Lage unserer Literatur erkunden wollen, sagte er nicht ohne bösen Charme, müssen Sie nach Schloß Dobříš fahren. Da ist sie zu besichtigen.

Der Rat war nicht schlecht. Ich bin in Schloß Dobříš gewesen, ungefähr vierzig Kilometer südlich von Prag. So etwas gibt es bei uns nicht. Das kann sich nur der Sozialismus leisten: ein kostbares, ach, ein fürstliches Barockschloß, das dem Schriftstellerverband gehört. Die Schriftsteller sind ja Fürsten im Sozialismus, wenn sie mittun mit der Macht. Hier sollte auch einmal die Gruppe 47 tagen: Herbst 68. Aber dann kamen die Russen dazwischen. Das war der Ort des Anfangs, der ersten dramatischen Kämpfe und Konferenzen, lange vor Dubček. Goldstücker hat hier gekämpft – um Kafka. Mit Kafka fing alles an. Man vergißt das so leicht. Als Kafka Anfang der sechziger Jahre nicht mehr verketzert, als er nicht mehr als »dekadent« und »bourgeois« etikettiert werden mußte, als er in Prag wieder gedruckt, verkauft und gelesen wurde, kam das Ganze langsam ins Rutschen. Ein merkwürdiger Vorgang: erst die westliche Literatur, die damit auch einströmte – Frisch und Dürrenmatt, Camus und Beckett –, dann die westlichen Informationen, die Presse, der Rundfunk, dann die Öffnung der Grenzen. Jeder konnte plötzlich hinein und heraus. Jeder hatte seinen Paß; man begann zu reisen.

Und die jungen Leute, die, die Theresienstadt nicht mehr erlebt hatten, die, die die Rote Armee als Befreierin nicht mehr erlebt hatten, kamen dann aus Wien, aus Zürich oder München zurück und fragten die Älteren, rückkehrend: Warum machen wir eigentlich ein so unglaublich schwerfälliges und untaugliches System, das ihr Sozialismus nennt? Die in Wien, in Zürich und München leben doch viel besser ohne das. Und die Alten, die noch Hitlers Todeslager kannten, konnten jetzt nicht mehr antworten: Weil die Sowjets immerhin besser waren als die deutschen Faschisten. Ihr Sieg war doch unserer. Das verschlug jetzt nicht mehr. Das war zu lange her. Na und? fragten die jungen Leute. Was redet ihr immer von Hitler? Sie fragten genau wie die junge Generation bei uns, nur umgekehrt. Na und? Hier muß doch etwas im System nicht stimmen. Warum kann sich der Sozialismus nicht mit Wohlstand und Freiheit verbünden?

Heute sind das nur noch Erinnerungen hier, schlechte, gefährliche Erinnerungen. Es will niemand mehr so recht wahrhaben, was damals geschah. Es wurde unbarmherzig gesäubert. Die Normalisierung hieß zunächst die Unterwerfung des Geistes. Die Intellektuellen mußten zum Schweigen gebracht werden. Man kann sagen, daß das jetzt gelungen ist. Eine Republik ohne Schriftsteller? Das ist ein Volk mit dem Maulkorb um.

Schloß Dobříš hat einen großen Park. Es soll einer der schönsten Rokokogärten Europas sein. Ich ging hier spazieren. Auf einer Marmorbank saß ein alter Herr. Er sah wie ein pensionierter, etwas vergrämter Professor aus. Einsamkeit lag um ihn gebreitet. Schlief er vielleicht? Die Brille war ihm etwas weggerutscht auf der Nase. Sein Krückstock lag auf dem Boden. Es war ein Bild schöner und einsamer Betrübnis,

Dornröschenschlaf, ein Heckentraum in Böhmen. Sehen Sie, sagte mein Begleiter, als wir vorbei waren – das war nicht nur ein bekannter Literaturhistoriker von einst, heute abgehalftert. Da saß eigentlich unsere Literatur. So ist ihre Lage.

Brief aus dem Sudetenland

Jetzt kommt noch eine Erinnerung. Er muß damals vier gewesen sein. Er soll damals an einem Morgen auf einem Stein gesessen haben, er soll dort ein russisches Volkslied gesungen haben: Abotschida, abotschida, Babuschka oder so ähnlich. Es war Frühjahr 46, und sie wurden vertrieben. Er hatte nur unklare Erinnerungen daran, Kindheitserinnerungen: Morgens um sieben Uhr waren die Männer der Volksmiliz gekommen. Sie hatten Haus und Hof in einer Stunde zu räumen. Die Vertreibung der Sudetendeutschen begann. Man soll das gar nicht beschönigen. Es war eine schreckliche Zeit damals. Das Schrecklichste ist, daß es immer die Falschen trifft. Seine, seiner Eltern Schuld war es nicht, was an Verbrechen im deutschen Namen geschehen war. Oder doch? Gibt es nationale Haftung? Immerhin hatten sie eine kümmerliche Art von Entschädigung in die Hand bekommen: tausend Reichsmark pro Kopf. Seine Familie war also mit siebentausend Mark über die Grenze gekommen.

Man kennt die Anhänglichkeit und Heimatliebe der Sudetendeutschen. Sie ist nicht nur eine Ideologie der Vertriebenenverbände. Er hatte mir also gesagt, bevor ich wegfuhr aus Frankfurt: Geh einmal in unser Dorf. Sieh es dir an. Erzähle uns später, wie es dort ist. Das Dorf hieß Bernklau. Es liegt genau zwischen Karlsbad und Pilsen, und wenn du richtig rumhörst im Dorf: Es muß da noch einen Deutschen geben. Ich glaube, er hieß Mayer, František Mayer. Du kannst ihm schöne Grüße ausrichten. Er wird sich an uns noch erinnern.

Ich habe das auch getan. Ich war dort, und am nächsten

Abend, glaube ich, schrieb ich ihm diesen Brief. Schrieb ich ihn wirklich? Träumte ich nicht nur, einschlafend, ihn zu schreiben? Das spielt keine Rolle, meine ich. Ich schrieb also oder meinte zu schreiben: Lieber Freund, schrieb ich – ich war da. Ich habe alles gesehen. Es ist von Karlsbad aus eine schöne Fahrt. Erst durch Berge, dann durch eine sanfte und zarte Hügellandschaft. Das Sudetenland ist schon ein Heimattraum. Es fließt viel hellblaues Licht von den grünen Bergen. Dann wird es flacher, fahler, offener. Euer Dorf heißt jetzt Bezberow, also das gleiche auf tschechisch. Es ist eigentlich ein Nest, ein mickriges Straßendorf. Es war mir wieder, als wenn ich in meine Kindheit zurückkehrte: alles alt, stehengeblieben, ein Dorf wie vor dreißig Jahren, nur die Produktionsform ist jetzt sozialistisch. Euer Haus steht unverändert. Ein niedriges, braunes Kätnerhaus, in dem alles sauber war, nur eben seit dreißig Jahren nichts erneuert. Aus was für winzigen, schäbigen Elternhäusern wir doch alle kommen. Bei mir ist das nicht sehr viel anders. Am Dorfrand sah man ein paar neue Siedlungshäuser. Auch die Post schien mir neu gebaut.

Ich habe die Familie Mayer gefunden oder besser: sie mich. So etwas spricht sich ja blitzschnell herum im Dorf, wenn plötzlich ein westdeutscher Wagen einfährt. Es ist eine Sensation. Man ist nur ein Normalbürger hierzulande. Aber da drüben? Da sieht alles viel blitzender und kostbarer aus, was wir mitbringen. Sogar meine Kugelschreiber fanden noch reißenden Absatz bei den Dorfkindern. Die Mayers sind jetzt uralte Leute: der Mann achtundachtzig, die Frau fünfundsiebzig, der Sohn vierundfünfzig. Die Hühner gackerten, die Enten schnatterten, als ich in den Hof einfuhr. Es war, als wenn ich die Familie aus einem tiefen Jahrhundertschlaf erweckte, also wieder Dornröschengefühle im Sozialismus. Der Fortschritt kommt als Schläfer, aber jetzt war man wach: Ich kam.

Die Leute sind hier gastfreundlich. Kein westdeutscher Bauer wäre so. Die alte Frau Mayer kam mit einem kleinen

Berg Kuchen an: Bienenstich, glaube ich. Es gab Kaffee, den guten, türkischen der Tschechen. Es wurde Schnaps geboten, und dann begann das Erzählen – wie das so ist. Ich meine, es ist immer das gleiche, überall in den sozialistischen Ländern. Ich bin kein Feind der sozialistischen Agrarpolitik. Die Kollektivierung der Landwirtschaft liegt wohl im Zuge unserer industriellen Entwicklung. Der Individualbauer bei uns ist doch nur ein Rest, ein Anachronismus, ein liebenswerter Traum, der bald ausgeträumt sein wird. Es geht den Leuten in Bezberow also nicht schlecht. Sie haben alle ihr Dach über dem Kopf, ihr Essen, ihr Auskommen. Als Mitglieder der Genossenschaften haben sie jetzt mehr Freizeit als früher. Jeder macht nur seinen Achtstundentag und läßt dann die Sichel, die Sense fallen. Aus, Feierabend. Das sind schon die Vorzüge des Angestelltenstatus. Auch wenn sie krank werden, steht ihnen ein ganz passables Gesundheitssystem zur Verfügung.

Aber das wäre es denn auch. Mehr ist nicht drin. Der junge Herr Mayer, der eigentlich schon furchtbar alt wirkte mit seinen vierundfünfzig Jahren, sagte immer wieder diesen einen Satz: Das wär' es denn, mehr ist nicht drin bei uns. Man hat das Nötigste zum Leben, aber all das, was das Leben erst lebendig und lebenswert macht: persönliches Streben, Eigeninitiative – das gibt es nicht. Sie sehen ja, wie das hier aussieht: erträglich, aber nicht gut. Es ist alles zurück. Es gibt keine Entwicklung, kein Voran, keine persönlichen Chancen. Schon wenn man sein Haus renovieren will, türmen sich schreckliche Schwierigkeiten auf. Wir leben hier im Kollektiv und als Masse. Haben Sie beim Gasthaus die großen Lautsprecher gesehen? Sie können sie überall auf unseren Dörfern finden. Das ist sehr praktisch. Die Leute im Dorf werden frühmorgens durch die Lautsprecher geweckt, mit Musik übrigens, Marschmusik meistens. Und dann gibt die Leitung des Kollektivs durch Lautsprecher bekannt: Der František geht heute zu den Kühen, die Ludmilla füttert die Schweine, der Karel schneidet das Korn weiter mit anderen. Praktisch ist diese Neuerung schon. Sie hat natürlich auch etwas von einer Hühnerfarm, einem Lager, dem Morgenappell in einem großen Arbeitslager: Befehlsausgabe.

Schrieb ich diesen Brief wirklich? Schrieb ich ihn tatsächlich so? Ich wollte damit dem Sudetendeutschen, dem Heimatvertriebenen in Frankfurt eigentlich nur dies sagen, brieflich: Du kannst mir glauben, lieber Freund, wollte ich sagen – all das, was Eure Verbandsführer immer noch auf Euren Pfingsttreffen Euch sagen, ist reiner Mumpitz. Der Traum ist aus. Aber was viel wichtiger ist: Ihr würdet auch nie hierher zurückkehren wollen. In Eurem Dorf sieht es so fad, trist, so unterentwickelt aus, daß Ihr Euch bestens bedanken würdet nach kurzer Einsichtnahme. Wer will denn die Treppen wieder so tief herab?

Eine komische Sache ist das. Ich werde sie nie begreifen. Der Kapitalismus ist ein System der Ausbeutung, wie alle sagen, aber er bereichert die Ausgebeuteten durchaus. Der Sozialismus ist das System der Befreiung, wie alle sagen, und verarmt doch die Befreiten so. Er sozialisiert eigentlich nur die Not, nicht den Wohlstand. Ihr lebt heute in der Bundesrepublik – darf ich das sagen? – gemessen an denen, die Euch vertrieben, fast wie kleine Herren. Ihr habt Euer Haus, Euren Garten, Euer Auto, Euer Auskommen, Eure Ferienreise. Das mag alles nur kapitalistischer Schein und Zauber sein, aber glaub mir: Diesen Schein hätten sie gern drüben. Sie würden uns gerne einholen, überholen, sie schaffen's nur nicht mit diesem System. Und sage nur niemand, das sei eben alles noch im Aufbau, Anfangs- und Kinderkrankheiten im Sozialismus. Das Sudetenland war ein hochentwickeltes Gebiet. Es war genauso entwickelt wie das deutsche Land drüben. Erst dieser Sowjetstil hat sie heruntergebracht. Ich darf das doch sagen, nicht?

Und ich fügte schließlich hinzu: Fahrt doch mal rüber. Macht diese Reise. Sie ist jetzt möglich. Ich bin sicher: Ihr werdet sehr schnell umkehren. Ihr werdet aus Eurem Verband austreten. Ihr werdet spüren: Wir sind keine Vertriebenen mehr. Wir sind Bundesbürger, gottlob. Ich meine: Ihr seid fein raus, gemessen an denen, die Euch einmal vertrieben. Ihr durftet in eine ganz passable Republik gehen – die mußten bleiben.

Karlsbader Oblaten

Dann noch drei Tage ins Bad gefahren zum Schluß. Erinnerungen an Karlsbad, seine Wälder, seine Berge, tief dunkelgrün, die heißen Quellen überall und diese spezifische Langeweile, die Badeorten auf der ganzen Welt eigen ist. Wie die Leute hier laufen, so bedächtig im Kur- und Bade- und Rentnerschritt und mit einem buntbemalten Brunnenbecherchen in der Hand – lächerlich. Daran hat auch der Sozialismus nichts geändert, im Gegenteil. Es kurt sich heute in Karlsbad viel geruhsamer als in Bad Ems oder Baden-Baden, außerdem billiger, außerdem aufmerksamer im Service. Der Sozialismus hat etwas fast Orientalisches in bezug auf Menschenverschwendung. Sie können sich unheimlich viel Hoteldiener, Kellner, Zimmermädchen, Parkwächter, Badefrauen, Masseure und Ärzte leisten. Man wird gut versorgt, viel aufmerksamer als bei uns. Der Geschmack von Karlsbad? Ich würde sagen: Fast wie seine berühmten Oblaten, die hier immer noch am Ort in großen, schwarzen Waffeleisen hellgelb gebacken werden – eigentlich fad, eigentlich nichtssagend, mit einem angenehmen, süßlichen Beigeschmack. Man hat gar nichts zu beißen und beißt doch immer wieder lustvoll hinein von Zeit zu Zeit – in Badeorte.

Als wir in Karlsbad einfuhren, traf mich wieder das Schweigen der Republik wie anfangs in Prag, aber anders. Ein Polizist stand mit einem Funkgerät gebieterisch vor dem mächtigen Hotel Moskwa-Pupp. Er trat an mein Auto und sagte diskret ins Fenster hinein: Pst, Stille, Ruhe bitte, stellen Sie Ihren Motor ab. Hitler spricht.

Tatsächlich sah ich vor dem mächtig gewölbten Portal des

berühmten Hotels Adolf Hitler stehen: schnauzbärtig, mittelgroß, in einer tadellosen, gut gebräunten Parteiuniform, täuschend ähnlich. Daß mir das immer wieder passieren muß. Wo immer ich hinfahre auf Reisen – zum Schluß stoße ich immer darauf. Hitler redete eine Weile, offenbar mit sich selbst. Er hielt die Hände etwas angstvoll über der Hose geschlossen. Was ist denn hier los? fragte ich. Und der Polizist: Sie drehen hier einen Film über München. Studio Barandow dreht hier einen Spielfilm über das Münchner Abkommen, den Betrug an der Tschechoslowakei. Tatsächlich sah ich jetzt auf einer Gartenbank auch Chamberlain und Daladier sitzen, untätig, gelangweilt, früh gealtert, richtige Marionetten des Kapitalismus. Sie warteten beide, der eine im Gehrock, der andere im Frack, auf ihren Auftritt vor Hitler. Der Hitler ist übrigens ein Schwede, sagte der Polizist, ein ganz berühmter Schauspieler aus Stockholm.

Karlsbads große Zeiten sind lange vorbei wie überall, wie in Montreux, Cabourg oder Bad Nauheim. Die Badereise war wohl doch eine bourgeoise Erfindung, Prousts Sache. Heute schleppt sich das nur noch hin, mit lächerlichen Brunnenbecherchen in der Hand. Man muß sich Karlsbad wie Baden-Baden vorstellen, genauso grün, so in Staffeln und Terrassen gelagert, mit vielen Hügeln, die in langen Schleifen kunstvoll zu erfahren sind. Und mit vielen alten, verschnörkelten Hotelpalästen, nur nicht elegant, nicht mondän, eher verbraucht, etwas schäbig. Und natürlich möchte man auch von diesem Ort die ziemlich triviale Redensart gebrauchen, die auch von anderen Touristen-Glanzpunkten oft im Schwange ist: Karlsbad ist fest in deutscher Hand, ich meine: in der einen, ungeteilten, gesamtdeutschen Hand. Hier könnte man sie sich noch drücken, doch man tut es nicht, merkwürdigerweise.

Gäste der DDR und der BRD beherrschen die Fremdenszene. Sie könnten sich hier in die Arme fallen, wie es unsere Konservativen doch immer erhoffen, erwünschen, doch sie tun es nicht. Man geht sich etwas betreten und indigniert aus dem Wege, sobald man merkt: Mein Gott, das ist ja auch ein Deutscher, einer von drüben. Komisch ist diese deutsche Verlegenheit, diese Betroffenheit, das Schweigen, sobald man sich in der Hotelhalle oder beim Mittagessen erkennt. Die DDR-Bürger gehen sofort in steife Abwehrhaltung. Sie essen ihren Braten, trinken ihren Kaffee sozusagen mit strengeren Staatsgebärden, so, als wollten sie bei jedem Schluck sagen: Bitte, wir sind auch wer. Noch in der Art, wie sie im Salat herumstochern, ist DDR-Loyalität eindeutig zu erkennen. Alles Verteidigungsgebärden – aber nur uns gegenüber.

Die Leute in der DDR kommen meist in Delegationen, in Gruppen mit Reisebussen hierher, für ein oder zwei, höchstens drei Tage. Daß ihr Willkommensein zweiter Klasse ist, ist nicht zu verkennen, denn hier herrschen ganz deutlich Hertie und Kaufhof. Die westdeutschen Monopole haben wieder einmal schneller, interessanter, natürlich auch lukrativer reagiert. Sie haben in den großen Hotels komplette Etagen vorweggebucht, billiger Masseneinkauf, und bieten das dann in der Bundesrepublik als die besondere Reise mit individueller Note, die Badereise im Stil der guten alten Zeit feil: nostalgisch. Ältere Ehepaare aus Heidelberg oder Freiburg im Breisgau wandeln durch die Alleen. Sie kommen nicht mit Bussen. Ihre schweren Wagen vor dem Hotel sagen auch: Wir sind wieder wer.

Und ich muß zum Schluß eine Kuriosität in Karlsbad erwähnen, die ich auf all meinen Reisen in keinem Land des Ostblocks fand. Hertie, das im Hotel Moskwa-Pupp eine eigene Informationstafel unterhält über das, was man alles machen könne am Ort: ins Kino gehen, ins Kurkonzert, in den Rosengarten, zum Folkloretanz Mittwoch abend und so weiter – Hertie hatte da noch ein Wort vermerkt, ganz diskret, beinah nebensächlich: »Fernsehen, Hotel Moskwa-Pupp, Zimmer 337.«

Ich hatte ein Gefühl des Besonderen und Mehrdeutigen. Was meint Hertie damit? Soll das eine Anspielung, ein Augenzwinkern sein? Ich meine, wen interessiert heute das tschechoslowakische Fernsehen? Niemanden. Und ich fand in dem großen Haus nach längerem Suchen tatsächlich dieses abgelegene Zimmer, auf dem 337 stand. Als ich eintrat, lief gerade die Tagesschau. Köpcke las Nachrichten vor. Eine kleine, sehr andächtige Gemeinde des verfaulenden Kapitalismus saß da und sah Westprogramme mit diskreter Osteinladung. So weit geht jetzt schon der Service im Sozialismus, jedenfalls in Karlsbad. Auch eine Normalisierung, ging es mir durch den Kopf. Die Sendungen aus der Bundesrepublik wirkten übrigens unwirklich, phantomhaft, wie Nachrichten von einem anderen Stern. Information ohne Hintergrund und in einem anderen Machtsystem. Siehst du, dachte ich, so ungefähr werden die Menschen in der DDR unser Fernsehen aufnehmen: begehrte Phantome, Augenzauber.

Rückblicke

Der Rest war dann wieder schlimm, richtig sowjetisch. Stur heil, sagten die Leute vor mir an der Grenze, Autopassanten, von der Hitze, der Sonne, den langen Wartezeiten vor der Grenzbarriere gereizt und geplagt. Die sind doch vollkommen stur hier. Wir stehen schon fünf Stunden hier, gestern soll es sechzehn Stunden gedauert haben. Genau dein Lied, dachte ich, das singst du doch auch immer, rauskommend: Nie mehr. Wie lange diesmal?

Ich saß dann schließlich in einer kleinen Wirtschaft, einem Gasthaus vor Schirnding, Oberpfalz. Bayern empfing mich wieder. Die Burschen, die da an langen Holztischen vor riesigen Maßkrügen hockten, sahen mich etwas feixend und schadenfroh an. Stallgeruch im Raum. Oder war es nur das Bier, das diesen Dunst verbreitete? Recht so, schienen sie alle zu denken, ihm ist ganz recht geschehen. Warum fährt er hinüber zu den Kommunisten? Sie hätten ihn noch länger rösten sollen in der Sonne des Sozialismus. *Bild* und der *Bayernkurier* und die *Frankenpost* lagen auf dem Tisch. Ich war also wieder zu Hause, die andere Seite Europas. Ach, diese Grenzgänge immer wieder. Man ist hin und her gerissen. Man kann es keinem recht machen. Was willst du nun sagen zu Hause? Was ist die Moral von dieser Geschichte?

Ich will das sagen: Die Russen haben erreicht, was sie damals forderten, einmarschierend. Sie forderten die Normalisierung, das heißt das, was bei ihnen zu Hause die Norm und die Regel ist. Es ist in Sowjetrußland normal, daß die KP diktiert, daß die Massenmedien strenger Zensur unterliegen, daß die Grenzen geschlossen sind. Das ist ihr Gesellschaftsmodell, und ich meine, in Minsk und Moskau und Wladiwostok ist kaum etwas dagegen zu sagen. Mögen sie doch. Ihre Sache.

Das Schreckliche ist, daß Großmächte diesen expansiven Zwang haben. Großmächte sind wie bösartige Mütter: unglaublich herrschsüchtig und egozentrisch. Sie denken nur an sich, und was bei ihnen paßt, wollen sie rücksichtslos auch ihren Nachbarn aufzwingen. Man nennt das auch Imperialismus oder Großmachtpolitik, und natürlich hat das mit Kommunismus oder Kapitalismus zunächst gar nichts zu tun. Die Amerikaner haben sich zu ihrer Zeit Südamerika genauso unterworfen. Was ist denn Bolivien anderes als die Tschechoslowakei der Amerikaner? Die Großen unterwerfen sich immer die Kleinen, das ist ein altes Lied. Das ist das Prager Lied jetzt.

Sie müssen in Prag mit einem System leben, das anderswo seinen Sinn haben mag – hier nicht. Hier ist doch Europa, hier ist Mitte, ach, beinah Westen. Hier müßte man anders verfahren. Wie? Ich weiß das nicht. Ich sah nur: Die kleinen Völker am Rande haben es schwer. Sie können nur überleben – in der Faust der Großen.

(1975)

Das freundliche Trotzdem

Bilder einer Ungarn-Reise

Zwei Schwestern

Dieser Trubel am Anfang, diese kolossale Blechlawine – unvergeßlich. Ich warne jeden Ungarn-Reisenden nur vor einem: Hoffnungsfroh, unwissend an einem Freitagnachmittag vielleicht in Wien einzufahren, ein Hotel zu suchen, einen Parkplatz zuvor – es ist unmöglich. Er wird scheitern.

Frankfurt–Wien–Budapest – das sagt sich leicht. Das sieht sehr vernünftig aus auf der Karte. Wir übernachten, haben morgen nach Budapest nur noch dreihundert Kilometer, ja? Schon auf der Mariahilfer Straße, wenn man dann einfährt, kommt der Plan ins Stocken. Abbremsen. Es beginnt ein sinnloses Schleichen, diese Zentimeterarbeit zwischen Baulöchern und Straßenbahnen, die man kennt. Der Verkehr kriecht nur noch gelegentlich, kommt dann zum Stehen. Rund um den Ring ist alles blockiert. Auch in Wien wird natürlich eine U-Bahn gebaut. Die Wiener City ist ein gewaltiges Bauloch, das gähnt und dröhnt und um das sich dann Autos stauen, in die Tiefe starren. Der Stephansdom ist deutlich kleiner geworden. Er steht etwas vergrämt da, sieht aus, als wollte er sich in den riesigen Krater stürzen, den sie zu seinen Füßen aufgerissen haben. Hat er sich nicht gesenkt? Steht der Turm nicht leicht schief?

Erschwerend für Ungarn-Reisende kommt weiter hinzu, was man den Wiener Charme nennt. Ein süßes Gift, das Lust macht für Stunden. Man möchte schon nippen. Man läuft durch die halbe Stadt noch spätabends, läuft durch die Kärntner Straße zur Oper, von der Oper zum Burgtheater, geht natürlich ins Sacher, bleibt vor dem Demel stehen. Man staunt: Wien ist eine gewaltige Stadt, mehr noch: eine Kapitale, eine stolze Metropole; was wir nicht mehr kennen, eine Hauptstadt fast wie Paris mit lauter imponierenden Symbolen der Macht – nur die Macht ist weg; das Reich ist hier auch entschwunden. Wien ist eben nur ein Symbol, nicht die Sache. Wien ist ein Traumschein, ein Theaterstück großer Erinnerungen – ein Volk sitzt im Parkett, träumt jede Nacht.

Noch lange nach Mitternacht saßen wir im Hawelka. Wieder etwas, was man doch mitnehmen möchte, probeweise: eine waschechte Wiener Intellektuellen-Kaschemme, wo auf wackligen, harten Holzstühlen eng gedrängt lauter bleiche Literaten sitzen, Kaffee trinken, rauchen, diskutieren, Zeitungen lesen. Es raschelt von Geist und Papier überall. Der Raum ist hoch und kahl, er ist total veräuchert, die Szene von jener asketischen Häßlichkeit, die brisante Intelligenz vermuten läßt. So muß es in Petersburg 1905 ausgesehen haben. Etwas Balkan ist eingesickert. Der Geist ist sehr bleich, beinah ausgeblichen. An den Wänden surrealistische Malerei. Welch ein Dschungel des Geistes, welch ein Kunstsumpf. Wie Geschichte doch hinterher massenhaft wird, wuchern kann, Lianen- und Schlingpflanzen gleich. Laß dich nicht runterziehen. Halt dich da raus. Budapest, nicht Wien ist unser Thema. Vielleicht später einmal.

Und doch gibt es Vorzeichen. Man spürt erste Grunderfahrungen, die Geschichte von den zwei Schwestern zum Beispiel. Die Gegensätze beider Systeme sind nicht so schroff wie bei uns, den deutschen Brüdern. Die Übergänge sind milder, gleitender, weicher. Uralte Verwandtschaft ist spürbar. Auch ist Österreich kein NATO-Land. Es ist nur zur ewigen Neutralität verpflichtet. Also zum ewigen Zuschauer und Herumnörgeln. Den Wienern hier liegt das durchaus. Nach Budapest? Die jungen Leute an unserem Tisch fragen das, als wenn wir von Madrid sprächen. Ja, ein anderes Land, ein anderes System, aber man kennt das, man ist oft dagewesen. Im übrigen: Das Leben ist überhaupt fad, ist langweilig – oder? Wiener Melancholie, sie verwischt etwas müde und freundlich die Gegensätze, die uns Deutsche mitunter erbittern, mich wenigstens. Es ist nichts Besonderes hier, von West nach Ost zu wechseln. Wenn Sie gut essen wollen in Budapest, sagt der eine: Ich empfehle den Mathyas-Keller. Der andere: Zum Einkaufen sollten Sie auf die Váci utca gehen. Der eine empfiehlt die Budapester Dampfbäder, der andere die Oper. Wir notieren das alles unwissend. Es ist, als wenn man in sehr alte, verstaubte Familiengeschichten geraten wäre. Wien und Budapest – es ist, als wenn sie von zwei schönen Schwestern sprächen, die, erwachsen geworden, in zwei sehr verschiedene Familien hineingeheiratet hätten. Das ergibt Entfremdungssymptome auf tiefer Verwandtschaftsbasis. Von Wien aus wirkt Budapest wie die ärmere Schwester. Sie hat keine glanzvolle Partie gemacht. Das ist sicher. Sie lebt in kleinen Verhältnissen jetzt, immerhin. Dort leben auch Menschen. Wie?

Am nächsten Tag sah ich dann das erste Zeichen. Siebzig Kilometer hinter Wien beginnt die ungarische Grenze, und wenn man aus Deutschland, dem geteilten Land, kommt und zudem noch Berliner ist, also Abgrenzungsmechanismen von preußischer Perfektion hinreichend gewohnt ist, so ist man verblüfft an der Grenze, fast etwas enttäuscht. Da ist sie ja. Und das ist alles? Wie das? Ich möchte den Eindruck, den die österreichisch-ungarische Grenze heute vermittelt, als zivil bezeichnen. Es ist nichts zu sehen, was man erwartet. Ich vermute, auch diese Grenzlinie wird militärisch befestigt sein. Mir scheint das sicher, aber es ist nichts mit Augen wahrzunehmen, was demonstrativ drohen wollte. Keine Mauern, kein Stacheldraht. Nur daß es auf der Straße noch stiller wird; nur noch tröpfelnder Gegenverkehr. Es fällt mir der Schmutz auf den Autos auf, die aus Ungarn kommen. Manchmal ein Mercedes, ein Opel Rekord, aus Regensburg oder München. Die Wagen sind ungeheuer verdreckt. Sie sehen aus, als wenn sie eben von einer Riesen-Rallye aus der russischen Taiga kämen. Blind und grau all das Strahlende, das uns sonst entzückt. Die haben das hinter sich, was uns bevorsteht. Die kommen raus, wir rein. Wie werden wir aussehen am Ende dieser Geschichte?

Die Grenzbeamten; auch sie wirken weniger militant. Ich will nicht sagen: freundlicher, ziviler. Sie grenzen schon ab, aber sie tun es in der Tradition alter, gelernter Bürokratien. Sie haben einen kleinen schwarzen Holzkasten auf Bauchhöhe angeschnallt und stempeln auf diesem Kasten mit großer Lust. Sie ziehen die Visa und Pässe, all die Gutscheine für den Devisenumtausch und die Hotelbuchungen, die man vorweg machen mußte, mit Entschlossenheit an sich und stempeln und stempeln, klatschen immer neue Siegel darauf. Es ist nur dumpfes Schlagen an der Grenze zu hören. K. u. k. Tradition schlägt mit. Das kannst du schon bei Kafka und Joseph Roth lesen, sagte ich. Das Fundament der Donaumonarchie war immer der Stempel: die Allmacht der Ämter in dieser Region, ein Phallussymbol natürlich, wenn man es mit Wiener, also mit Freuds Augen sieht – der Staat höchstpersönlich. Und, wie du siehst: hochpotent immer noch. Hatte Marx uns nicht einmal das Absterben des Staates in Aussicht gestellt? Davon ist nichts zu sehen. Es kommt wohl noch?

Und daß man nun in ein kommunistisches Land kam, merkte man einstweilen höchstens am Verkehr. Die Straßen in Ungarn haben eine tiefsitzende Neigung zu Bahnübergängen. Sie lieben Schienen. Mindestens alle zehn Minuten ist mit einer Bahnkreuzung zu rechnen, und dies mit einiger Hartnäckigkeit. Es rangieren immer Lokomotiven. Es kommen dauernd Güterzüge, die unglaublich lang und langsam sind. Es warnt nur ein altes Rotlicht, das wie ein Katzenauge manchmal müde auf- und zugeht. Es macht schläfrig. Man steht dann wieder, stellt schließlich den Motor ab. Es regnet leicht. Man stellt auch den Scheibenwischer ab. Man steckt sich etwas zu rauchen an. Also daran mußt du dich jetzt gewöhnen. Mit den Wiener Aufgeregtheiten ist es zu Ende.

Grenzwechsel, Wildwechsel, Zeitwechsel – von jetzt ab geht alles langsamer. Der Osten hat Zeit. Es weht soviel Ruhe herein aus dem Balkan. Vergangenes strömt ein. Spürst du es nicht? Laß uns versinken im Bauch der Zeit, auch Geschichte genannt. Laß uns nachdenken: Wohin fahren wir eigentlich?

Versuch über das Ungarische

Merkwürdigerweise erinnern sie mich an die Juden. Welch eine schwierige und blutige Geschichte. Man muß sie sich vorstellen: Eigentlich sind die Ungarn wie die Juden ein versprengtes Volk. Da kommt so ein kleiner, fremdartiger, fast exotischer Reiterstamm aus den Tiefen Asiens angeritten, drängt nach dem Westen, will sich ein neues Land suchen, will auch an die Sonne. Man darf es sich fast wie bei den Israelis vorstellen, denn ihr Traumland war auch schon besetzt – damals. Diese Madjaren hatten Mittelmeersehnsucht. Ein Stamm, der ursprünglich finnisch-ugrischer Herkunft sein soll, drängt in den Süden. Er träumt vielleicht von Rom, der Provence. Daraus wurde nichts. Er wurde vorher geschlagen am Lechfeld, nicht weit von Augsburg; 955 ist das gewesen. Er wurde zurückgedrängt. Er mußte sich etwas verbittert in die Donauebene zurückziehen. Er mußte sich bei der Landnahme zwischen die Slawen und Germanen einklemmen. Er wurde in einem Gebiet seßhaft, das zur Wetterfront der Geschichte wie geschaffen war.

Ungarn ist dann im Laufe seiner Geschichte das immerwährende Aufmarschgebiet, das Einfallstor von Ost nach West, von West nach Ost geblieben, ein Schlachtfeld in Permanenz. Man muß sich das konkret vorstellen: Die Mongolen kamen und verwüsteten das Land. Die Türken kamen und hielten es hundertfünfzig Jahre besetzt. Prinz Eugen kam und danach dann die Zeit der Habsburger. Wie es dann weiterging, wissen wir ungefähr: Hitler, dann Stalin. Ich will sagen: Die Geschichte dieses Volkes war eine immerwährende Leidensgeschichte. Während Paris und Rom, Wien und London trotz aller Kriege historisch organisch heranwachsen konnten, wurde Budapest immer wieder erobert, gestürmt, geplündert, in Brand gesteckt. Zum letztenmal brannte es 1956.

Man kann die Stadt und das Land nur aus dieser historischen Erfahrung verstehen. Leichter ist das Land nicht zu haben. Alles in Ungarn war trotzdem, trotz dieser blutigen und schrecklichen Geschichte. Trotz türkischer Steuereintreiber und österreichischer Gendarmen, trotz faschistischer Gestapo und Stalins Geheimpolizei. Ein Volk, das immer wieder unterworfen und entrechtet wurde, aber nicht aufgab, wie die Juden. Sie übten sich in der Kunst des Überlebens. Sie leben wie Sisyphos: trotzdem. Es ist fast ein Wunder, daß zum Schluß und nach tausend Jahren Überfremdung doch noch so etwas wie das Ungarische selber herauskam, eine Art Identität. Was ist das?

Nein, nicht das, was als Markenartikel des Landes inzwischen ziemlich verbraucht ist: nicht das Gulasch, der Paprika, nicht die Pußta. Die Pußta ist ohnehin nur noch ein Touristenreservat. Ich möchte es die Leichtigkeit nennen, die aus Schwermut kommt. Dies ist ein Volk, das scheinbar mühelos, ganz leicht lebt. Leichtlebig, sagt man ja wohl für die Ungarn. Aber der Schein trügt: Die Schwermut Lenaus, die endlose Trauer der Steppe, das dunkle, blutige Lied der Donau ist eingemischt. Wenn Rasse und Schmerz, Exotik und Leiden sich mischen, entsteht oft Brillanz zum Schluß. Ein Glanz über Abgründen, der wie ein Feuerwerk funkelt und fasziniert: trotzdem.

Damit sind sie produktiv geworden. Damit haben sie sich berühmt gemacht: Liszt und Lehár, Molnár, Kálmán, Alexander Korda, die berühmte Zsa Zsa Gábor – alles Meister der leichten Muse, wie man sagt. Was wäre das leichte, das schwere Fach Unterhaltung ohne die Ungarn? Schon in den zwanziger Jahren gab es ein konstantes Kulturgefälle in dieser

Branche: Budapest, Wien, Berlin; das zog sich bisweilen noch weiter über London bis Hollywood. Sieh dir die großen Weltfirmen der Kulturindustrie an: die Filmkonzerne, die Verlagshäuser und Show-Zentralen; wie man eine Operette, ein Musical aufzieht, wie man eine Illustrierte für Massen verkauft, wie man Lustspiele schreibt – im Zweifelsfall steckt immer ein Budapester dahinter, ein ungarischer Jude meist. Sie brachten den Pfiff, das gewisse Etwas oder Know-how, wie man heute sagt, ein. Sie sind Meister des glanzvollen Arrangements geworden.

Kann man sagen: ein Volk von Schauspielern? Auf jeden Fall zeigt der ungarische Charakter theatralische Züge. Sie neigen alle etwas zur Übertreibung, zur großen Gebärde, zu vorschnellen Reaktionen. Ein Hauch von Hochstapelei mischt sich ein. Sie machen sich in Zeiten der Not nicht kleiner wie die Tschechen. Der brave Soldat Schwejk hätte in Ungarn gar keine Chancen. Sie werden eher überlebensgroß in Krisenzeiten. Ein Volk, das immer übertreibt. Ungarn hatte schon 1919 unter Béla Kun eine politische Voreiligkeit gewagt, die kommunistische Räterepublik, die sich nicht halten ließ, historisch. 1956 wollten sich die Ungarn mit einem Schlag befreien vom sowjetischen Druck. Trägt der Aufstand von Budapest nicht auch wieder die etwas zu großartigen Züge? Politisch war es falsch, wie wir heute wissen. Die Züge der Geschichte gehen langsamer. Der Fortschritt ist ein Bummelzug. Er kommt, aber er kommt immer später.

Und so, wie die Ungarn sind – ungefähr so sieht auch ihre Hauptstadt aus. Wie denn nicht? Übertrieben, würde ich sagen, alles etwas zu groß, zu großartig geraten für dies kleine Volk. Budapest bietet Anblicke pompöser Architekturen, die lachen machen. Man ist amüsiert und erheitert: kleiner Mann, ganz groß. Eine intakte bürgerliche Demokratie haben sie nicht geschafft, dafür ein Parlamentsgebäude, das ungeheuerlich ist – imposant, muß man wohl sagen. Es steht an der Donau. Es ist eine gewaltige neugotische Imitation des britischen Parlaments, das zweitgrößte Haus der Volksvertretung auf der ganzen Welt – unter dem tun es die Ungarn nicht gern. Es liegt jetzt wie ein versteinertes Tier, wie ein Dinosaurier am Donaustrand, kann nicht leben, kann nicht sterben, kann nur zeugen von dem etwas kuriosen Willen zu Übergrößen: operettenhaft.

Ganz Budapest ist voll von solchen pompösen Prunkbauten nationaler Größe, denen man eine gewisse barocke Schauderhaftigkeit schwer absprechen kann. Das Freiheitsdenkmal auf dem Gellértberg will ich nicht erwähnen; es mag als sowjetischer Import für sich selber sprechen. Aber die Burg zum Beispiel, auch am Donauufer; man kann immer nur sagen: kolossal, ungeheuer – märchenhafte Prachtpaläste, das meiste ist falsche Pracht. Es ist erst vor hundert Jahren entstanden. Und ob man nun zur Akademie der Wissenschaften, zur Nationalgalerie, zur Staatsoper oder zum Rathaus hier kommt, man ist immer ein wenig belustigt – mein Gott, ist das prächtig. Phantastische Architektur nennt man das. Was ist das Ungarische? Tibor Déry schrieb: »Ein Witz, der über Katastrophen tanzt.«

Das letzte Gesicht

Er wohnt in der Lotz Károly utca Nr. 20 drüben in Buda, in einem ruhigen Villenviertel, das Pasarét heißt, am Fuß des Rosenbergs. Es ist Spätherbst; alles verblüht und erloschen, kein Rosenduft: Todesahnung. Laub treibt durch die Straßen, die still, eng und regennaß sind. Verblichene Wohlstandsvillen der zwanziger Jahre, Gärten, die einsam sind. Es riecht faulig. Ein Zaun, ein Namensschild, eine Klingel. Es ist schon merkwürdig, auf einem erblindeten Schild unter Sträuchern plötzlich den Namen Tibor Déry zu lesen. So, als wenn man heute beim Blättern im Telefonbuch plötzlich den Namen Heinrich von Kleist fände oder Hölderlin, Friedrich. Nanu? Ich klingle. Mir ist etwas unwohl in diesem Augenblick. War es leichtfertig? Was soll ich sagen? Für mich ist Déry Literatur, Ungarns Dichter, Ungarns Stimme in der Weltliteratur. Dichter soll man lesen. Was denn sonst?

Aber es ist schon geschehen. Es läuft ab wie vereinbart. Es ist kurz nach zwei. Der ungarische PEN hatte mich morgens angerufen und, obwohl ich den Namen nur nebenher fallenließ, sofort reagiert und gebucht: Das können wir arrangieren. Das ist kein Problem. Nur in den Sommermonaten wohnt er draußen am Balaton. Herr Déry wird sich freuen. Ich dachte: Wieso? Wieso wird er sich freuen? Er kennt mich doch nicht. Haben sie ihn so an der Kandare? Ist das seine Pflicht jetzt: den ungarischen Geist repräsentieren? Einen Augenblick dachte ich an Sagorsk, den sowjetischen Popen damals, heilige Attrappen, die uns fürstlich empfingen. Laß das!

Hier ist es anders. Stille, Einsamkeit, versunkene Zeit. Die Haustür öffnet sich in der Ferne. Ich sehe ihn heraustreten. Durch den langen, schmalen Gartenweg sehe ich ihn entgegenkommen. Ein alter Mann, ein Herr, der langsam geht, durchaus betagt. Er trägt eine Strickjacke. Ich erkenne sofort seinen Kopf, diesen edlen Schädel, der von Fotos bekannt ist: die sehr hohe Stirn, das weiße Haar, das nur noch in Resten, dafür aber lang und etwas gelockt über den Kragen fällt, die großen, dunklen Augen, die man nicht mehr vergißt. In diesen Augen ist alles drin, was ich zuvor mühsam über Ungarn zu sagen versuchte: soviel Schwermut, Schmerz, auch Witz und zarte Ironie. Es gibt tote Augen, kalte Augen, böse Augen – seine strahlen nichts als Güte aus. Es muß an den Pupillen liegen, die tief dunkelbraun sind, beinah schwarz und doch durchsichtig wirken: Vergangenheit ist aufbewahrt. Camus hat gesagt, jeder Mensch sei von einem bestimmten Alter an für sein Gesicht verantwortlich. Ich bin nicht so sicher. Im Gesicht kann noch manches trügen, überlagert, verzeichnet werden. Von einem gewissen Alter an ist jeder Mensch für seine Augen verantwortlich, würde ich meinen. Da ist alles drin. Hier heißt es Erfahrung – nationale Erfahrung, müßte man sagen, also Stolz, Verletzung des Stolzes,

Trauer, aber auch Güte und die Fähigkeit, über dies alles zu lachen: ein Witz, der über Katastrophen tanzt.

Eine Villa mit Gartengrundstück. Das war einmal der vornehme Stil privater Bürgerlichkeit in den dreißiger Jahren. Ein spitzgiebliges Haus mit Veranda, Terrasse und Wintergarten. Ja, sagt er etwas lächelnd, während wir auf das Haus zugehen – das haben wir schon vor langer Zeit günstig gekauft. Heute wäre das unbezahlbar. Privathäuser sind unheimlich teuer geworden bei uns inzwischen, fast wie bei Ihnen. Er ist übrigens der reichste Mann heute in Ungarn, hatte uns vorher ein anderer gesagt. Ich hatte bei seinen Kollegen, die so sicher über ihn verfügten, überhaupt eine merkwürdige Mischung aus Achtung und Mißmut verspürt. Da war Respekt, aber zugleich auch etwas von rivalisierender Abwertung zu spüren. Sie sagten es nicht, aber es klang bisweilen, als wenn sie sagen wollten: Überschätzt ihr ihn nicht doch etwas – ihr im Westen?

Der Nachmittag dann mit ihm. Was fiel auf? Dies ist ein vollkommen uneitler Mensch. Seine Bescheidenheit, Zurückhaltung, seine Ruhe besticht. Natürlich ist es eine Ruhe nach dem Sturm. Immerhin hat er nach dem Aufstand von 56, in den er verwickelt war, als Sechzigjähriger hier noch einmal drei Jahre in Gefängnissen gesessen. Er saß auch vorher, zur Nazizeit. Kontroversen, Schwierigkeiten mit der Partei? Das ist jetzt erledigt und beigelegt. Man hat sich arrangiert. Man ist gegenseitig auf respektvolle Distanz gegangen. Er hält sich jetzt heraus aus den heißen Fragen der Partei. Die Partei dankt ihm das; er hat jetzt einen Lebensstandard, der gleichermaßen freizügig und ruhmvoll ist. Seine Situation erinnert mich an den späten Arnold Zweig in Ost-Berlin. »Der Nestor der deutschen Literatur«, hieß es nicht ganz ohne sächsischen Unterton dann bei Zweigs Beerdigung. Es war ein Staatsbegräbnis. Spießbürgerliches schwang mit: DDR-Enge. Hier nicht. Um Tibor Déry ist immer Welt versammelt. Er wirkt wie ein Edelmann, der sich auskennt, auch anderswo. Er spricht ein sehr kultiviertes Deutsch mit Wiener Akzent.

Was fiel weiter auf? Daß in dem großen, altmodischen Salon, wo wir nun saßen, etwas Wodka tranken, Tee zu uns nahmen, so gar nichts vom Ruhm des Hausherrn zu merken war. Keine Termine, keine Postberge, keine Telefonanrufe. Es war still, Einsamkeit war zu spüren. Ein junger Terrier jagte manchmal durch die Zimmer, riß da und dort etwas herunter, wollte gelobt und gestreichelt werden, schmiegte sich an den Hausherrn, versuchte es auch mit uns und jagte dann wieder los, bellte vom Nebenzimmer aus provozierend. Déry schien das zu gefallen. Er lächelte, wie man über zu wilde Kinder lächelt – in der Tiefe doch entzückt. Einen Augenblick tauchte seine Frau auf. Sie kam vom Einkaufen, hochbepackt. Frau Elisabeth, die Böbe genannt. Eine sehr resolute, immer noch schöne Frau in den Fünfzigern, der man die straffe Eleganz und den Charme der früheren Schauspielerin anmerkt – jeder Schritt ein Auftritt. Madame sprach nur ungarisch. Ein Gespräch war nicht möglich. Die Sprache der Ungarn ist für uns rätselhaft. Sie klingt wie Chinesisch. Sie ist uns ganz fremd. Keine Verwandtschaft zum Slawischen, nichts Germanisches. Sie ist eine böse Barriere für Ungarns Dichter. Die meisten überwinden sie nicht.

Wir sprachen über dieses und jenes. Im Grunde war es nicht wichtig. Es sprang hin und her. Heute, hinterher, wenn ich jetzt das Ganze bedenke, war nur das wichtig: Erinnerung an etwas Endgültiges, Fertiges. Du hast sein letztes Gesicht gesehen, wußte ich, als wir gingen. So ist es geworden. So wird es bleiben. Ein schönes Porträt, das nun fertig ist. Das Leben hat es gemalt. Der Maler heißt hier Geschichte. Es ist ein historisches Antlitz geworden. Mit diesem gütigen, ernsten und doch stolzen Haupt wird er einmal auf dem Totenbett liegen. Abgeklärt, möchte man sagen, nach so vielen Stürmen schließlich still zu sich selber gekommen. Es hat schon jetzt etwas von der Würde aller Vollendeten: ein schöner Mann Anfang Achtzig.

Und vielleicht war es gut, daß ich nach so vielen Jenseitsanmutungen auf der Straße wieder hart in den Alltag zurückgerissen wurde. Ein Wagen parkte, etwas zurückgesetzt von der Dichtervilla, ein russischer Fiat. Ein Mann saß am Steuer. Ich will nicht sagen, in einem Ledermantel, aber doch in dem knappen, betont unauffälligen Dreß aller Beauftragten. Das viereckige und beschränkte Gesicht derer, die immer im Dienst sind. Der Mann ließ, als wir weggingen, den Motor anspringen. Er fuhr eine Weile langsam im Schritt hinter uns her. Er überholte uns nicht. Es kann natürlich ein Zufall gewesen sein. Es muß gar nichts besagt haben, aber es ist auch nicht auszuschließen. Ist unser Besuch schon gemeldet? ging es mir durch den Kopf. Hat man uns observiert? Man weiß es nicht. Immerhin waren damals die kritischen Tage, als György Konrád zusammen mit zwei anderen Budapester Autoren verhaftet worden war. Es war eine Warnung an alle. Man hatte sie nach sechs Tagen wieder entlassen. Ich will sagen: So harmlos ist die intellektuelle Szene in Budapest nun auch wieder nicht, wie sie sich dem Besucher zunächst darstellt. Hier wird streng kontrolliert, zensiert, auch verboten. Ein anderer Schriftsteller hatte mir schon zuvor und nicht ganz ohne Neidgefühle gesagt: Wissen Sie, ein Fall wie Biermann oder Havemann ist undenkbar bei uns. Bei uns in Budapest wären beide längst verhaftet.

Váci utca

Ich weiß, was jetzt alles nachzutragen wäre, topographisch. In Sachen Budapest bin ich zuvor nicht fertig geworden. Ich müßte, wäre ich ein korrekter Reiseführer, wenigstens erwähnt haben, daß Buda und Pest eigentlich zwei Städte sind, durch die Donau deutlich getrennt und zusammengehalten. Der Fluß ist die Lebensader der Stadt, viel intensiver als in Wien oder Belgrad, die auch an der Donau liegen, aber nur nebenher. Ich müßte hinzufügen, daß größere Gegensätze innerhalb einer Stadt kaum denkbar sind. Buda am rechten

Donauufer ist eine hügelige, grüne, sehr anmutige Bergstadt, deren Licht manchmal an Italien erinnert, vor allem des Nachts, wenn es elektrisch funkelt. Mit seinen alten Gassen und historischen Hausfassaden wirkt es romantisch. Pest, linker Hand, liegt ganz flach wie auf einem Brett hingestreckt in der Tiefebene. Die Steppe, die Pußta kündigt sich an. Buda wirkt wie Florenz, Pest wie Berlin-O. Poesie und Prosa, könnte man sagen. Ich sage es nicht. Und ich müßte schließlich die fünf Brücken über die Donau loben: wieder enorm, monströse Konstruktionen. Oder sind es nicht sogar sieben Brücken mit den Vororten? Aber muß ich das wirklich? Ich meine, das kann jeder im Baedeker lesen. Ich will versuchen, das Leben dingfest zu machen. Wie leben sie hier?

Wenn man zum erstenmal des Abends durch die City geht, ist man erstaunt. Die Stadt wirkt westlich. Sie strahlt nicht wie Paris oder Rom, aber ist doch viel heller und aufgeweckter als alle anderen Metropolen im Sozialismus, die eher zur Schläfrigkeit neigen, vor allem des Nachts. Es quält sich tagsüber ein endloser Autostrom durch die Straßen, genau wie bei uns. Auch hier ist eine freie Parkuhr ein Glücksfall und ein Dauerparkplatz eine Art Himmelsgeschenk, ein Gnadenfall. Der Budapester Autopark ist bescheidener Bauart. Es herrschen DDR-Modelle und russische Typen vor. Aber auch VW-Käfer und Peugeots werden gefahren. Die Schaufenster sind voll, auch mit westlichen Waren. Es gibt Whisky, Weine und Waschmittel westlicher Produktion überall. Die Preise? Man merkt es erst nach einiger Zeit. Für uns Heutige mit unserem inflatorischen Preisgefälle ist Ungarn immer noch ein billiges Reiseland. Aber wenn man dann nachrechnet, was ein Ungar verdient: im Durchschnitt höchstens zweihundertfünfzig Mark im Monat, ist man bestürzt. Der Whisky steht da. Er bleibt ein Traumziel für die Massen.

Trotzdem gibt es unverkennbare Wohlstandssymptome. 1968 haben sie ein anderes ökonomisches System eingeführt. Sie nennen es den »neuen Wirtschaftsmechanismus«. Er fördert die individuelle Selbstbeteiligung am Sozialprodukt. Zu deutsch: Wer mehr arbeitet, mehr leistet, gewinnt auch mehr. Die Zeit der großen, lahmen Gleichmacherei ist vorbei, und dies sieht man denn auch schon als Fremder. Es gibt heute durchaus so etwas wie eine neue sozialistische Bourgeoisie im Lande. Nicht so extrem wie in Jugoslawien, aber doch in der Richtung. Besitzbegünstigt ist vor allem der gehobene akademische Mittelstand, also Ärzte, Ingenieure, Naturwissenschaftler, die Intelligenz in der Publizistik, natürlich auch Funktionäre. Sie fahren westliche Autos, sie haben neben der Stadtwohnung alle ihre Villa am Plattensee, sie gehen festlich gekleidet in die Oper, sie sitzen in den Budapester Kaffeehäusern: die Herren mit ihren imponierenden Charakterköpfen, die aussehen wie Philosophenschädel, so markant – jeder ein Ernst Bloch oder doch wenigstens wie ein kleiner Lukács –, die Damen in kostbaren Pelzen und kunstvollen Hüten, deren kühne Aufbauten an die zwanziger Jahre erinnern. Es ist einfach phantastisch, was sich die Putzmacherinnen von Budapest in diesen oberen Rängen der Damenwelt heute einfallen lassen.

Nachmittags um sechs in einem Café in der Innenstadt kann einen die Frage überfallen: Bist du wirklich im Osten? Täuschst du dich nicht? Man sieht ältere, vornehme Herren, die üppigen Salondamen auf das artigste einen Handkuß reichen. Die gnädige Frau nimmt lächelnd entgegen. Die unvermeidliche Zigeunerkapelle schluchzt schmachtend im Hintergrund; sie fiedelt wie eh und je. Die Zigeuner heißen in Ungarn jetzt »Neubürger«. Aber sonst? Sie ziehen noch immer den süßen Grinzingschmalz von ihren zärtlichen Geigen ab, vielleicht etwas exotischer, auch männlicher im Griff als ihre Wiener Kollegen. Zierliche Serviermädchen in höchst koketten Röckchen tragen lächelnd Sachertorte oder Palatschinken durch die Reihen. Es fehlt an Zeitungen, die man lesen wollte, das ist wahr. Das unterscheidet ein Budapester Kaffeehaus noch immer von einem Wiener Café. Aber sonst? Sonst geht das Leben erstaunlich zufrieden und wohlhabend seinen Gang. Wenn man daran denkt, wie Budapest noch 1956 brannte und blutete und zum Tode entschlossen war mit Kardinal Mindszenty an der Spitze, so muß man sagen: Kádárs Weg war kein schlechter Weg bisher. Unter den Bedingungen der Sowjetherrschaft, an der nicht zu rütteln ist, hat er das Beste herausgeholt. Ungarn lebt, und Budapest zeigt fast so etwas wie die Schokoladenseite des Sozialismus: das freundliche Trotzdem.

Es gibt Ansätze, Anfälle alter Lebenslust, die ich in keiner kommunistischen Stadt sah. Der Staat ist natürlich ein müder Verführer, ein schlechter Alleinunterhalter, ein durchaus griesgrämiger Conférencier. Gleichwohl: Der Abend im Emke war buchenswert. Er machte auf eine rührende Weise deutlich, wie man im Budapest immer noch zu leben versucht: trotzdem.

Das Hotel Emke, ein neues Haus mit Varieté- und Nachtbetrieb, liegt in einer Straße, die früher zum Amüsierviertel von Altbudapest gehörte. Ein Hauch davon blieb. Im Nachtclub des Emke war eine Künstlerin angesagt. Hieß sie nicht Magda Meyer? Ich las es deutsch, aber der Name ist französisch zu sprechen: Meyèr. Die Dame kam aus Paris. Sie war ein Star ihrer Branche, eine etwas frivole Mischung aus Diseuse und Stripperin. Nur ich wußte das nicht. Die Budapester wußten Bescheid. Sie hatten gebucht. Magda Meyèr war auf der Durchreise von Istanbul nach Wien tatsächlich für drei Tage im Emke verpflichtet. Auf Forintbasis, bitte. Es war kurz vor Mitternacht.

Die Szene war bühnenreif. Es empfing uns nicht ohne Eleganz ein junger Portier. Mit seinem schwarzen Kotelettenbart sah er verwegen wie ein Zigeunerbaron aus. Er trug eine kolossale Operetten-Uniform: lachsrosa mit silbernen Borten und Schnüren. Nur auf dem Rücken war der rechte Ärmel, der herausgeplatzt war, mit einer großen Sicherheitsnadel flüchtig befestigt. Das Futter quoll trotzdem. Mit einem erstaunlichen Aufwand an Gesten und Grazie machte er die Honneurs, versuchte er, die Gäste zur Show zu animieren.

Und es entstand nun allein dadurch im Vestibül ein Gedränge, Geschiebe, eine Atmosphäre fiebernder Erwartung. Köstliche Hoffnung auf Gewagtes und tief Frivoles lief durch den Raum, worin Budapest doch einmal berühmt war: Unterhaltungsgewerbe, Kleinkunst, die leichte Muse genannt.

In einer Mauernische stand eine Engelsgestalt. Sie schien männlichen Geschlechtes. Es war nicht ganz sicher; sie schien auf jeden Fall auf den Strich zu gehen. Oder täuschte ich mich? Es fuhren dauernd Taxis vor, mickrige Taxis, massenhaft. Herren im Smoking, die wieder wie imponierende Philosophen aussahen, halfen unerhört geschmückten Damen, die farbenfroh waren, die glühten vor Erwartung, aus den Kaleschen. Ein Sprichwort hier sagt: »Ein Ungar ist selbst in der Hölle noch ein Herr.« Und so war es auch: Es war höllische Premierenstimmung – kleiner Mann, ganz groß. Halbwelt, Lebewelt war versammelt hinter dem Eisernen Vorhang. Das gibt es auch, ansatzweise: Glitzerschein im sonst tristen Sozialismus. Man sollte es festhalten. Es gehört mit zur Szene.

Ja, jetzt habe ich die Váci utca doch ganz vergessen, diese berühmte Einkauf- und Modestraße von Budapest, der Kurfürstendamm des Ostens. Schon in Wien wurde mir dieser Traumboulevard empfohlen. Er ist ein Gerücht, eine allgemeine Vermutung. Für unsereinen ist die Váci utca kaum der Rede wert. Es ist eine alte, schmale Einkaufstraße, die zur Fußgängerzone erklärt wurde. Es gibt hauptsächlich Kunst hier; das ist wahr. Ein paar Galerien, ein paar Modegeschäfte, Buchhandlungen, viel Kunstgewerbe: Touristenchichi. In einer Buchhandlung der Váci utca hatte der Springer-Verlag eben eine Ausstellung seiner neuesten Publikationen. Die Budapester drängten sich. Es war der Springer-Verlag aus Heidelberg, wie sich versteht, nicht der aus Hamburg. Auch solche Nuancen, natürlich, haben hier Stellenwert.

Esztergom oder Was ist der Mensch?

Irgendwann muß man dann weg. Man muß raus. Man bekommt ein Gefühl von Enge, von Wiederholung. Du trabst immer dieselben Straßen ab, du stehst immer auf denselben Plätzen herum. Jede Nacht, wenn wir nach Hause kommen, putzen in der U-Bahn-Station Astoria dieselben alten Frauen mit ungeheurem Wasseraufwand und in orientalischer Sinnlosigkeitsgebärde die Steinfliesen. Man kann die Uhr danach stellen. Wie oft noch? Laß uns nach Esztergom fahren, sagte ich eines Morgens, über die Landkarte gebeugt. Der Name klingt schön. Es soll an der Donau liegen. Was liegt hier nicht an der Donau, nicht wahr? Das war die Stadt von Mindszenty, wenn ich mich nicht irre. Esztergom ist Erzbischofssitz. Ob wir noch Spuren vorfinden?

Es war etwas mühsam, unser Auto in Gang zu setzen. Es sah jetzt schon aus wie die Wagen, die uns an der Grenze entgegengekommen waren: tief dunkelgrau, wie aus Schlamm gezogen. Man meint bei uns immer, Umweltverschmutzung sei eine westliche Krankheit, die böse Folge der kapitalistischen Raubproduktion. Ach Gott! Stell deinen Wagen irgendwo in einer sozialistischen City ab. Nach einer Woche ist er nicht wiederzuerkennen: Ein Einheitsgrau hat sich eingefunden. Budapest muß unter einem immerwährenden, feinsten Staubregen stehen, der unbemerkt, aber gleichmäßig niedergeht. Es war mühsam, das Frontfenster klarzubekommen. Es gibt genug Tankstellen in Ungarn, sogar von westlichen Multikonzernen, wenn man den Schildern glauben darf; nur Service in unserem Sinn kennen sie nicht. Es erregte Ratlosigkeit, als wir um Reinigung des Frontfensters baten. Es gab keine Lappen dafür. Die Frau an der Tankstelle, freundlich und hilfsbereit, half sich schließlich mit Zeitungspapier. Zeitungspapier ist in vielen Lagen ein Nothelfer.

Wir fuhren den Strom entlang. Man hat das berühmte Donauknie immer an der Seite, rechter Hand, linker Hand ziehen sich bläuliche Bergketten, und wenn man dann nach gut einer

Stunde nach Esztergom kommt, sieht man das schon von weitem. Man erschrickt. Wieder eine Übertreibung. Ein Volk ohne Maß. Da ragt aus diesem armen, platten Land plötzlich ein steinernes Ungetüm, ein Riesenzyklop: die Basilika. Es ist, als wenn man aus der Steppe plötzlich in Rom vor dem Petersdom vorführe: ein fach irre. Alles überdimensional und viel zu pompös für die karge Landschaft. Unnötig zu sagen, daß es sich um die größte Kirche der Ungarn handelt. Etwas Gewalttätiges und Drohendes geht von ihr aus. Die Basilika von Esztergom beherrscht noch heute die Stadt. So muß man sich auch die Rolle der Kirche früher hier vorstellen. Keine Demutsgebärde, keine Kirche der Dienste, keine Liebesgemeinde – eine Kirche der Herrschaft, auch der Unterwerfung. Man versteht die starre Widerstandsgebärde Mindszentys etwas mehr, wenn man seinen früheren Amtssitz gesehen hat. Ich jedenfalls kann ihn mir hier als Fürstprimas noch vor der Revolution gut vorstellen. Das war auch kein Zuckerschlecken, fürchte ich: ein Priester der Macht und der Mächtigen. Mein Fall ist das nicht. Wir standen eine Weile an der Donau, die hier die Grenze zur Tschechoslowakei bildet. Ich weiß nicht, wer je die Behauptung verbreitet hat, die Donau sei blau und ihre Wellen wiegten sich im Walzertakt anmutig, tänzerisch. Das ist nichts als Wiener Schmus. Die Donau ist breit und schwer; sie ist bleigrau und schiebt ihr Wasser stumm vor sich her, verschwiegen und irgendwie sinnlos, fast wie die nächtlichen Putzfrauen in der Metrostation Astoria. Es nieselte, Windböen kamen vom Strom. Es war ziemlich trist, auch menschenleer. Die Grenze von einem sozialistischen Staat zu einem anderen stellt keine Verlockung dar. Die Phantasie regt sich nicht. Hoffnung wird nicht wach. Da drüben hinter dem Strom beginnt kein Geheimnis. Es beginnt Husáks Reich: dasselbe noch einmal, nur schlechter. Die armen Tschechen, dachte ich, ob sie es auch einmal schaffen werden wie die Ungarn? Immerhin hatte Kádár am Anfang im Westen genausowenig Kredit wie Husák heute. Gibt das zu denken?

Laß uns hier bleiben, sagte ich. Wir nehmen die Autofähre

nicht, die möglich wäre. Ich bin ja kein Kommunist. Ich wäre es gern. Es wäre schon schick, sich in Frankfurt oder München als wilder KP-Protestler zu gebärden. Man würde sich viel vorteilhafter darstellen im Literaturgewerbe, linkslastig. Merkwürdigerweise gilt man dann als fortschrittlich. Es zieht mich nichts in diesen Traum, Sozialismus genannt. Er ist ganz ohne die Gebärden der Freiheit: Phantasie. Aber wenn es denn sein müßte, wenn ich in diesem neuen Sowjetimperium leben müßte, das sich nach Hitler von Leipzig bis Wladiwostok jetzt zieht, so würde ich »Budapest« sagen. Man merkt das hier in der Provinz. Die Schokoladenseite des Sozialismus, trotzdem.

Ich stelle mir vor, daß ich in kleinen, bescheidenen Verhältnissen zurechtkäme. Nicht gerade Geschäftsführer im neuen Café Hungaria, das einmal Café New York hieß. Das wäre zu hoch, das würde zu Schwierigkeiten führen. Aber vielleicht als Buchhändler in der Váci utca oder als Taxifahrer? Es wäre nicht schön, das möchte ich festhalten; aber es würde gehen, wenn es denn sein müßte. Warum kann man das sagen als Deutscher? Warum sagt man Budapest, nicht Leipzig, nicht Ost-Berlin?

Ich habe wieder etwas nachzutragen. Ich müßte, wäre ich ein perfekter Reiseführer, jetzt ausführlich von dem Museum für christliche Kunst berichten, das die Reise nach Esztergom allein lohnt. Es liegt verborgen in einer stillen Gasse, die holprig ist. Man findet es nicht ohne Suchen und Nachfragen. Kein Schild weist hin. Fast hat man den Eindruck, als sei die Partei, solcher Schätze eingedenk, etwas ratlos. Einerseits schon, andererseits nicht zu sehr, bitte. Also wie? Jedenfalls ist es eine Überraschung. Man steht plötzlich in diesem Provinznest in einem Museum, das in seinem Reichtum und seiner Präsentationsform mit jeder Kunstgalerie in Schweden oder Amerika mithalten kann. Von der Gotik bis zum 19. Jahrhundert sind die Schätze des Landes raffiniert gehängt. Ich war wie verzaubert. Nein, ich bin auch kein Christ. Die Botschaft des Schmerzensmannes am Kreuz ist mir so fern wie der Kommunismus. Ich kann mit Kirchen jeglicher Art nichts anfangen. Aber wenn man aus so schöner, tiefer Bilderflut dann heraustritt, heraus in die Banalitäten unseres sogenannten wirklichen Lebens, dann spürt man – ja, was? Man spürt eine arme Welt, in der wir leben, gleichgültig, ob sie sich nun kapitalistisch oder sozialistisch nennt. Es ging etwas verloren im technischen Leistungsdruck unserer industriellen Fortschrittsdynamik. Was? Was ist der Mensch eigentlich?

Sicher hätte ich diese Frage nicht gespürt, wenn sich nicht auf der Heimfahrt auch dieses Bild noch eingeschoben hätte. Ohne das Museum für christliche Kunst in Esztergom hätte ich die Szene nicht so betroffen, so tieftraurig und ohne Antwort gesehen. Da bin ich sicher. Es staute sich der Verkehr auf der Straße. Nach Budapest war plötzlich alles blockiert. Wir standen eine Weile in der Kolonne. Jedermann kennt die Situation. Man wartet, schaltet den Motor aus, stellt das Radio ein, hört dies und das: Nachrichten der Deutschen Welle. Über Kurzwelle kommen sie hier glasklar herein wie ein Ortssender. Als es kalt zu werden begann, stieg ich aus. Ich ging an all den Trabants und Wartburgs und Wolgas vorbei, die vor mir standen. Ich kam nach vorne. Es sah schrecklich aus.

Ein Unfall. Ein alter Omnibus, noch mit Fahrgästen halbvoll, war beim Bremsen offenbar ins Schleudern geraten. Er stand halbschief quer. Ein Privatauto war wohl beim Überholen in seine Seite gefahren. Vor diesem Zusammenstoß lag ein Mensch auf der Straße. Es war, wie gesagt, regnerisch und naß diesen Nachmittag. Es war eine alte, armselige Frau, wie man sich auf dem Balkan eine Bauersfrau vorstellt: mit vielen Röcken und Kopftuch und einer großen schwarzen Tasche. Sie lag reglos wie eine Puppe, wie ausgestopft. Offenbar war sie tot. Es lag noch der erste Unfallschock über der Szene. Keiner wußte recht, was nun geschehen sollte. Ein Polizist war eben eingetroffen. Und als ich kam, sah ich gerade, wie dieser Polizist an dem einen Bein der Frau, das merkwürdig puppenhaft abgewinkelt in die Luft ragte, zu ziehen begann.

Es sah aus wie Kadaverbeseitigung. So zieht man Reste weg: Müllabfuhr. Der Polizist zog nicht ohne Erfolg den Körper zum rechten Straßenrand rüber, und indem er dies tat, geschah etwas Wundersames: Die Frau hob die Arme, ruderte mit dem anderen Bein mit. Sie war nicht tot. Nur eine Blutlache lag unter ihr und zog sich mit dem Körper strähnig quer über die Straße. Es sah entsetzlich aus: Mitten im Leben, und rasch tritt der Tod uns an, überall. Ich will nicht einmal sagen, daß diese Aufräumaktion hier besonders herzlos geschah. Wahrscheinlich wird ein Gendarm im Bayerischen Wald kaum anders verfahren.

Es gab noch ein komisches Nachspiel, das Satyrspiel, wie gewohnt. Als wir nämlich später mit unserem Auto am Tatort vorbeifuhren, war die Frau wieder quicklebendig. Sie saß etwas zusammengesunken und komisch wie eine Vogelscheuche auf einem Feldstein am Straßenrand. Sie kramte in ihrer schwarzen Handtasche. Sie suchte vielleicht nach einem Taschentuch. Es sah armselig aus. Wenn wenigstens ein Kruzifix, ein Heiligenbild noch am Wegrand gestanden hätte, ein Zeichen aus einer anderen Welt. Ich sah das Blut auf der Straße. Ein großer Fleck, tief dunkelrot, der glänzte auf dem Asphalt. Blut ist so blutig. Es tut weh, darüberzufahren. Es ist eigentlich unmöglich. Ich tat es trotzdem. Was ist der Mensch heutzutage? Ein Fleck auf der Straße, den man wegwischen wird, hinterher.

Die Tage von Tihany

Ob es bei anderen anders ist? Bei mir bleibt von solchen Reisen oft nur ein Punkt. Das meiste geht unter, versackt, soll gar nicht erinnert werden. Nur ein Punkt bleibt, und es ist dann, als wenn er noch wüchse, rückblickend und in der Erinnerung. Er wird zur Hoffnung, zur schönen Erinnerung und Paradiesphantasie, auch Utopie genannt. Im Grunde leben wir alle von Utopien, also von Hoffnungen. Wahrscheinlich ist in Wirklichkeit alles ganz anders. In der Erinnerung steht dieser Punkt doch für das Ganze und sagt: Komm wieder! Ich bin das Geheimnis, ich bin die Verlockung. Ich rufe dich. Du bist noch nicht fertig mit mir. Unsere Sache geht weiter. Als ich durch Kalifornien fuhr, war dieser eine Punkt Carmel. Aus ganz Griechenland ist mir nur Mykenä geblieben. Was sonst? Wenn ich jetzt an Ungarn zurückdenke, würde ich sagen: Tihany – was denn sonst? Auch damit bin ich nicht fertig. Es war der Punkt, der weiterlebt und wächst. Ungarische Utopie, Insel der Hoffnung. Es ist allerdings nur eine Halbinsel, von der ich jetzt spreche. Darüber Genaueres später.

Wir waren am Balaton. Ich habe diese jüngste Glücksmaschine der ungarischen Touristenindustrie gottlob auf Hochtouren nicht erlebt. Ich habe also kein Urteil, ob der Plattensee wirklich so rühmenswert ist, wie er verkauft wird, auch bei uns. Es war nun schon Anfang November. Es ist wieder eine monströse Übertreibung. Er liegt im Zentrum Transdanubiens. Er ist mit über sechshundert Quadratkilometern der größte Binnensee Mitteleuropas, weit größer noch als der Bodensee, nur viel flacher, kaum mehr als drei, höchstens vier Meter tief, was ihn rasch erwärmt und in Strandnähe familienfest macht. Auch Kinder können weit hineingehen. Die Menschen hier sprechen vom ungarischen Meer. Mehr noch: Sie lieben dies Wasser auf jene inbrünstige Weise, wie die Deutschen ihren Wald, die Franzosen das festliche Essen, die Amerikaner ihr Auto und ihren TV-Apparat lieben, also abgründig. Irrationales ist deutlich im Spiel.

Wahrscheinlich war es ein erstes Zeichen solider Verwurzelung, daß ich nach ein paar Wochen Budapest spürte: Wir müssen jetzt dorthin. Jeder Budapester, der es sich leisten kann, hat hier sein Ferienhaus, das zweite Domizil. Ein Bein in der Hauptstadt, ein Bein am See, so pendeln sie hin und her, von der Hoffnung, der Phantasie getrieben. Es führt eine vorzügliche Autobahn hin: hundertvierzig Kilometer. Im Sommer sollen endlose Verkehrsströme hin- und herfließen. Dann reichen die Bahnen nicht. Man hilft sich: Am Anfang des Wochenendes werden alle Bahnen Richtung See freigegeben, zum Ende fährt man umgekehrt vierbahnig zurück, immer hübsch im Gleichschritt. Es muß eine stolze Lawine des Fortschritts sein. Auch in Freizeitproblemen wirkt Ungarn fast westlich, also ziemlich zurück, wenn man es richtig sieht.

Es war, wie gesagt, nun schon Anfang November geworden: späte Zeit. Sonne lag über dem See, eine weiße, etwas milchige Sonne, die nicht mehr wärmt, schon gebrochen, kraftlos ist, aber mittags noch schönes Licht gibt, Helligkeit, Bilder zaubert, wenigstens vom Autofenster aus. Die Landschaft wirkt südlich. Die Vegetation wird noch einmal bunt, reich, beinah exotisch. Ein silbriges Licht kommt vom See; zarte Nebelbänke stehen vormittags über den Hügelketten am Nordufer. Enten und Wasservögel im Schilf. Das ist alles sehr schön, wie erwartet. Aber sonst? Sonst fiel mir eher der Wildwuchs der Bauwerke auf, eine schlimme Zersiedelung, eine ziemlich wüste Gelegenheitsarchitektur, die dominiert. Bös sieht das aus.

Vor allem am Südufer, das wir an einem tristen Regentag abfuhren, kann man noch einmal eindrucksvoll die Sünden des Kapitalismus, die bösen Kehrseiten der Privatwirtschaft studieren. Der private Wohnungsbau ist ja frei hierzulande. Er untersteht nicht dem großen Plan, und so sieht es denn auch aus, streckenweise: eine etwas konfuse Ansammlung privater Zufälligkeiten, was jeder für sich eben beischaffen konnte unter den Bedingungen permanenter Mangelwirtschaft. Alles kreuz und quer durcheinander: stolze Villen neben Bruchbuden, Hütten neben Bungalows, ein paar Café-Bars in Plastikausführung. Texasanmutung mit Erinnerung an Campingplätze. Bloß gut, dachte ich, daß wir diesen Ball wilder Wasserlust jetzt in schlaffem Zustand erleben. Aufgeblasen muß es schlimm sein. Anarchie und Sozialismus – das ist vom Neckermannglück unserer Welt so weit nicht entfernt.

Tihany ist ganz anders. Stille herrscht hier, Frieden ist ausgebreitet. Es ist, als wenn die Zeit stillstünde. Tihany ist eine schmale Halbinsel, die tief in den See reicht. Mit ihren blauen Hügeln und Mulden, die sandbraun sind, hat sich die Landschaft den Reiz aller Inseln bewahrt. Soll man sagen: Jungfräulichkeit, also Kinderglück, der Traum vom eigenen, inneren Reich, das unberührbar bleibt? Regressive Phantasien, Märchenmotive, auf jeden Fall die besondere Lust tiefen Versunkenseins in sich selbst. Schon die Römer sollen hier. Die Türken sollen hier nicht, Gott sei es gedankt. Aber die Österreicher haben dafür. Auch das sei dankbar vermerkt: Die Österreicher haben im 18. Jahrhundert aus den Resten der alten Festung eine schöne Barockkirche erbaut. Endlich einmal eine Kirche in maßvollen und anmutigen Proportionen. Erinnerungen an Schlesien, an Grüssau oder Neuzelle werden wach. Wer kennt das? Ein Kloster neben der Kirche. Wir klopften. Wir klingelten. Wir hatten einige Zeit zu warten, aber dann öffnete jemand: der Abt.

Der Abt von Tihany – ich möchte ihm hier ein kleines Denkmal setzen. Nur so. Er war eine Überraschung. Er sah fast wie ein Filmstar aus, er erinnerte mich an Karajan: ein schlanker, sehr drahtiger Herr in den besten Jahren, grau meliert. Er trug einen feschen Rollkragenpullover, eine Kordhose. Er hielt, als er uns öffnete, seine Brille demonstrativ in der Hand. Wir hatten ihn wohl beim Studium heiliger Texte gestört. Er sah uns an, als wenn er eben Augustin oder Pascal gelesen hätte: in zeitloser Nachdenklichkeit. Er war merkwürdig aufgeräumt, er hatte einen federnden Gang, das differenzierte Gesicht der Schöngeister. Und er zeigte uns dann die Abtei: die kunstvollen Schnitzarbeiten, die Sebastian Stuhlhoff hier schuf, das Königsgrab in der Unterkirche, das Klostergebäude. Er machte das schnell, wie wegwerfend, als wenn es ihn nichts anginge. Es war, als wenn er sagen wollte: Ist doch alles Plunder, nichts als Kunstgeschichte, toter Kram. Sie glauben doch nicht etwa auch an das? Feinere Frivolität schien ihn zu beflügeln. Eleganz war im Spiel.

Erst zum Schluß wurde er ernster. Ironie verflog; eine

schwermütige Nachdenklichkeit griff Platz. Er schloß im Klostergang eine unscheinbare Tür auf. Bitte, sagte er ernst – es war aber auch hier noch ein Rest von Hohn mitzuhören –, mein Privatmuseum. Ich persönlich zeige es Besuchern eigentlich nur vom Ministerrang aufwärts. Treten Sie trotzdem näher. Es war ein großes, stilvolles Zimmer, ein kompletter großbürgerlicher Salon aus dem frühen 19. Jahrhundert: vorwiegend Biedermeier mit etwas Empire. Herrliche Mahagonitische, zierlich geschwungene Sessel und Sofas, zartrosa. Auf edlen Vitrinen standen chinesische Vasen. Kleine Porträts und Kupferstiche an der Wand. Die Reste meiner Familie, sagte der Abt spöttisch und wippte dabei in den Knien. Ich habe sie hier gesammelt. Das war einmal Ungarn, bitte!

Tatsächlich mußte er hier die Großen der Zeit geführt haben. Auf einer Kommode lagen die Grüße, Dankadressen und Unterschriften der Männer, die, wie man sagt, Geschichte machen. Chruschtschow war hier gewesen und hatte gedankt. Einer aus dem Kennedy-Clan hatte sich artig verewigt. Waldheim war kürzlich dagewesen. Sicher auch Karajan, ging es mir durch den Kopf. Welch ein seltsamer Vogel, welch ein frivoler Einzelgänger: ein Abt ohne Orden. Sind das die neuen Friedenspriester?

Und ob es nun dieser Kirchenmann war oder das Luxushotel am Strand, das wir nie erreichten, immer nur aus der Ferne locken sahen, ob es der Budapester Klub war, der, in einen Bergstollen getrieben, mit einem mächtigen eisenbeschlagenen Portal in der Felswand ungeheure Frivolitäten vermuten ließ – ich fühlte mich glücklich hier. Geheimnisse blieben. Du bist schön, Balaton, dachte ich. Ich bin noch nicht fertig mit dir. Tihany – ich komme wieder.

Györ oder Der Anfang vom Ende

Györ war dann die letzte Station der Reise. Eine schöne Stadt; sie liegt auf dem halben Weg Budapest–Wien, und wer, rückkehrend, noch einmal in Györ übernachtet, fühlt sich beinah zu Hause. Ich meine, in Österreich. Die Ungarn heute hören das nicht gern: Habsburg-Erinnerungen. Ich könnte also auch sagen, um solche Gefühle zu schonen: Es ist in Györ, als wenn man, aus Prag kommend, noch einmal in Bamberg haltmacht; eine Woge katholischer Gläubigkeit schlägt über einem zusammen. Kirchen, Kirchen, nichts als Kirchen im Kommunismus. Man meint immer, man hofft doch, die Lage der Arbeiterklasse im Sozialismus verdeutlicht zu bekommen, man erwartet marxistische Indoktrination – den Touristen werden Kirchen serviert. Die Woge der Gläubigkeit ist hier erstarrt. Gottlob steht sie nur noch in Stein. Man muß nicht wie in Bamberg, aber wenn man sich dann in die Stadt aufmacht, rutscht man unweigerlich rein in Feudales, Klerikales, Fürstbischöfliches, was einmal war. Im Grunde langweilt mich das. Ich sagte: Komm, laß das. Kunst macht kreislauflabil. Kunst macht leicht krank. Siehst du da drüben das Rathaus von Györ? Es trägt rote Strümpfe, nicht wahr?

Tatsächlich waren die hohen Säulen vor dem Rathausportal mit rotem Stoff überzogen: ein Festtagsgewand. Es war nämlich der 6. November inzwischen. Der Jahrestag der Oktoberrevolution stand vor der Tür. So etwas macht mich wach. Die Stadt war mächtig geschmückt, sie prangte in buntem Textilaufgebot, aber nichts ereignete sich dann am nächsten Tag, dem Festtag der Revolution. Keine fröhlichen Jubelchöre, keine rhythmisch klatschenden Massen, befreites Volk, das dankbar geradeaus marschierte.

Ich hatte damit gerechnet. Es hatten uns schon seit Wochen die freudigen Ankündigungen in allen Schaufenstern begleitet und eingestimmt: überall kleine, aber deutliche Leninplakate, die unten, etwas abseits der großen Auslagen, angeklebt waren. Aber dabei blieb es dann offenbar. Die Leute von

Györ jedenfalls gingen am Tag der Revolution wie Leute bei uns am zweiten Weihnachtsfeiertag: ausgeruht, auch etwas gelangweilt. Sie betrachteten Schaufenster, sie standen an Straßenecken, schwatzend, sie standen vor Kinoeingängen. Sie wirkten zivil, nicht angestrengt.

In der letzten Nacht meditierte ich. Die Nächte von Györ sind nicht aufregend. Man kommt leicht ins Nachdenken. Der Anfang vom Ende kündigte sich an. Gibt es nach solchen Fahrten Bilanzen? Kann man Ergebnisse vorweisen? Ich werde mich jetzt hüten, nachträglich Leitartikel aufzusetzen, Diagnosen und Prognosen zu basteln – die Kunst der Astrologen, meine Sache nicht. Als Tourist heimkehrend, kann man nur sagen: Auch Ungarn ist natürlich fest in Moskaus Hand. Daran ist nicht zu rütteln. Das Land steckt fest im Warschauer Pakt, so fest, daß es eine ungarische Außenpolitik, wie etwa die Rumäniens, nicht gibt. In der Welt kann dieses Volk heute nicht mit einer eigenen Stimme sprechen. Der große Bruder sagt alles vor. Aber es hat sich durch diese außenpolitische Unterordnung gewisse innere Freiräume, winzige Spielräume sozialen Sonderseins langsam erobert. Der neue Wirtschaftsmechanismus schmeckt den Sowjets nicht sehr. Er hat das Land zu einem kleinen Konsumparadies im Ostblock gemacht, was mißtrauisch stimmt. Wer weiß, wie lange noch? Es gibt Stimmen, die nicht ohne Sorgen fragen: Kádár – wie lange noch?

Es treffen hier manchmal DDR-Politiker ein, die etwas erbittert und tiefernst auf den rechten, den einzig wahren Weg, den Weg Moskaus, die ungarischen Genossen verweisen. Sie würden davon doch nicht abweichen? So etwas macht einem kleinen Land Sorgen. Trotzdem, sie gehen ihren Weg. Sie haben kleine Nuancen gefunden, Zwischentöne, mancherlei Varianten. Sie lassen das Leben nicht fad werden, wie anderswo. Wenn man will: gewürzter Marxismus, etwas Pfeffer und Paprika in die sowjetische Suppe. Sie haben sich arrangiert. Insofern ist das Wort Gulasch-Sozialismus so unzutreffend nicht.

Was heißt eigentlich arrangiert? Das Wort war oft da, ich habe es immer wieder gebraucht. Es geht glatt herunter. Aber wissen wir, was es konkret meint? Wie sieht das aus, wenn sich ein Volk arrangiert? Es mag natürlich auch anders aussehen, ich räume es ein. Es mag ziemlich komisch klingen, heimkehrend aus einem Lande des Fortschritts, dies doch, resümierend, sagen zu müssen, als Bilanz sozusagen: Wir sind in Ungarn eigentlich keinem Kommunisten begegnet. Es mag daran liegen, daß wir vorwiegend unten, nur im Volke uns bewegten. Wir hatten keine Schlüssel zu den Türen der Macht. Aber wo, wenn nicht im Volke, sollte der Sozialismus denn sonst zu Hause sein? Ich wiederhole: Wir haben in diesem Lande keinen einzigen Kommunisten getroffen. Insofern ist das Land auch eine Erholung, etwa wenn man von westdeutschen Universitäten kommt.

Ich will es noch einmal prüfen: Stimmt das? Die beiden Tankwarte am Balaton, die uns anhand ihrer Lohnabrechnungen die ökonomische Lage der Arbeiterklasse zu erklären versuchten, waren bestimmt keine Kommunisten. Sie waren nur bedrückt von der geringen Entlohnung, die mir streikwürdig erschien. Die Pferdezüchter in der Pußta waren zu allerlei Reiterkunststücken zu bewegen. Es gelang mir nicht, ihren ideologischen Standort zu erkunden. Die Schriftsteller in Budapest waren eher vergrämt als vorsichtig. Am liebsten sprachen sie über westdeutsche Lyrik. Sie lenkten immer ab, wenn ich fragte: Ja, und hier? Wie steht es bei Ihnen? Sie begannen dann Witze zu erzählen. Und so ungefähr ging es uns immer wieder. Es war nur das Volk, vorwiegend Arbeiterklasse, das ist einzuräumen: der Kellner im Restaurant, der Student im Museum, der Redakteur, die Klofrau, das Zimmermädchen, der Mann beim Geldwechsel, mit dem wir in ein längeres Gespräch kamen, was man eben kennenlernt unterwegs. Wir haben keinen einzigen Kommunisten gefunden. Ich muß das festhalten, leider.

Es ist gleichzeitig festzuhalten, daß wir auch keinen Antikommunisten gefunden haben. Auch dies mag ein Zufall sein. Auch sie gibt es sicher. Wichtiger ist, daß die ungarische Wirklichkeit heute dazwischen spielt. Sie liegt zwischen diesen ideologischen Tangenten, und vielleicht wird jetzt etwas deutlicher, was es meint, wenn ich immer sage: Sie haben sich arrangiert. Es meint, daß der Alltag, die Wirklichkeit, das konkrete Leben des einzelnen dominiert. Die Ungarn sind pragmatisch geworden. Sie mucken geistig nicht auf. Es gibt keine Resistenz gegen das System wie etwa in Prag heute. Sie haben ein ökonomisches Verhältnis zur Macht gefunden. Ich möchte es nennen: Kommunismus als Job oder Marxismus als Achtstundentag.

Wie ist das zu verstehen? Das bedarf noch einer Reflexion. Ich denke, so: Sie haben ein Verhältnis zum Kommunismus entwickelt, das etwa unserem Verhältnis zur Welt der Werbung, zur Reklameindustrie entspricht. Reklame und Werbung sind wahrlich kein Zuckerschlecken. Es stecken Übel in ihnen, es sind aber offenbar unvermeidliche Übel, wenn das Ganze funktionieren soll. Sie gehören mit zum System; ob nun Verhängnis oder Glücksperspektive – solche Fragen stellen sich entschlossenen Pragmatikern nicht mehr.

Also: Stell dir einen westdeutschen Intellektuellen bei Thompson in Frankfurt oder bei anderen Werbe-Agenturen vor – so ungefähr. Man verdient sein Geld mit Marxismus. Man gewinnt seinen sozialen Rang durch Kommunismus. Man kann aufsteigen in der Hierarchie oder auch absteigen, je nachdem, wie tief man einsteigt ins Geschäft. Aber es bleibt ein Job, eine Arbeit, ein Achtstundentag, mit dem man Geld macht. Man erfüllt seine Arbeit ordentlich, danach wird dann jeder Mensch – Privatmensch, meine ich. Zu Hause spielt das keine Rolle. Zu Hause beginnt das andere, das wirkliche Leben. So, wie sich bei uns manche Geister stark machen für Waschmittel oder Bier, so ungefähr legt sich das ungarische Volk jetzt auch in die Geschirre des Sozialismus: vom ökonomischen Erfolgsdenken des einzelnen her. Zu Hause ist es rasch vergessen. Was zählt, ist der Ertrag für den privaten Komfort.

Immerhin, in Ungarn heißt heute das Werbeprodukt nicht Rei oder Omo. Es geht immer noch um den anderen Weißmacher, Sozialismus genannt. Man sollte das nicht aus dem Auge verlieren. Darin liegen Hoffnung und Resignation zugleich. Zynismus mit Wohlstandsdenken – ein Volk hat sich arrangiert. So fremd sollte uns Bundesdeutschen dies Klima nicht sein.

(1975)

Die weiße Stadt

Erfahrungen in Jugoslawien

Blinder Anflug

Zuschlagen die Tür, die Wohnung abschließen, den Schlüssel wegwerfen – Traum immer wieder: Traum wegzugehen, aufzubrechen, auszubrechen aus dem Zuhause, Flucht in die Fremde –; ich frage mich: Geht das eigentlich noch? Ist das noch möglich: alter Odysseus, der Abenteurer der Fremde? Gibt es noch Fahrten zu fremden Völkern? Wo ist denn noch anderswo? Wo immer man sich hinwendet, man kommt an, wo man war. Der Igel ist immer schon da vor dem Hasen. Die Welt wird sich immer ähnlicher, gleichförmiger. Sie schrumpft in die Zukunft hinein. Einmal wird sie ein Glaspalast sein, durchsichtig von allen Seiten.

Diese gläserne, helle Geschäftigkeit aller Flugplätze zum Beispiel: New York oder Rom, Stockholm oder Frankfurt – wie soll man das unterscheiden? Düsenjets sind keine fliegenden Zauberteppiche. Ihre nationalen Embleme sind lächerlich, aufgeklebte Plaketten. Ein Jet ist haargenau wie der andere, ein schlanker Radiergummi, der Raum und Zeit wegwischt, die Welt zu einem leeren, weißen Blatt macht, das flattert im Winde – wohin geht eigentlich die Reise? Düsenjets zelebrieren immer die gleichen Riten: Kapitän Cook und seine Mannschaft begrüßen Sie. Wir werden eine Flugzeit von einer Stunde vierzig Minuten haben. Wir fliegen in neuntausend Meter Höhe. Die Bonbons, die die Stewardeß mit dem halbgefrorenen Lächeln aller Stewardessen auf einem kleinen Tablett verteilt: Lutscheffekt. Dann Tonbandmusik, die beruhigen soll. Dann die Lichtzeichen: Bitte anschnallen, das Rauchen einstellen. Wohin geht eigentlich die Reise?

Und oben dann, die Sicherheitsgurte schon gelöst, erste Rauchwölkchen blasend, den dunklen Brummton der Düsen im Ohr, gibt es immer das gleiche fade Essen, das man gar nicht will, das in viele Zellophantüten und Plastikteller verpackt, so unendlich lieblos und leer, also amerikanisch, also nach nichts schmeckt. Man hat meistens Schwierigkeiten mit den Ellbogen beim Versuch, ein Hühnerkeulchen mit einem Plastikbesteck zu schneiden. Es ist alles zu eng, zu auskalkuliert, zu vorfabriziert hier, und auch der Blick aus dem Fenster ist meistens nichtssagend. Es ist, wie wenn man auf eine Landkarte guckt. Atlasansichten: Städte, Flüsse, Berge, Felder. Ist das also die Welt? Es gibt keine Grenzen mehr: Kapitalismus oder Kommunismus? Das ist nicht mehr auszumachen. Von oben ist alles gleich.

Und wirklich, auch der Flughafen hier ist wie eben alle Flughäfen: die graue, endlose Piste, die Lichter am Rand, in der Ferne das Hauptgebäude, auf dem Turm der Radarschirm, der sich dreht. Die Dunkelheit so sieben Uhr abends; etwas wie Nebel und Diesigkeit ist draußen zu erkennen – warum komme ich eigentlich immer abends auf Flughäfen an? Die Monteure, die Techniker, die Gangway, die angefahren wird. Die Leute, die nun dem Ausgang zudrängen, das halbgefrorene Lächeln der Stewardeß beim Abschied. Dann draußen Atemholen, Prüfen, Erstaunen. Das Wetter dasselbe? Es ist kalt und feucht, Februarluft. Und auch die Empfangshalle ist eigentlich dieselbe: automatische Türen, Glas, Neonlicht, Chrom, Teakholzbarrieren. Das strenge, etwas verkniffene Gesicht der Einreisebeamten, die einen mit einem letzten Blick prüfen beim Zurückgeben des Passes. Wohin ging eigentlich die Reise?

Und dann im Taxi die Einfahrt in die Stadt. Alle Flughäfen scheinen ziemlich präzise siebzehn Kilometer außerhalb zu liegen. Man hat also eine längere Anfahrt, und die Anfahrt ist wieder enttäuschend, weil wie überall. Erst kommt immer gar nichts, dann Dunkelheit, dann ein Kreisel, eine Reihe von Abzweigungen, dann ein kleines Stück Autobahn. Dann plötzlich taucht aus dem Hintergrund Licht auf. Helle Stadtlandschaft: Wohntürme, Hochhäuser, Einkaufszentren, Bungalows dazwischen, so eine richtige strahlende Trabantenstadt aus dem Baukasten aller Urbanisten, und ich sage etwas enttäuscht: Mein Gott, das ist ja, als wenn ich nach Hause käme. Einfahrt von Bad Homburg, Frankfurt Nordweststadt. Weiße Wolkenkratzer, Grünflächen, Peitschenlampen, Parkplätze, auf denen VWs, Peugeots stehen. Auf den Dächern ein Wald von Fernsehantennen. Die Welt wird sich immer ähnlicher. Einmal wird sie ein Glaspalast sein. Wohin ging eigentlich die Reise?

Und dann, auch das ist überall gleich, geht es immer über eine Brücke. Alle wichtigen Städte liegen immer an Flüssen, vorläufig wenigstens noch. Die Brücke ist zu überqueren, dann kommt das Zentrum, die City, manchmal auch Altstadt genannt. Der Verkehr wird mühsamer, stockender, gefährlicher. Der Taxifahrer beginnt zu schimpfen. Und dann kommt man ins Hotel, und man braucht nicht zu sagen, daß alle Rezeptionen immer von gleicher höflicher und aufmerksamer Unfähigkeit sind. Die Reservierung hat nie geklappt. Der Rezeptionschef sucht vergebens in seinen Listen, aber immer klappt es schließlich doch. Man steht etwas ratlos da, blickt auf die Wände. Die Wände sind mit Reiseofferten austapeziert. Leuchtende Plakate: Palermo Primavera, Madrid erwartet Sie. Visit Moscow now. Die Leipziger Messe: Man sieht zwei kleine Männchen in die DDR eilen. Überall diese Aufforderung, wegzugehen, aufzubrechen, auszubrechen – ich frage mich: Geht das denn noch? Ich bin nun da, bin in Belgrad, Hotel Majestic, und das erste, das ich nicht ohne Erstaunen wahrnehme in der Fremde, ist das Gelb, das vertraute Gelbblau der Lufthansa. Ein großes Plakat begrüßt und berät mich: Lufthansa – Fliegen Sie nach Frankfurt am Main. Der Igel ist eben immer schon da vor dem Hasen.

Drei Fragen zunächst

Erste Frage: Was hörst du hier? Ich sage: Ich höre, daß die Belgrader leidenschaftliche Frühaufsteher sein müssen. Das verwirrt mich. Ich hatte mir den Balkan gemächlicher, etwas verschlampter, müder vorgestellt, etwa wie Österreich. Die Leute sind ja von einer Energie, einer Kraft hier, die mich verblüfft und die mich jeden Morgen bald nach fünf weckt – unbarmherzig. Überall höre ich Leute aufstehen, herumtrapsen, Wasser einlassen, planschen im Bad, das Klo benützen. Das Kanalisationssystem des Majestic muß wohl etwas rückständig sein. Es ist, während ich im Halbschlaf noch etwas dämmere jeden Morgen, wie wenn alle Wasser Belgrads durch mein Zimmer rieseln, strömen, gluckern und dann langsam in einem saugenden Jaulen versickern. Eine Stadt wäscht sich, und ich habe teil daran. Ich höre so gegen sechs immer die städtische Müllabfuhr kommen. Dieses dröhnende, schwer mahlende Geräusch großer Mülltrommeln, das höre ich. Ich höre die unbändige Kraft der Mülleute, die sich offenbar schon sechs Uhr morgens sauwohl fühlen. Sie schlagen die Trommeln mit einer rabiaten Lust auf den Wagen, daß alles kracht und etwas zittert. Sie schnauzen, sie rufen, sie wiehern manchmal. Man hört es durch alle Rolläden. Ich höre so kurz vor sieben ein wütendes Hupkonzert auf der Straße. Also das, meine ich, das müßte verboten werden. Die Frühaufsteher sitzen im Auto, und das bedeutet, da hier der Verkehr in der City nicht weniger drangvoll ist als anderswo, daß sich die Belgrader Autofahrer jeden Morgen auf eine herrlich einfache, sehr naive Weise Platz schaffen auf der Straße: Jeder hupt einfach so lange drauflos, bis Platz wird. Ein schöner Wecker. Ist das der jugoslawische Weg?

Zweite Frage: Was siehst du hier? Ich sage: Ich sehe jeden Morgen die Kellner im Hotel Majestic – zunächst. Die Kellner tragen dunkelblaue Uniformen. Sie gehen mit der Würde, der schwerfälligen Grazie königlicher Hofbeamter durch den Frühstückssaal. Sie sind durch nichts aus der Ruhe zu bringen. Sie wirken etwas beleidigt – vor Kraft. Sie balancieren das Frühstückstablett mit einem verächtlichen Gleichmut, der mich an Schwerathleten, an Gewichtstemmer erinnert, denen man zu leichte Aufgaben machte. Sie knallen einem das Tablett auf den Tisch, daß der Kaffee schwappt. Sie lassen einen fühlen, daß sie zu Größerem berufen sind.

Ich sehe auf der Speisekarte, daß man die Buchstaben nicht mehr entziffern kann. Man fühlt sich als Analphabet. Ich sehe überall kyrillische Buchstaben, die mich etwas erschrecken. Sie erinnern an Moskau. Ich frage mich etwas indigniert: Warum kann eine zivilisierte Nation nicht lateinisch schreiben? Das gehört sich doch nicht, das sind doch ganz unmögliche Buchstaben: Das P ist gar kein P, sondern ein R, das B ist gar kein B, sondern ein V, das C ist in Wirklichkeit ein S – ich meine, das kann man doch nicht machen mit uns. Die Wahrheit ist doch lateinisch geschrieben. Man spürt den uralten Hochmut, diese verborgene Arroganz des westlichen Kulturkreises in sich: römischer Hochmut, der etwas kopfschüttelnd auf Byzanz blickt. Ein Westmensch ist in Belgrad und sagt mit der Anmaßung aller Westler: Also die Namen der Leute hier sind ja unaussprechlich. Diese Izaković und Živković und Martinović, die ich jetzt aufsuchen soll. Das kann doch nicht so weitergehen? Man müßte lateinische Namen einführen, nicht wahr?

Dritte Frage: Was riechst du hier? Ich sage: Qualm. Ich sage: Es ist Februar, ganz Belgrad heizt, es ist kalt, und es ist nicht wahr, daß der Balkan nach Paprika, nach Zwiebeln, nach Knoblauch riecht, wie ich dachte. Belgrad riecht im Winter nach einem Kongreß aller Schornsteinfeger. Rauchgeschmack, zarter Ofenqualm steigt aus allen Schloten auf, wird durch irgendwelche Witterungsverhältnisse aufgefangen, heruntergedrückt und zieht als eine schöne Ahnung durch alle Straßen. Duft aller Braunkohlen. Rauchschwaden senken sich nieder, ziehen durch die Boulevards, bedecken die Autos, die Menschen mit einem feinen Geschmack. Die Menschen hier scheinen das nicht zu bemerken. Smog, sagt man bei uns, man ist alarmiert und mobilisiert alles Denkbare dagegen. Hier ist man nicht alarmiert. Man trägt es mit Gelassenheit. Hier ist es manchmal an späteren Vormittagen wie in einer Räucherkammer. Würstchen und Speck werden jetzt in den Rauch gehängt. Ich sage also: Ich rieche ein scharfes und beizendes Land. Geh mittags ein gutes serbisches Mahl essen, iß Paprikaschoten oder Hammelfleisch schön mit Pfeffer dazu. Wenn es dir dann auf der Zunge brennt, wenn es dir den Schweiß auf die Stirne, Tränen in die Augen treibt, und wenn du dann hinaustrittst in diese große, schöne Räucherkammer, etwas erschöpft, so hast du einen guten Vorgeschmack. Ich bin ja noch ganz am Anfang. Ich rieche nur Kraft.

Eine Stadt steigt um

Nein, Belgrad ist keine schöne Stadt. Sie ist auch nicht weiß, wie das serbische Wort Beograd zu deutsch meint. Touristisch ist Belgrad kein Glanzpunkt. Die Belgrader sind frankophil, aber dieser sehnsüchtige Vergleich mit Paris, den man auch hier manchmal hört, ist Unsinn. Die Stadt ist viel zu kraftvoll, zu männlich, zu derb, eine Bauernstadt. Sie hat eine andere Geschichte. Im Zentrum diese wuchtigen, etwas pompösen Häuserfronten der Jahrhundertwende, diese grauen Burgen der Bourgeoisie wie überall in Europa. Daneben die kahlen, furchterregenden Hochhäuser der Bürokratie aus den fünfziger Jahren; dann Neueres, Moderneres, Versuche, gewagt zu bauen, aber das meiste wirkt etwas zu klotzig, zu schwerfällig, zu kantig geraten. Erst die Neubauten jüngster Zeit zeigen Sicherheit: Sachlichkeit, die auch schön ist, strenge Rationalität, die anmutig und human wirkt. Man kennt diesen modernen, einladenden Stil aus New York, aus Zürich, aus Hamburg. Einmal wird die Welt ein Glaspalast sein – hier auch.

Etwas anderes fasziniert: ein Augenblick der Geschichte.

Man spürt, wie hier überall die Epochen, die Kulturen, die Welt von gestern und morgen zusammenstoßen, wie Orient und Okzident ineinandergeraten – auf engstem Raum. Belgrad ist ein Karussell der Zeiten, ein Umsteigebahnhof der Geschichte: nicht mehr und noch nicht. Abends auf der Bahnhofstraße oder im Umkreis der Busstation daneben schlägt einem reiner Orient entgegen. Es riecht nach Muskat, etwas süß und faulig. Bauersfrauen mit bunten Kopftüchern, Burschen, die mit ihren runden Pelzmützen aussehen wie Donkosaken, serbische Provinz, die nach Hause aufs Land will: eine Karawanserei der Balkanvölker, in abenteuerliche Tücher gehüllt. Sie steigen in moderne, helle, freundliche Busse ein, die ziemlich verdreckt sind, die in der City nun durch strahlende neue Autobahntunnel fahren, die dann langsam verschluckt werden von der Nacht der Provinz. Auf der Maršala Tita aber, dem Boulevard Marschall Tito, ist westliche Zeit: Modesalon, Autosalon, Juweliergeschäfte, Kunstgalerien. Es gibt sehr modern dekorierte Buchhandlungen, die gut sortiert sind: Man wird von Sartre bis Henry Miller, von Solschenizyn bis Grass alles finden, was den Westen bewegt. Wenige Straßen weiter aber kippt das wieder um. Man steht vor kleinen, schmalen Kramläden serbischer Händler, fast Bauernhäuser noch: Gewürzgeschäfte, Zuckerbäckereien, Handwerker, die, vom Staub der Vergangenheit bedeckt, in schmalen Schaufenstern hocken, an irgend etwas Ledernem herumfingern. Eine Moschee ist zu sehen.

Die Gleichzeitigkeit des Ungleichzeitigen ist zu besichtigen. Die Rolltreppen auf der Terazije führen in unterirdische Verkaufsparadiese, die elegant und verlockend wie die in West-Berlin oder Zürich sind. Überall steht »Nonstop« geschrieben. Wir verkaufen nonstop von acht bis acht. Wenige Schritte von der Terazije entfernt hat man sich sogar das amerikanische System zu eigen gemacht. Hier sind die unterirdischen Geschäfte rund um die Uhr geöffnet: 24 Stunden den Tag, round the clock – ich meine, noch moderner geht es nicht. Aber in den kleinen Caféstuben und Wurstbratereien drei Straßen weiter scheint die Zeit nicht so kostbar. Zwei Männer in schwarzen Pelzmützen brüten über einem Brettspiel, den türkischen Kaffee, die Wasserpfeife neben sich. Frauen hocken auf Stoffballen. Die Frauen tragen lange, rote Pumphosen, die auch türkisch scheinen. Sie würgen an einem Brotfladen herum, in dem kleine, verbrannte Würstchen stecken. Aus der Musikbox aber dröhnt, strahlt, jubelt Europas jüngster Hit. Miguel Ríos steigt auf die Schultern Beethovens, turnt im Finale der 9. Sinfonie herum. Er heult vor Menschlichkeit: A Song Of Joy, Freude, schöner Götterfunken.

Also? Eine Stadt steigt um. Eine Agrargesellschaft, jahrhundertelang erstarrt, vergessen, auf archaische Weise zurückgeblieben, wacht auf, erhebt sich, industrialisiert, technisiert sich, übt sich ein in die Riten der Zivilisation, zieht langsam um in den grünen, strahlenden Park der Moderne. Einmal wird die Welt ein Glaspalast sein – Novi Beograd, Neubelgrad ist dafür ein schönes Beispiel. Hier haben sie in zwanzig Jahren auf dem Sumpfland der Save, auf dem Schwemmland der Donau eine gewaltige Neustadt errichtet, die einmal 240 000 Belgrader beherbergen soll. Das war mein Eindruck Nordweststadt, als ich kam. Die weißen Hochhäuser, die schlanken Wohntürme, die Glaspaläste mit Einkaufszentrum, Kino, Kinderspielplätzen, Tankstellen erinnern an unsere Trabantenstädte. Es fehlt das Gewalttätige, das Gigantisch-Monströse, das Trostlose, das unseren Schlafstädten eigen ist. Neubelgrad wirkt menschenfreundlicher. Es ist alles da, was der Mensch braucht, aber manches ist auch schon wieder kaputt. Es ist wie bei Kindern, die mit zu neuen Spielzeugen spielen. Man kann nicht erwarten, daß die Sprechanlage, die automatische Türöffnung auch funktioniert. Das Treppenhaus sieht wie nach einem sehr erfolgreichen Markttag aus: ziemlich wüst. Es gibt überall Telefone in Belgrad. Daß sie funktionieren, ist nicht so sicher. Die Wählscheibe ist manchmal sehr kunstvoll zerbrochen. Oder die WKS-Schlösser, die höchste Sicherheit versprechen, kommen mit dem Schlüssel gleich selbst heraus. Und alle hochmodernen Klappfenster jüngster Bauart schienen mir gräßlich zu klemmen. Kleine Gebrechlichkeiten der Zivilisation. Die Belgrader lachen. Sie zucken die Schultern. Sie sagen: Wissen Sie, unsere Leute lernen das erst. Wo kommen wir her? Wir sind schon zufrieden, wenn sie in ihren Neubauwohnungen keine Hühner mehr halten.

Mein deutsches Lied

Die Männer von Belgrad – merkwürdig, daß einem in dieser Stadt immer die Männer auffallen. Wo sind eigentlich die Frauen? Ist das ein Rest von Orient, tiefer Süden? Die Männer also hier in der Stadt haben gute, interessante, eigenwillige Gesichter. Man müßte sie wohl Charakterköpfe nennen, ein abscheuliches Wort. Ich meine: Sie haben nichts von der attraktiven, blendenden, merkwürdig leeren Rasseschönheit der Romanen, etwa der Italiener, die mich immer an Friseurgesichter erinnern, etwas zu perfekt im Schnitt, zu pomadisiert. Die Männer von Belgrad – aber hier muß man schon wieder unterscheiden: Generationsbruch. Die Jungen, so schien es mir, sind jetzt ihren Vätern über den Kopf gewachsen. Sie sind sehr groß, schmale, endlose Latten. Sie tragen schwarze Maximäntel, manche in glänzendem Samt. Sie tragen einen gewaltigen Schal, der ihnen wie eine Königsschärpe nach beiden Seiten bis über die Knie hängt. Sie haben bleiche, verwegene, kühne Gesichter. Sie tragen lange Haare. Man weiß nie so recht, ob das ein serbischer Prinz, ein Hirte oder ein Hippie sein soll. Folklore und Underground fallen mühelos zusammen. Selbstbewußtsein, Stolz, ein Hauch von Anmaßung liegt auf ihren Gesichtern.

Die Väter: kleiner, untersetzter, nachdenklicher. Eine mittlere, sehr bewegliche Generation, das Gedrungene, Geduckte von Kämpfernaturen, die gestern noch im Partisanenkrieg standen, heute an der Wirtschaftsfront reagieren. Manager, elastisch, intelligent, immer auf Neuerungen bedacht. Es fällt einem ihre kritische Reaktionsfähigkeit auf, die Aufmerksamkeit, mit der sie zuhören können, einen Augenblick nachdenken, dann ihre Position entwickeln, sehr klar und zielsicher sich abgrenzen. Ja, einerseits schon, andererseits aber... In jedem von ihnen spürt man etwas von diesem anderen, eigenen Weg der Jugoslawen. So etwas sah ich noch nie. Das sind keine Unternehmer westdeutscher Art: rötlich, dicklich, etwas aufgetrieben im eigenen Fett. Das sind auch keine Bürokraten, keine Funktionäre ostdeutscher Art, die mit scharfen Brillengläsern, schmalen Lippen streng bürokratisch nach unten weitergeben. Das sind freie und autonome Persönlichkeiten, Menschen, die selber denken, selber urteilen, die eigene Schlüsse wagen, zum Schluß eine Meinung haben. So etwas, wirklich, sah ich noch nie: Verantwortung und Initiative von unten. Richtige Unternehmer im Volkseigentum, die auch noch lachen können, sich ernst, aber nicht tierisch ernst nehmen.

Und ich singe hier manchmal mein deutsches Lied. Ich sitze da und sage: Sie müssen das bitte verstehen, meine Herren, meine Neugier, meine Fragen, mein dauerndes Herumstochern in Ihrem Land, meine unsäglichen Versuche, Ihre Gesellschaft zu verstehen. Wir sind ja nicht ganz unbeleckt in dieser Sache. Ich und meine Leute da in Deutschland. Wir haben das sozusagen vor der Tür bei uns: die DDR. Wir haben auch so einen Versuch des Sozialismus dort. Nein, ich bin kein Feind der DDR, ich bin kein Antikommunist, ich bin ein linker Intellektueller, ich wäre gern ein Sozialist. Ich räume auch ein, daß die DDR Elemente der Fortschrittlichkeit entwickelt hat, die die Bundesrepublik nicht besitzt, etwa in den Fragen der Bildungspolitik, der Gesundheitspolitik, auch in der Rolle der Frau. Das ist ganz sicher. Wir haben nur in fünfundzwanzig Jahren gelernt, daß solche Fortschritte offenbar nur erkaufbar sind um den Preis neuer, gräßlicher Unfreiheiten. Sozialismus ist möglich auch bei uns, man kann das machen: Volkseigentum und Selbstkontrolle der Gesellschaft –

gute Gedanken, aber sie werden nur funktionieren mit Zwang, mit eiserner Gewalt. Ich darf doch das Wort Mauer und Stacheldraht aussprechen? Ich meine: Freiheit und Sozialismus gehen bei uns nicht zusammen, leider. Wie macht ihr denn das?

Das Wichtigste, will mir scheinen, ist, daß man in Jugoslawien dieses Wort aussprechen kann. Man kann das eine Wort Freiheit aussprechen. Man hört nicht das Hohngelächter von links: das Gelächter der alten Dogmatiker, der SED-Leute, der Stalinisten, die nur müde abwinken, die sagen, Freiheit sei doch nie etwas anderes gewesen als die Einsicht in die historischen Notwendigkeiten. Man hört auch nicht den Spott der Jungmaoisten, der Roten Zellen, die immer hell auflachen, wenn man das Wort in den Mund nimmt. Eine Chimäre, eine bürgerliche Illusion, ein kapitalistischer Volksbetrug, würden wohl Enzensberger und Genossen sagen: Freiheit war immer nur eine Klassenfrage. Mit so abstrakten und ungereimten Sätzen, mit so allgemeinen Philosophien darf man den Jugoslawen nicht kommen. Dafür sind sie zu praktisch. Gebranntes Kind scheut auch immer das Feuer.

Sie verstehen einen sehr gut. Sie nicken mit dem Kopf, sie heben beschwörend die Hände. Sie sagen: Also mit der DDR oder der Sowjetunion wollen Sie uns bitte nicht vergleichen, bitte nicht. Sie lachen etwas dabei. Sie lachen auf eine verschmitzte, eigenwillige, lakonische Weise. Sie sagen: Das hatten wir auch im Land. Das kennen wir. Was meinen Sie, was hier los war zwischen 45 und 48, als sowjetische Instrukteure dabei waren, Jugoslawien auf Ost zu trimmen. Wir wissen, was Stalinismus ist. Er steckt uns noch allen in den Knochen. Wir werden das nie vergessen: 48, den Bruch mit dem Kominform. Es war ein Kampf auf Leben und Tod. Das war unsere Geburtsstunde damals. Wir kämpften uns frei so langsam, übrigens unter einem entsetzlichen Trommelfeuer, auch aus Ost-Berlin. Sie wissen ja, daß damals Titoismus dasselbe wie Trotzkismus war: ein Todesurteil. Sie sagen schließlich:

Man muß einfach kämpfen um seine Freiheit – das ist die erste Erfahrung unserer Geschichte.

Porträt eines Montenegriners

Eigentlich ist es hier wie in einem bourgeoisen Salon: eine Villa der Belgrader Vorstadt. Ein Dienstmädchen öffnet. Ach, diese Dienstmädchengeschichten hier in der Stadt. Sie entschuldigen sich immer, daß sie im Augenblick nicht das richtige Dienstmädchen hätten: schöne Verlegenheit, die den Entwicklungsstand einer Gesellschaft ablesen läßt. Chippendale-Möbel, altmodische Sofas, kostbare Teppiche, nachgemachter Barock, anmutige Rokokosekretäre, auch nachgemacht; schwere Portieren, Teetische, Teewägelchen, auch Chippendale. Abstrakte Kunst an den Wänden, die auch etwas nachgemacht wirkt. Die jugoslawische Malerei wirkt immer ein wenig verspätet auf uns. Man meint, solche Bilder vor zehn Jahren schon einmal gesehen zu haben, bei uns. Sozialismusverspätungen, Balkanverzögerungen. Immerhin, es gibt nichts, was sie nicht auch machen könnten von der kinetischen Kunst bis zur Pop-art. Die Künstler sind vollkommen frei, was bekanntlich erst glücklich, später dann eher mürrisch, leicht depressiv macht.

Der Mann im Salon, der Hausherr: Er ist groß, straff, quicklebendig. Seine Bewegungen haben etwas Übertriebenes, Theatralisches. Wenn er spricht, spricht er nicht eigentlich; er spielt die Szene mit schwerfälliger Grazie, mit dem Charme eines Elefanten. Er hebt die Hände, dreht den Kopf, richtet sich auf, lehnt sich zurück, setzt sich immer neu in Positur. Ein dramatisches Naturell mit einem kolossalen Bariton, die Augäpfel rollen. Noch nie sah ich das Weiß der Augen so blitzen. Der Mann ist ein Montenegriner, also ein Aufschneider, sagen die Leute. Sie sagen: Ach, der? Er muß wohl schon um die Siebzig sein, aber wirkt wie ein arrivierter

Volksschauspieler in den besten Jahren. Der Mann heißt Svetozar Vukmanović Tempo. Er gehörte einmal zu den sechs oder sieben engsten Vertrauten Titos, die sich 1941 zusammentaten, um das neue Jugoslawien zu erkämpfen. Heute lebt er als Pensionär in Belgrad, nicht anders als Djilas und Ranković.

Es wird Tee gereicht, Tee und Gebäck, auch Whisky. Freunde sitzen dabei, ihre Frauen, Damen der Gesellschaft, könnte man sagen. Man könnte das Ganze also für ein typisches Teegespräch im Salon halten, wenn nur das Thema nicht so blutig, so kriegerisch wäre. Denn dieser Mann organisierte in Titos Auftrag den Partisanenkampf. Bei ihm also bin ich richtig. Und ich sage so in meiner direkten, naiven Art: Ich bin fremd hier im Land, Herr Tempo. Ich bin ganz fremd in Ihrer Gesellschaft, die mir sympathisch, aber schwer einsichtig ist. Ich verstehe so gut wie nichts vom jugoslawischen Sozialismus. Ich spüre nur: Die Wurzeln dieses eigenen Weges der Jugoslawen liegen nicht in der Gegenwart. Sie müssen in der Geschichte Ihrer Partisanenbewegung liegen. Damals, meine ich, nicht 48, hat Ihr eigener Weg begonnen. Wie war das denn damals? Wir Deutschen, pardon, kannten Sie nur als Heckenschützen. So hieß das doch im Wehrmachtsbericht.

Und Tempo wäre kein Montenegriner, also kein Fabeltier, wenn er jetzt nicht hüpfte, nicht in die Hände klatschte, auf dem Sofa unruhig wackelte vor Vergnügen, vor Lust, zu erzählen, sich auszubreiten. Vielleicht sind es auch seine Memoiren, die er vor kurzem abgeschlossen hat. Zwei hellgelbe Bände liegen druckfrisch auf dem Teetisch: die Memoiren, die Tito nicht schrieb, nicht schreiben wollte, sagen manche Belgrader etwas mehrdeutig. Und wie jeder Autor ist auch Tempo nicht frei von der schönen Lust des Selbstzitierens. Darüber habe ich auch geschrieben, in Band zwei, sagt er strahlend. Ja, eine sehr wichtige Frage, sie wird bei mir gleich am Anfang behandelt. Also hier bin ich richtig. Ich frage: Wie war das denn eigentlich? Wie konnte es gelingen, daß ihr Partisanen schon 1943 große Teile des Landes befreit hattet, eine eigene Regierung ausrufen konntet, mitten in Hitlers Festung Europa? Wo nahmt ihr zum Beispiel die Waffen her? Ich erfahre jetzt etwas aus der Geschichte der Partisanen, die wirklich ein Heldenlied ist. Man muß da einstimmen. Die Jugoslawen entschlossen sich ganz allein zum bewaffneten Aufstand und zu einer Zeit, als der Pakt zwischen Hitler und Stalin noch bestand. Auch nach dem deutschen Überfall auf Rußland hat Stalin den Jugoslawen immer etwas mißtraut. Stalin hatte sich mit Churchill den Balkan bekanntlich geteilt. Der nördliche Teil sollte russisches, der südliche Teil mit Griechenland sollte englisches Einflußgebiet werden. Das bedeutete, daß Stalin offiziell für die bürgerliche Exilregierung der Jugoslawen war, die in London saß. Er beschwor Tito immer, nur einen nationalen, einen vaterländischen Befreiungskrieg zu führen. Die Partisanen aber waren Kommunisten – leider.

Und wie war das nun mit der Bewaffnung am Anfang? beharre ich. Ihr konntet doch nicht mit Steinen und Stöcken die deutsche Besatzung vertreiben? Tempo: Nein, es hat uns niemand Waffen gegeben am Anfang, weder die Russen noch die Engländer. Wir mußten sie uns einfach holen. Wir sagten zu den Bauern: Wenn ihr mit uns kämpfen wollt, wenn ihr einmal frei sein wollt, macht einen Besatzer nieder. Holt euch die Waffen bei ihnen; sie sind ja da. Ihr müßt sie nur holen. Die Deutschen machten übrigens den Fehler, Hilfswillige hier im Land, junge Faschisten, hoch zu bewaffnen. Hier fanden wir unsere ersten Depots. Auch bei den Italienern natürlich, die leicht zu überwältigen waren. Tempo lachte, klatschte sich auf die Knie, rieb sich die Fäuste, als hätte er gerade einem Feind die Gurgel gut zugedrückt. Gehabte Schmerzen, die hat man gern.

Also, das muß man zuvor wissen, meine ich. 1941 war ganz Europa von Hitlers siegreichen Truppen besetzt. Es raste der deutsche Faschismus. In den besetzten Ländern gab es da und dort Résistance, Widerstandszellen, Gruppen im Untergrund, die aber geheim und verborgen blieben. Nur die Jugoslawen entschlossen sich damals zu einem regulären Befreiungskampf, zu einem offiziellen Volkskrieg. Sie waren keine Heckenschützen. Sie trugen Uniformen und führten den Krieg: zäh, listig, rücksichtslos, und gewannen ihn. Schon damals haben sie sich allein freigekämpft. Sie wollten von Anfang an souverän, also der Herr im eigenen Hause sein. Hier liegen die Wurzeln ihrer heutigen Politik: demokratischer Sozialismus, Blockfreiheit, Neigung zur Dritten Welt – bis hierher muß man zurück.

Über sozialistische Marktwirtschaft

Nein, diesen Knäuel werde ich nicht entwirren. Darin haben sich schon andere verheddert. Es ist nicht möglich, von Frankfurt nach Belgrad zu fliegen und dann zu sagen: So und so ist das also dort, so funktioniert das, so gut, so schlecht, und das, bitte, könnte man so vielleicht besser machen. Die soziale Struktur dieses Landes ist kompliziert genug. Die Mechanismen des gesellschaftlichen Funktionierens aber sind von einer Verwickeltheit, die den Fremden entmutigt. Es ist, wie wenn man als Laie einen Fernsehapparat von rückwärts aufmacht: Diese komplizierten Schaltungen, all diese Drähte, Raster, Rückkoppler, Verteiler – wie funktioniert das nun wirklich? Das hat man davon, daß man sich auf einen neuen Weg machte. Glückliche Zeiten, als man noch in Ländern sowjetischen Typs zu Gast war; da war alles klar und einsichtig, scheinbar wenigstens. Bürokratischer Zentralismus: Es wurde von oben befohlen, dirigiert, angeordnet und verkam dann so unten – meistens. Das eben ist der jugoslawische Weg nicht.

Man kann also nur einzelne Stränge herausziehen – aus dem Knäuel. Man kann zum Beispiel sagen: Sie haben 1945 die Produktionsmittel alle enteignet und an das Volk übergeben. Das verbindet sie mit den Sowjets. Bei den Produktionsmitteln gibt es keinen Privatbesitz mehr, das trennt die Jugoslawen vom Westen. Ihre Grundlage ist die Idee Lenins, auch Rosa Luxemburgs: Sozialismus ist die Selbstverwaltung der Produzenten. Sie haben die Betriebe den Arbeitern in eigene Regie übergeben. Jeder Betrieb wird von der Arbeiterselbstverwaltung geführt. Sie ist das A und O dieser Gesellschaft. Diese Arbeiterräte entscheiden alles: die Arbeitsnormen, die Löhne, die Personalpolitik, die Investitionen, die Planung neuer Produkte, den Verkauf. Sozialismus, sagen sie, kann nur von unten ausgehen. Demokratie muß vom Volk praktiziert werden. Das ist unser demokratischer Sozialismus: daß die Arbeiter sich selber verwalten. Es läuft also alles darauf hinaus, immer mehr Verfügungsgewalt nach unten zu delegieren. Der Staat soll ja absterben im Sozialismus. Das wollte Marx. Alle Macht liegt hier bei den Räten.

Ein zweiter Strang: In dieses Prinzip des Volkseigentums hat man zugleich das Prinzip der Marktwirtschaft eingeführt. Das heißt, es muß ökonomisch, rentabel, effektiv produziert werden. Kommt hier ein kapitalistisches Motiv in die Wirtschaft? Sie sagen nein. Das Marktprinzip hat es immer gegeben, sagen sie, schon lange vor dem Kapitalismus, auch die Feudalwirtschaft, auch die Sklavenwirtschaft war marktwirtschaftlich orientiert. Es bedeutet den belebenden Faktor der Konkurrenz. Tatsächlich konkurrieren alle Betriebe in Jugoslawien untereinander; sie setzen die Preise selber fest. Das wiederum bedeutet, daß Betriebe, die unrentabel, nicht marktkonform produzieren und anbieten, auf der Strecke bleiben. Hier können Fabriken bankrott gehen, nur für die Arbeiter muß vorgesorgt werden. Markt heißt übrigens nicht nur Jugoslawien, sondern die ganze Welt. Jede Fabrik kann ihre Produkte anbieten, wo immer sie will: in Australien, in Amerika, in Rußland oder der Bundesrepublik. Es gibt keine Zentrale des Außenhandels, die das Ganze dirigiert.

Man stößt auf eine vollkommen offene, sehr mobile Gesellschaft, die bestrebt ist, sich dauernd zu modernisieren, zu rationalisieren. Sie schicken ihre Topmanager nach Chicago oder Mailand, um zu studieren, wie man heute Waschmittel oder Kunstdünger oder Kupfer auf dem Weltmarkt verkauft. Das macht die verblüffende Weltoffenheit, die sensible Agilität, auch den Geist des Erfolgsdenkens aus, auf den man hier überall stößt. Und einiges, sicher, fließt nebenher auch in private Taschen. Trotz rückläufiger Tendenzen, die es gab in den letzten Jahren, trotz einiger Arbeitslosigkeit, trotz steigender Preise, muß man sagen: Gemessen an den Ländern sowjetischen Typs, sieht man den Erfolg, die belebende Wirkung des Marktmotivs. Man spürt nichts von der Lahmheit und Uninteressiertheit der Massen an der Ökonomie, wie etwa in Rußland. Arbeiteraufstände wie die in Polen wären hier undenkbar. Das Volk ist frei, es muß seine Sache selber machen. Jugoslawien ist sehr lebendig, ein Bauboom geht durch das Land, vor allem an der Küste. Überall schießen neue Fabriken, neue Werke, neue Hotelpaläste in die Höhe. Der Aufbau blüht, obwohl beim Blühen auch immer etwas abfällt, verdorrt. Das ist einzuräumen.

Und die Partei, wo bleibt eigentlich die Partei? frage ich immer wieder. Ich meine, sie muß doch das Ganze dirigieren, antreiben? Wo ist die eigentlich? Ich sah sie nie. Ich singe also wieder mein deutsches Lied, und daß die Partei noch Herz und Hirn, Vorhut und Schrittmacher der Arbeiterklasse sei. Wo bliebe denn sonst der Sieg des Sozialismus? Sie winken ab, die Jugoslawen. Nein, sagen sie, unsere Partei, der Bund der Kommunisten, versteht sich so autokratisch, so autoritär nicht. Wir diskutieren alle das, was fällig ist. Die Partei hält sich schon lange aus den Wirtschaftsprozessen heraus. Die Regierung beobachtet natürlich den Verlauf und greift hier und dort ein mit Gesetzen. Man könnte es das Prinzip der Kontrabalance nennen.

Steuert unsere sozialistische Marktwirtschaft zu sehr in Richtung Liberalismus, so erlassen wir Gegengesetze. Merken wir, daß der Wirtschaftsprozeß zu schwerfällig, zu initiativarm wird, so bauen wir neue Gewinnchancen ein. Das ist ein ganz komplizierter Prozeß immerwährenden Balancierens, kritischen Schaukelns. Spätestens an diesem Punkt ist der Augenblick erreicht, wo diese Gesellschaft dem Fremden wieder uneinsichtig, kompliziert wird. Der Strang beginnt sich nun zu zerfasern. Er löst sich in tausend feine Fädchen auf. Wie funktioniert das Ganze?

Sicher ist: Es gibt in diesem Lande für eine sozialistische Wirtschaft ganz singuläre Freiheiten. Aber es gibt dann auch Bremsen, Grenzen, Limitierungen, einen Berg von Gesetzen, die man alle kennen müßte, um die praktische Brauchbarkeit des Systems beurteilen zu können. Die Arbeiterräte zum Beispiel sind frei, ihre Löhne selbst zu bestimmen, aber nur in gewissen Grenzen, die das Gesetz bestimmt. Es gibt ein privates Unternehmertum. Man kann ein Restaurant, ein Hotel eröffnen. Man darf aber nur fünf Angestellte haben. Man fragt: Wieso gerade fünf? Die Kollektivierung der Landwirtschaft wurde rückgängig gemacht, aber ökonomisch rentabel können Kleinbauern nur produzieren in Kooperation mit den großen Genossenschaften. Es gab zum Beispiel keine Milch in meinen Belgrader Tagen, das machte mich stutzig. Ich dachte wieder an unsere Deutsche Demokratische Republik, und daß so etwas eben typisch sei für Sozialismus. Es war aber eher typisch für Kapitalismus. Die landwirtschaftlichen Genossenschaften bestreikten den staatlichen Milchpreis. Sie arbeiteten alle Milch in Käse und Joghurt um. Sie sagten: Wir liefern erst wieder Milch, wenn der Milchpreis freigegeben wird. Ich dachte: Das kennst du doch?

Es gibt also auch hier Konflikte, Engpässe, Antagonismen. Die sozialistische Marktwirtschaft ist nicht der Stein der Weisen, der vom Himmel fiel. Sie ist kein Wundersystem, das alle Probleme löst, und ob sie sich, wie unsere Jusos meinen, auf unsere westdeutsche Gesellschaft übertragen läßt, kann ich nicht beurteilen. Ich meine: Die sozialistische Marktwirtschaft ist für Jugoslawien der gute, der richtige Weg. Er stellt unter den Bedingungen einer Gesellschaft, die sich erst zu entwickeln beginnt, das leistungsfähigste und gerechteste System dar. Sozialistische Marktwirtschaft will das östliche

Prinzip des Volkseigentums mit dem westlichen Prinzip des Marktdenkens versöhnen. Ob das gelingen wird? Ich weiß es nicht. Es ist noch nicht entschieden.

Belgrader Haare

Diese tiefe Faszination, die trotz allem noch immer vom Westen ausgeht. Wie oft habe ich das schon erlebt: Sozialismuserfahrungen? Man kennt das von Moskau, von Warschau, von Ost-Berlin. Ich frage mich auch in Belgrad wieder: Wie spät ist eigentlich der Spätkapitalismus? Wer kann mir das sagen? Von Paris aus wirkt er sehr spät. Er scheint ziemlich munter und lebensfroh, beinah jugendlich – vom Osten aus. Belgrad ist nicht der Osten. Es ist die Mitte. Trotzdem geht noch Kraft aus, tiefe Verzauberungskraft, auch hier. Wie doch die Jugend hier immer nach London, Paris, nach Stockholm und München starrt, so, als gäbe es da etwas zu versäumen. Was denn?

Alenka, meine blonde, junge Dolmetscherin, die sich als freiberuflich bezeichnet, sozusagen eine Privatunternehmerin in Sprachen, ist so ganz anders als die strengen, ernsten Damen von Intourist Moskau, gottlob. Alenka will nicht erziehen, aufklären, politische Schulung erteilen. Alenka will mithalten – mit dem Westen. Sie sagt immer: Aber sicher, bestimmt, das haben wir auch. Belgrad ist doch kein Dorf, es ist Kleinparis, nicht wahr? Sie sagt mit einem Anflug von Nationalstolz: Natürlich haben wir hier auch Gammler und Hippies. Was denken Sie? Im Sommer sitzen sie immer so malerisch um den Revolutionsplatz. Alenka sagt: Aber bestimmt, glauben Sie mir: Wir haschen auch. Wir sind auch manchmal high. Drogen sind jetzt große Mode bei uns. Ja, sage ich, leider. Ich sah es schon.

Alenka geht manchmal mit Herren aus der Bundesrepublik, mit handfesten Kapitalisten von Neckermann oder dem Kaufhof, den Einkäufern, den Gästen der sozialistischen

Marktwirtschaft, auf Jagd. Sie jagt dolmetschend in den Jagdgründen Kroatiens. Na bitte, na schön. Sie kennt von daher die Sitten der feinen Herren und sagt öfters: Also heute abend sollten wir einmal in die Spielbank gehen, ich würde gern wieder einmal Roulett spielen. Und wie wäre es mit der Texas-Bar hinterher? Alenka war manchmal vergrämt, wenn ich immer in politischen und sozialen Problemen herumstocherte. Sie ging einmal wütend weg – mitten im Dolmetschen, weil ich die Sache mit den Jung-Bosniern in Sarajewo, die Geschichte mit dem Knaben Gavrilo Princip haargenau erklärt haben wollte.

Ich wollte es ganz genau wissen, wie dieser Junge, eigentlich unbewußt, den Ersten Weltkrieg eröffnet hatte mit seinen Schüssen. Und nicht nur den Ersten Weltkrieg, könnte man sagen: auch den Zerfall des alten Österreich, auch die Oktoberrevolution in Leningrad, könnte man sagen, mit einiger historischer Phantasie. Was mit diesen paar Schüssen in Sarajewo doch alles in Gang kam im alten Europa: das Ende der Dynastien in Europa, die Republiken, der italienische, der deutsche Faschismus und schließlich Sowjetrußlands Macht in Mitteleuropa – der Gedanke, daß diese Jahrhundertlawine durch so ein paar Kieselsteine, die der bosnische Knabe in Sarajewo auf den österreichischen Thronfolger schleuderte, in Gang kam, dieser Gedanke ist doch schon abenteuerlich, sozusagen ein Märchen der Politik, ein Puzzlespiel für Historiker. Historische Phantasie muß man haben.

Aber Alenka war ausgesprochen sauer. Sie war verdrossen und mit ihr die Jugend der Stadt. Sie hatte die ewige Politik satt. Sie war auf die Straße gegangen, hatte sich ein paar türkische Zuckerbrötchen gekauft. Sie maulte zum erstenmal und erklärte mir ziemlich erschöpft später, daß das doch alles so langweilig sei: Politik, den ganzen Tag Politik und Geschichte, die sie übersetzen müsse, totlangweilig sei das. Kein junger Mensch in Belgrad würde sich für Politik interessieren. Das sei doch etwas für alte Leute. Sie hatte sich aus Protest an einem Kiosk *Twen* und *Konkret* gekauft. Sie winkte mit Porno, mit Titelgeschichten wie: Warum Mädchen sich ausziehen. Sie fragte: Sie kommen doch heute Abend in *»Hair«*? Eine ganz tolle Inszenierung. Ja, sagte ich, ja ja, ja ja, und dachte: Woher kommt das nur, dieses dauernde Buhlen um den Westen?

Natürlich ist es interessant, dieses wilde, verrückte Spektakel der Jugend, das hübsche Anarchisten-Musical *»Hair«* in einem kommunistischen Staat zu sehen. *»Kosa«* heißt es auf serbisch; es wird in Belgrads Avantgarde-Theater 212 an der Lole Ribara gespielt. So ganz, natürlich, stimmen hier die Bezüge nicht. Was in New York Greenwich Village ein wütender Aufschrei, ein böser Protest gegen den American Way of Life und seine jüngste Politik ist, paßt nicht so recht nach Serbien und in die Titogesellschaft verpflanzt. Ich meine, die soziologischen Grundlagen des Protestes fehlen. Sie spielen das Ganze also freundlicher, harmloser, mehr als einen Gammlerulk, sie lachen zu oft, sie haben einige lokale Possen hineingearbeitet, die wie aus *»Charleys Tante«* wirken. Wir haben es adaptiert, sagen sie. Es fiel mir auf, daß die Schauspieler keine wirklich langen Haare trugen, sondern Wuschelköpfe, nach Bauernart. Es saß ein braves, wohlerzogenes Abonnentenpublikum im Parkett, das mit artiger Neugier registrierte, was jetzt die Jugend so trieb. Alenka war selig. Sie lachte bei jeder obszönen Redewendung beglückt. Sie übersetzte mir alle Unanständigkeiten etwas stotternd, soweit das mit zartem Mädchenmund geht. Alenka war mit einem Wort selig, mir ihren westlichen Standard vorzuführen. Sie fragte: Es ist doch genau so gut wie damals bei Ihnen in München? Ich dachte: Belgrad ist doch ein richtiges Provinznest. Provinz verzehrt sich doch immer nach Weltmetropolen.

Ja, und dann müßte man auch noch den Jungen aus dem Restaurant Dubrovnik erwähnen, auch so ein haariges Kind, das mich nachdenklich machte. Die Kinder der Partisanen, sagte ich später etwas ironisch, etwas traurig. So ist eben das Leben, in der zweiten Generation nämlich. Wir hatten ihn in diesem köstlichen Fischrestaurant kennengelernt. Er saß am

Nachbartisch. Er sah aus wie ein Teenager-Traum, ein zartes, vollkommen gelungenes Geschöpf der Carnaby Street: Anfang Zwanzig. Er trug lange schwarze Haare, die ihm wie ein vorsichtig nur halb geöffneter Vorhang tief ins Gesicht hingen, ein scharfes, sehr männliches Profil dahinter. Der Junge trug schwarze Samthosen, ein eng tailliertes Hemd aus hellblauem Spitzenbrokat, hohe schwarze Knautschlackstiefelchen. Es klirrte Gold und Silber an seinen Armen. Er verhandelte mit einem Bandleader, der neben ihm saß. Alenka, die wieder glücklich war, ganz auf der Höhe der Zeit zu sein, unserer kapitalistischen Zeit, meine ich, vermittelte mühelos die Bekanntschaft. Ganz Belgrad ist ja eigentlich ein Dorf, und so saßen wir dann später zu einem Drink im Apartment seines Hotels, das man ein Luxushotel nennen muß. Das Apartment des Jungen hatte jene unverschämte und schicke Modernität, die ich nur aus Magazinen, aus *Schöner Wohnen* zum Beispiel, kenne. Sie verschüchtert mich immer etwas und zeigt, daß ich nicht mehr so ganz up to date und wohl auch nicht mehr der Jüngste bin: alles in Plastik, Chrom und Glas, sehr poppig die Farben. Der Junge legte eine Langspielplatte auf, er goß einen Drink ein: cool. Er klatschte öfters in die Hände, so, als müsse er die Stimmung anheizen, triebe vielleicht eine Band an. Es klirrte das Gold und Silber an seinen Armen.

An den Wänden des Apartments waren in fröhlichem Filzstift die Telefonnummern der Stars des amerikanischen Showbusiness praktisch notiert. Ich las: Frank Sinatra: Los Angeles 324871. Ich las: Harry Belafonte: Hollywood 172641. Natürlich war das Aufschneiderei, aber nicht nur. Der Junge war tatsächlich Manager, Agent einer englischen Konzertagentur, die Schlager-, Jazz- und Pop-Bands in alle Welt vermittelte. Er roch ein Geschäft in uns. Er sagte mit dem rabiaten Charme junger Makler, die eben anfangen in der Branche: Also wenn Sie wissen wollen, wo Mick Jagger bei uns sein nächstes Konzert gibt – unter 500 Dollar können wir solche Informationen nicht an die Presse geben. Ich hatte etwas Mühe, ihm meine sogenannte Presserolle auszureden.

Ich sagte, und es schwang ein Ton von Gekränktsein mit: Bitte wollen Sie doch zur Kenntnis nehmen, lieber Freund, daß es auf der Welt auch noch Menschen gibt, die sich für Geld nicht interessieren, sondern für Politik. So etwas gibt es, im Westen zum Beispiel. Mich interessieren die politischen Strukturen Ihres Landes. Wie läuft denn so Ihr Geschäft – unter jugoslawischen Bedingungen?

Es war zu sehen, daß sein Interesse nun deutlich nachließ. Er nahm sich einen Schreibblock vor. Das Papier lag auf einer Silberplatte. Er notierte Termin, Daten, Honorare, er begann zu telefonieren. Mein Gott, sagte er später einmal, auf eine Verbindung wartend, so halb in das Telefon hinein. In Jugoslawien geht alles. Man kann hier alles machen. Man muß nur wissen, wie. Know-how – nicht wahr? Er lächelte etwas fies. Der Junge war wirklich ein Hochglanzprodukt seiner Weltfirma, die in London saß. Er organisierte für London von Jugoslawien aus alle Tourneen seiner Stars im Ostblock. Ach, sagte er, wir brechen noch den ganzen Ostblock auf mit unserer scharfen Musik. Ich bring auch noch die Rolling Stones nach Peking. Von hier aus läßt sich alles machen. Know-how – nicht wahr? Er klatschte sich wieder rhythmisch in die Hände beim Abschied. Es war, als wenn er uns hinaustriebe – vor Tüchtigkeit.

Damals war es, daß ich zum erstenmal in meinem Leben eine beklommene und schüchterne Spielart von Stalinismus in mir entdeckte. Sagt man nicht so – in Belgrad? Ich fand ein Haar in der Suppe. Ich sagte, als wir im Lift wieder allein waren, abwärts fuhren: Ich weiß nicht. Ich finde, das geht doch zu weit. So weit sollte die Freiheit nicht gehen – im Sozialismus. Die Jugend wird hier ja überhaupt nicht mehr erzogen zum Sozialismus. Und unten, aussteigend, fuhr es mir durch den Kopf: Du bist ja eine richtige Gouvernante geworden, so eine SED-Gouvernante aus Klein-Machnow. Ich sang also wieder mein deutsches Lied, andersherum.

Vereinte Nationen

Natürlich ist es ganz falsch, immer in Belgrad zu hocken, brütend über Sozialismus-Fragen, deutschbrütend. Es ist unmöglich, Jugoslawien von Belgrad aus zu verstehen. Belgrad ist gar nicht typisch. Es ist die Ausnahme, ziemlich hoch entwickelt. Man muß also raus, man muß weg, man muß wenigstens einmal kreuz und quer durchs Land ziehen. Man muß sehen, wie es wirklich ist. In Wirklichkeit gibt es nämlich Jugoslawien nicht. Das ist nur ein Begriff von außen, von oben, eine komische Sache. Es gibt nur, sozusagen als Zelt, dieses hohe und schwache Staatsgerüst der Südslawen, das übrigens immer schwächer werden soll. Und darunter lebt ein eigenwilliges, buntes, verrücktes Gemisch von Völkern, Nationalitäten, Sprachen, Kulturen gleichzeitig. Vielvölkerstaat nennt man das. Man stößt auf ein Land mit zwei Alphabeten, drei Religionen, vier Sprachen, fünf Nationen, sechs Republiken, sieben Nachbarländern – und doch: ein Land. Ich möchte es nennen: Vereinte Nationen.

Die beiden Alphabete: kyrillisch und lateinisch. Darüber sprach ich schon. Die drei Religionen: prawoslawisch, römisch-katholisch, mohammedanisch. Die vier Sprachen: Serbisch, Kroatisch, Slowenisch, Mazedonisch. Die fünf Nationen: die serbische, die kroatische, die slowenische, die mazedonische und die montenegrinische Nation. Die sechs autonomen Republiken: Serbien, Kroatien, Slowenien, Mazedonien, Montenegro, Bosnien-Herzegowina. Und dann müßte man auch noch die großen nationalen Minoritäten aufzählen: die Albaner, die Ungarn, die Türken, die Slowaken, Rumänen, Bulgaren. Ich schenke mir diese Liste, die schließlich mit den Zigeunern, den Polen, den Juden und Deutschen enden müßte. Ich sage nur: Hier ist einfach alles da. Vereinte Nationen, eine Balkan-UNO.

Wir fuhren also los. Wir fuhren in den Norden. Es war flach und kalt; es wehte aus der ungarischen Tiefebene ein steifer Wind: Ostwind, der aus Rußland kommt, der Staub und Eis mitbringt. Man hörte die Tundra, die Steppe singen, sehr melancholisch: Balkangesang. Ist das schon Balalaikamusik? Warum werde ich plötzlich so kitschig? Diese endlosen Ebenen hier, manchmal ein Ziehbrunnen, ein Pferdegespann, eigentlich nichts, nichts als Vergangenheit. In Kovačica sah ich das erste Dorf Jugoslawiens. Es gehört zur Struktur dieser Gesellschaft, daß dann immer andere Völker da wohnen. Hier wohnten also Slowaken. Es war eine Kunstausstellung in Kovačica auf dem Dorf. Hier wohnen die malenden Bauern, hier unter anderem. Man darf sie nicht mit dem Bitterfelder Weg verwechseln; mit sozialistischem Realismus hat die Kunst der Naiven nichts zu tun. Es ist wirklich Volkskunst. Der Kult mit den naiven Malern wird ja in Jugoslawien auf eine liebevolle und ziemlich kunstgewerbliche Weise zelebriert. Zuzana Chapulova, die Bäuerin, die Künstlerin, der Star des Tages, stand im Kulturhaus und begrüßte uns zu ihrer Vernissage. Es roch nach Sonntag, also nach frischgescheuertem Holzfußboden. Dick, fröhlich, rotbackig stand Zuzana Chapulova wie eine deftige Oma inmitten all ihrer Bilder und verstand es mit nicht unbeträchtlicher Bauernschläue, uns ihren Handelswert auf dem Weltkunstmarkt zu demonstrieren. Tatsächlich wird solche Bauernkunst, die mich immer mehr an Weihnachten, an Kinderkrippen, an bunte Figuren am Tannenbaum erinnert, in den Galerien in Zürich, in Bern, in Wuppertal sehr ehrfürchtig ausgestellt.

Wir fuhren weiter nach Uzdin, einem rumänischen Dorf. War es ein rumänisches oder nicht vielleicht doch ein ungarisches? Für den Fremden ist das schwer auszumachen. Uzdin war auf jeden Fall unvergeßlich. Es war wie ein Schock für mich, ein Alptraum der Vergangenheit. Väterchen Zar, sagte ich, das sieht ja genau so aus, wie wir uns das alte Rußland vorstellen so um 1890, ein böser Märchenstoff: Holzhäuser, Panjewagen, Schlamm, Schlamm, Schlamm. Nichts als schwarzer Schlamm auf den viel zu breiten Dorfstraßen. Sind das Straßen? Hier kann man doch weder gehen noch fahren. Es sind Moorbäder, durch die man eigentlich nur rudern könnte in Schlammkähnen. Daß so etwas noch möglich ist? Wo bleibt hier eigentlich der Sozialismus? Das ist ja Steinzeit, achtzig Kilometer nördlich von Belgrad. Aus der Volksrepublik Rumänien waren Musikanten gekommen. Sie spielten den jugoslawischen Rumänen dünne, fiedelnde Volksweisen auf. Burschen und Mädchen standen weit voneinander getrennt, zum Tanz durften nur die Verlobten vortreten – so streng sind hier noch die Sitten. Die Bauernmädchen waren auf dem Marktplatz sozusagen mit ihrer Mitgift erschienen. Es klapperten Gold und Dukaten, herrliche Goldtaler an ihren Trachtenblusen, die vollbusig wippten und einluden – goldig. Die jungen Männer in mickrigen Regenmänteln, spitze Pelzmützen auf dem Kopf, wirkten verschüchtert. Sie stolperten eigentlich mehr, als daß sie tanzten. Ein Matriarchat, eine Mutterkultur? Man ahnte, wie sie einmal unterdrückt werden würden, die Knaben. Ich mußte an den Jungen aus dem Restaurant Dubrovnik denken, seinen London-Look. Was hier alles zusammenkommt und gleichzeitig ist in einem Staat. Soviel Erstarrung und soviel Bewegung. Was ist Jugoslawien eigentlich?

Wir fuhren in den Süden. Ach, Kossovo? hatten sie vorher in Belgrad grinsend gefragt. Sie wollen tatsächlich nach Priština, nach Prizren, nach Peč – also an die albanische Grenze? Sie sind ja mutig: das Land der Skipetaren. Wer weiß, ob Sie da je zurückkommen? Haben Sie nie etwas von Blutrache gehört? Sie werden sich eine Krankheit holen, mindestens. Und trinken Sie nur kein Wasser. Da unten muß man immer mit Vergiftungen rechnen.

Ich weiß nicht, woher diese Giftigkeit kommt. Ist es der Hochmut aller Metropolen? Ich meine, so war es nicht. Es hat mir im Süden sehr gefallen. Süden ist eigentlich immer gut; tiefer Süden hat immer etwas von Ursprung, von Verzauberung, also wieder von Mutterkultur. Wenn irgendwo, so sieht man hier am deutlichsten den sprunghaften Fortschritt der sozialistischen Marktwirtschaft. Die Berge, die Täler, die Flüsse hier, ein scharfer, schon unerhört blauer Himmel, schon erste Vermutung von Mittelmeer, und überall Fabriken, Schornsteine, die rauchen. Eine Provinz erwacht. Aus diesem muselmanischen, diesem etwas türkischen und sehr albanischen Städtchen Priština erhebt sich heute im Zentrum eine moderne, rechtwinklige, gläserne Neustadt, die beinah zu sachlich, zu funktionell wirkt im bunten Gewimmel des Südens. Einmal wird die Welt ein Glaspalast sein, durchsichtig von allen Seiten. Und hier fängt das an.

Was bleibt von Priština, rückblickend? Das Heulen der Hunde nachts, die wie hungrige Wölfe die ganze Nacht vor dem Hotel standen, bellten, jaulten, ein markerschütterndes Gekläff veranstalteten, herrisch hoffend auf Zusatznahrung. Tatsächlich können einen die Hunde von Priština etwas das Fürchten lehren – so gegen drei Uhr morgens. Alle Not der Kreatur bellt einen an. Das Zimmer war wieder sehr modern. Es war alles da, was der Mensch braucht, nur funktionierte es leider wieder nicht, hier noch weniger. Es ging der Fahrstuhl, das Telefon nicht. Der Wasserhahn blieb in der Hand. Es blieb aber auch die Erinnerung an den Aufschwung des albanischen Verlagswesens, der Literatur hierzulande. Ich hielt einen schönen, sehr kultivierten Band Thomas Mann in der Hand. Tonio Kröger auf albanisch. Ich dachte: Was scheren hier diese Muselmanen, gestern noch Analphabeten, heute Schuhputzer zum größten Teil, die feinsinnigen Verstrikkungen Lübecker Künstlerseelen? Tonio Kröger in Kossovo – das sind so die Kuriositäten der jüngsten Nationalitätenpolitik hierzulande. Darüber wäre noch viel zu sagen.

Ja, über die Schuhputzer von Priština muß ich noch ein Wort verlieren. Sie vor allem blieben in Erinnerung. Dunkelhäutige, braune Jungens mit schwarzen Ponyhaaren, Rundschädel, hocken zu Hunderten auf den Hauptstraßen. Wenn man vorbeigeht, beginnen sie mit der Holzkante der Schuhbürste sehr eindrucksvoll auf ihren Putzkasten zu schlagen. Erst lächelnd, werbend, aufmerksam machend. Dann, wenn man nicht reagiert, energischer, befehlender, beinah autoritär. Ist man vorüber, ergebnislos, so muß man mit einem

Fluch rechnen. Man fürchtet, gleich die Schuhbürste im Genick zu haben. Das also sind die Sitten der Privatunternehmer im Sozialismus. Es bleiben in Erinnerung: die Weiterfahrt, die Berge Montenegros, eine gräßliche Paßfahrt, eine Autopanne, dann Titograd, also der Durchbruch zum Meer, zur Adria. Das kennt man. Ich meine, über das Meer brauche ich doch nichts zu sagen. Die dalmatinische Küste, die kennt man in Deutschland.

Schließlich, auch das müßte ich sagen, nur zur Ergänzung: Ich bin auch in Kroatien gewesen – die andere Seite der Wippe, also ganz oben. Man muß auch das sehen, um die Spannungen, das Gefälle dieser Gesellschaft verstehen zu können. Zagreb, das sehr kultiviert, etwas katholisch, beinah aristokratisch wirkt, erinnert uns schon an Österreich. Es wirkt wie ein modernes, hochintellektuelles Klagenfurt, könnte man sagen. Die *Praxis*-Leute, die Theoretiker des jugoslawischen Sozialismus sind hier zu Hause. Ich hatte den Auftrag, sie zu besuchen. Aber war es nun meine Faulheit, meine Kontaktlosigkeit, meine Müdigkeit? Ich tat es nicht. Ich lief wie ein normaler Tourist durch die Stadt, zwei Tage lang. Immer so vom Bahnhof zum Zentrum und dann wieder zurück; was eben alle Touristen so machen. Zagreb, das einmal Agram hieß, ist für unsereinen ein Vergnügen. Die Stadt scheint aus Geist, aus Kunst, aus sehr erlesenem Stil zu bestehen. Ein Treffpunkt für Intellektuelle: Institute, Museen, Buchhandlungen; eine Stadt, die liest, schien es mir. Lauter Studenten, lauter Kollegmappen auf der Straße. Professorengesichter: goldene Brillen, randlos, hohe Stirn, Denkerfalten; Theorie-Erwägungen, Versammlung von Ideen, die alle nun miteinander zu verknüpfen wären – die *Praxis*-Gruppe. Ich kann das nicht. Ich frage mich nur: Was hält diesen Staat eigentlich zusammen? Was verbindet die Leute von Ljubljana bis Skopje? Ich glaube, es ist wie mit den Vereinten Nationen: Sie streiten sich, aber sie wissen, daß sie nur zusammen Zukunft haben. Nur gemeinsam wird das weitergehen: Sozialismus, jugoslawisch.

Die weiße Stadt

Noch einmal Belgrad. Also noch einmal der ganze Text durchbuchstabiert: Repetitorium. Es ist hell, sonnig, ziemlich warm geworden in der Hauptstadt. Ein Geschmack von Frühling liegt in der Luft – Ende Februar. Schornsteingeschmack ist dabei. Die Leute auf der Terazije flanieren. Sie gehen, reden, diskutieren. Sie haben den Mantel geöffnet, sie schnuppern. Sie spüren die Sonne auf der Nase. Sie werfen die Mäntel, den Winter ab. Wird jetzt der Frühling kommen? An den Zeitungskiosken ist offenbar immer Hitze, immer Sonne, wie bei uns. Die nackten Körper von *Stern* und *Quick* und *Konkret* locken: heiße Themen, heiße Höschen – der ganze Pornoquatsch aus der Bundesrepublik blüht auch hier, obwohl man nicht den Eindruck hat, die Leute hier litten unter Orgasmusproblemen. Sie wirken gesund, rustikal-deftig, fröhliche Draufgänger. Man braucht ihnen nicht auf die Sprünge zu helfen – mit Theorie. Die Jugend geht eng umschlungen, zärtlich vereint, Studenten aus Bauernfamilien. Ich glaube nicht, daß man sie aufklären muß.

Anders bei mir. Ich brauchte noch Aufklärung in meiner Sache, also soziologisch. Wo gibt es sie? Ich war da. Aber bin ich durchgekommen? Ich war nun in dieser Gesellschaft. Aber habe ich ihre Reflexe, ihre Mechanismen, die eigene Weise ihres Funktionierens wirklich verstanden? Jugoslawien ist ziemlich schwierig. Das merkt man zum Schluß. Es sind immer mehr Fragen, die sich zum Schluß stellen: Fragen, Fragen, nichts als Fragen. Ich laufe durch die Stadt, fragend. Ich laufe wie ein Hund von Ecke zu Ecke, ich laufe von Büro zu Büro. Ich habe einen Kopf voller Fragen und die dumme Erwartung, daß es auf Fragen Antworten gäbe. Solides, Handgreifliches, das man schön brauchbar nach Hause mitnehmen könnte: konkrete Versicherungen, daß die Welt nur so und nicht anders beschaffen sein sollte, also jugoslawisch. Mir hat das sehr imponiert. Wäre das nicht ein Ausweg, ein Modell für uns alle? Diese tiefe, kindliche Erwartung immer in mir, daß es brauchbare Antworten, handverpackt, gäbe, die man nun mitnehmen kann als Rezepte für eigene Schmerzen.

Ich fragte also den Mann von der Zeitung: Wie steht es hier um die Pressefreiheit? Der Mann schwankt etwas, schweigt, überlegt in jener ruhigen, nachdenklichen Art, die ich nun kenne. Er sagt: Naja, es gibt natürlich überall Tabus. Es gibt auch hier Probleme, an die man besser nicht rühren wird. Aber eine Zensur gibt es nicht. Die Redaktionen sind unabhängig, auch von der Partei. Für uns ist das Wichtigste: Wir müssen rentabel arbeiten. Auch die Presse ist marktwirtschaftlich orientiert. Wissen Sie, was das heißt? Eine kommunistische Zeitung, die sich verkaufen muß am Kiosk? Wir brauchen noch mehr Reklame, mehr Werbung im Blatt.

Ich fragte den Ingenieur in der Elektrofabrik »1. Mai«: Also das mit der Arbeiterselbstverwaltung habe ich verstanden, theoretisch. Aber wie funktioniert diese gute Idee in der Praxis? Sind denn die Arbeiter intellektuell in der Lage, ein so hochkompliziertes und anfälliges Gebilde wie einen modernen Industriebetrieb ernsthaft zu kontrollieren? Ich meine: Bilden sich nicht vom Fachverstand her neue Elite- und Managergruppen, die die Arbeiterselbstverwaltung geschickt unterlaufen? Die Antworten überzeugten mich nicht. Ich fragte den Mann von der Partei: Ist Titoismus ein Exportartikel? Nein, sagte der, wir schätzen den Begriff Titoismus nicht. Wir sprechen vom jugoslawischen Weg, unserem. Das ist kein Exportartikel. Wir fühlen uns nicht als Modell, wie etwa die Schweden. Wir verantworten nur unsere Sache, weiter nichts auf der Welt. Dann war der Verleger dran. Ich fragte: Die Freiheit hier in der Kultur ist bewundernswert. aber wenn ich all diesen amerikanischen Schund und den westdeutschen Pornoquatsch sehe, der damit bei Ihnen auch hochkommt an Ihren Kiosken – geht das nicht doch etwas zu weit? Der Verleger sagte: Es gibt keinen Mittelweg – leider. Wir sehen ungern, was da alles so mitschwimmt bei uns, aber das ist der Preis der Freiheit. Wir wollen das nicht mehr: verbieten. Es wäre der Anfang vom Ende. Ich nickte etwas melancholisch. Dann war der Herr vom serbischen Informationsministerium dran. Ich fragte: Dieser Kult der Nationalitäten hier ist ja abenteuerlich – für unsereinen. Jugoslawien löst sich ja langsam auf in einen hauchdünnen Staatenbund. Sicher werden hier auch noch die Zigeuner eine autonome Republik gründen. Finden Sie das im planetarischen Zeitalter und von Kommunisten gemacht nicht doch etwas provinziell? Der Herr fand es nicht. Er sagte: Nein, Sie sind auf dem Balkan hier, mein Herr, Sie sind in einer anderen Epoche. Die Völker Jugoslawiens wurden immer unterdrückt. Wir brauchen diesen extremen Regionalismus jetzt. Jetzt soll sich jede Nationalität hier ausformen, frei fühlen, zu sich selber finden. Wir brauchen diesen Schritt im Augenblick. Und was soll einmal nach Tito werden? fragte ich schließlich. Meinen Sie nicht, daß die Russen einen neuen Druck ausüben werden? Die Russen setzen doch offenbar auf die serbische Karte und wären ganz gern in Triest, nicht wahr?

Ja, so ist das also in Jugoslawien, so ungefähr. Man kommt ziemlich naiv und viel zu schnell angeflogen. Man fragt sich: Wohin geht eigentlich die Reise? Ach, dahin? So ein Ferienland auf dem Balkan, das wird man rasch durchschauen. Man ist viel zu sicher. Man mokiert sich am Anfang über die Kellner, die zu würdig und langsam gehen, über die kyrillischen Buchstaben, das Hupen der Autos und den Rauchgeschmack in der Stadt, und zum Schluß ist das alles verflogen. Man ist ernüchtert. Zum Schluß sind nur noch Fragen da: Realitäten, Probleme, Politik, also Leben. Was? Wie? Wo? Warum ist das so hier? Lauter offene Stellen. Man ist in eine sehr komplizierte Gesellschaft geraten, von der man spürt: Sie ist eigentlich zu verzwickt für dich. Du durchschaust sie nicht. Du hattest nur einige Erfahrungen: deine.

Also noch einmal Terazije. Ich stehe am Fenster, Hotel Kasina im 8. Stock. Man sieht weit über die Stadt: das Hotel Moskau, die City, die Save, die Donau, Neubelgrad da hinten. Ich denke an das, worüber ich nun schreiben werde zu

Hause. Aber dann tat ich es nicht, nicht hier: also Nachholversuche. Ich habe nichts über die Klöster des Landes geschrieben, auf die die Menschen hier so stolz sind, der Geschichte wegen. Das dunkle, starre Reich der Ikonen, das mich eigentlich nur müde und lustlos macht: Freskenkunst – ein Maskenspiel, ein Totenreich. Das Beste in diesen Klöstern erschien mir immer der Wein, der Schnaps, die Schnapsnasen mancher Popen. Museum mit Weinkellerei, so enden schließlich die Klöster, gottlob. Ich habe nichts über die Türken geschrieben, die immerhin fünfhundert Jahre lang das Land beherrschten. Heute zahlt sich das aus. Wenn irgendwo etwas ganz miserabel und rückständig ist, eine uralte Brücke etwa oder der Steinschlag, das Geröll auf den Straßen, die eigentlich sehr modern, sehr gut sind, nur der Steinschlag bleibt eben liegen – dann sagen die Jugoslawen etwas ironisch: Sie müssen das verstehen; immerhin hatten wir fünfhundert Jahre die Türken im Land. Da ist noch manches liegen geblieben. Ich habe nichts über den Zeitungshändler in Zagreb geschrieben, bei dem ich einmal neugierig *Neues Deutschland* verlangte. Das führen wir nicht, mein Herr, sagte er etwas pikiert in bestem Österreichisch. Bei uns ist das unverkäuflich. Der Herr sind wohl aus der DDR, pardon? Ich habe nichts über das Revolutionsmuseum in Belgrad geschrieben, das mich erstaunte, ach, hell entzückte. Zum erstenmal sah ich die Geschichte einer kommunistischen Partei unfrisiert und undogmatisch dargestellt, zudem noch sehr modern, beinah verspielt in der Form. Man hat Djilas nicht wegretuschiert. Bekanntlich ist doch die Vergangenheit immer am schwersten vorauszusagen im Kommunismus. Sie wird immer neu geschrieben, nicht hier beim Bund der Kommunisten. Mein Führer tröstete mich zum Schluß mit den Türken. Er sagte: Wir waren fünfhundert Jahre geteilt und besetzt, mein Herr. Glauben Sie uns, wir können mit den Deutschen heute mitfühlen. Ich fand das etwas stark. Eine Provokation, würde man wohl im Osten sagen. Oder hatte er es anders gemeint?

Und natürlich, das Wichtigste für die Kunstfreunde hier in

der Stadt: Ich habe nichts über die Belgrader Oper geschrieben, die einigermaßen berühmt ist – ein Faltenwurf aus Samt und Ewigkeit. Ich saß für ein paar Minuten in einer prunkvollen Seitenloge, so rein zufällig. Man sah gerade eine düstere Gebirgslandschaft, als ich eintrat. Ein Bariton grollte dunkel, ein Tenor gab eine helle, schwelgende Replik. Eine füllige Sopranistin rang sich mit wogendem Busen eine rasende Liebesarie vom Herzen. Dann wurde es noch dunkler auf der Bühne. Andacht verbreitete sich. Man hörte Glöckchen, frommen Pilgersang. Klosterbrüder schritten mit Hirtenstäben feierlich und streng durch die Szene. Ein Kruzifix blitzte. Die vollbusige Sopranistin stürzte zu Boden. Sie schrie. Sie sah ihre sündige Liebe ein und flehte um Gnade, Vergebung. Es war ein erhabener Augenblick bei mir in der Loge. War das nun *»La Gioconda«* oder *»Margarethe«* oder gar der *»Troubadour«*? Das hast du doch schon als Kind gesehen, in der Deutschen Oper? Das sind doch die ewigen Werte der Menschheit, die uns ganz oben begleiten, wie Sterne? Ob Ulbricht oder Adenauer, ob Stalin oder Tito, ob Kairo oder Tel Aviv: Die Oper überlebt alles. Einmal wird das alles vergangen sein, was uns so bewegt: Faschismus und Kapitalismus, sogar der Sozialismus. Nur Verdi und Puccini sind ewig. An die kann man sich halten. Warum tust du es nicht?

Also noch einmal Terazije. Ich stehe am Fenster, Hotel Kasina im 8. Stock. Man hört den Straßenverkehr, das Brodeln der Stadt, die eigentlich grau ist und ziemlich rauchig. Ich weiß: Es ist doch eine unglaubliche Stadt. Es ist wie ein Märchen. Da unten wird ein Marxismus versucht für die Menchen, nicht für den Staat. Traum aller Linken: Sozialismus und Freiheit. Wo gab es das je in Europa? Prager Traum, Dubčeks Traum – hier ist das doch. Hier ist das doch möglich. Ich singe also wieder mein deutsches Lied. Ich sage: Belgrad ist doch eine weiße Stadt. Ich will sie reinwaschen.

(1971)

Das perfekte Schattenreich
Schwedische Depressionen

Orpheus steigt herab

Gleich zu Beginn, also gleich hinter Hälsingborg, Europastraße 4, kam mir dieser skurrile Gedanke, diese antike Vermutung, etwas verrückt, so nördlich: Merkst du denn nichts? Du fährst in ein Schattenreich. Das ist nicht eine Reise wie andere Reisen auch – im Licht. Es ist beinah, wie sich die Griechen den Hades vorstellten. Gefilde der Abgeschiedenen, fast wie bei Gluck. Man gleitet im schwarzen Wasser hinüber von einem Land in das andere, so, wie sich die Griechen den Tod vorstellten: unmerklich, sanft, lautlos. Es gibt keine Grenzkontrollen zwischen Dänemark und Schweden. Man gleitet einfach so hinüber auf diesem Fährschiff, das Gustav Wasa heißt, und sieht, wie das Licht fahler wird. Es ziehen die Möwen hoch oben schwingend, gleitend, schreiend wie Todesvögel hinter der Fähre her. Hieß das Wasser nicht Styx bei den Alten? Aber die Toten sind eben nicht tot. Sie leben weiter, schattenhaft und selig: drüben. Soll man sich das Reich des Hades, das Elysium als eine Art Wohlfahrtsstaat vorstellen? Die haben einfach alles drüben – nur im Schatten.

Nein, es ist eigentlich nicht meine Art, auf Reisen antike Mythen zu bemühen. Ich liebe das nicht: so frühe Verdunklung. Aber wenn man nach Schweden einfährt, müßte man ziemlich fühllos sein, ziemlich blind, auch taub, wenn man nicht mit allen Sinnen sofort die Veränderung spüren würde. Hier schlägt etwas um; die Spannung der Existenz wird herabgesetzt. Du kommst in ein Tiefland, hochentwickelt. Hier ist alles anders. Hier ist alles genau wie bei uns, aber in ein anderes Licht getaucht, das die Dinge fahler, glasiger, abgerückter erscheinen läßt. Diese endlose Landschaft hier, die schwer und lastend wie eine Urweltlandschaft daliegt, vor sich hin brütend, dem Menschen nicht zugehörig. Das ist kein Ackerland wie bei uns, auf dem Korn reift, Bauern arbeiten, also Kultur. Das ist steinalte Natur, endlos, formlos fließend, so zerlaufend im All, eigentlich trübsinnig. Ob hier des Nachts Geister, Elfen tanzen?

Noch einmal Ausfahrt Hälsingborg, Europastraße 4. Es ist mittags um 12, also ziemlich hell, ein Julitag. Manchmal bricht für Augenblicke die Sonne durch die Wolken, aber alle Autofahrer, die uns entgegenkommen, fahren mit Licht, manche auch noch mit Nebelscheinwerfern und blenden und blinken dauernd. Nanu? Man sieht tief in das Tal, wo die Straße hinzieht nach Stockholm: Hunderte von Volvos kommen uns entgegen, und alle haben Licht eingeschaltet, fahren so langsam und feierlich wie auf einer Schiene gleitend. Keiner schert aus, niemand überholt. Alle fahren einheitlich siebzig Kilometer. Es wirkt wie eine Prozession, so feierlich. Was ist denn hier los? frage ich. Wer wird hier beerdigt? Warum so viel Polizeiwagen auf den Straßen, und warum dieser griechische Verweis auf ihren Limousinen? Es steht da immer in großen Lettern: POLIS. Es war aber nichts los, so lernte ich später. Es war einfach Schweden, hochentwickelt, mit Schwedenstahl und schwedischen Sicherheitsgurten, mit Scheinwerferlicht am Tag und dann höchstens fünfundsiebzig in der Stunde. Wahrscheinlich führen sie auch noch Blutkonserven bei sich. Ihr Gott heißt Sicherheit.

Abends dieser Ort, der mich so mutlos machte. Der erste Abend, eine kleine graue Depression. Rückzugsversuchungen. Diese böse Vorahnung: So wird das überall sein; kein Land für dich. Der Ort heißt Örkelljunga, eine Kleinstadt in Schonen, und ist wie ein Anfall von Müdigkeit, wie Phanodorm. Die Straßen leer, die Häuser grau und abweisend. Sie stehen in ihrem gelben Klinkerbaustil vereinzelt da, lustlose

Zufälligkeiten, reine Abweisung. Jetzt kommt ein Einkaufszentrum, vor dem ein paar junge Burschen mit Motorrädern stehen. Die Burschen haben lange, weiße Bubiköpfe. Sie langweilen sich, lassen manchmal ihre Motoren aufheulen. Im Knattern der Motoren hört man erst ganz das Schweigen solcher Städte. Wie still das hier ist. Leichenhausstille. Ich gehe weiter: die Kirche, ein spitzer neugotischer Bau aus rotem Klinker, der mich an Spandauer Kirchen erinnert – Protestantismus, verblichen. Dann kommt ein großes, modernes Gebäude: die Volkshochschule. Dahinter beginnt dann der See. Alle schwedischen Orte, so schien es mir, liegen immer an einem See, haben immer eine spitze Kirche, ein Einkaufszentrum und eine Volkshochschule, nur darf man sich das nicht wie bei uns vorstellen: belebt, farbig, bevölkert. Der See liegt schwer und bleiern da, auch er hat etwas von Unterwelt. Schwarzes Wasser. O große Einsamkeit – schrecklich: Frösche quaken. Ich setze mich auf die Bank am See, sehe den Wildenten zu, die an Land paddeln, im Steingeröll herumtrapsen, Futter erhoffen von mir. Ist das also das berühmte Schwedengefühl: am See sitzen, ins Wasser starren, eine Angel werfen, entspannen? Man sinkt immer tiefer. Man ist jetzt in Ingmar Bergmans Reich, denkt man. Gleich werden Zwerge aus dem Wald kommen und eine Jungfrau und bärtige Männer mit Holzfällergesichtern. Dann wird die Jungfrau vergewaltigt, und eine Quelle entspringt wundersam: reiner Naturklimbim. Bergman, das merkt man hier, ist eben Schwede.

Aber dann kam es doch anders. Oben auf der Straße hörte ich zwei Motorräder. Es waren die Burschen vom Einkaufszentrum. Die Motoren heulten, die langen weißen Haare der Burschen wehten wie Friedensfahnen, sie jagten, wilde Engel, die Straße entlang; für ein paar Sekunden ein ohrenbetäubender Lärm am See, dem bleiernen. Natürlich, dachte ich, das hast du doch auch schon einmal gesehen – im Film: Cocteaus »*Orphée*«. Madame La Mort und ihre beiden Todesboten? Orpheus steigt herab.

Im Touristentresor

Dann aber, nach Tagen, kam doch der Augenblick, wo ich lachte, wo ich strahlte, triumphierend sagte: Siehst du, das habe ich doch gewußt, wie toll Schweden ist! Nun sieh dir das einmal an: so ein modernes Hotel in Stockholm; mein Gott, ist das raffiniert, ein Traum der Technik. Welch eine verwegene Modernität. Aus welcher Bauernkultur kommen wir? Freuden der Zivilisation: Das 21. Jahrhundert, hier hast du es. Spürst du nicht, daß dieses Hotel Amaranten pure Zukunft ist? So werden wir alle einmal leben: Hunderte von Maschinen, die uns dauernd surrend bedienen. Hörtest du nicht schon, als wir zum erstenmal in die City einfuhren, überall dieses Klicken und Summen, diese verschiedenen Meßtöne, das zarte Pfeifen der Elektronik? An den Bürohäusern die Namen der großen amerikanischen Computer-Firmen. Die Stadt wird von Rechenmaschinen und Elektronengehirnen beherrscht. Stockholm ist ein Automatentraum, in dem es immer klick, klick, klick macht. Dann fällt alles fertig heraus.

Glück, in so einem automatischen Zimmer zu wohnen: hell, sauber, vollkommen anonym. Ist es eigentlich ein Glück? Alles im Schwedenlook, skandinavische Wohnkultur. Draußen ist es immer blaß und kümmerlich; drinnen ist es luxuriös. Elektrische Betten mit Vibrationseffekt, dreistufig. Diese raffinierten Schränke, und überall kommt Musik heraus: diese stille, besänftigende Barmusik, die wir so brauchen. Öffne im Haus eine Tür: Du wirst immer von sanfter Musik empfangen. Und dann gibt es den Fernseher, den Eisschrank im Zimmer, die Höhensonne, das Rotlicht, die Fernheizung, die dauernd arbeitet, auch im Sommer, und die Air-condition, die die Hitze wieder runterholt und neu reguliert. Man darf allerdings kein Fenster öffnen in Schweden. Überall die Mahnung, dreisprachig: Wir warnen Sie. Öffnen Sie nicht das Fenster. Es bricht unsere Air-condition zusammen. Man kann also mit einem kleinen Hotelfensterchen einen ganzen Wolkenkratzer lahmlegen.

Es wäre nun eine Abhandlung zu schreiben über Einzelheiten, worin sich Schweden mir zeigte, worin ich seinen nationalen Topos sah – als Fremder: zum Beispiel das Zufallen der Türen hierzulande, ein bedeutsames Thema. Wer hat es schon analysiert? Zimmertüren gleichen hier alle unseren Tresortüren. Sie sind aus Stahl, zentnerschwer, meistens zwanzig Zentimeter dick und haben eine Art, einen Ton zuzufallen, vornehm und entschlossen, der mich an das Zufallen von Mercedestüren erinnerte. Wohlstand fällt mit und Sicherheit; man fühlt sich richtig eingeschlossen. Mein Gott, was habe ich auf dieser Reise doch gekämpft: mit Stahltüren, mit Sicherheitsschlössern, mit Kombinationssystemen. Die schwedischen WKS-Schlösser sind von der subtilen Raffiniertheit, die manchem Banktresor Ehre machen würde. Steht man draußen, vor der Zimmertür, so kriegt man dieses zweimal halblinks, einmal halbrechts und dann kräftig durchstoßen, das alle Schweden so mühelos beherrschen, nie hin. Warum schließen sie sich eigentlich so ein? Warum kapseln sie sich so radikal ab? Ich behauptete immer: Das Schloß ist kaputt, ich Neuling. Ich ließ jemanden von der Rezeption kommen, der mir dann unendlich geduldig und freundlich zum drittenmal erklärte, wie die Schließmechanik in diesem Haus funktioniert. Ich will von den Ängsten drinnen nicht sprechen. Aber ich weiß, daß am ersten Abend gegen sechs Uhr in meinem Tresor plötzlich ein heller Brummton sich ausbreitete. Er kam stereophonisch aus allen Ecken zugleich: nachsichtig und doch unerbittlich. Ich litt das eine Weile, ein böser Ton. Dann rief ich wieder um Hilfe. Ein blonder Jüngling erschien mit Hamletfrisur. Es wehten wieder die langen Haare wie Friedensfahnen. Er erklärte mir höflich, dies sei die automatische Weckanlage, die ins Radio eingebaut sei. Ob ich das denn nicht wüßte? Ich solle die elektrische Uhr im Radio auf zwölf stellen. Dann schweigen alle Wecker hierzulande.

Mit all diesem will ich nicht gerade sagen, daß man sich in den ersten Tagen in Stockholm wie ein Bauer vorkommt, der die Stadt besucht und nun so herumstolpert und das meiste falsch macht und immer Angst hat, sich zu blamieren. Aber zunächst ist man doch etwas verblüfft über diesen Anfall totaler Technisierung in so einem Naturpark. Man findet es etwas übertrieben. Dieser vollkommene Ersatz des Menschen durch Maschinen. Ist das wirklich nur Rationalität? In den Selfservice-Restaurants gibt es nur noch eine große, elektrische Speisekarte am Eingang, wo man sich das Tablett nimmt. Das finde ich vernünftig. Man drückt einfach auf das Knöpfchen hinter dem Preis, und irgendwelche Zangenarme lassen dann am Ende der Theke den Teller aufs Tablett fallen. Vor den Bürozimmern in Stockholm gibt es subtile Lichtsignale. Das fand ich nur komisch. Grünes Licht signalisiert dem Besucher im Flur: Sekretärin nimmt gerade Diktat auf. Gelbes: Die Dame hat eine Besprechung. Blaues: Der Chef hat die Dame gerufen. Und rotes Licht? fragte ich. Heißt das vielleicht im freien Schweden: Jetzt schläft der Chef mit der Sekretärin? Bitte nicht stören?

An einem Sonntagabend war es sehr kalt in meinem Zimmer. Ich rief wieder den freundlichen Hamlet zu Hilfe. Sorry, sagte der, es haben auch schon andere Gäste Klage geführt. Aber wir können in diese Apparate nicht eingreifen, nicht am Sonntag. Wir zwei sind ganz allein hier im Haus. Stellen Sie sich das Rotlicht ein. Es wärmte tatsächlich. Es war für mich immer etwas mühsam, Ruhe zu finden, einzuschlafen. Es arbeiten zu viel Maschinen für einen, auch nachts noch. Irgendwo an der Decke wird immer Feuchtigkeit eingesprüht in die trockene Luft. Im Eisspender fallen manchmal die frischen Eiswürfel eine Etage tiefer. Luft, die künstlich abgesaugt und eingeblasen wird, rauscht. Etwas brummt, tickt, klickt hier immer. Man fühlt sich wie ein Schatz in Banktresoren.

Eine Hauptstadt – nicht für Menschen

All diese Annäherungsversuche, Versuche, in die Stadt einzudringen, zu sagen: Stockholm ist doch schön. Eigentlich sind sie alle mißlungen. Ich versuchte es zehn Tage lang; es war vergeblich. Die Stadt ist ein klares Nein an den Menschen, und ich meine: Man muß das aussprechen. So etwas sah ich noch nie: so viel schwarze Abweisung. Die Stadt ist düster und unwirtlich und ziemlich häßlich. Vom Wetter will ich nicht sprechen; der Sommer war so ein milder Dauerregen, von Windböen unterbrochen. Die Stadt steht auf grauem Felsengestein, vom schwarzen Wasser der Ostsee und des Mälarsees umflossen. Die Stadt besteht aus 14 Inseln mit 50 Brücken, aber ein Vergleich mit Venedig wäre absurd. Schwedische Erfahrung, immer wieder: Einerseits ist Stockholm reine Natur, ein Felsengebirge im Meer, ein gewaltiger Brocken, das ist zuzugeben, andererseits ist es exzessive Technisierung, schwer begreiflich für den Fremden.

Zehn Tage lang vergeblich im Auto mit dem Highway-System gekämpft. Die Stadt, die grau, überaltert, wie ein monströses Berlin der zwanziger Jahre wirkt, ist in den letzten Jahren auf eine rabiate Weise modernisiert worden. In der Innenstadt werden ganze Viertel weggeschoben, abgeräumt. Man stößt immer auf Gruben und Löcher, überall gähnt die Tiefe, der Orkus. Darüber dieses Highway-System. Sie haben sich da zur Überbrückung der vielen Inseln ein Kommunikations-System ausgedacht, das sicher vernünftig ist, auf den Fremden aber vollkommen entmutigend wirkt. Man schafft es einfach nicht als Tourist. Man lernt es nicht, sich in dieses Labyrinth von Kurven und Rundbögen richtig einzufädeln, und landet mit Sicherheit immer auf der falschen Insel. Man muß sich das so vorstellen: unten diese schwarze, überalterte Eisenstadt, und darüber wölbt sich in drei, in vier, manchmal in fünf Etagen, blitzblank und modern, ein Highway-System, das sich wie ein himmlischer Knäuel immer mehr nach oben verwirrt und sich dann in den Wolken verliert, die hier ja sehr niedrig hängen. Natürlich übertreibe ich jetzt. Die Teufelei besteht darin, daß der schlichte Augenschein bösartig trügt. Da drüben direkt liegt doch Riddarsholmen, sagt man. Da rechts ist doch Kungsholmen; ich bin doch nicht blind. Da links ist doch Skeppsholmen – ich sehe es doch vor Augen. Wer so direkt, so naiv fährt, wird schreckliche Verwirrungen erleben. Man muß sich in dieses nordische Gefühl des Fließens und Zerlaufens einschwingen. Man muß ein Gefühl für Umwege, für Schlangenlinien, für Spiralen kriegen als Autofahrer. Ich habe es nicht gelernt.

Stockholm ist auch ein klares Nein an den Fußgänger. Auch so etwas sah ich noch nie. Dieser erste Abend, als wir einfach so losgingen, die Altstadt suchend, die wirklich schön ist, ein guter Kern, anmutig und voller Geschichte, in dieser bösen Frucht. Also, als wir da nichtsahnend aufbrachen, unwissend, welch ein Labyrinth uns erwartete: zu Fuß. Bürgersteige sind offenbar knapp in Stockholm. Irgendwo hören sie bestimmt immer auf, und man steht etwas verwirrt und ratlos auf dem Asphalt einer Schnellstraße und weiß nicht mehr weiter als Fußgänger. Angstgefühle, Gefühle, verlorenzugehen auf Brücken. Wir kletterten Eisentreppen hoch, wir liefen über Schienen, wir überquerten Bahnsteige, wir schwangen uns verrostete Leitern hoch und sagten immer: Aber da oben ist doch unsere Straße. Wie kommt man nur hinauf?

Selbst auf der Kungsgatan, Stockholms Hauptstraße, herrscht pure Unwirtlichkeit. Es ist nichts auf soziale Kommunikation, auf urbane Solidarität, auf städtische Treffpunkte für Menschen angelegt. Die Stadt ist reine Introversion: Hochhäuser, die vor sich hinträumen; im Inneren sind sie sehr schön. Da haben sie mitten im Zentrum zwischen dem Konzerthaus und dem Sergelstorg in den letzten Jahren so etwas Modernes, Offenes versucht: fünf achtzehnstöckige Hochhäuser mit Ladenstraßen, Tiefgaragen, unterirdischer Markthalle und dreistöckigen Fußgänger-Etagen. Das Viertel heißt Hötorgcity, und die Stockholmer sind stolz darauf. Auf unsereinen wirkt es wie kalte Pracht. Die Proportionen stimmen nicht. Die Häuser sind viel zu hoch für die engen Ladenstraßen. Sie bedrohen die Passanten. Man fühlt sich wieder hilflos. Und gleich daneben am Sergelstorg dieser Springbrunnen, der anmutig ist; sie haben da Bänke aufgestellt, zwanzig hübsche weiße Parkbänke, aber statt sie locker und menschenfreundlich um den Brunnen zu gruppieren, stehen alle zwanzig Bänke wie Zinnsoldaten stramm hintereinander. Es sieht wie eine Schulklasse aus, die gleich kommen wird, um hier ihr Examen zu machen. Ich meine, man müßte die schwedischen Stadtplaner einmal nach Paris oder Mailand schicken, damit sie studieren können, was eigentlich ein Platz ist in unserer Kultur: schöne Zusammenführung. Hier ist er nur leerer Raum.

Schon abends um acht ist die Innenstadt leer, ausgestorben. Kaum Autos noch auf der Straße. Fremde irren an Schaufenstern vorbei, die alle Rea, Realisation, als Ausverkauf anpreisen. Wind schlägt einem entgegen, Regen peitscht ins Gesicht. Es ist dunkel und naß, eine Berliner Novembernacht – jetzt im Juli. An einer Taxihaltestelle stehen viele Stockholmer und warten. Vor einem Café windet sich eine noch längere Schlange, wie sonderbar. Man muß sich das vorstellen: Es ist dunkel und regnerisch, es ist neun Uhr abends, und es stehen etwa dreißig oder vierzig Menschen elegant gekleidet, unendlich geduldig vor einem Café. Und alle mit Regenschirmen. Eine Dame mit Abendkleid liest dabei Zeitung. Eine andere Dame streitet mit ihrem Hündchen, ein Herr liest tiefversunken in einem Buch, und jedesmal, wenn ein Gast das Café verläßt, winkt der Portier mit einer kleinen, unauffälligen Gebärde, und einer darf eintreten. Ich frage mich: Was ist das für eine wohlerzogene Nation? Das Bild hat auch etwas Jenseitiges an sich: lauter Engel unter Regenschirmen.

Abends manchmal dieses Schauspiel

Trotzdem, die Stadt hält Überraschungen bereit. Manchmal, wenn ich nach dem Abendessen noch einmal losging: lustlos, unentschlossen, nichts mehr erwartend als eben diese Sprödigkeit, diese Menschenfeindlichkeit von Stockholm, trat dieses Schauspiel ein, von dem ich nichts wußte, von dem ich nie etwas gehört hatte. Schwer zu beschreiben. Es machte mich grenzenlos staunen. Es ist, wie alles, was wirklich groß und unvergeßlich in Schweden ist, ein Naturphänomen und beginnt gegen neun Uhr abends nach dem Sonnenuntergang an Sommertagen. Es ist nicht der Sonnenuntergang, wie man glauben könnte, ein Schauspiel, das bekannt ist, auch anderswo. Wenn der vorbei ist, wenn die Sonne längst abgesackt ist hinter dem Horizont, beginnt in den hellen Julinächten hier ein Lichtspiel, das faszinierend ist, das die Stadt völlig verändert – für genau neunzig Minuten wie in einem Lichtspieltheater. Es ist, als wenn die versunkene Sonne von unten, nein, von hinten noch einmal den Himmel zum Aufleuchten brächte. Ein indirektes Licht schiebt sich ganz von hinten über den Horizont, erleuchtet den Himmel magisch. Die Wolken werden rückwärtig angestrahlt. Sie werden wie Kerzen, nein, wie Wattebäusche, die etwas Benzin enthalten, rückwärts angezündet, und nun gießen diese brennenden Wolken ein ganz unwirkliches Licht über die Stadt aus, die plötzlich verzaubert daliegt wie in einem Märchenbuch. Sieh da: Stockholm ist schön. Eben war es noch trist, fade, trostlos, jetzt um halbzehn ist es wunderbar. Es ist reine Kunst. Plötzlich heben sich diese altmodischen Häuser, diese grauen Kaimauern, die Kräne und Lagerschuppen wie raffinierte Kunstwerke, von Buffet gemalt, scharf und schön vom Himmel ab. Die Stadt ist ein einziger Scherenschnitt, der auch japanisch sein könnte, zart koloriert. Jede Linie ist von zarter Kontur, ist da, unerhört scharf und doch durchsichtig.

Diese späte Stunde ist Schwedens Wunder. Dieses Licht von unten, das noch einmal fremdartig wiederkehrt, sein Geheimnis. Nicht seine weißen Nächte, die einfach nur weiß sind – weiter gar nichts. Ich habe dieses Licht drei- oder viermal im Juli gesehen. Ich kann es nie mehr vergessen. Es ist unmöglich, von dieser jähen Verwandlung schäbiger Langeweile in reine Kunst nicht ergriffen zu werden. Unvergeßlich der Abend in Gripsholm am Mälarsee. Immer nach dem Abendbrot, immer wenn man diesem Land schon keinen Pfifferling mehr zubilligen will, geschieht das – manchmal. In Gripsholm war der Himmel plötzlich wie eine Operninszenierung. Ich erinnerte mich, so einmal »*Madame Butterfly*« gesehen zu haben, als Kind in der Berliner Staatsoper. So etwas vergißt man nicht. Man hatte, um das Japanische recht japanisch zu machen, die Bühne mit dunkelblauem Papier, so einer Art Pauspapier, ausstaffiert und dann von hinten stark angestrahlt. So war es in Gripsholm. Es leuchtete plötzlich die Landschaft in einem unwirklichen Opernblau auf. Gripsholm war eine einzige Bühne so gegen halbzehn, und dann stieg über dem See, der wie ein Kristall strahlte, so hell und blau, also hellblau, der Mond auf: riesengroß und purpurrot. Es war so unwirklich schön, daß ich nichts mehr sagen will. Nur dies: Es ist eine Art von Gerechtigkeit in der Welt. So viel Dunkelheit, so viel Regen und Kälte in Schweden, aber im Sommer, manchmal, an einigen Abenden, gibt es Entschädigung. Sie lohnt.

Selbst in Malmö, der südlichsten Stadt, sozusagen schon gegenüber von Travemünde, war es noch einmal so. Wieder die lustlose Stunde nach dem Abendbrot. Ich stand im Hafen von Malmö, der nicht bemerkenswert ist. Man muß ihn sich vorstellen wie das Hafenviertel von Mannheim–Ludwigshafen, genauso belanglos und blaß, allerdings mit Salzgeschmack. Und die Sonne, die längst verschwunden war, begann wieder das verrückte Bild zu malen, sie pinselte märchenhaft: erst am Himmel, dann in den Wolken, dann über der Stadt. Sie färbte die Lagerhäuser und Schuppen, die Schornsteine und Kräne in ein buntes Gemisch: zartrot, zartgelb. Alle Farben liefen ineinander wie in einem Tuschkasten, in dem man mischt. Das graue häßliche Hafengewirr von Malmö war ein Gemälde. Man hätte es nur noch einrahmen und abnehmen müssen, so schön war es. Das Gemälde sagte: Siehst du denn nicht, daß wir für diese eine Stunde gemacht sind? Unsere Städte sind keine Tagschönheiten; das ist wohl wahr. Sie sind auch keine Nachtschönheiten, leider. Wir sind nur in dieser einen schrägen Stunde schön, nach Sonnenuntergang. Du weißt doch: das schöne Schattenreich.

System Bolaget

Daß die Schweden gesund und von wunderbarer Natürlichkeit seien, sozusagen paradiesische Naturwesen, immer liebend, nackend badend, gehört mit zu den unausrottbaren Legenden, die eine triviale Filmindustrie in der Welt verbreitet hat: lauter Lügen. Es ist wahr, daß der Umgang der Schweden untereinander von bewundernswerter Nachsicht und Toleranz ist. Das hat schon etwas Paradiesisches hier: der Wolf und das Lamm; sie weiden beide. Niemand schiebt, schimpft, drängt in diesem Land. Man kann auch als Autofahrer das gräßlichste Verkehrshindernis bilden: Nie wird die Kolonne hinter einem zu hupen anfangen. Wenn man dichter auffährt auf den Vordermann, so weicht er sofort nach rechts aus und gibt die Vorfahrt frei. Man kann auch vor Grünampeln träumen, dann warten die anderen eben.

Sie sind auf eine geradezu übermenschliche Weise tolerant und nachsichtig miteinander, doch bin ich unsicher, ob solche Tugend wirklich als ein Akt sozialer Souveränität zu deuten ist. Die berühmte schwedische Toleranz scheint mir eher ein etwas unklares Ineinander von Phlegma, ständiger Introvertiertheit und einer ausgeprägten Berührungsphobie. Ich behaupte, hier hat der Mensch noch Angst vor dem Menschen. Die Leute auf der Straße haben eine Art, aneinander vorbeizugehen, mechanisch und schnell wie Puppen, die immer nur sagt: Komm mir nicht zu nahe, berühre mich nicht, guck bitte weg. Ich will das nicht: Kontakt. Kontakte würden Probleme aufwerfen. Man stößt auf ein Volk von lauter einzelnen, lauter Introvertierten, die immer von ihren Seen, ihren Wäldern, ihrer Anglereinsamkeit träumen. Langsamkeit, Tiefsinn umgibt sie. »Menschenmüdigkeit« ist ein Lieblingswort aller Schweden; jeder sehnt sich von jedem weit weg. »Abschied von der Kindheit« ist ein Lieblingsthema aller Autoren hier: Als ich das letztemal noch träumen durfte, damals als Kind, darüber sinnen sie gern. Sind sie nicht eigentlich das Volk der chronisch Depressiven?

Es gibt kollektive Neurosen in Schweden, die den Fremden in staunende Heiterkeit versetzen. Daß es so etwas noch gibt, unter modernen, aufgeklärten Menschen: so viel Angst, so viel Verklemmtheit, so viel schweren Zwang. Der Alkohol zum Beispiel. Erst 1955 wurde die Rationierung des Alkohols aufgehoben. Spezielle Staatsläden, »System Bolaget« genannt, regulieren die Abgabe. Ein Laden sieht haargenau wie der andere aus: Von Trelleborg bis Kiruna in Lappland gibt es nur diese eine staatliche Konzession an das Laster: sauber, streng kontrolliert, unerhört teuer natürlich.

Man erkennt diese Läden von außen deutlich daran, daß nichts zu erkennen ist. Kein Schaufenster, keine Werbung, nur dicke Mauern, eine kleine Tür. Darüber das seltsame Wort: System Bolaget. Tritt man ein, so umgibt einen sakrales Schweigen, Tempelluft. Skandinavische Gediegenheit, Eleganz in der Ausstattung: schöne Teakholzkultur, das ist zuzugeben. In sehr schönen Holzregalen steht ganz hinten der köstliche Stoff gestapelt, der Whisky und Wodka und Branntwein heißt, und glänzt von weitem: teuflisch. Hinter der Theke die Verkäufer: Amtspersonen. Tragen sie nicht auch Uniformen? Sie bedienen halb wie Zöllner, halb wie Hohepriester, die Hostien reichen, und man spürt sofort: Das ist kein Geschäft, hier wird nichts verkauft, hier wird ein Ritus zelebriert, eine nationale Neurose, hier wird dem Teufel der kleine Finger gegeben. Paß auf!

Und die wenigen Schweden, die nicht in den schwarzen Listen stehen, in denen die Amtspersonen zunächst blättern, die, die so unerhörte Schuld freiwillig auf sich laden, sind verängstigt und still, beugen sich vor, wagen das Wort Whisky oder Wodka nicht auszusprechen, sondern flüstern den Amtspersonen heimlich eine Nummer ins Ohr. Tatsächlich sind alle Alkoholarten numeriert: Wortphobien. Sie flüstern: 3, 12, 17, und kriegen dann, in eine zerreißfeste Tragtasche verpackt, sicher verklebt und verschnürt, diese Ungeheuerlichkeit, die Alkohol heißt. Auf den Tüten steht groß aufgedruckt: »Trinkt keinen Alkohol – Es ist ein Verbrechen, an Heranwachsende Alkohol abzugeben«, und die Schweden schieben sich diese Tüten schuldbewußt in die Brusttasche und schleichen wie Einbrecher davon, tiefer Schmach bewußt. Es ist unmöglich, in Schweden mit so einer Tüte spazierenzugehen. Alle Introvertierten, alle Träumer würden plötzlich erwachen auf der Straße, würden unruhig werden, würden Alarm rufen: Vorsicht, der trägt eine Zeitbombe. Die tickt. Ich frage mich wieder: Was kommt da hoch – in Tiefland?

Pornoshop

Ich glaube, auch dieses Phänomen, das dem Land den etwas komischen Ruf eines Sex-Paradieses eingebracht hat, beruht auf einem Mißverständnis. Es ist richtig: Die Pornographie ist auf eine radikale Weise frei in Schweden, die den Besucher aus der Bundesrepublik immer noch erstaunt, etwas verblüfft. Das meiste wird übrigens nicht in Schweden hergestellt. Das meiste sind Kopenhagener Importe. Es gibt gewisse Einschränkungen hierzulande: Pornographische Filme dürfen nicht öffentlich gezeigt werden; aber man kann das diskret umgehen. Auch darf der Umgang mit Tieren im Bild nicht dargestellt werden. Hier ist die schwedische Polizei sehr streng; sie kontrolliert den Markt. Es spricht einiges dafür, daß die schmerzliche Menschenverachtung der Schweden

den Hunden und Schlangen und Pferden des Landes solche Schmach nicht zumuten will. Mögen Menschen das treiben. Tiere tun so was nicht, nicht bei uns. Man muß sie vor den Menschen schützen.

Also Pornoshops: Es gibt sie überall im Lande, in Kleinstädten, in Großstädten, immer in Nebenstraßen. Es empfängt einen eine bunte, ach, eine kolossale Orgie in Fleisch, doch ist das zu menschenfreundlich, zu lustvoll ausgedrückt. Die skandinavische Pornographie hat es eigentlich nicht mit dem Körper, dem Fleisch, der Sinnlichkeit von Menschen zu tun; sie reproduziert in einer stereotypen Mechanik Genitalakte. Es ist wie beim Frauenarzt: eine gynäkologische Schau, tief und ernst in vaginale, in anale Ressorts hinein. Ob da vielleicht eine Infektion im Gang ist?

Die skandinavische Pornographie ist unendlich sauber, aseptisch und medizinisch aufgeklärt und wirkt in ihrer totalen Überbelichtetheit wie eine Unterabteilung des staatlichen Gesundheitsdienstes. So macht man das also, ihr chronisch Depressiven, wenn man zwei Genitalien vereinigen will, so zum Beispiel, bitte so. Und dann gibt es noch diese Spielformen, Variationen der Liebe, die müssen in einer aufgeklärten Gesellschaft auch gelernt, eintrainiert werden: genitale Mundkontakte, bitte so. Orale Analkontakte, so zum Beispiel. Und dann die Komplikationen im Gruppensex: eine Art Volkshochschule für Fortgeschrittene. Dann kommt die Abteilung, über der in goldenen Lettern steht: Homo. Hier wird die ganze Prozedur unter Männern durchexerziert. Dann kommt die Abteilung: Lesbos. Daran schließt sich eine Art Beate-Uhse-Abteilung an, eine orthopädische Klinik für Verkehrsbehinderte. Allerlei Apparate und Instrumente, manche elektrisch mit Batteriebetrieb. Es ist wie bei einem Prothesenspezialisten: künstliche Glieder, anzuschnallen. Mit einem Wort: Krankenhausluft, sterilisiert.

Nein, ich will hier nicht Pornographie schlechtmachen. Ich will die Darstellung der sexuellen Lust nicht diskreditieren. Ich meine, Pornographie kann sehr schön sein, ab und zu, gelegentlich und in Grenzen. Ich beklage nur die unendliche Phantasielosigkeit und plumpe Direktheit der skandinavischen Version. Sie ist einfach schlecht und unglaublich charmelos. Was haben uns da die Griechen, die Römer, die Japaner, die Chinesen für anmutige und kunstvolle Triebgeschichten, schöne Phantasien in Fleisch hinterlassen. Wie hat noch das Barockzeitalter die Fleischeslust gezeigt: Das war Lust, es war eine Feier für Feinschmecker. Dies hier ist wie ein nationaler Dienst, eine Art Turnstunde der Jugend. Fach Leibesertüchtigung. Ach, ich hatte schon als Schüler immer etwas gegen Turnstunden.

In Schweden kommt noch etwas anderes hinzu. Ist es Sparsamkeit? Ist es ein Verkaufstrick? Die Pornoshops sind oft kombiniert mit einer anderen Branche. In der zweiten Ladenhälfte kann man Zeitungen, Tabakwaren, Waschmittel kaufen. Oft sind es einfach auch Drugstores mit einer Abteilung »sexueller Verkehr«. Und es sieht nun wirklich etwas komisch und ziemlich desillusionierend aus, wenn die Leute da mit ihrem Einkaufswägelchen Waschpulver und Ata und Toilettenpapier vor sich herkarren und dann noch ein Kunstglied, eine Pornoplatte, ein Heftchen Lesbos draufwerfen. So direkt, so lustlos sollte man den Warencharakter nun doch nicht freilegen. Es wird der tiefe Trieb so mürrisch, so lustlos zusammen mit Scheuersand und Waschlappen. Ich frage mich: Ist das also das Ende der Aufklärung? Sind das die süßen Früchte unserer Freiheit?

Die Schweden scheinen erpicht zu sein, Sexualität radikal herunterzuspielen. Porno ist hier wie Seifenreklame: nichts. Die gynäkologischen Großaufnahmen hängen überall in der Stadt herum, vor allem an Zeitungskiosken, und es ist für den Fremden schon etwas komisch am Anfang. Manchmal sucht man Lektüre. Man möchte die *Frankfurter Rundschau*, die *Zeit*, den *Spiegel* kaufen. Man geht um den Kiosk, aber hinter den Glasfensterchen werden nur weit gespreizte Schenkel von Frauen angeboten oder das kolossale Glied eines Mannes, an dem sich zwei Mädchen oral betätigen. Na bitte, na schön, und viel Vergnügen. Die Fotos sind etwas verstaubt und gelblich am Rande, und es kommt einem die Vermutung, daß so viel exzessive genitale Vergrößerung vielleicht etwas mit Schwäche, mit Kälte, mit Triebarmut zu tun habe. Könnte das sein? Gibt es frigide Nationen? Auf jeden Fall wirkt das Thema müde und langweilig hier, nach ein paar Tagen. Es ist weggeleuchtet. Man erblindet.

Hoher Norden oder Ein Hauch von Karinhall

Nun aber weg. Weiter, immer weiter. Man möchte immer woanders hin in Schweden. Man hofft immer, daß es anderswo anders sei, daß irgendwo noch das eigentliche, das wahre Schweden begänne. Das kann es doch nicht gewesen sein? Man ist 1500 Kilometer gefahren, von Frankfurt nach Stockholm, und findet dann dieses monströse Altberlin vor, mit seinen Wunderlichkeiten, die ich beschrieb. Das kann es doch nicht gewesen sein? Es erinnert so viel an den Wannsee, die Havel. Das kann doch nicht alles gewesen sein, die ganze Reise? Also laß uns noch einmal 1500 Kilometer zulegen, sage ich. Das Land ist ja groß. Laß uns in den Norden gehen. Vielleicht wird es in Lappland interessanter. Wir fahren nach Kiruna.

Eisenbahnfahrt Stockholm–Kiruna: zweiundzwanzig Stunden. Es rast der Zug elektrisch. Es ist Sommerzeit, Ferienzeit, »Semestertide« heißt das auf schwedisch, übrigens eine schöne Sprache, sehr musikalisch, sehr tief, alles auf diesem einen Laut, der kein a und kein o ist, sondern das dazwischen: oa. Und alles mit Nasallauten: das Französisch des Nordens. Der Zug ist voll. Sie fahren in die Ferien, ein ganzes Volk. Schlagzeile von *Aftonbladet*, das die Leute im Zug lesen wie bei uns die Leute *Bild*: »Endlich Freitag – Viele Menschen ersehnen sich das Wochenende!« Siehst du, sage ich, das sind so die Probleme, die Sensationen im Wohlfahrtsstaat: endlich wieder einmal Freitag, Sommerzeit.

Wir hatten es schon in Stockholm gehört. Im Hotel, in den Restaurants, von allen Schallplatten und Tonbändern, aus allen Maschinen kam immer der eine Refrain: Summertime. Es summte und sang, es tanzte und jubelte leise in allen Schlagern: Summertime. Alle Schaufenster sagten: Summertime und boten leuchtende Camping-Ausrüstungen. Die ganze raffinierte Schweden-Wohnung noch einmal: aufblasbar und zum Zusammenklappen. Die Modegeschäfte, die Cafés, die wenigen, und die sanfte Musik im Bad und im Lift, sie alle sangen: Summertime. Man hat leicht spotten. Hier ist das anders. Die Nation erwacht aus diesem schrecklichen Winterschlaf. Neun Monate Kälte, Dunkelheit, graue Nacht. Jetzt ist der Sommer da, der kurze; drei Monate nur, und alle Schweden summen selig: Summertime. Ein Elfentraum.

Sie fahren in ihre Sommerhäuser, diese kleinen roten Holzhäuser, die irgendwo im weiten Land stehen, ganz allein natürlich, ganz einsam, denn man ist »menschenmüde«. Der Zug rast durch das Land, ein Sibirien-Expreß, sehr demokratisch, und es ist immer dasselbe: immer Wälder, immer Seen. Man kann tagelang fahren, und wenn man am nächsten Morgen zum Fenster hinausblickt, ist immer noch derselbe See, derselbe Wald da und auf einem Stück Wiese das Sommerhaus also. Das Glück ist auch im Vorbeifliegen gut einzusehen. Das einsame Ferienglück steht offen. Die Schweden sind draußen, sitzen aufrecht in der Sonne, die nicht scheint. Das grüne Idyll ist von einer Gleichförmigkeit, die beim Vorbeifahren komisch wirkt. Es wiederholt sich alle zehn Minuten haargenau, es ist eigentlich ein einziges Bild: das rote Holzhaus, der Volvo davor, die Gartenmöbel sind mit großer Entschlossenheit herausgerückt, obwohl es beinah regnet. Überall ein leuchtender Sonnenschirm, ein Planschbecken für die Kinder, eine herrliche Hollywoodschaukel, in der die Eltern sitzen, der Mann meistens mit nacktem Oberkörper, denn es ist Summertime. Das Bild ist eine einzige Demonstration, ein überwältigender Beweis der schwedischen Égalité; die große Hoffnung Gleichheit sitzt im Freien, friert und sagt: Ferien.

Ja, und dann, dann war es doch anders, hoch im Norden, in Lappland. Hundertsechzig Kilometer nördlich des Polarkreises verändert sich die Landschaft – Gott sei Dank. Die ewigen Wälder, die singen, verschwinden, die Seen werden seltener. Die Tundra, die Steppe, die Wildnis beginnt. Des Menschen Spur hört auf. Manchmal noch die niederen, zerrissenen Buschbirken, struppige Birkenhecken; dann hört auch das auf. Es gibt keine Straßen, kaum Fußwege, ganz selten eine Ortschaft hier. Die Wildnis, das ist nichts. Nichts als Moose, Farne, Flechten, Steine, die Bärlappdynastie, breite Flüsse, manchmal Wasserfälle. Es ist die große Regression, botanisch. Es ist licht, es ist hell, weißglänzend hier oben geworden: die Zeit der hellen Nächte, immer noch. Noch Mitte Juli geht hier die Sonne nicht unter – es ist immer Tag, auch noch nach Mitternacht. Man kann um zwei Uhr nachts die Zeitung draußen lesen. Das Licht ist etwas fahl, etwas glasig geworden. Die Sonne rollt den Horizont entlang wie eine müde Apfelsine.

Mittsommernacht – das ist die Zeit der Freudenfeuer, der langen Feste: Feuerspringen. Sie soll die Leute hier oben in seltsame Euphorien, in schwebende Leichtigkeit, in die Taumel ewigen Lichtes versetzen. Ich sah das nie. Sie wirkten eher matt, zerknittert: halbe Finnen. Ich fand es lästig, diese Himmelstörung. Es ist nicht gut, wenn die Sonne nicht untergeht. Man schläft so schlecht, selbst in den diskreten Hoteltresoren. Man wacht oft auf, wälzt sich herum, träumt viel zuviel, stöhnt manchmal: Soll es denn niemals Abend werden?

Kiruna, Abisko, Riksgränsen: Nördlicher geht es nicht, noch reiner, unberührter, noch germanischer ist die Welt nicht denkbar. Wir sind jetzt ganz oben am kalten Dach der Welt. Ein Paradies für Sonderlinge, für Schwermütige, sensible Nordlandseelen – mein Fall ist das nicht. Hier wird nur noch gewandert: den Stab in der Hand, die Gummischuhe, die Regenhaut, ein ungeheurer Rucksack, zentnerschwer, wird in den Euphorien der hellen Nächte durch die Wildnis geschleppt. Wohin, wozu? Man watet durch Flüsse, man balanciert über hauchdünne Stege, man stolpert Felsengeröll empor. Sie reden alle vom Kebnekaise, als sei es der Kyffhäuser. Schwedens höchster Berg dräut wie ein Mythos. Das Wandern ist hier wirklich des Müllers Lust, denn viele Deutsche, die mit Nordlandsehnsucht: die aus Hamburg, Gelsenkirchen, Lüneburg, traben herum, waten durch Wasser, erleben irgend etwas Tiefes, das sich mir entzieht. Ich mußte immer an Reformhäuser denken: Grieß und Graupen, alles so natürlich. Die Landschaft wirkt vegetarisch, Geschmack von Bircher-Benner, Lebensreform: tief einatmen, Turnübungen auf Gesundheitspantinen. Alte Männer mit Spitzbart und Knotenstock stapfen durch die Wildnis. Sie sehen halb wie Gartenzwerge, halb wie Gesundheitsapostel aus. Sicher essen sie nur noch Hirse und trinken Buttermilch.

Und hier oben fand ich nun das, woran ich so gar nicht gedacht hatte, das mir ganz entfallen war unter all den friedlichen, demokratischen Schweden. Ich traf auf das, was einmal die Welt bewegte und zerbrach, Europa, Deutschland, Berlin, auch mich ein bißchen. Ich traf die nordische Seele, den Geist der Germanen, das Licht des Ariertums, wohin wir doch alle strebten – wenn ich mich recht erinnere. Das war doch einmal unser Ziel, unsere Hoffnung, das flackernde Nordlicht der deutschen Seele, weshalb wir die vielen Millionen umbringen mußten: Die waren doch nicht arisch.

Also, ich traf Odin, den rüstigen Wanderer, auch Wotan genannt, den Gott der Winde, den Herrn der Schlachten und Totengott, mit seiner treusorgenden Gattin Frija. Sie waren von vielen Walküren umgeben. Sie schleuderten böse Blicke auf mich, weil ich rauchte: Zigarren. Ich traf auch den Loki und Baldur: alles blaue Augen, blonde Haare, schöne Rasse, nette Jungens. Ich sah den Greif, die Runen und das Hakenkreuz und all die Thingstätten: Es war ein Hauch von Karinhall. Schon in Gamla Uppsala hatte ich Met aus Stierhörnern schlürfen dürfen, echt germanisch, und hier gab es jetzt auch Kirchen, die aussahen wie von Alfred Rosenberg, nein, wie von Albert Speer erbaut: Das Kreuz ist weg, und alle beten einen großen grünen Baum an, der zur Sonne strebt. Licht fällt ein aus dem hohen Giebelhaus. Es war auch etwas Jugendstil dabei in Lappland, beinah wie in Darmstadt.

Und alle Gasthäuser sind gut germanisch: kleine Königshallen, rechtwinklig und wehrhaft. Es stehen immer ein paar Lanzen und Hellebarden in der Ecke zum Schutz der Recken. Und dann dieses kernige, solide Material: das Holz, das in allen Fugen kracht, die Eisenbeschläge, die schönen Stoffe, von nordischer Frauenhand züchtig gesponnen, gewebt am heimischen Herd. O schönes Kunstgewerbe: Nazizeit.

Natürlich ist das nur meine Interpretation. Ich weiß, ich weiß. Andere Völker mit anderer Vergangenheit werden das gar nicht sehen. Für die Schweden ist das einfach ihr hoher Norden: sehr einsam, sehr wichtig wegen der großen Erzlager, ein Ruhrgebiet des Nordens. Es quietschen viele Loren. Nur für mich ist das so, komisch. Nun hast du endlich einmal das Erlebnis der Fremde, nun bist du ganz anderswo, anderswo ist es doch immer anders. Und was findest du? Himmlers, Rosenbergs, Görings Traum: die nordische Seele, das Ariertum, ein metaphysisches Rechteck, sozusagen. Die sind zwar nie hier oben gewesen, die kamen aus Österreich, aus Bayern, aus allerlei dunklen Hofbräuhäusern und hetzten die Deutschen in dieses ferne Nordlicht hinein. Das hat uns doch einmal beflügelt. Das war doch das Schöne am Dritten Reich: die Hoffnung, die man heute so ganz vergißt. Nur gut, daß sie hier nie gewesen sind. Die Lappländer zum Beispiel, auch Samen genannt, hätten sie ausrotten müssen, des Blutes wegen. Die Lappen sehen ziemlich undeutsch aus, ein bißchen Eskimo, ein bißchen wie Indianer.

Der linke Balkon

Noch eine Legende, die sich über Schweden so zäh erhält. Sie heißt Sozialismus. Ein drittes Mißverständnis? Wenn du nach Schweden fährst, so hieß es, so triffst du auf einen demokratischen, einen westlichen Sozialismus, so etwa, wie ihn Dubček wollte, ungefähr so, hieß es zu Hause. Ich will gleich erwidern: Ich habe das nirgends gefunden. Wo denn? Ich habe es auch nicht erwartet, auch nicht nach vierzig Jahren Sozialdemokratie. Ich sage das ohne Tadel, ohne Lob. Ich bin gar nicht sicher, ob Sozialismus wirklich die einzige Glückspolice der Menschheit ist, wie das die Sowjets meinen. Ich meine nur, man sollte die Begriffe sauber, etwas reinlich halten. Sozialismus, wie er sich in unserem Jahrhundert in der Welt durchgesetzt hat, ist ohne die Überführung der Produktionsmittel in Gemeineigentum, ohne die Aufhebung des Privatkapitals und seines Profitmotives nicht denkbar. Sozialismus ist die Selbstverwaltung der Produzenten. Davon kann hier nicht die Rede sein. Ich trage jetzt einige Zahlen vor, die Besitzverhältnisse betreffend. In Privatbesitz sind: landwirtschaftlicher Boden 93 %, Holzindustrie 95 %, Stahlindustrie 93 %, Metallverarbeitung 98 %, Schiffahrt 99 %, Banken 93 %. Die Elektrizität ist zu 58 % privat. Eine Ausnahme machen nur die Erzgruben: Sie sind zu 75 % in öffentlicher Hand.

Man hat also die Eigentumsverhältnisse bei den Produktionsmitteln bestehen lassen. Das Profitmotiv der kapitalistischen Wirtschaft bestimmt noch immer die Dynamik der Gesellschaft. Man hat aber über diese kapitalistische Milchkuh ein ganzes Netzwerk sozialer Reformgesetze geworfen, die die krassen Widersprüche der kapitalistischen Umverteilung des Volksvermögens mildern, neutralisieren, abfangen. Ich möchte es einen gezügelten, einen gebändigten Kapitalismus nennen. Man hat dem Raubtier einige Zähne gezogen, einige Krallen gekappt. Die Privatinitiative besteht weiter, aber gedämpft. Mit Geld kann man weiterhin alles machen, nur die Gewinne werden durch ein kompliziertes und rabiates Steuersystem kräftig weggeschnitten. Tatsächlich steigt die Steuerschraube schon bei mittleren Einkommen beträchtlich und erreicht sehr schnell 80 % des Einkommens, die abzuführen sind. Es gibt die Sozialmedizin, die Volksrente, die hochentwickelte Bildungspolitik aus solchen Steuergewinnen. Aber das Universitätsstudium muß man selber bezahlen. Schwedens Löhne sind die höchsten Europas, aber in den Erzgruben Kirunas wurde zugleich auch lange und erbittert gestreikt, weil den Arbeitern die Produktionsnormen zu scharf kalkuliert waren. Das Entwicklungsgefälle zwischen Süden und Norden, zwischen Stadt und Land fällt immer noch auf. In den Großstädten herrscht Wohnungsmangel. Die Mieten sind hoch. Sie streben alle der Gleichheit nach in Schweden, aber unter den Gleichen gibt es dann doch sehr erhebliche Unterschiede.

Dem Fremden fällt etwas anderes auf, worin sich diese Gesellschaft tatsächlich von den westlichen Demokratien unterscheidet. Der linke Protest ist hier nicht eine Sache der kleinen Gruppen, der Außenseiter, der radikalen Jugend, halb im Untergrund wie im Westen; er ist sozusagen eingearbeitet in das System, wird von den großen Organisationen mitbetrieben. Überall findet man wohlinformierte und hochdotierte Büros, Institute, die über die dritte Welt, über die Entwicklung in Kuba, in China, in Nordkorea Auskunft geben. Man ist immer willkommen und wird reich bedacht mit Broschüren, auch in deutscher Sprache. Peter Weiss erlebte hier seine Konversion zum Sozialismus. In einem herrlichen Hochhaus der Innenstadt ist das Internationale Institut für Friedensforschung untergebracht, SIPRI genannt, das sich, genauer besehen, mit etwas sehr viel Konkreterem befaßt: Es ist ein Institut zur Erforschung der Weltrüstung. Das alles hängt sehr tief mit den sozial-humanitären Traditionen des Landes zusammen. Sie verstehen sich nicht als Macht, sondern als Modell. Vermittlung, Ausgleich, Schiedsspruch, das ist ihre Rolle, die Eigenart ihrer Neutralität. Sie zwingen ihren Nachbarn nichts auf wie die Sowjets oder die Amerikaner. Sie sagen: Seht doch auf uns. Wir sind das Modell. Wenn ihr eure Welt morgen zivilisiert und funktionstüchtig haben wollt, ungefähr so wie wir, werdet ihr sie einrichten müssen. Wir sind nur voraus. Wir sind der linke Balkon.

Tucholskys Grab

Man muß wissen: Einen Ort Gripsholm gibt es nicht. Das ist nur der Name eines Schlosses am Mälarsee. Der Ort heißt Mariefred und liegt sechs Kilometer weg von der E 6, die nach Göteborg führt. Und da ich das alles nicht wußte, nicht genau, nicht wirklich präzise damals, ließ ich mich eben so treiben nach Gripsholm und stellte das Auto auf dem großen Parkplatz dort ab. Ich war überrascht über die vielen Touristenautos hier; der Platz war ganz voll mit Volvos. Ich dachte: Siehst du, ein Drei-Sterne-Ort im Baedeker. Hier wird er geehrt, im freien Schweden. Hunderte von Besuchern kommen täglich, den deutschen Schriftsteller, den mutigen Antifaschisten zu ehren. Das sind Demokraten: der linke Balkon. Es war aber ein Irrtum, ein Mißverständnis. Der Strom der Besucher wanderte zum Schloß, und ich meinte immer noch: Natürlich, ganz richtig die Richtung. Irgendwo da im Schloß Gripsholm muß er liegen. Das geht ja authentisch aus seinem Roman-Titel hervor. Gelesen habe ich das Buch nie. Das muß ich zugeben. Ich habe mir den Unterhaltungsschriftsteller immer erspart. War es ein Fehler?

Ich kaufte mir also eine Eintrittskarte fürs Schloß, dachte immer noch: Jetzt wird es bestimmt gleich kommen, das ist doch sicher. Irgendwo in diesem riesigen Kastell wird nun eine Tucholsky-Abteilung kommen, ein kleines Museum, ein Gedächtniszimmer und irgendwo seine Grabplatte. O holder Wahn! So war es nicht. Es ging durch viele hohe Säle, es gab eine riesige Gemäldeausstellung der schwedischen Monarchie: Prinzen, Fürsten, Könige. Man kennt die typischen Posen der Herren: diese triumphierende Gebärde, die rechte Hand auf das Schwert gestützt, das eine Bein vorgestreckt, den Fuß auf dem erlegten Elch. Man glaubt gar nicht, wie viele Fürsten und Potentaten diese Schweden gehabt haben. Viel zuviel, schien es mir. Und alle Schweden bewunderten ihre Majestäten, ihren Schlafrock, ihre Spiegel, ihre Stühle, ihre königlichen Betten, die breiten. Es gibt ein monströses Paradebett da. Ich dachte, für Tucholsky und seine beiden Freundinnen wäre das gerade recht. Er soll doch die Leser damals mit so einer Dreiecksliebe schockiert haben. Aber es ging nicht um ihn. Es war immer nur von Königen die Rede. So langsam begriff ich den Fehler, doch da war es schon beinah Abend.

Ach, war das schön, im Värdshus Gripsholm zu übernachten. Es war die Nacht nach dem Butterfly-Abend, von dem ich schon sprach. Ich hatte das hellblaue Licht und den Purpurmond von Gripsholm gesehen. Es war ein kleines, ein sehr diskretes und delikates Haus, herrlich altmodisch, nicht diese kolossalen Touristentresore, in denen man sich immer halb kollektiviert, halb vereinsamt fühlt. Das Haus war verspielt, leicht rokokohaft. So kannte ich gar nicht die Schweden. Allerdings hatte ich dann wieder mit den Türen zu kämpfen. Das Värdshus Gripsholm hat die raffiniertesten Schließmechaniken, die ich je sah in Schweden: dreistufig. Schon wenn man die Zimmertür zufallen läßt, von außen, ist sie verschlossen durch eine dritte Verzahnung der Riegel. Ich war morgens nur einmal kurz im Bad nebenan gewesen und stand nun also, fast nackt und noch sehr verschlafen, vor meiner Zimmertür, die sich nicht mehr öffnen ließ. Doch lassen wir das. Ich bin wieder hineingekommen, nach einer knappen halben Stunde.

Tucholskys Grab? Ich fragte am nächsten Morgen einen Bewohner von Mariefred. Er sann lange nach, überlegte, grübelte, gab sich jenen Ruck, den sich alle Schweden geben, wenn sie mit anderen sprechen müssen, und sagte dann in dieser unendlichen Bemühtheit und Höflichkeit dieses Volkes: O yes, o sure? The grave of Tolstoy? I remember, a german poet, that may be, perhaps. Ich dachte: Mein Lieber, die schwedischen Volkshochschulen haben an dir noch ein Werk zu tun. So großartig scheint das hier auch nicht mit der Volksbildung. Die Russen wären sicher informierter. Der Mann versank in Schweigen. Er lächelte dauernd.

Ich habe es aber schließlich gefunden, am Vormittag. Man

muß den Friedhof Mariefred aufsuchen, und dort, auf einem sehr schönen, stillen, grünen Platz, kein Schild weist darauf hin, dort rechts oben, wo der Friedhof beinah zu Ende ist, liegt es. Eine hohe, alte Eiche rauscht darüber. Vögel zwitschern in den Ästen. Es fällt etwas Sonne durch das dichte Grün. Eine Bank. Es ist still und andächtig hier. Man möchte die Eiche gern eine deutsche nennen, der Ironie wegen. Daran sägte er doch zeitlebens. Und liegt nun darunter – schwedisch. Eine lange, schlichte Marmorplatte, hellbraun, und darauf nur: Kurt Tucholsky 1890–1935. In der Mitte der Platte steht dann ein Sinnspruch, der offenbar deutschbezüglich, nachdenklich auf Letztes verweisend sein soll, goethebezüglich. Da steht doch tatsächlich in Marmor eingemeißelt: »Alles Vergängliche ist nur ein Gleichnis.« So ein richtiger dummer Witwenspruch, der sich mit Goethe hinwegmogeln will über die Leidenschaft dieses Lebens, das sich in der Zeit verbrannte. Für Tucholsky ist dieses Faustzitat ein übler Nachruf, will mir scheinen, eine schlampige Lüge. Alles Vergängliche war gar kein Gleichnis für ihn. Es war überhaupt nicht vergänglich, das Vergängliche, das war ja sein Schmerz. Es war ekelhaft aktuell und zählebig: die Richter, die Schlotbarone, die Herren der deutschen Verwaltung. Es ritt die deutsche Restauration so nach 1919. Sie saß wieder im Sattel. Das war sein Schmerz. Das hat ihn schließlich nach Schweden getrieben. Hier war er allein und war doch beinah in Berlin – an märkischen Seen, tagsüber. In diesem Land hat er sich umgebracht. Ein guter Ort am Ende: Schweden.

Ich legte Blumen auf diesen Grabstein. Ich legte sie so, daß der Spruch nun verdeckt war. Ich sagte: Das streichen wir jetzt einmal durch. Ich korrigiere das. Wenigstens dafür bin ich in Schweden gewesen, um diesen Spruch wegzuwischen. Ich dachte: Warum eigentlich immer Sprüche zum Schluß? Was gibt es denn da zu verklären – am Ende?

Straßburger Retrospektive

Jetzt kommt ein großer Sprung. Ich bin wieder oben, bin wieder aufgetaucht aus Tiefland, die Erde, Hochland hat mich wieder. Es hat mich heute ganz plötzlich nach Straßburg verschlagen, ein purer Zufall, nur für ein paar Stunden. Und wie es manchmal im Leben ist, bei Freundschaften, bei Liebschaften, nach einer Ehe: Hinterher, wenn man rechtskräftig geschieden ist, hinterher sieht man erst ganz, was war, was man hatte. Man sieht plötzlich die ganze Affäre von außen, viel schärfer als aus der Nähe. Es gibt nur einen Zeugen, der glaubwürdig ist für mich. Der heißt Erinnerung. Man müßte sich an alles erinnern können. Es wäre beinah die Wahrheit.

Ich will nur sagen: In dieser Straßburger Stunde, in diesem Restaurant Dauphine beim Münsterplatz, begriff ich plötzlich die Reise, rückblickend, als Erinnerung. Schwedens Bild stieg noch einmal auf, und Bilder, das weiß man, brauchen manchmal Rahmen. Der Rahmen war das Elsaß. Ich sah alles mit schwedischen Augen plötzlich, ich sah das Elsaß, es lag strahlend auf allen Gesichtern, Straßburg leuchtete, und ich sagte nur immer staunend: Nun sieh dir das an, wie anders die Leute hier sind. Beobachte bitte die Menschen am Tresen, da, die die Speisen, die Weine richten. Nimm ihre Bewegungen, ihre Handgriffe wahr: Was die für Freude haben an jeder Herrichtung. Wie der Garçon die Platten putzt, wie der Wirt den Wein einschenkt – mit wieviel Vergnügen und amüsierter Heiterkeit sie arbeiten. Da drüben der Kellner, der jetzt das Stückchen Languste serviert. Er dient und spielt zugleich sehr ironisch den Diener. Wie doch der Mensch am Menschen Lust haben kann. Ich hatte das ganz vergessen. In Schweden war alles so ernst und tief, so tief lustlos, immer etwas gequält die Menschen, dabei sehr freundlich. Man sah aber nur wenige, ich war viel allein. Man war immer von Maschinen umgeben. Hier im »Dauphine«, als wir hereinkamen vorhin, wollte ich gleich nach links an den Tresen, ich wollte mir das

Tablett greifen und mich dann so langsam in der Schlange schweigend voranschieben. Man ist schon so eintrainiert in diese lustlosen Riten der Selbstbedienung, diese gräßliche Mechanisierung: alles vorfabriziert, alles in Tüten, in Blech, in Kunststoffhüllen. Dieses ewige Aufreißen von Zellophan: Kuchen, Schinken, Käse, Zucker, Milch, alles immer in diesen gräßlichen Tüten, wie bei einer Fluggesellschaft. Es ist einfach alles vorfabriziert dort, nicht nur die Häuser. Ich weiß, daß ich einmal die Wut bekam, richtig böse wurde. Es war in Sigtuna in diesem sehr schönen Hotel beim Frühstück. Ich stand in der Schlange, wie sich das so gehört, hatte den Kaffee mir aus der großen Volkskanne eingegossen, suchte die Milch, die es nicht gab. Es war keine Milch da, und ich fragte den Wirt, der nur mit einem kleinen Finger schweigend auf diesen Teller mit Zellophantütchen wies: winzige Abpackungen von Trockenmilch. Ich weiß, daß ich da für einen Augenblick richtig wütend wurde und sagte: Das ist doch wirklich unglaublich hier in diesem Naturpark. Seit drei Wochen muß ich mir jeden Morgen Trockenmilch in den Kaffee schütten. Das ist ja wie im Krieg hier. Muß denn Wohlstand so in Armseligkeit umschlagen?

Ach, es war wohl nur eine kybernetische Depression, das Ganze. Weißt du, wenn ich jetzt an Schweden zurückdenke, jetzt hier in Straßburg, so sehe ich lauter Bilder: die von Munch. Das war zwar ein Norweger, aber ich behaupte, er hat die Schweden sehr treffend gemalt; vielleicht ist ganz Skandinavien so. Du kennst doch diese strömenden, fließenden Bilder von Munch: Weltangst und unbewältigte Triebdynamik. Die Frauen hocken wie große Mumien da. Sie haben Angstgesichter, sie halten sich die Ohren zu, und um sie herum fließt der Kosmos, endlos, formlos. Der Norden ist ewiges Fließen. Wir haben ganz falsche Vorstellungen: Die Schweden sind eigentlich ein reines Naturvolk, Holzfäller, Bauern, Fischer. Sie haben durch viele Jahrhunderte unverändert an ihren Seen, diesen Wäldern gehockt, und erst seit zwei Generationen haben sie plötzlich begriffen, daß das vorbei ist. Es sind ja unheimlich viele junge Schweden ausgewandert, so kurz vor dem Ersten Weltkrieg, nach Amerika, weil das Land so hoffnungslos, so unterentwickelt war. Die Schweden haben ihre Verspätung begriffen. Sie haben plötzlich in diesem Anfall von Industrialisierung alles rasend schnell nachgeholt und übertreiben das Neue natürlich. Sie haben sich einen glitzernden Panzer umgeworfen: die Zivilisation, die von morgen. Aber darunter nistet doch noch die alte Schwermut, die Angst.

Der Kellner kam an den Tisch. Er brachte einen Pernod als Aperitif sozusagen. Es wurde nicht in Büchern, in schwarzen Listen nachgeschlagen, ob ich das scharfe Zeug trinken dürfe. Ich mußte auch später nicht Milch zum Karpfen trinken wie damals in Gränna am Vättersee. Es gab guten Wein, ziemlich billig. Und ich dachte, diesen Traminer zum erstenmal wieder schmeckend auf der Zunge: Man sollte sich nicht irritieren lassen durch so viel Zivilisation. Die technische Revolution wird die der Gesellschaft nie ersetzen können. Haben sie sich nicht um alle Probleme gedrückt – die Schweden? Im Grunde leben sie doch noch vor Marx und vor Freud in ganz alten Bindungen. Es gibt noch nicht einmal ein Einwohnermeldeamt in Schweden. Wenn einer zuzieht, muß er sich im Kirchenbuch registrieren lassen – das ist ihre wahre Lage.

Aber das Klima, dachte ich später, dieses Wetter. Aber der Regen, die Dunkelheit, die lange Nacht, der endlose Winter – das hat auch seine Hand im Spiel. Ich fürchte, das wird man auch mit Marxismus und Psychoanalyse nicht wegkriegen. Ich dachte: Ein dunkler Fall, der Norden.

(1971)

Camping

Ein deutsches Sommermärchen

I

Erst gegen neun war er erwacht. Es war Oktober, Montagmorgen. Die Wiesen waren naß, die Schotterwege waren naß; große gelbliche Pfützen hatte die Nacht hinterlassen. Regenwolken hingen noch immer am Himmel, drohend tief. Er schlurfte über den Platz, der ihn jetzt an die graue und müde Verlassenheit alter Männer erinnerte. Rentnerschicksal, Endstation, dachte er, so nähert man sich immer mehr der Erde. Oktober auf einer Wiese, Montagmorgen auf einem Campingplatz im Oktober: Reste, Abfall vom Sommer, verblichene Zelte, verlorene Zeit, verwaschene Farben. Er ging an überfüllten Mülleimern, an leeren Flaschen, an vielen gelblichen Regenpfützen vorbei.

Verschlossene Wohnwagen, Strippen, die abgerissenen Zelte: Man erkannte die Stellen noch Wochen später an dem verblichenen, gelblichen Gras. Man sah auf der Erde die Stelle, wo ihre Luftmatratzen gelegen hatten. Es gab da kleine Vertiefungen, Mulden im Boden, Ausbuchtungen, in denen sich jetzt Wasser gesammelt hatte. Da hatten sie gelegen, geschlafen, geliebt. Nichts als ein gelber Fleck zum Schluß, dachte er, und etwas Wasser. Er ging an Hütten, Buden, geschlossenen Kiosken vorbei: tot. An einer Betonwand die Lagerordnung: Es wird gebeten, es ist nicht erlaubt, unverheiratete Paare, die Polizei, die verehrlichen Gäste. Jetzt war das alles außer Kraft gesetzt. War er allein auf dem Platz? Eine Ratte huschte über den Weg, verschwand unter Balken. Sie sind eigentlich ganz zierlich, dachte er. Er spürte an dem scharfen Karbolgeruch, daß er sich der Toilette näherte. Er spürte das Ende, das Sterben der Saison, die große Tristesse des Novembers, der nun kommen würde. Er sehnte sich nach der Stadt. Den letzten beißen immer die Hunde, dachte er. Er stieß den nassen Eisenriegel zurück. Ein scharfer, beizender Geruch schlug ihm jetzt entgegen. Er stellte sich an die Mauer. Er begann zu urinieren.

Frage: *Wie kamen Sie eigentlich auf diesen Platz?*

Ja, wie? Dieser Sommer war anders gewesen. Er hatte sich in einem Anfall von Neugier, von Leichtsinn, von froher Ahnungslosigkeit mit diesen Dingern eingelassen. Neugier, Leichtsinn, Ahnungslosigkeit, war da nicht noch mehr im Spiel? Ein Hunger nach mehr, saß ihm das Geld zu locker? Er hatte bemerkt, wie diese weißen Wagen, die über die Autobahn rollten, die auf Wiesen standen, auf ihn eine fremdartige Faszination ausübten. Er hatte sie einen Sommer am Fluß beobachtet, wie sie ankamen aus Mailand, Paris, Kopenhagen, wie die Leute hineinsprangen, heraussprangen, baden gingen, des Abends die Lichter entzündeten, die Speisen richteten. Feriengefühle, er fand das lustig. Ferne und Nähe, Fremdheit und Geborgenheit, Bequemlichkeit und sanfte Strapazen – was fuhr da mit? Welch eine bizarre Versuchung, das Fremde mit dem Vertrauten neu zu vermischen: zu Hause auf Rädern. Immer in seinen vier Wänden und doch anderswo – welch ein verspielter und perverser Reiz der Urbanität, die Natur neu zu erfahren. Letztes Zigeunertum – war es das? Er hatte sich dieses weiße Traumding gekauft und war in eine neue Welt eingebrochen. Zum erstenmal erfuhr er die Subkultur unserer Campingplätze.

Frage: *Was ist denn so schön daran?*

Er erinnerte sich an Abende, an die Dämmerung, an den langsamen Einfall der Nacht; das hatte er nicht gekannt in der Stadt. Man saß draußen in Gartenstühlen, die Whiskyflasche, die Eiswürfel, Radiomusik: eine richtige kleine Kitschromanze im Grünen. Man saß auf einer Wiese und sah dem Untergang der Sonne, dem Versacken des Lichts, dem Aufziehen der Nacht entgegen. Freuden des Nichtstuns, des Absinkens, Verdämmerns, der großen Entspannung, na und? Der Gartengrill muß aufgestellt werden. Hast du die Kohlen schon aufgelegt? Werden die Hähnchen mit Paprika oder Thymian eingerieben? Petroleum auf Kohlen: Einen Augenblick schlagen Flammen empor, einen Augenblick leuchtet das Vorzelt feuergelb auf, dann beruhigt sich der Grill. Die Batterie ist eingeschaltet, der winzige Elektromotor schnurrt; jetzt wird sich das Hähnchen gut eine Stunde drehen. Ab und zu muß Fett nachgegossen werden, einmal müssen Kohlen neu aufgelegt werden. Große Entspannung, großes Verdämmern im Nichts. Drehen am Transistorenknopf: Nachrichten, Schlager, eine Stimme aus Leipzig; Ferne und Nähe, Reiz der Distanz. Es ist gar nichts wichtig. Es ist plötzlich dunkel geworden. Schwarze Nacht steht vor dem Zelt. Im Wohnwagen brennen die elektrischen Birnen, der Eisschrank arbeitet, es brummt manchmal die Gasheizung, das Wasser gluckert. Es ist alles wie zu Hause und doch anders: winzig, praktisch und umständlich zugleich. Das Hähnchen dreht sich und wird immer knuspriger. Ab und zu muß man die Taschenlampe grell aufstrahlen lassen, um den Grad der Bräune zu ermitteln. Die Wasserpumpe gluckert. Der Kanister ist wieder leer. Geh doch mal neues Wasser holen. Man schlurft durch die taufeuchten Wiesen, steht vor einem Wasserhahn, holt zehn Liter Wasser, baut den Kanister vor der Wagendeichsel ein, zieht die Pumpenverschlüsse an, klappt den Blechdeckel zu, setzt sich wieder. Das Hähnchen glänzt schon im Widerschein der glühenden Kohle. Gleich wird der Schmaus beginnen.

Frage: *Ist das denn alles?*

Er erinnert sich an Morgende. Morgende waren hier draußen heller, frischer, fröhlicher. Er erinnerte sich an Sommermorgende, deren leuchtende Freundlichkeit alle Prospekte übertraf. Frühstück im Grünen, von Renoir oder Cézanne, das Frühstück bei Tiffany: So etwas gab es auch. Der Gartentisch wird herausgerückt, unter dem Apfelbaum werden Stühle gerichtet. Es ist warm, es ist hell, es ist ein strahlend blauer Maitag; es ist wieder wie ein Kinderidyll, wie ein Sommermärchen, eine Romanze aus dem 19. Jahrhundert, nur bequemer. Man sitzt in der Badehose beim Frühstück, schmiert sich ein Geleebrötchen, sein Butterbrot, klopft an den Eiern herum, nimmt den Abwehrkampf mit den Wespen auf, möchte noch etwas Kaffee, etwas Saft, etwas Milch nachgeschenkt haben. Orgelmusik aus dem Radio, jemand redet über das Christentum. Muß das jetzt sein? Man kann auch auf Luxemburg übergehen: Schlagerparade. Man rekelt sich, raucht, bläst blaue Ringe vor sich hin. Ein kleiner grüner Kosmos. Morgens um neun ist die Welt hier in Ordnung.

Frage: *Was ist denn so schrecklich daran?*

Er sagte: Die anderen. Es sind immer die anderen, wie in Kindergeschichten. Ich will eine schreckliche Geschichte erzählen: Maisfelden zum Beispiel. Maisfelden gibt es nicht mehr. Ich habe es ausgestrichen, ausradiert. Maisfelden soll nichts mehr sein als eine schreckliche Erinnerung an Deutschland – in mir. Von außen sieht es sehr ernst und grün, fast wie ein festlicher Friedhof aus. Ein Camposanto schwarzgrüner Sonntagsruhe. Friede deiner Freizeit. Tannen, Zypressen, Weiden, viele Birken. Wege wie Friedhofswege: gelbgrauer Kies, Buchsbaumbepflanzung. Ein alter Mann weist als Platzwart ein, Feldwebelgesicht, das Blinzeln von Unteroffizieren auf Plätzen: Sie, Reihe vier, Grab acht, ganz hinten. Der Weg ist auf eine unheimliche Weise geordnet. Weiße Ketten, rote Ketten, grüne Ketten, Blumenrabatten als Abwehr; jeder hat seinen Platz eingezäunt. Hier stehen sie, die Besitzer, Verfestiger, die Dauercamper, und haben aus ihren Plätzchen eine feste Blechburg ihrer Innerlichkeit gemacht: außen niedlich, innen böse. Die Standplätze gleichen in ihrer rabiaten Buntheit Zwergenvillen mit Zwergengärtchen und Gartenzwergen: kurzgeschorener Rasen, Springbrunnen, eine grünumwachsene Eingangslaube, Raben aus Plastik auf allen Dächern, den Schnabel zum Hacken geöffnet. Es steigen dicke Männer aus großen Wagen, dicke Frauen ziehen ächzend Körbe, Flaschen, Taschen, Gartenschläuche hinter sich her. Es sitzen alte Frauen hinter Wohnwagenfenstern und stricken. Man zieht sich aus. Es liegen kolossale Männer in Liegestühlen und lesen *Bild* und *Bild am Sonntag*. So gegen elf Uhr vormittags bricht am Sonntag eine ungeheure Arbeitswut aus. Woher kommt das? Die kolossalen Männer, die halbnackt und schwabbelig sind, beginnen plötzlich zu hämmern, zu schlagen. Es ist immer etwas da, auf das man einschlagen kann – Gott sei Dank. Neue Ketten werden gehämmert, noch stabilere Zäune in die Erde getrieben, einer montiert ein Eisenschild an: Eintritt verboten! Man gräbt, man wühlt, buddelt ein oder aus, neue Bäume, andere Sträucher, Fernsehantennen, Wassergräben, Müllgruben. Man trägt Steine, Eisen, Hämmer. Es riecht überall nach Braten, nach Soße und Kraut. Die lange Grabreihe ist jetzt ein einziger großer Schweinebraten, den man gleich verschlingen wird mit glänzenden, glasigen Augen, mit rosaschmatzendem Mündchen. Fett will immer zu Fett. Dann sinkt allmählich Stille über den Platz: Mittagsruhe. Erschöpfung und Müdigkeit. Es tritt Friedhofsstille ein über dem Platz. Sie liegen auf ihren blauen Liegestühlen, werfen sich manchmal, atmen schwer, ringen nach Luft. Die dicke Frau mit dem kolossalen Busen hat sich jetzt *Bild* über den Kopf gedeckt. Sie verdaut. Eine ungeheure Bosheit träumt vor sich hin und verdaut. Gleich wird sie ausbrechen. Also, geh leise, bewege dich nicht, sei still. Es träumt die deutsche Kleinbürgerseele ihren wilden, bösen Traum der Innerlichkeit.

Frage: *Ist Maisfelden typisch?*

An solchen Wochenenden fuhr er entsetzt nach Hause. Sonderbar: mal widerwärtig, mal schön, welch eine ambivalente Kinderwelt. Zu Hause besah er sich die Prospekte, die bunte Werbung, die die Caravan-Industrie auf den Markt warf. Er besah sie noch einmal. Alle täuschten den großen Robinson-Crusoe-Traum vor, diese herrliche Phantasmagorie aller Jungen: allein auf einer Insel, allein in der Natur, höchstens noch Freitag, später. Immer stand das weiße Ding an einem Strand, an einem Gebirgsbach, mitten im Walde. Ein Mädchen winkte fröhlich heraus – bitte zu Tisch! Welch eine bunte und unverschämte Lüge. Es gab keine Werbung, die die Wirklichkeit dieser Pläne zeigte. Maisfelden war ein Extremfall, das wußte er, aber auf jedem Platz gab es diesen merkwürdigen Hang dazu, gab es eine winzige Ecke Maisfelden, diesen absurden Versuch, aus dem Blechding auf Rädern ein stabiles Wohnheim zu machen. Nicht ganz ohne Staunen hatte er beobachtet, wie in solchen Ecken alle technischen Teile, die an den Wagencharakter des Wagens erinnerten, sorgfältig abgedeckt wurden. Die Räder wurden mit Plastik verkleidet, die Zugdeichsel wurde mit einer Kommode umbaut, vor den Eingang wurden komplette Veranden aus Plexiglas installiert. Einige hätten den Wagen am liebsten eingegraben, fest unterkellert: Haben, besitzen, festhalten, nie wieder hergeben – das war es. Wie die Großen, die Mächtigen haben, besitzen, festhalten, wie die Großen nie wieder hergeben, das war viel beherrschender auf den Plätzen als der Wunsch, unterwegs zu sein. Eine große Zahl dieser neuen Nomaden waren einfach verhinderte Bürger, Hausbesitzer in Plastik und Blech. Kleinbürgertum.

Letzte Frage: *Leiden Sie unter einem KZ-Syndrom?*

Er erinnerte sich an Augenblicke, in denen ihm seine Jugend wieder zugefallen war – blitzschnell. Er sah einen alten, ausgemergelten Mann in Holzpantinen dem Waschraum zuschlürfen. Muselmänner, dachte er. Er roch wieder den Geruch von Karbol und Urin, das kannte er. Er erinnerte sich an all die Eingangstore, die Stacheldrahtzäune, die Ketten, die Verbotsschilder. Er hatte Schaftstiefel auf Zement und Schäferhunde über Gräben springen gesehen. Manchmal, des Abends, sang man zusammen Lieder, selten. Dies war eine bizarre und doppelbödige Welt; intim und kollektiv, privat und ganz öffentlich, schön und zwanghaft zugleich. Eines Nachts war er aufgewacht. Es regnete. Es regnete oft in der Nacht; hier merkte man es. Er hörte eine Weile den Regen auf das Dach trommeln. Der Wind schlug gegen das Zelt, blähte eine Wand auf, schlug sie klatschend um. Eine Weile hörte er es rauschen und stöhnen. Die Nächte sind hier anders als in der Stadt, hatte er gedacht, unheimlicher, tiefer, schwärzer. Zu Hause in der Stadt war man auf wunderbare Weise warm und geborgen. Beton macht so warm, dachte er. Die Wände hier waren hauchdünn. Er spürte eine kühle Feuchtigkeit aufsteigen. Er spürte die Nacht und alle Vorgänge der Nacht draußen, wie das Wasser niederklatschte, wie der Wind in den Weidenbaum griff und die schwere Krone schüttelte, ächzen machte. Er fühlte, wie sich die Regenwolken draußen über die Hügel schoben. In der Ferne manchmal das leise Schnurren der Autobahn. Wie das liebe Vieh, hatte er damals gedacht, wie Rind und Pferd. Und plötzlich war ihm seine Jugend zugefallen – blitzschnell. Cherbourg, sagte er. Er lag ganz still, hatte in dem breiten Bett die Arme wie Antennen neben sich ausgebreitet, lag mit der krankhaften Sensibilität der Schläfer, die zu schnell erwachen, in der schwarzen Nachtwiese und sagte: Das war doch schon einmal da? Gefangenschaft.

II

Heute sind wir bis Baume-les-Dames gekommen. Die Sache geht einfacher, als man denkt. Das Ding läuft nämlich mit, es ist ein Mitläufer, ein Nachläufer, den man schon nach vier Stunden beinah vergessen hat. Man gewöhnt sich schnell daran. Das Ding halbiert dir den Motor und halbiert dir die Bremsen. Statt vier Bremsen hat man nur noch das Gefühl von zweien, statt achtzig PS hast du noch ein Gefühl von vierzig. Es geht alles etwas langsamer, aber man kommt doch voran. In Frankreich sind wir fast immer hundert gefahren; ein bißchen halsbrecherisch ist jede Aktion des Überholens. Manchmal schiebt das Ding etwas; manchmal hebt es den Wagen von hinten etwas an. Die bequeme, weiche Federung des Peugeot ist weg. Das ganze Gespann schwingt jetzt mehr, ungefähr wie ein Opel Rekord: Kinderwagengefühle.

Das erste Mittagessen war amüsant. Man fährt an den Straßenrand, hält auf einem Parkplatz, schraubt die vier Stützen herunter, schließt auf, steigt ein, das Streichholz an den Gasherd – die Suppe kocht, während man sich auf dem Bett ausstreckt, sich rekelt und sagt: Na also, endlich mal was Neues. Draußen rauschen Autos vorbei, Radfahrer huschen an den Gardinen vorüber. Der Blick aus dem Fenster erfüllt schönste Werbeträume: ein Bach, ein Waldsaum. Siehst du da hinten die Vogesen? Nur auf den Boden des Parkplatzes darf man nicht blicken: Rasthaus im Freien, zwei Stunden lang, Tausende haben das hier schon getan. Man sieht es liegen: Blechbüchsen, Bierflaschen, Papiertüten, Schutzmittel. Wirf doch die Eierschalen nicht zum Fenster raus, sage ich. Die Eier, die rohen Eier im Eisschrank, sie waren bei diesem Tempo zu Bruch gegangen.

Abends erste Übernachtung auf französischem Boden. Uralter, vergammelter Platz an einem Nebenarm des Doubs, eigentlich eine kleine Insel. Das muß einmal eine alte Mühle gewesen sein; über eine knarrende Ziehbrücke fährt man an windschiefen Bauernhäusern, verfallenen Scheunen vorbei, an denen noch mächtige Mühlsteine lehnen. Wie lange schon? Drei Farbige spielen auf dem Schotterweg Boule. Ein junger Bursche weist uns gleichmütig ein: Nietenhosen, rotes Unterhemd, Baskenmütze, den kalten Zigarettenstummel auf die Unterlippe geklebt.

Ach, niederknien müßte man jetzt, müßte sagen: Danke, daß es dich gibt, Land der verschimmelnden Menschlichkeit. Du bist schön, La France, alt und schön. Es verändert sich nichts bei dir in Jahrhunderten. Es fault alles auf eine so sinnliche und appetitanregende Weise weiter und wird richtig reif, zum Reinbeißen. Es riecht nach Weinkellern, nach alten Fässern mit Rotwein. Man wird Käse, Obst, die langen Weißbrotstangen holen: das alte Lied, das neue Lied, La France, hier laß uns leben.

Zum erstenmal beginnen wir Gewinn und Verlust zu verbuchen. Es ist zum erstenmal eine Reise ohne Koffer, ohne Herauszerren, Herumtragen, Hochschleppen, Öffnen – natürlich alles zerknittert. Man braucht sich nicht anziehen, umziehen, sich schön machen. Man hat alles dabei in schmalen Schränken, in winzigen Schüben und praktisch verschlossenen Fächern, aber das meiste braucht man gar nicht. Man braucht einen Trainingsanzug, seine Badehose, Schlafanzug, Schlafsack, ein Paar alte Sandalen. Man hat sein Bett, das weich und vertraut mitgefahren ist, seine Küche; Gasherd, Eisschrank, Spülanlage, sogar ein winziger Toilettenraum ist tatsächlich mitgefahren, ist immer noch dran: Zwergenkomfort. Es ist alles sehr klein, zu eng, jeder Zentimeter ist ausgenützt und so verflucht praktisch durchkalkuliert. Ein Brett verbarrikadiert immer das andere. Man stößt sich, weicht zurück, holt sich Schrammen am Kopf, am Schienbein, kann dieses Türchen nicht öffnen, weil jenes schon aufsteht. Man schimpft erbost, während man sich das Schienbein reibt: Diese Kiste, diese elende Blechbüchse. Jetzt weiß man einmal, wie es den Sardinen in ihren Ölbüchsen zumute ist – ungefähr so. Man sollte eine Abhandlung schreiben: Über das Leben in Konservenbüchsen – rollend.

Aber dann beginnt wieder der Abend, der Ritus zivilisierten und gefräßigen Zigeunertums: Strom anschließen, Gasflasche auf, Wasser holen, Grill aufklappen, Holzkohle aufwerfen, Benzin darüber. Wieder dieses jähe Hochschießen der weißgelben Flammen, die schnell fallen, bläulich werden und sich langsam grasgrün reinfressen in die schwarzen Kohlen, sie später zum Glühen bringen. Abendtau liegt schon auf den Wiesen, nasses Gras. Man übt sich in kunstvollem, trockenem Gehen: Storchengang, die Beine hoch; beim Schlurfen gibt es nasse Füße. Und während man das im Dunkeln übt, fragt man sich plötzlich: Warum machst du das eigentlich? Die Beine hoch? Zu Hause wäre alles so bequem, so geräumig und vornehm. Es gibt richtige Teppiche zu Hause. Man braucht ja nicht Wasser zu schleppen. Zu Hause springt es aus allen Wänden, heiß und kalt. Warum legst du jeden Abend neue Stromleitungen? Warum fächelst du schwarzer Kohle zu? Ja, warum eigentlich?

3. September. In Lyon und Valence sind wir an gewaltigen neuen Wohnstädten vorbeigefahren: Suburbia, Trabantenstädte, Mondstädte in Beton und Stahl. Sie sind von beklemmender Häßlichkeit: entsetzliche Insektentürme, tot. Ich sagte nur: Sowjetisch, schlimmer als in Moskau. Warum bauen die Franzosen eigentlich so phantasielos? Aber dann verfärbt sich das Bild langsam, der Süden sickert ein. Montélimar kündigt sein Nougat festlich an. Eine große, süße Stadt zum Schlecken, zum Erbrechen. Dieser Umschlag der Kulturen, der mich immer wieder entzückt, breit und still von der Rhone begleitet. Die Landschaft wird mediterran: Zypressen, Kakteen, Feigenbäume, ein Hauch von Thymian in der Luft, eine Ahnung von Mittelmeer. Es ist heiß und hell geworden, die Sonne brennt auf der Haut, die Sonnenbrille heraus, dann Orange, das Römertor. Überall Wegweiser zu antiken Monumenten: die Römer, die Kelten, die Griechen – Provence, wer zog hier nicht durch? Ich sage: Die Kirchen von Arles und Saint-Gilles – ob die wohl noch stehen? Das Ding hinter uns läuft immer noch mit. Es ist ein Mitläufer, ein Nachläufer.

4. September. In Avignon Zwischenstation. Der Campingplatz La Bagatelle liegt direkt an der Rhone mit Blick auf die Stadtmauer, die alte Brücke, den Papstpalast. Die Aussicht muß jedes Grand-Hotel neidisch machen; sie ist klassisch, der Rest ist ein kolossaler Massenbetrieb, aber französisch: locker, planlos, jeder macht, was er will. La Bagatelle ist eine einzige, gewaltige Drehscheibe Europas für Cara-

vans. Sie kommen von Spanien und wollen nach Holland zurück, sie kommen aus der Schweiz und wollen nach Saint-Raphaël. Leute aus dem Ruhrgebiet, aus Berlin, aus dem Elsaß, Jugend aus München, Kopenhagen, Hamburg: lichthungrig, badesüchtig.

Der Platz gleicht einem großen, fröhlichen Flüchtlingslager, das Urlaub sagt, Europa unterwegs auf Rädern, Europa auf der Flucht vor sich selbst. Ich sage so zum Spaß: Also, wenn die Russen einmal wieder kommen, der nächste Treck gen Westen sieht anders aus. So etwas soll man nicht sagen, ich weiß es. Es ist etwas frivol, es hängt zuviel Vergangenheit daran. Denn plötzlich erinnere ich mich wieder; wieder dieses ekelhafte Hochklappen von Vergangenheit. Wo kommt es nur her?

Es ist November 1944. Ich stehe an meinem Schreibstubenfenster. Deutschland ist geschlagen, aber noch nicht ganz. Eine Kaserne in Brandenburg. Draußen zieht ein endloser Strom von Flüchtlingen vorbei: Pferdewagen, Handwagen, Panjewagen, grau, müde, novembernaß. Der Strom reißt Tag und Nacht nicht ab. Schon seit Wochen ziehen sie diese Straße entlang. Die Wagen sind mit Hausrat, mit Möbeln, Geschirr, mit Teppichen beladen. Alte Frauen mit Kopftüchern, alte Männer mit Pelzmützen und Peitschen daneben – sind sie wirklich alt? Es sieht alles etwas wie Mutter Courage und ihre Kinder aus. Sie fliehen vor der Front, die irgendwo zwischen Breslau und Frankfurt/Oder eben zusammenbricht – Gott sei Dank. Mutter Courage, da hast du deinen Krieg, deinen Sieg, deinen Tod im Osten. Also das nächstemal, sage ich, während ich meine Gabel hilflos in den Spaghettis drehe und zum Fenster hinaussehe, wird es doch etwas komfortabler aussehen. Wir spannen alle unsere Wohnwagen an, von Hamburg bis Bern, und ziehen über die Pyrenäen. Ein endloser, weißer, fröhlicher Treck, der eingerichtet ist. Europa auf Rädern.

6. September. War es töricht, so vornehm und festlich auszugehen? Es fehlte mir etwas, es war nicht das Ganze. Frank-

reich, ist das nur Baum und Wiese? Die Rhone, Zelte und Caravans und viele Stromanschlüsse dazwischen? Es trieb mich heraus, es drängte mich weg. Laß uns doch einmal richtig essen gehen, sagte ich. Sieh, drüben die Stadt hinter dem Strom, eine andere Welt. Wer es sagt, ist schon verloren, steht schon vor dem Spiegel, bindet sich eine Krawatte, zieht sich einen sauberen Jackettanzug an, fusselt an Staubkörnchen herum. Man ist plötzlich wieder wie früher: Tourist erster Klasse. Man geht strenger, steifer: ein Herr. Die Stadt nimmt einen auf. So viele neue Geschäfte, so elegant und verspielt zugleich. Cafés, Restaurants, Bistros. Die leuchtenden Auslagen überall. Kultur? Das ist hier Reichtum hinter Ruinen. Die Innenstadt ist erfüllt von lautem, buntem Leben. Es ziehen Scharen von jungen Menschen durch die Straßen, sitzen in Bars, hocken draußen auf Bänken herum. Es liegt ein Glanz, ein Wohlstand, ein Hauch von Gold über den Straßen, den ich früher nie sah.

Das Restaurant gegenüber dem Rathaus wirkt von außen alt, aber innen strahlt es in einem gedämpften, roten Licht. Stille Vornehmheit, tiefe Teppiche, roter Samt an den Wänden. Der Ober trägt einen Smoking, entzündet umständlich eine hohe Kerze, legt große Karten vor. Aus welcher Welt komme ich? Es wirkt alles wie ein Fest, wie ein kleines, sehr delikates Bankett. Diese Fülle von Gläsern, von Silber, von weißem Damast. Oder ist es nur Leinen? Der Ritus, zu dienen, zu fragen, umständlich zu überlegen, begrenzte und kluge Ratschläge zu geben, umständlich aufzutragen, Wein einzuschenken, abzuwarten, ob er mundet oder nicht. Welch eine schöne Verschwendung um nichts. Ich denke: Der Ober wird mich doch nicht nach meinem Hotel fragen? Monsieur, Ihre Residenz bitte, wir dürfen die Rechnung dort hinterlegen? Ich komme mir fast wie ein kleiner Schwindler, ein Hochstapler vor. Ich müßte dann sagen: Ach, Monsieur, ich komme vom Campingplatz drüben – La Bagatelle. Ich komme aus einer kleinen und schäbigen Welt, arm und sauber, immer ehrlich geblieben. Ich wollte nur einmal nippen bei Ihnen. Was – hundertdreißig Francs der Abend? Also wissen Sie: Davon leben wir gut eine Woche!

7. September. Wer in Richtung Saintes-Maries-de-la-Mer fährt, muß natürlich immer mit ihnen rechnen. Jeder weiß das, aber dann steht man plötzlich auf einem anderen Platz in der Camargue ihnen gegenüber und ist indigniert. Die alten Zigeuner, die neuen Zigeuner – es gibt immer noch eindeutige Klassenfronten. Zwei ältere Männer, drei ältere Frauen. Woran erkennt man eigentlich, daß Zigeuner Zigeuner sind? Es ist fast wie mit den Juden: Kleinigkeiten. Es steht seit gestern abend ein Wohnwagen mit Zigeunern neben uns, und wir reagieren, wie die Leute eben früher auf Juden reagierten: Irgendwie sind sie anders. Sie haben auch einen Wohnwagen, aber er sieht eben anders aus: älter, fremdartiger, heruntergekommener. Sie hängen viele Strippen auf, um Wäsche zu trocknen. Die Frauen haben ihre Küche vor die Tür verlegt. Sie machen alles draußen. Wir alles drinnen. Sie schälen ungeheure Berge von Kartoffeln, sie schneiden an fremdartigen, merkwürdigen Gemüsen herum. Siehst du denn nicht, daß Zigeuner anders aussehen? Sie haben so etwas Bräunliches und Schlitziges im Gesicht. Sie sind so glatt, so verschlagen. Die Männer wollen ausgehen. Sie stehen schon draußen vor dem Wagen. Die Frauen werfen sich mit ihren bunten Kopftüchern wie Sklavinnen vor den Männern nieder und beginnen plötzlich liegend deren kräftige Lederschuhe wie besessen zu putzen. Die Frauen liegen auf dem nackten Beton und reiben und wienern mit Tüchern, mit Lappen und zum Schluß mit ihren Schürzen auf den Schuhen der Männer herum. Sie küssen die Schuhe der Männer, sie umschließen die Füße mit ihren Armen. Was ist das? Siehst du, sage ich, so sind Zigeuner. So. Schließ das Ding ab, wenn wir weggehen. Nimm die Badehose, das Handtuch herein. Die Zigeuner sind da.

8. September. Wir haben versucht, in Saintes-Maries einen Platz zu finden. Der Ort ist schön, der Platz ein Alptraum. Der Campingplatz am Meer ist überfüllt, verstopft, total

blockiert. Eine einzige Orgie in Blech und Stoff, Zelte, Wohnwagen, Kochgeschirr – dicht an dicht. Wenn man über die Kaimauer geht, öffnet sich einem ein verwirrender und peinlicher Einblick in Intimstes. Die Wagen stehen hier ohne jeden Abstand auf Zentimeternähe nebeneinander. Blau, weiß, rot, gelb. Es ist, als wenn ganz Westeuropa eine schiefe Ebene wäre: Nun ist hier unten am Meer alles zusammengekippt, durcheinandergewürfelt, hockt aufeinander. Man sieht in Kochtöpfe, in Plastikeimer, in alle Zelte hinein: Eine Frau rührt in einer Suppe, ein alter Mann kratzt sich am Rücken, ein junges Paar liegt aufeinander, ein Kind hopst über eine Strippe, ein Junge versucht, im Sand zu zeichnen. Eine dicke Frau sitzt hinter dem Fenster, liest *Bild*.

9. September. Flach, weit, still. Man fährt über leere Straßen, sieht weit in der Ferne Pferde stehen. Merkwürdig, wie der Massenbetrieb plötzlich abbricht. Masse – was ist das? Es hockt alles zusammen auf einem Klumpen, eng ineinander verkeilt; fährt man drei Kilometer weiter, ist vollkommene Leere, Einsamkeit. Weideland, Schwemmland, manchmal Hornissenschwärme – die Camargue ist wie am ersten Tag, ein weites, flaches Fest der Einsamkeit. Man kommt an einen Fluß, eine Autofähre. Um 14 Uhr, steht geschrieben, gehe die nächste. Es ist 13.30 Uhr. Schläfrigkeit, eine Katze liegt in der Sonne, ein Hund daneben, ein paar Leute liegen im Gras: bukolischer Mittagsfrieden. Frankreichgefühle werden wieder wach: Es hat Zeit, es hat viel Zeit, erst einmal essen, gut essen, lange essen und trinken, dann etwas schlafen, es ist immer noch Zeit. Um 14.10 Uhr kommt ein junger Mann, den ich für einen Touristen hielt. Er zieht sich das Hemd über den Bauch, steckt sich sehr behaglich eine Zigarette an, wirft den Motor an, der laut zu tuckern beginnt, sagt: Voilà, Monsieur. Die Fähre gleitet wie ein breites Floß langsam über den Fluß, der gelb und lehmig ist.

19. September. Seit zehn Tagen stehen wir hier in Le Grau-du-Roi am Strand, der weiß und sandig ist, mit richtigen Dünen und Seegras dazwischen. Wir haben das Ding ganz nahe

an das Wasser gerückt, in eine Mulde zwischen zwei Dünen geschoben, vielleicht zwanzig Schritte vom Meer entfernt. Des Nachts hört man die Brandung, die manchmal anschwillt, sich dann wieder verliert und plötzlich zurückkommt. Ist das also der Traum, die kleine Verlockung, die große Phantasmagorie aller Werbeprospekte? Nur Wasser, Sonne, Sand und seine eigene, winzige Einzimmerwohnung dazwischen? Es ist eine andere Art der Erholung, das ist sicher. Sie geht tiefer, weil man dauernd draußen ist im Badeanzug, dauernd barfuß lebt mit Sand zwischen den Zehen und Fingern. Man geht nicht ans Meer, sondern wohnt jetzt dort. Man geht mit dem Meer schlafen und wacht mit ihm wieder auf. Die Zeitrhythmen verschieben sich, alles rutscht etwas nach vorne. Oder soll man sagen: zurück, zurück zur Natur? Um sechs Uhr abends kündigt sich schon die Dämmerung an, das Licht wird fahl, glasig, kraftlos. Um sieben Uhr ist später Abend mit letztem Abendrot. Um acht Uhr ist es stockdunkel: Der Himmel ist eine große schwarze Kuppel, die langsam zu flimmern anfängt. Um zehn Uhr ist tiefe Nacht und Schlafenszeit. Um Mitternacht ist der Himmel schon wieder blasser, grauer geworden, an den Rändern scheint sich schon Helligkeit anzudeuten. Um zwei Uhr beginnt man zum erstenmal zu erwachen und spürt den Morgen heraufziehen. Der Mond hat einen großen, milchigen Hof.

Der Campingplatz hier ist leerer, aber total verwahrlost. Müll, Unrat hinter allen Büschen. Der Platz liegt herrlich in einer großen Meeresbucht und könnte mit seinem endlosen Sand ein Paradies für Fremde sein, aber er gleicht eher einem verkommenen Feldquartier, das von gefräßigen Truppen eilig geräumt werden mußte. Schachteln, Holzkisten, Konservenbüchsen, Küchenreste sind hinter den Dünen gehäuft. Niemanden stört das hier. Ach, Südfrankreich, sagt einer, Provence, also daran müssen Sie sich gewöhnen, das ist hier nun mal so, wissen Sie, die Provenzalen, und dann die vielen Algerier hier; das ist schon ein Hauch von Afrika.

Ja, was ist Schmutz, was Sauberkeit? Wo beginnt die Schönheit, und wie schlägt sie ins Häßliche um? Kontraste des Südens – man muß sie erlernen. Zunächst wirkt das Ganze abscheulich, unfaßbar und ein bißchen zum Speien. Man sagt entrüstet: Also hier bleiben wir nicht – um keinen Preis. Aber dann ist man doch geblieben. Später, nach drei oder vier Tagen, verliert sich langsam die Kraft der Provokation, merkwürdig. Man hat auch Müll weggeworfen, man hat es sich selber bequem und faul gemacht. Man übersieht nun den Schmutz. Er ist da, aber plötzlich nicht mehr so wichtig. Na laß doch, sagt man, das gehört nun einmal dazu. Was ist? Man ist langsam eingesunken in diese Welt, sagt: So ist das eben hier, sagt: Anderswo ist es eben anders. Nach einer Woche sieht man das Häßliche nicht mehr.

Außerdem gibt es reizvolle Kontraste. Die Menschen zum Beispiel, sie sind hier so schön wie auf keinem Campingplatz Deutschlands. Sieh doch die Menschen an, die Mädchen, die Jungen, die Männer, die Frauen, Franzosen, Spanier, Italiener, Algerier, Zigeuner – jeder Körper trägt seine eigene Anmut und Grazie mit sich, ist schlank und schmiegsam, ist ein Stück naiver Natur, ist Körper, nur braun und mit sich selbst identisch. Warum sind wir Deutschen eigentlich so häßlich? Es liegt Jugend am Strand, geht an Zelten vorbei, schlurft durch den Sand, biegsame und schöne Jugend. Woher kommt sie? Sie kommt hinter Müllhaufen und zerbrochenen Betonquadern vor, aus dem Abfall, den Resten, dem Schaum von gestern geboren. Sie stelzen und schreiten wie Göttergestalten aus dem Dreck hervor und sind nichts als vollkommene Leiber, Statuen der Aphrodite, Statuen des Eros – im Sand. Mythos des Südens, mediterrane Verwirrung: So wächst die Schönheit aus Schatten, so steigt die Anmut aus Armut empor. Und wieder die Frage: Warum ist unsere Sauberkeit eigentlich so häßlich?

20. September. Ich will noch ein Wort über den Kleinbürger sagen, den Stammkunden aller Campingplätze. Er ist auch hier zu Hause, aber anders. Seit gestern wohnen Mon-

sieur und Madame Dubois uns gegenüber. Sie kamen mit einem alten Citroën, mit einem alten Zelt und mit Saphir, ihrer dicken Katze, die sie an einer langen Leine führen. Ein älteres Ehepaar, wohl Mitte Fünfzig, kinderlos – Saphir ist auf eine unverkennbare und komische Weise ihr Kinderersatz. Saphir bekommt zunächst ihre Milch, ihr Stück Fisch und beurteilt danach die Lage. Saphir schnuppert herum und entscheidet dann: Hier ist es schmutzig, hier ist es schön, wir bleiben. Die Leute tragen Hausrat aus ihrem Wagen, schleppen Stangen, Stühle, Klappbetten an, reinigen ihren Platz, bauen das Zelt auf. Madame Dubois beginnt draußen den Abendbrottisch zu richten, trägt Weißbrot, Butter, Käse, eine ganze Batterie Flaschen auf. Es ist wie in einem Theaterstück: Le petit bourgeois, das kleine Glück der kleinen Leute, eine Vorstadt von Paris, begrenzt, idyllisch, durchaus unpolitisch – und doch anders als in Deutschland. Der Mann steht manchmal auf, zieht an einer Strippe, spannt das Zelt nach, steckt sich eine Zigarette an, blickt auf das Meer, das lasch und still daliegt. Er spricht mit seiner Frau, die mit dem abendlichen Freiheitsdrang von Saphir ernst beschäftigt ist. Saphir möchte ausgehen, aber darf das nur in begrenzten Räumen. Die lange Leine wird um eine weitere Schnur verlängert. Die beiden verfolgen eine Weile die Wege Saphirs. Still, friedlich, etwas versponnen sitzen sie da, die beiden sind ganz allein auf der Welt mit all ihren Skurrilitäten, fühlen sich wohl im Sand, im Schmutz am Strand, reden jetzt wieder leise. Madame beginnt Saphir einzuholen. Was ist das? Da ist keine Herrschsucht, keine Arbeitswut, keine Spur von unterdrückter Aggressivität. Sie sind einfach zufrieden mit sich und der Welt. Jetzt gehen sie schlafen. Sie haben die Gaslampe ins Zelt getragen. Eine Weile hört man sie drinnen reden, rumoren, dann verlöscht das Licht. Ende.

III

Den Tag über hatte die Sonne geschienen. Es war noch einmal ein schöner Sonntag geworden mit einer schrägen, milchigen, etwas gebrochenen Sonne: Oktoberlicht in Hessen. Das Zelt war sehr groß. Tiefblau und orange hatte es den ganzen Sommer auf der Wiese gestanden, eine bunte Verheißung von Ferienfreuden. Jetzt kommen sie. Sie kommen mit einem grauen VW aus Darmstadt, sie beginnen es abzubrechen. Sie sagen: Ach, es ist aus, es hat keinen Sinn mehr, diese kalten Nächte, mein Mann hat sich schon eine Grippe geholt. Der Mann ist groß, blond, dicklich, vielleicht Anfang Dreißig. Er hat die bemühten und etwas zu höflichen Gebärden kleiner Leute, die sich nach oben strecken müssen: eifrig, immer zur Stelle, etwas unterwürfig. Die Frau wirkt älter, härter, ein wettererprobter Muttertyp mit dunklem, männlichem Einschlag. Zwei Kinder jagen umher, aufgeregt, planlos wie Hunde.

Es ist plötzlich aus mit den Freuden des Sommers. Camping braucht Wärme, also Luftrauslassen. Camping ist auch eine Welt zum Zusammenlegen, Zusammenklappen, Zusammenwickeln und in große Beutel stecken, ins Auto stopfen. Freuden rascher Vergänglichkeit – nun wird alles abgebrochen. Sie tragen die Stühle und Tische heraus, sie lockern Strippen, lassen plötzlich ganze Wände fallen. Die breite, stramme Zeltwand sackt zusammen, rutscht runter und liegt plötzlich wie Packpapier etwas zerknittert am Boden. Aus. Jetzt stehen die Stangen auf eine bizarre und melancholische Weise allein in die Luft, entlaubter Baum. Sie markieren noch einmal den Raum der Familie, der jetzt winzig und luftig anmutet, alles zum Durchgreifen. War es das? Sie rollen Decken und Luftmatratzen zusammen, schlagen die Stangen ab, bündeln sie, stecken alles in lange, graue Säcke. VW schluckt alles. Der Mann ist in Schweiß geraten. Sein rosa-glänzendes Gesicht wirkt jetzt jungenhaft, hat sich verändert. Sein ordentlicher Scheitel ist zerzaust, die Haare stehen ihm wild zu

Berge. Er sieht plötzlich wie ein großer, dicker, zwölfjähriger Junge aus, der Lust am Ballspiel, Lust am Abenteuer und an kleinen Kämpfen hat. Er ist wieder ein Kind, das schön und fröhlich geworden ist, aber das dauert nicht lange. Der Mann hat noch ein Bier getrunken, dann sitzt er am Steuer und hat schon beinah wieder sein altes, braves Kleineleutegesicht, das sich strecken muß. Sie sind total überladen. Sie stoßen zurück, sie winken, rufen: »Also, nächstes Jahr wieder!« Sie geben Gas, rollen hinaus, und plötzlich ist nichts mehr da, gar nichts.

Nur dieses kleine Quadrat gelbgrauer Grasnarbe ist geblieben. Papierzeug flattert herum. Ein alter Campingausweis, verschmiert, zerknittert. Ich lese: Steller, Heinrich, geboren 1935, wohnhaft Darmstadt, Beruf: Arbeiter. Der Mann mußte es selber ausgefüllt haben. Er hatte nicht Arbeiter geschrieben. Er schrieb: Abeiter.

Frage: *Was ist Camping nun – soziologisch?*

Der Platzwart kommt, harkt die Reste zusammen, sagt: Wir kriegen jetzt neue Wagen. Elf Stück sind schon für November gemeldet. Winter-Camping – das wird jetzt Mode bei uns. Wissen Sie, wir nehmen nur gute Leute hier, klar, keine Zigeuner, kein Kroppzeug. Wissen Sie, manche Leute glauben ja wirklich, Camping heißt Saufen. Schrecklich, was hier so im Rhein-Main-Zentrum herumhockt. Also, es kommt ein Schlossermeister aus Hanau, sehr ordentliche Familie, ein Herr, dem eine Tankstelle gehört in Niederrad. Dort drüben kommt eine Gastwirtsfamilie hin vom Lokalbahnhof und hierher Offenbacher, ältere Herrschaften, der Mann ist wohl bei der Bahn. – Das war es: Handwerkerfreuden, Arbeiterfreuden, Träume des kleinen, unteren Mittelstandes, Leute von der Post, von der Bahn, von den städtischen Wasserwerken. Es gab eine ganz einfache Rechnung für diese Soziologie. Es kostete den Preis, den sich der kleine Mittelstand, wenn er aus dem Gröbsten zu Hause heraus war, gerade leisten konnte.

Frage: *Und psychologisch, was ist Camping psychologisch?*

Einmal war er des Abends über den Platz gelaufen. Er liebte die Abende, weil sie den grotesken Wirrwarr dieser Wochenend-Wohnstätten milderten, zudeckten, wegwischten. Der Platz war jetzt dunkel. Die Nacht kam von den Feldern herein, Feuchtigkeit zog wieder auf. Manchmal huschte eine Gestalt vorbei, schattenhaft, nach wenigen Schritten verschluckt vom Dunkel.

Die Leute saßen in ihren Wagen und sahen fern. Überall schimmerte aus den Fenstern dieses mattblaue Flimmerlicht heraus. Sie saßen auf Wiesen, unter Bäumen, mitten im freien Feld – den Fernseher vor sich. Es lief ein Programm für die Leute, ein Abend mit Vico Torriani. Spaßmacher waren am Werk für die Leute. Er stand ganz allein im Dunkel und hörte es plötzlich aufkichern in vielen bunten Blechbüchsen. Er verstand das nicht, er wußte nichts von dem Grund ihrer Heiterkeit, die Wagen schlossen akustisch nicht schlecht. Er hörte nur, wie in unregelmäßigen Wellen eine Heiterkeit, ein vielfaches Gelächter durch die Nachtwiese ging. Es kam stoßartig, brüllte einen Augenblick auf, versackte dann wieder. Eine Weile war es ganz still; man hörte nur den Wind und die Bäume und das Surren der fernen Autobahn, dann ging wieder ein helles Gelächter durch die Nacht. Die Büchsen kicherten, vibrierten, zitterten einen Augenblick vor Heiterkeit. Man hörte Applaus aufrauschen, einen Tusch, den Fetzen einer Melodie, dann wieder Stille, Dunkelheit, Nacht. Er ging an den Wagen vorbei. Er sah in die Fenster. Welch eine verrückte Welt, dachte er. Träume der Massen im technischen Zeitalter. Alles noch einmal präzis wie zu Hause, aber draußen, winzig. Eine zweite Stadt, auf das Land gerückt. Spielzeug für Millionen, eine skurrile, etwas schäbige Kinderwelt.

Frage: *Aber des Nachts – was geschieht da?*

Manchmal in der Stadt hatte er diese Klagen gehört, Camping, das Leben draußen sei pure Sinnlichkeit, Unordnung, Libertinage und Promiskuität am Wochenende. Jeder Platz eine grüne Wiese für wilde Sitten. Er mußte lachen. Wenn es doch wäre. Wie wenig die Leute draußen von der Welt drinnen wußten. Dies war eine merkwürdig brave, lustlose und rechtwinklige Welt für große, dicke Kinder. Die Leute kamen in Familien, blieben in Familien, gingen als Familien; es war alles festgelegt. Camping war Familiensport: Großmutter, Mutter und Kind; ein kleiner, stabiler Kosmos unter vielem Zwang und hinter Stacheldraht. Dies war keine erotische, es war eine orale Welt: Trieb zur Seßhaftigkeit und zum Essen, Futtertrieb. Die Leute kochten den ganzen Tag, rührten in Töpfen, schleckten Schüsseln aus, wuschen ab, setzten Kaffeewasser auf, tranken sehr ausführlich draußen im Vorzelt Kaffee, hieben dabei in mächtige Tortenberge, rührten in den Tassen, gingen später zu Bier über, zu vielen Bierflaschen; manche hatten kleine, festlich lackierte Bierfässer installiert, die eine besondere, ausschweifende Art von Wohlstand repräsentieren sollten. Dann begann man das Abendbrot langsam zu richten. Es schien ihm, als röche es immer etwas nach Milch in den Wagen, nach Milch, die übergekocht, die angebrannt war. Jetzt mußte also gescheuert werden: Mutterwelt. Manchmal dachte er: Camping ist wie Fernsehen – es macht impotent.

Frage: *Und wie soll das weitergehen?*

So, sagte er, genau so. Das ist gar nicht aufzuhalten. Die Leute werden immer mehr Freizeit, immer mehr Langeweile und immer mehr Kleingeld in ihren Taschen haben. Die Industrie wird sie versorgen; sie wird immer schönere Zelte, noch größere, noch komfortablere Wohnwagen zu noch günstigeren Preisen anbieten. Die Warenhäuser werden noch ein Stockwerk mehr ausräumen für ihre großen Camping-Abteilungen: noch leuchtender, noch günstiger und freundlicher die Verführung. Die Leute, die ihre Stellung, ihre Mietwohnung, ihr Auto und zwei Kinder haben, werden sich darauf stürzen, weil alles so vorteilhaft ist. Die Plätze werden noch drangvoller und überfüllter werden, aber dann wird es andere Plätze geben, die geräumiger, komfortabler sind, auch etwas teurer natürlich. Das läßt sich einrichten. Die weißen Wagen werden sich auf den Straßen noch mehr stauen, aber dann, später, wird es auch neue Straßen geben, die einen flüssigen Verkehr erlauben, zeitweise. Das läßt sich alles machen. Es ist schon soweit – in Amerika. Und wenn die Sowjetgesellschaft einmal ihren Konsum entwickelt hat, so wird ihre schönste humanistische Errungenschaft im Sozialismus Campingplatz heißen. Darin gleichen sich alle großen und perfekten Industrienationen, die Freizeit produzieren. Dies ist, mit deutlichen nationalen Unterschieden, ein kleiner Vorgeschmack einer kommenden Welt. Mythen von morgen: Camping heißt Freizeit in der mobilen Gesellschaft. Seßhaft auf Rädern.

Letzte Frage: *Und was ist mit Herrn Fischbein?*

Herr Fischbein war glücklich. Er kam jetzt jeden Samstagmittag auf den Platz. Er kam mit seinem Volkswagen, mit seiner Frau, mit zwei Kindern und dem Pudel Ali auf den Campingplatz. Er packte das Essen, das Bier, die Strippen, die neuen Batterien aus; er hatte Holzkohle, Dieselöl und Sonnencreme mitgebracht. Er schraubte und bastelte, schaffte, trank Bier, hörte Radio, sah des Abends fern in seinem neuen Wohnwagen, der glänzte und strahlte. Er sagte zu seiner Frau: Also, wenn das Wetter morgen besser wird, gehen wir schwimmen mit den Kindern. Herr Fischbein dachte beim Einschlafen: Jetzt haben wir es geschafft. Er dachte: Endlich. Er dachte: Endlich das Leben, das sich lohnt.

(1969)

Auf der Suche nach Overlord
Aufzeichnungen aus der Normandie

In das Loch fallen

Ich weiß nicht, wie es kam. Es kam einfach so. Ich bin den ganzen Tag durch Frankreich gefahren – wie verrückt. Es ist eigentlich nicht meine Art, zu rasen. Ich wollte nur bis Paris; von Straßburg nach Paris, das ist eine gute Tour. Aber dann war ich nachmittags um drei schon in Paris; das ist zu früh, um abzubrechen. Ich sah plötzlich den Eiffelturm links, und ein junger Mann rief mir vor einer Rotampel gellend ins Fenster: »Oui, oui, Monsieur: Porte Maillot, tout droit« und war schon weg. Ich verlor die Richtung und fand mich dann später auf dieser großen Umgehungsstraße. Ich las »Autoroute du Sud« und wußte: Das ist falsch. Hier kommt man ja nach Lyon und in die Provence. Du mußt in den Norden.

Ach, Paris. Es ist für den Fremden, den Autofahrer, der durch will, so etwas wie die Hölle, ein riesiger, böser Tintenfisch, der einen mit vielen langen Fangarmen, die Routes Nationales heißen, hereinlockt, ansaugt und dann betäubt, verschlingt und gefangenhält in seinem schwarzen Magen. Sie fahren so unverschämt schnell in Paris. Intelligent, bösartig und schnell ziehen die glänzenden Citroëns und Peugeots und Renaults an einem vorbei, hupen manchmal etwas verächtlich. Im Rückspiegel sieht man gewaltige Lastzüge blinken. Sie scheren aus, wollen auch überholen. Es donnern die kolossalen Elefanten der Landstraße an einem vorbei, lassen Giftwolken ab, werfen Wärme ins Fenster.

Ich drehte, ich kreiste, ich kurvte irgendwo in Paris. Ich

kam nicht mehr heraus aus diesem Ungeheuer. Ein Gefühl von Sinnlosigkeit überfiel mich. Ich hatte einfach genug von Paris. Der Kühler ging schon auf hundert, die Kupplung griff manchmal nicht richtig, der Wagen wirkte schlapp und wacklig und zockelte eigentlich nur noch vor sich hin, und ich mußte an das böse Pamphlet von Butor denken, das ich gestern abend noch im Straßburger Hotel gelesen hatte: *»Ich hasse Paris«,* eine Liebeserklärung besonderer Art. Ich dachte: Natürlich muß man Paris hassen. Es ist die Hölle.

Frankreich: dieser Umschlag immer von Chaos in höchste Rationalität. Ein wütender Individualismus kippt plötzlich um in schöne Vernunft. Die Autobahn nach Rouen ist reines Vergnügen: Entschädigung draußen, beinah zu spät. Sie ist leer, modern, sechsbahnig, an Steigungen manchmal achtbahnig angelegt. Jetzt kann man wieder fahren, richtig losziehen, und aus dem heißen, klapprigen Zockelauto wird hier draußen wieder ein Ding, das läuft. Die Seine begleitet. Es sickert Norden ein. Ein Himmel, der manchmal zartblau, dann grausilbrig wird, manchmal zerreißt in unförmige Wolkenballungen. Es muß stürmisch sein. Manchmal setzt der Fahrtwind den Wagen etwas zur Seite. Wenn man die Hand aus dem Dach hält, schlägt einem eine kalte, wütende Sturmwand entgegen, schwer wie Wasser. Also fahr etwas langsamer. An der Küste ist sicher Sturm.

Ich will nur sagen: Ich war plötzlich in Caen. Es war erst gegen fünf, und ich dachte wieder: Na, ein bißchen kannst du noch weiterfahren. An einer Kreuzung in Caen sah ich ein kleines Schild, auf dem »Arromanches« stand. So ein winziges, nebensächliches Schild, mehr für Einheimische, aber das Wort Arromanches löste in mir etwas aus: Erinnerungen. Das hat es doch einmal gegeben? Ich bog also ab von der Route Nationale 13, die breitbahnig und schnell nach Cherbourg führt, und nahm die winzige D 22, so mehr auf eine Vermutung hin. Arromanches ist ein schönes Wort. Es fiel mir ein, daß ich einmal einen Roman gelesen hatte. Da hieß ein Kapitel: »Die Rosen von Arromanches«.

Jetzt also das andere Frankreich; die Normandie, mehr noch: Calvados. Große Entspannung. Man rollt plötzlich ganz langsam und herrlich allein durch eine grüne Teppichlandschaft, die flach ist, sich aber auch manchmal hebt in flachen Hügeln. Überall grüne, mannshohe Hecken, die fette und saftige Wiesen einrahmen: hedges und meadows, eine Landschaft der grünen Quadrate, sehr englisch. Und nirgends Wald. Auf den Wiesen liegen weiß-braune Kühe. Manchmal steht ein Esel dazwischen. Er holt plötzlich zu einem markerschütternden Schrei aus. Es ist wie ein kolossales Luftholen der Kreatur, die seufzt. Nannten wir das nicht früher: aufs Land fahren, Erholung, die Sommerfrische? Es tauchen die strohigen und flachsblonden Haarschöpfe der Jugend auf, Burschen mit runden und rötlichen Gesichtern, manche mit Stupsnasen und Sommerprossen im Gesicht. Das wollen Franzosen sein? Überall Grenzlinien, Hecken, Mauern, eine abgezirkelte, konservative Landschaft: ein klares Mein und Dein. Die Burschen dösen vor Toreinfahrten, hocken auf Mauern, lassen die Beine baumeln. Dahinter der Umriß von breiten, vornehmen Gehöften, fast Herrenhäusern. Das sollen Bauernhäuser sein? Sie wirken von weitem wie Schlösser. Ja, was ist die Normandie? So eine kräftige Mischung aus Camembert, Calvados und viel Krieg dazwischen. Das sagte ich einmal in Deutschland. Ist sie das?

Ja, und dann war ich plötzlich da. Ich war verblüfft, auch etwas erschreckt. Ich fiel wie ein Stein vom Himmel haargenau in das Loch, das ich suchte, das Loch der Geschichte, der Vergangenheit, das Loch meiner Erinnerung, meiner Jugend, das ich schon immer ausfüllen wollte – endlich. Ich war um neun Uhr in Straßburg losgefahren, mit nichts als einer Vermutung, und als es kurz vor sechs war, sah ich das Meer, von einer letzten Anhöhe kommend, fern und weit und ziemlich grau vor mir liegen. Es ist nicht zu fassen: Tatsächlich, Port Winston, Zeit kehrt zurück; da liegt noch diese gewaltige Flotte der Invasion. Oder täusche ich mich?

Im ersten Augenblick ist es verwirrend: Da liegt auf eine

Breite von zwölf Kilometern im Meer eine Flotte von mächtigen, schwarzen Kästen, die einen Halbkreis bilden. Das war der künstliche Hafen, den sie damals mitbrachten. Schiffsleiber, unten offen, mit Zement gefüllt, so lange mit Zement beschwert, bis sie standen, zum ersten Anlegen der Schiffe.

Arromanches, Platz der Befreiung. Jetzt also rein. Fahnen, Fahnen, überall hier am Strand ein Gewoge von Fahnen: amerikanisch, englisch, französisch, belgisch. Der Strand flattert in fröhlichen Farben. Auto abschließen, seine Sachen nehmen, die ersten Schritte, müde und lahm, auf der Straße. Man humpelt noch etwas und ist plötzlich in Lourdes oder Oberammergau, wo Busse stehen, Menschen sich stauen. Eine endlose Woge von Menschen treibt dauernd hin und her. Touristengewimmel, frohes Feriengewimmel, wo Kinder schreien und nach ihren Müttern suchen. Es schiebt sich die bunte Menge an Schaufenstern vorbei. Tatsächlich, hier wird die Invasion verkauft. Hinter den Schaufenstern Bücher, Bilder, Landkarten, das Gesicht eines Generals. Oder ist das nur ein Oberst? Alles wird hier in kleinen blinkenden Souvenirs geboten: Ich sehe zum erstenmal Handgranaten in blitzendem Blech, jetzt als Feuerzeuge zu erwerben. Ich sehe die flachen Stahlhelme der Briten. Sind das jetzt Suppenteller? Panzer und Flugzeuge werden feilgeboten als Briefbeschwerer. Fallschirmjäger und Infanteristen sind käuflich; sie sehen aus wie Gartenzwerge.

Ich lasse mich von der Menge treiben. Ich bin müde und etwas betäubt und lasse mich also treiben. Es treibt alles einem flachen, quadratischen Bau am Meer zu, manchmal stockt es, aber dann schiebt man weiter, und plötzlich bin ich mit den anderen in einer halbdunklen, festlichen Halle. Wie kam das nur? Jemand verlangt drei Francs von mir. Ich zahle, und schon schlägt ein ohrenbetäubender Lärm über mir zusammen. Aus vielen Lautsprechern dröhnen die Stimmen der großen Erinnerung. Hier finden Führungen statt, in französisch und englisch. Aus einem Kinoraum, der halb offen ist, schlägt mir das Gebell des Krieges entgegen. Flakfeuer kämpft gegen das Gedröhn von Schiffsartillerie. Ein Museumsdiener spielt an Knöpfen: Da hinten fallen tatsächlich winzige Fallschirmjäger vom Himmel. Wie machen sie das nur?

Ich bin todmüde, überreizt und erschöpft nach so langer Fahrt. Ich habe fast siebenhundert Kilometer hinter mir und hatte mir so massiv die Einkehr in die Vergangenheit nun auch wieder nicht vorgestellt. Ich drehe mich um, will gehen, will versuchen, wieder ein einzelner, ein Einzelgänger zu werden, und sehe plötzlich wieder Deutsche vor mir, deutsche Soldaten, deutsche Uniformen, deutsche Menschen – ausgestopft. Es ist fast wie im Wachsfigurenkabinett. Ein älterer Herr erklärt seinem Schülerkreis: Das hier sind die Deutschen, les Allemands, »les Nazis« gewesen. Die Schüler blicken mit großen Augen. Ich sehe vier gut präparierte Deutsche in Uniform. Sie sehen sauber, markant, eigentlich nicht zum Fürchten aus; ihr starrer Blick erinnert an Schaufensterpuppen. Ein Leutnant der Luftwaffe, blau und adrett, ein Gefreiter des Heeres, etwas schäbig, ein Fallschirmjäger, verwegen, und eine Nachrichtenhelferin, breithüftig. Nannten wir das nicht früher Blitzmädel? Ich versuche mich gegen den Strom herauszukämpfen. Ich bin kaum da und bin es schon leid. Ich bin todmüde und schon enttäuscht und denke: Das wird eine böse Reise in die Vergangenheit werden. Warum machst du nur immer solche Geschichten?

Die Stimme aus London

Das Hotel Oasis liegt auswärts. Kreidefelsen, normannische Steilküste beginnt. So eine richtige englische Ritterburg, ein schmales, spitzes Fachwerkhaus, in dem es innen enge, steile Holztreppen gibt, höher, immer höher, noch eine Treppe, die knarrt. In solchen uralten Häusern der Normandie erwartet man immer etwas. Das Ungeheure ist hier zu Hause, das Wohnen läßt Abenteuer vermuten. Einsamkeit umgibt sie. Diesiges Licht umgibt sie. Nebelschwaden ziehen. Das Meer brandet gegen den Felssockel, auf dem das Haus hoch und stolz und einsam steht, wie eine düstere Fackel. Spukhäuser. Hier müßten eigentlich Kriminalgeschichten geschehen: Mord und schöne Verwesung in Kellern, sehr tief. Agatha-Christie-Geschichten. Es ist beinah Mitternacht: also Spukgeschichten.

Die Treppe knarrte mir so verdächtig, als mich der Garçon nach oben brachte. Ich fühlte mich fremd, unwillkommen. Sie hatten mich alle sehr kühl, fast gleichgültig gemustert und ließen mich dann lange stehen. Drei Häuser hatten mich schon abgewiesen. Ich war etwas ratlos und verschüchtert unter all den Franzosen und Engländern gewesen und versuchte, dem Jungen, durch ein kräftiges Trinkgeld schön bestochen, zu erklären, wieso so etwas möglich sei, daß da plötzlich ein Deutscher nach Arromanches kommt und sich mutterseelenallein einmietet an der Küste. Das hat es wohl hier noch nie gegeben. Deutsch-französische Verständigung, das reicht nicht bis an die Küste. Tatsächlich war mir schon auf dem Autoparkplatz aufgefallen, daß kein einziger deutscher Wagen da stand: alles Engländer, Franzosen, ein paar Amerikaner; auch einen Kanadier hatte ich entdeckt. Ich stotterte, daß ich ein Journalist sei, ein journaliste allemand, der hierher gekommen sei, um etwas über die Invasion zu schreiben. Das Wort Invasion schien er nicht zu verstehen; er zuckte etwas schnippisch mit den Schultern. Es war von mir ganz eindeutig eine Art von Entschuldigung, ein Versuch zu sagen: Ich, bitte, bin doch keiner von euren ausgestopften Deutschen drüben im Museum, ich bin doch von heute, aus Germany, auch so ein Demokrat, der gekommen ist, um eure Befreiung zu sehen, zu erfahren, wie das war damals: euer Augenblick der Freiheit. Mein Gott, nun sieh mich doch nicht immer so mißtrauisch und etwas schnippisch an. Ich bin doch kein Nazi gewesen. Hört das hier niemals auf?

Also lassen wir das. So geht das nicht. Ich bin in die Vergangenheit zurückgekommen, um alles noch einmal zu rekapitulieren: die Invasion. Wie war das genau? Man müßte das Ganze noch einmal rekonstruieren. Irgendwie hängst du da drinnen, aber man weiß nicht recht, wie. Komisch, was treibt dich eigentlich auf die Schlachtfelder zurück? Du warst schon in Rußland, du warst in Warschau und Auschwitz und auch im zerstörten Berlin. Ob es die Niederlagen sind, die dich anziehen? Sicher ist: Auf siegreiche Schlachtfelder würdest du niemals gehen. Das ist sicher. Gibt es so etwas wie einen Triumph des Verlierens?

Es ist jetzt Mitternacht. Geisterstunde. Aber es kommen keine Geister zurück, noch nicht. Ich liege in diesem schweren, breiten Bett, das man bei uns französisch nennt. Man nennt es französisch mit einem Grinsen, nur weil es die Maße vernünftiger und menschenfreundlicher Entspannung kennt. Die Laken sind etwas klamm und werfen scharfe Falten. Der Wind reißt am Giebelhaus, fährt in kurzen, singenden Böen über das Dach. Von draußen hört man das Meer gegen die Felsen schlagen. Es muß wohl jetzt Flut sein. Zum erstenmal fühle ich diesen leichten Salzgeschmack auf den Lippen, auf der Zunge; dieses Salz, das schwer und müde macht am Abend, aber auch lebendig und frisch des Morgens. Ein gutes Gewürz fürs Leben. Man schläft hier tief, und wenn man wach ist tagsüber, ist man sehr wach. Ich habe mein Kofferradio eingestellt und gleite so über die Skala: überall England. Man vergißt immer wieder, wie nah das hier ist, viel näher als Paris. Und dann höre ich, beinah schon einschlafend, etwas. Mein Gott, das kennst du doch? Ich höre diesen leisen, eindringlichen Paukenschlag; er kommt wie aus tiefer Erinnerung: wum wum wum wum – wum wum wum wum, die ersten Takte von Beethovens 5. Symphonie. So klopft das Schicksal an die Tür. Wer kennt das nicht aus dem Krieg? Und dann setzt dieser dunkle, schwere Glockenschlag von Big Ben ein: zwölf lange, feierliche Schläge. Das gibt es hier immer noch? Die Stimme sagt: »Hier ist London mit seinem deutschen Dienst. Wir bringen Nachrichten – für Ostdeutschland.«

Nein, ich werde das Ganze nicht rekonstruieren können; dessen bin ich inzwischen sicher. Ich habe mich etwas umgesehen im Gelände. Ich werde diese gewaltigste Landeaktion der Geschichte nicht nacherzählen. Ich bin kein Kriegshistoriker und habe auch keinen Sinn für das Gigantische, das Monströse solcher Aktionen. In ihrer präzisen Planung und dreijährigen Vorbereitung, in der Perfektion ihres Ablaufs erinnert die Invasion heute fast an die Mondlandung der Amerikaner. Am 12. Februar 1944 erreichte Eisenhower der Befehl: »Sie werden hiermit zum Obersten Befehlshaber der alliierten Streitkräfte zur Befreiung Europas von der deutschen Herrschaft ernannt. – Sie werden auf dem Kontinent landen und in Gemeinschaft mit den Vereinigten Nationen Operationen unternehmen mit dem Ziel, in das Innere Deutschlands vorzustoßen und die deutsche Kriegsmacht zu vernichten. – Unser Ziel ist die Wiedereinsetzung der rechtmäßigen Regierungen in den befreiten Ländern und die Verwaltung des feindlichen Gebiets. Entsprechende Instruktionen werden Ihnen später erteilt werden.«

Nein, ich werde auch nicht die Fragen erörtern, die alle Invasionsexperten immer so erregt: die Frage, warum eigentlich das Deutsche Oberkommando so uninformiert und ratlos war im Augenblick der Landung, warum zum Beispiel der Generalfeldmarschall von Rundstedt ausgerechnet in dieser Nacht zu einem lächerlichen Planspiel in die Bretagne gefahren war, warum Rommel zur gleichen Zeit für ein paar Urlaubstage nach Hause ins schwäbische Herrlingen gefahren war, und schließlich, warum Hitler am Morgen der Invasion, als sie schon in dröhnendem Gange war, nicht geweckt werden durfte, weil sein Schlaf heilig und unantastbar war für die Nation. Wahrscheinlich wäre alles viel besser verlaufen, wenn Hitler nicht so ein Langschläfer gewesen wäre, meinen heute manche Experten. Krieg hat ja immer so etwas Komisches, hinterher. Kriege müssen immer untadelig und kraftvoll geführt werden von beiden Seiten, sonst waren es einfach keine guten und schönen Kriege. Helden brauchen eben immer Helden als Gegenspieler. Wo bliebe sonst ihr Ruhm? Nein, ich beklage das alles nicht, auch nicht, daß die deutschen Panzerreserven im Raum Paris von Hitler später nicht rechtzeitig freigegeben wurden. Ich sage: Gott sei Dank. Gott sei Dank, daß die Tüchtigkeit Großdeutschlands hier zum erstenmal versagte. Gott sei Dank, daß das Tier besiegt wurde. Gott sei Dank.

Ich will mich lieber an Kleinigkeiten halten: Fetzen, Reste, Erinnerungen und was so herumliegt am Wege, und was so zu sehen ist – in Glasvitrinen. Die Sprache zum Beispiel gibt erste Hinweise. Ich habe inzwischen gelernt, daß es das Wort Invasion im Französischen gar nicht gibt. Das Ereignis heißt Le Débarquement: die Ausschiffung, die Ausladung, die Landung. Das war es genau. Es ist ein feiner, aber zentraler Unterschied der Sprachen, der Entscheidendes signalisiert: Wer von Invasion spricht, spricht von einem aggressiven, eindringenden, einem feindlichen Akt. Es ist ein Wort aus Berlin, das hängenblieb, im Grunde ein faschistisches Wort, noch heute. Für die Franzosen aber war es einfach die Ausschiffung, die Landung, obwohl sie am Ort und zunächst zur Zerstörung nur Schrecken und Tod brachte: Le Débarquement.

Dann die Fülle der Anglizismen, die hier am Strand liegen blieben wie diese Schiffsreste, Strandgut des Krieges. Wer weiß eigentlich davon in Deutschland? Von der Ornemündung bei Bellavista bis hoch in den Nordwesten, etwa bis Quinéville an der östlichen Cotentin-Küste, zieht sich die Landungsfront, noch heute mit den Codeworten, den Decknamen der Operation von damals bezeichnet. Englisch getauft, die Küste Frankreichs. Die ganze Landeoperation lief unter dem Decknamen »Overlord«. Die Operation Overlord erfolgte vom Meer her in fünf Stoßkeilen, die noch heute den Küstenstreifen die Namen geben. Jede Strandfläche wurde von einer Division besetzt. Der wichtigste Landekopf war der amerikanische links außen: Die Gegend zwischen Quinéville und der Vire-Mündung heißt heute Utah Beach, daran schließt sich etwa bis Port-en-Bessin Omaha Beach an. Auf der Höhe von Arromanches heißt die Küste heute Gold, das Codewort für die britischen Infanterie-Einheiten. Daran schließt sich in östlicher Richtung Juno an, das Deckwort für die kanadischen und englischen Panzereinheiten. Rechts außen schließlich, also ganz östlich, wurden auch die englischen Panzereinheiten gelandet: Das heißt heute Sword. Also merk dir die Namen, sie sind wichtig hier: Sword, Juno, Gold, Omaha, Utah. Angloamerikanisch getauft die Küste Frankreichs: De Gaulle hat es nicht verhindern können.

Merkwürdig, wie sich heute die Strände unterscheiden, ganz national. Die englischen Landeplätze bieten dem Auge nicht viel. Etwas spröde und sehr flach liegen die Orte schon wieder im Schlaf der Provinz. Sie sind langweilig. Nur ein paar Denkmale, einige Fahnen und Hinweisschilder erinnern. Arromanches hat alles eifersüchtig an sich gezogen. Kommt man aber an die amerikanischen Strände, so ist große Erinnerung schön präpariert: Show-Effekte. Auch ist die Landschaft hier oben phantastischer, wilder, zerrissener. Ein Hauch von Bretagne kündigt sich an. Da haben sie doch tatsächlich in Utah Beach direkt an der Stelle, wo sie zum erstenmal das Land betraten, am Meer einen schönen lackierten Feldstein hinterlassen, der deutlich nach Berlin weist. Darauf die Schrift: Route Nationale 13. Liberty Way. Kilometerstand: 00. Wie auf einem Tachometer.

Nachhilfestunden in Sprachrelikten – darf ich auch noch auf den anmutigen und schönen Umstand hinweisen, daß diese gewaltigste Schlacht Westeuropas durch Poesie angesagt wurde? BBC, das die französische Widerstandsbewegung laufend mit chiffrierten Anweisungen versah, das zum Beispiel nach seinem Nachrichtendienst in französischer Sprache manchmal sagte: Der Trojanische Krieg findet nicht statt. Melasse wird heute Cognac spucken, Pierre hat gerade Ziegenpeter und Gelbsucht gehabt – BBC hatte der französischen Widerstandsbewegung zugesichert, daß das Datum der Invasion, also der D-day, durch das *»Herbstlied«* von Verlaine signalisiert werde. Es war ausgemacht, und auch der deutsche Abwehrchef Canaris wußte das, daß die erste Zeile des *»Herbstliedes«* am ersten Tag des Invasionsmonats so nebenher in den Nachrichtendienst eingestreut würde.

Und so geschah es, daß am 1. Juni nach dem 9-Uhr-Nachrichtendienst des Londoner Rundfunks die etwas merkwürdige poetische Durchsage kam: »Das lange Schluchzen herbstlicher Geigen.« Mehr nicht, nur das. Die Information wurde am 2. und 3. Juni abends wiederholt. Das war der Augenblick, wo Rommel nach Deutschland in Urlaub fuhr, und das Büro von Canaris hörte das, verstand und entschlüsselte es. Es war die sogenannte A-Botschaft, die für die Untergrundkämpfer hieß: Jetzt müßt ihr jeden Nachrichtendienst abhören und auf die B-Botschaft warten. Wenn die zweite Verlaine-Zeile kommt, so heißt das: In 48 Stunden beginnt die Invasion. Die B-Botschaft heißt für euch: Jetzt müßt ihr zuschlagen, Strandsperren zerstören, Eisenbahnschienen sprengen, Telefonkabel zerschneiden, alles wie seit langem geplant. Und so geschah es dann auch. Am 3. Juni – ja, am 3. Juni, nicht am 4., denn Eisenhower hatte den Landetermin in letzter Stunde noch einmal wegen schlechten Wetters um einen Tag verschoben, also am 3. Juni, also einen Tag zu früh, 22.15 Uhr, nachdem BBC in seinem Nachrichtendienst so merkwürdige Sätze durchgegeben hatte wie: Es ist heiß in Suez – Die Würfel sind auf dem Tisch – Napoleons Hut ist in dem Ring – John liebt Mary – nach solchen Informationen für einzelne Widerstandsgruppen sagte der Sprecher plötzlich: »Die mein Herz mit langweilender Mattigkeit verwunden.« Das hieß: Wir kommen, übermorgen kommen wir. Schlagt zu – in dieser Nacht.

Ich frage nun also nicht, wenn das die wichtigsten Franzosen in Caen und Bayeux und Cherbourg verstanden, warum das nicht auch in Paris und auf dem Obersalzberg registriert wurde. Ich sage: Gott sei Dank. Es gibt wohl so etwas wie imperiale Verblendung und eine Hybris der Macht, die schwerhörig macht. Gott sei Dank. Ich frage nur: Wo gab es je ein Gedicht in der Literatur, das für Europa wichtiger und frohlockender war? *»Herbstlied«* von Paul Verlaine: »Das lange Schluchzen herbstlicher Geigen / Die mein Herz mit langweilender Mattigkeit verwunden.« Ich frage mich auch: Ist das eigentlich gut übersetzt? Im Grunde klingt es ziemlich kitschig.

In die Geschichte eingehen

Das hier ist alter historischer Boden, ein Sumpfboden der Geschichte, satt von Vergangenheit. Ein Tanzboden für Könige, Bischöfe, Herzöge und andere Schlächter – abscheulich. Schon 56 vor Christus besiegten hier die Römer die ansässigen Kelten, so könnte man zum Beispiel beginnen, abscheulich. Dann die Christianisierung, so könnte man fortfahren, die Einfälle der Wikinger, dann 1066 das strahlende Datum der Normandie: Wilhelm der Eroberer besiegte England – die Invasion andersherum. Man könnte von Thomas Becket, dem Draufgänger, der Bischof wurde, erzählen, man kennt das von Eliot oder Anouilh. Dann wäre Richard Löwenherz dran und später dann, ab 1346, der Hundertjährige Krieg mit England und fast am Ende dieses Krieges schließlich die Geschichte mit Johanna, dem Mädchen, in Rouen verbrannt. Auch das kennt man aus dem Theater. Alte und ehrwürdige Geschichten, die mich eigentlich kaltlassen. Sie sind abgesackt, weggerutscht, irgendwo unter der Erde verschwunden. Das gab es einmal, aber ist doch nicht mehr. Es ist doch nicht wahr, daß es uns bestimmt. Geschichte ist immer das Alte, Vergangene, das man auswendig lernen mußte. Sonst würde man es wieder vergessen. Es war immer so viel und so langweilig im Geschichtsunterricht. Auch habe ich oft die Könige verwechselt. Aus der Entfernung sind sie alle so ähnlich – wie Kathedralen.

Ich bin heute in Saint-Pierre und Saint-Étienne, den beiden berühmten Kathedralen von Caen, gewesen. Ich muß einmal schon früher dagewesen sein, im Kriege. Merkwürdig, wie Kathedralen immer überstehen. Man hat alles wiederhergestellt. Warum kann man das nicht auch mit den Menschen machen? Ich war auch in Saint-Nicolas, das aus dem 12. bis 15. Jahrhundert ist. Im Grunde läßt uns das kalt. Wenn die Menschen ehrlich wären, würden sie sagen: Es ist kalt und fremd in solchen Stätten. Ja, das Triforium, das ist zuzugeben, diese neue Bogenreihe zwischen den Arkaden und Fensterzonen, die zum erstenmal diese Unterbrechung der gotischen Hochwand brachte, ja, ja, das schon. Das ist hier entstanden, und man sieht sich das eine Weile an, man freut sich an der Stille und Kühle im alten Kirchenschiff und ist dann doch zufrieden, nach ein paar Minuten wieder hinausgehen zu können: hinaus in das Licht, in den schönen lärmenden Straßenverkehr. Das Leben, bunt, ordinär und noch nicht zur klassischen Stilkunde geronnen, das liegt mir mehr.

Ich sah in Bayeux den berühmten Teppich, der eigentlich gar kein Teppich ist, sondern eine einzige Leinwandbahn, nur 50 Zentimeter hoch und etwas über 70 Meter lang, die in 58 Episoden Wilhelms Heldentat, die Eroberung Englands, erzählt. Schön gestickt, wie mir schien, aber auch deutlich parteiisch. Es ist alles aus der Optik des Aggressors wiedergegeben.

Man kann sich einen Kopfhörer, so eine Art Telefonhörer, geben lassen, in englisch, französisch oder deutsch, und bekommt dann, wenn man mit dem Lichtband vorrückt, das über dem Teppichstreifen läuft und das nach ein paar Minuten immer weiterspringt, alles sehr folgerichtig erklärt. Der Ton des Sprechers ist onkelhaft: Nun sieh doch mal hier, wie fein das ist. Die elektronische Führung dauert jedesmal genau zweiundzwanzig Minuten, und es sieht immer etwas komisch aus, wenn die Besuchergruppen wie nationale Trauben plötzlich durch den Lichteffekt fünf Meter vorrücken. Es ist ja ganz still und lautlos im Saal. Dann bleiben sie stehen, betrachten, hören, verstehen, nicken mit dem Kopf. Da vorne, die mit den blauen Telefonhörern, das sind die Engländer. Man sieht es an ihren höflichen, irgendwie verschobenen Gesichtern. Die Brillen der Engländer sind altmodisch. Und hier bei mir, die mit den grauen Hörern, das sind wir, die Deutschen. Auch das sieht man wohl.

So etwas fiel mir zum Beispiel auf in Bayeux: das Rucken der Nationen. Ich sah aber auch, daß diese alten Stickereien manchmal unglaublich zeitgenössisch wirken. Es sind eigentlich die ersten Comics unserer Geschichte. Genauso naiv und graphisch direkt auf die Szene zugehend, auch mit Sprechblasen oben und unten mit Textkommentar. Ein Comicstreifen, der in 58 Bildern den Eroberer feiert. Merkwürdig, daß solche Comics immer Imperialismus-Konstellationen voraussetzen. Und als ich wegging, beschäftigte mich noch eine Weile der frivole Gedanke, was aus Bayeux, diesem stillen, verschlafenen Städtchen, würde, wenn ein paar beherzte Leute heute nacht den Teppich stehlen würden. Die Kommune wäre natürlich in greller Aufregung und Verzweiflung. Sie würde in Armut und Elend stürzen, und sicher ist: Irgendwie müßte ein neuer Teppich her. Der Gedanke machte mich merkwürdig froh.

Mit all dem will ich nur sagen: Geschichte ist schrecklich. Ein Faß ohne Boden, ein Topf ohne Grund, aus dem dauernd Weihrauch aufsteigt, der uns andächtig, müde und glasig bewundern macht. Man muß sich gegen die Geschichte wehren. Wer sich auf sie einläßt, ist schon verloren, verirrt sich in ihren Katakomben – er könnte höchstens noch Professor werden. Professor für mittlere oder neuere Geschichte, auch das ist abscheulich. In die Geschichte eingehen heißt doch in Särge gelegt werden, in Grüften bis zur Unkenntlichkeit ausstaffiert werden. Das eben will ich nicht. Ich bin doch nur deshalb in die Normandie gekommen, hier, jetzt, in diesem Augenblick, um diese Schlacht noch einmal der Geschichte zu entreißen, um dieses gewaltige Spektakel der Völker den blassen Fingern der Historiker zu entwinden, um zu sehen und zu sagen: So, so, so, ihr Leute, so war es wirklich, seht! Ich war doch ein Zeitgenosse. Ich lebte doch unter Adolf Hitler.

Le Débarquement, die Invasion, liegt schon in der Agonie. Sie ist schon beinah hinüber, sie röchelt schon in vielen Büchern und liegt schon aufgebahrt in vielen Museen hier, ist unter Glas geschoben und wirkt schon so steif und feierlich, wie eben Geschichte hinterher immer wirkt. Aber so war es doch nicht. Das ist doch noch alles lebendig in den Köpfen, den Erinnerungen, den Träumen der Menschen hier. Wißt ihr noch, wie das war damals? Der Bürgermeister eines Dorfes hier – war es Tracy-sur-Mer? – soll doch tatsächlich am Morgen des 6.6., als er die großen Schiffe ankommen sah, seinen Sonntagsanzug angelegt haben, er soll seine Bürgermeisterkette umgelegt haben und ist dann ganz feierlich allein mit dem Rathausschlüssel in der Hand zum Strand hinuntergegangen, um die Alliierten offiziell zu begrüßen. Seid willkommen, Befreier, Tracy-sur-Mer empfängt euch mit Freuden. Hier ist unser Schlüssel. Doch die Befreier kämpften noch mit den mannshohen Wellen, sie ertranken, versackten, wurden von ihrer zentnerschweren Bewaffnung auf den Meeresgrund gezogen. Schwimmende Panzer zogen über sie hinweg, drückten die Ertrinkenden platt, und überall soll das Meer rote Flecken gehabt haben an diesem Morgen. Niemand wollte den Schlüssel haben.

Oder die Geschichte von der Witwe in Sainte-Mère-Église, der alten Lehrerin, die schon um Mitternacht plötzlich durch ein Geknister in ihrem Apfelbaum aufgeweckt worden war. Sie schlich ängstlich im Nachthemd mit einer Taschenlampe in den Garten und sah in ihrem Apfelbaum einen Fallschirmjäger hängen, der sich verheddert hatte. Und wie sie ihn dann mit ihren Küchenmessern und Schneiderscheren vorsichtig aus dem Baum schnitt, denn im Nachbarhaus saßen die Deutschen. Sie verbarg dann den Soldaten in ihrem Schlafzimmer und erfuhr, daß ein junger Mann aus dem fernen Amerika eben vom Himmel gefallen war, um sie, ausgerechnet sie, als erste Frau in Frankreich zu befreien. Oder die Geschichte von dem kleinen Jungen in Vierville, der die Operation Overlord, Landesabschnitt Omaha Beach, aufwachend im dunklen Zimmer, zuerst auf dem Messingknopf seines Kinderbettes sah. Er sah auf dem golden blinkenden Bettknopf Schiffe ausfahren, Feuer flackern, Flugzeuge kurven und war davon so verzaubert, wie Kinder eben von grausamen Märchen leicht verzaubert werden. Erst später weckte er seinen Vater. Der trat ans Fenster, rieb sich die verschlafenen Augen und sagte: Sie kommen. Sie kommen tatsächlich direkt auf uns zu.

Oder die vielen lächerlich-komischen Geschichten, die sich in der Nacht in den vielen Mannschaftsräumen der fünftausend Schiffe abgespielt haben müssen. Sie waren Jahre hindurch geschult und gedrillt worden auf diesen Augenblick, sie waren so entschlossen, das Tier auf dem Kontinent zu vernichten, aber während der Überfahrt, damit hatte man nicht gerechnet, war hoher Sturm, rauhe See. Es schwankte alles mörderisch, es kam ihnen alles hoch, und die meisten Befreier wurden seekrank. Sie erbrachen sich, lagen bleich und zitternd am Boden, und viele machten sich in die Hosen. Oder, später dann, die Geschichte mit den Huren von Caen, die sich noch während der Schlacht um die Stadt für die Freiheit unstreitig verdient machten, indem sie es den alliierten Soldaten diesmal umsonst machten. Ich will nicht sagen, mit Liebe, aber vielleicht doch mit einem Anflug von Zärtlichkeit. Das ist ungewöhnlich. Solche absurden Geschichten sind wichtig. Sie signalisieren das, was in der Geschichte doch immer verschwiegen wird. Ich fürchte, sie werden bald verlorengehen.

In die Geschichte eingehen, in die Gruft gelegt werden – soll ich jetzt etwa die Friedhöfe aufzählen, die überall in der Normandie zu besichtigen sind? Wen interessiert das: Soldatenfriedhöfe? Die Angehörigen vielleicht, einige. Für die anderen ist das langweilig: Kriegsgräberfürsorge – ein Wort, das mürrisch und gähnen macht. Es heißt, die Toten mahnen. Ist das denn so?

Es war ein kühler, blauer Septembermorgen, als ich direkt über Omaha Beach den Saint Laurent Cemetery betrat. Fast 10000 Amerikaner liegen hier auf einem Friedhof, der endlos ist. Man meint, immer auf der Stelle zu stehen, obwohl man schon eine halbe Stunde vorbeiging an Gräbern. Es war alles in ein weißes, blendendes Licht getaucht. Solche windstillen Sonnentage, silberhell, mit einem flirrenden Glitzern über dem Meer, sind hier ganz selten. Am Strand sind ein paar Wohnwagen ans Wasser gerückt. Bunte Punkte in den Wellen: Ein paar Leute baden. Ich war betroffen von so viel Schönheit, so viel Schweigen, so viel schönem Tod. Es wächst jetzt Gras darüber, ein zartes, endloses Teppichgrün, das jeden Golfspieler entzücken muß. Der Rasen wirkte wie frisch rasiert, so sauber, so zart. Ein vornehmer, grüner Samt ist nun über alles gezogen – kilometerlang. Aber lag es nun wieder an mir, daß sich, wie in den Kathedralen, große und erhabene Gedanken bei mir nicht einstellen wollten?

Ich dachte: Noch im Tode sind die Amerikaner so unverkennbar. Saint Laurent Cemetery – so etwas kann man sich wohl nur in Washington ausgedacht haben. Es wirkt alles so aseptisch, so kolossal geleckt und sauber wie eine Tiefkühltruhe. Heldentod? Das gibt sich hier auch in der starren, ein wenig maskenhaften Schönheit amerikanischer Kosmetik. Man spürt das natürlich nur in der uralten Umarmung Frankreichs. O schöne Verrottetheit draußen.

Und dann hatte ich noch einen ungehörigen Gedanken. Man kann weit durch die niederen, weißen Kreuzreihen sehen. Ein endloses Meer von kleinen, dicken Steinkreuzen, das streng militärisch geordnet ist und mit einem wandert und das manchmal, wenn man den richtigen Diagonalwinkel hat, in einer Reihe zu einem einzigen Kreuz zusammentritt. Nennt man das nicht Auf-Vordermann-Bringen? Diese Einheit der Christen wird manchmal durchbrochen. Nicht oft, aber doch gelegentlich, vielleicht nach jedem hundertsten Kreuz, wird plötzlich diese Kreuzeinheit gestört durch einen Davidstern. Irgendwie paßt das nicht. Und wenn man dann hingeht, kann man lesen: Salomon Rosenbaum, geboren am 11.2.23, gestorben am 6.6.44. Darüber der Davidstern. Und in dieser Einheit der Kreuze begriff ich zum erstenmal bildhaft, also ganz real, was das ist: Diaspora, die Zerstreuung. Zerstreut unter allen Christen, unter allen Gleichen ein anderer sein. Und es war natürlich unmöglich, daß ich beim Einsteigen ins Auto auch noch dachte: Natürlich. Natürlich ist das möglich, daß solche Kreuze in kranker Erde wachsen, größer werden, Flügelchen, kleine Haken bekommen. Die Amerikaner waren nie Feinde der Juden, aber sicher ist, daß der Antisemitismus eine christliche Sache ist. Diese Bosheit begann unter dem Kreuz.

Auch die Deutschen sind hier in die Geschichte eingegangen, etwa 30 Kilometer entfernt. Das ist nur natürlich: Schließlich und endlich herrscht Frieden, und im Tod sind sie alle vereint – welch eine mörderische und monströse Logik des Nationalismus. Zum Schluß, wenn alle tot sind, kommt immer die Humanität – auf Krücken. Es gibt in der Normandie heute vier deutsche Soldatenfriedhöfe, und sehr viele von den 235000 Deutschen, die in der Schlacht um Frankreich fielen, liegen hier. Die Friedhöfe, obwohl sie bescheidener, schmuckloser, eigentlich menschlicher wirken, sind heute in untadeligem Zustand. Sie sind sehr gepflegt, Adenauer hat das bewirkt. Das zum Beispiel. Sie haben keine weißen Steinkreuze, sondern graue, und Davidsterne, auch das ist deutlich zu sehen, stören nicht. Ich war am Nachmittag dieses strahlenden Sonnentages in La Cambe, einem Friedhof von vieren. Es war der 1. September 1969. Heute vor dreißig Jahren – komisch, daß ich immer auf so runde Daten stoße. Als ich nach Moskau fuhr, war es genau zwanzig Jahre her, daß die deutschen Truppen vor Moskau standen, und die Russen zeigten uns diese Stelle. Als ich nach Polen fuhr, waren es genau fünfundzwanzig Jahre, daß die deutschen Truppen in Polen einfielen. Heute vor dreißig Jahren hat alles begonnen, aber jetzt hier in La Cambe herrscht Frieden. Wenn einmal alle tot sind, ist nur noch Pietät.

Zwei junge Franzosen gehen durch die Grabreihen. Es sind offenbar Friedhofsgärtner – mit Sonderauftrag. Der eine hat ein Papier bei sich, auf dem lange Listen stehen, der andere trägt in einer großen Tüte viele kleine Blechvasen, unten mit dünnen Stangen, um sie in die Erde zu stecken. Es liegen immer zwei deutsche Soldaten in einem Grab: Kameradengrab, heißt das. Und der mit dem Papier in der Hand guckt immer auf seine Liste, buchstabiert, vergleicht dann den Namen auf den Steinen und sagt zu dem anderen mit der Tüte: Non, Philippe, à gauche, oui, à droite, und blickt dann wieder in seine Papiere. Mal rechts, mal links, so jeder dreißigste, jeder vierzigste ungefähr bekommt heute seinen Blumenstrauß. Im Tod sind sie alle vereint.

Der Augenblick der Freiheit

Eigentlich sollte das heute ein friedlicher, ein schöner Tag werden, ganz gegenwärtig. Etwas Freude, schöne Gegenwart täte gut. Man hat es sich verdient, und schließlich hat die Normandie doch ganz andere Seiten. Sie ist sehr reich und dick, lebensfroh, und an der Küste wird sie einigemal unerhört luxuriös. An so etwas hatte ich heute gedacht. Ich wollte die Schönheit, die Eleganz der großen Seebäder sehen, wo keine Invasion war, Deauville zum Beispiel. Treffpunkt der reichen Leute. Richtige Gesellschaft mit Pferderennen, Damen mit Pelzen und großen Hüten und Herren mit Zylinder soll es dort geben – immer noch. Ich wollte auch nach Honfleur, dem Schwarm aller Normandie-Freunde, die hölzerne Stadt am Meer, so etwas wie Rothenburg ob der Tauber, nur normannisch, wikingerhaft. Vor allem aber wollte ich Cabourg sehen, weil ich wußte, daß Cabourg in Wirklichkeit Balbec ist und von Proust stammt: im Schatten junger Mädchenblüte. Ich wollte endlich einmal das Grand-Hotel besichtigen, wo der Dichter sieben Sommer verbracht hatte, aufmerksam beschäftigt mit den Gebärden des Adels.

Sein Zimmer müßte doch zu besichtigen sein. Aber dann bin ich wieder hängengeblieben – im Kriege. Auch eine verlorene Zeit: meine. Man muß nämlich, um von Bayeux nach Cabourg zu kommen, zwei Wasserwege überschreiten: die Orne und gleich daneben den Kanal von Caen.

Beide Stellen sind nicht irgendwelche Übergänge. Man merkt sofort, wenn man auf die leichte Höhe der Brücken zufährt, daß dies beherrschende, wichtige Punkte sind: Man sieht weit ins Land, und wer diese beiden Brücken beherrscht, beherrscht das Gebiet. Er hat eigentlich alle Ost-West-Straßen des vorderen Calvados in der Hand.

Hier hat das Ganze begonnen. Es ist kaum zu fassen – das Ganze, aber hier, wo es anfing und eingefädelt wurde, ist es zu überschauen. An dieser schmalen Ziehbrücke, die vielleicht sieben Meter breit und hundert Meter lang ist, hat diese Schlacht begonnen, die ich umkreise, die ich nicht fasse und die ich nicht beschreiben werde und die dann nach Paris und in die Eifel, nach Aachen und schließlich bis an die Elbe führte. Und wenn wir heute so etwas wie eine zweite deutsche Republik haben, eine Demokratie, nicht gut, aber doch auch nicht so schlecht, daß man sie nicht noch verbessern könnte, und wenn ich noch lebe und relativ frei bin und eben dies hier schreibe: Hier hat das alles begonnen. Bénouville und Ranville, zwei lächerliche Ortsnamen, dazwischen begann es. Man müßte hier eigentlich einen Kranz niederlegen. Das hier, wieder so ein Anglizismus, heißt heute Pegasus Bridge.

Fünf Stunden bevor die Armada vor der Küste vor Anker ging, landeten hier um Mitternacht die ersten englischen Luftlandetruppen, um die Brücken zu nehmen, um den Verkehr abzuschneiden, um die Straßen zu besetzen, um Lichtsignale zu geben, um Landeplätze zu markieren für den großen, schwarzen Schwarm der Lastensegler, der dann im Morgengrauen kommen würde, um Mannschaften, Geschütze, Lastwagen, Panzer einzufliegen. Die Normandie war doch damals kaputt, es gab nichts mehr. So haben sie alles mitgebracht. Sie haben von dem grünen Floß England auf dem

Wasser und in der Luft alles mitgebracht, eine Armada der Völker, die geschwommen und geflogen kam und ganze Städte, zwei komplette Häfen und viele Elefanten mitbrachte. Nun sag es doch ruhig einmal, obwohl so etwas Monströses dir gar nicht liegt, es auch nicht vorstellbar ist, hinterher. Es kamen in diesen Tagen dreieinhalb Millionen Soldaten auf viertausend Transportschiffen, von 1213 Geleitschiffen begleitet, und der Luftraum wurde von 13 000 Flugzeugen gesichert. Da war einfach nichts zu machen, möchte man heute als Deutscher sagen. Und ich füge hinzu: Gott sei Dank. Und als dann diese ersten Engländer in die Festung Europa vom Himmel gefallen waren wie Pegasus, besetzten sie im Dunkel der Nacht die Brücken, entwaffneten die verdutzten Deutschen und funkten dann hinüber zum grünen Floß England: »Ham and jam – ham and jam.« Ham, das heißt: Kanalbrücke genommen. Jam: Die Ornebrücke ist auch in unserer Hand.

Heute sieht Pegasus Bridge wieder friedlich aus. Oder? Die Ziehbrücke ist steil hochgezogen. Der eine lange Arm steht schräg und schwarz im Himmel. Touristenautos haben sich auf beiden Seiten der Straße gestaut. Die Autofahrer sehen gelangweilt zu, wie ein grauer Frachter die Orne hochgetukkert kommt, ganz langsam. Vorne am Schiffsleib lese ich: »Elise Schulte/Emden«. Ich müßte wohl jetzt eigentlich winken. Hallo, wir sind wieder da! Links und rechts von der Brücke zwei Cafés. Die schmalen hohen Häuser sind neu aufgebaut. Sie strahlen und sehen in ihrer frischen Hochglanzlackiertheit unwirklich aus wie Kinderspielzeuge. Es sind Puppenhäuser für Schlachtenbummler. Das rechte Haus heißt Café Pegasus Bridge. »English spoken« steht vor der Tür und daneben ein Schild: »First House of France, liberated in the last hours of June 5. 1944.« Dann folgen Namen und Truppenangaben.

Ja, das erste Haus in Frankreich, das befreit wurde, das erste Dorf, die erste Stadt, alle Orte in der Normandie haben heute auf den Landkarten hier mit ihrem Namen den Tag ihrer Befreiung aufgedruckt. Ich sah allein fünf erste Dörfer, Ranville zum Beispiel, nur fünf Kilometer weiter, ist solch ein Ort. Ich gehe durch Ranville. Ein kleines langweiliges Nest, das jetzt durch seine untadelige Neuheit, eine Sauberkeit und Frische, die unnatürlich wirkt, auffällt. Eigentlich sind solche Besuche enttäuschend. Man geht durch die Straßen, blickt in Häuser, in Höfe, in Stallungen hinein, meint, an den Gesichtern der Bauern etwas ablesen zu können. Es müßte sich irgendwo niedergeschlagen haben: der erste Augenblick. Aber so etwas bleibt nur auf Denkmälern beständig. Der Augenblick ist nicht zurückzuholen.

Es ist so: Die Schlacht liegt im Sterben. Sie liegt unter Glas und ist schon in Marmor gefaßt. Sie ist schon dabei, zu allen anderen Schlachten der Weltgeschichte zu rücken: entsetzlich, die vielen Schlachten, die wir immer auswendig lernen mußten. Das hier, das kommt nun hinzu. Die Schlacht bei Cumae, auf den Katalaunischen Feldern und die am Teutoburger Wald, die von Gravelotte und Sedan, so etwas ist immer langweilig, hinterher. Es war immer so langweilig, wenn mein Vater zu Hause von Verdun und Langemarck anfing; jetzt geht das wieder los: diese Väter, diese alten Männer, die immer von ihren Kriegen erzählen, als seien das leuchtende, herrliche Zeiten gewesen. Spießermoral hinterher am Ofen. Für die nächste Generation ist das immer zum Gähnen. Es ist ein Brechmittel für die Jungen. Weißt du noch damals? Da steht man besser auf und geht.

Aber es ist auch so: Für manche ist das eben noch nicht vorbei, für viele ist das noch da und lebendig. Der Engländer, mit dem ich gestern lange im Café au Débarquement sprach, der Amerikaner, den ich im Kriegsmuseum von Carentan so ganz naiv fragte, was das eigentlich hieße: Omaha und Utah – sinngemäß, und der mich höflich, aber auch mit etwas ironischem Lächeln beschied, das erste sei eine Stadt, das zweite ein Staat in Nordamerika. Für sie zum Beispiel war diese Schlacht noch nicht vom Staub der Geschichte bedeckt. Für sie war Amerika noch immer ein Posten der Freiheit. Die Normandie ist heute ein Treffpunkt für viele skurrile Einzelgänger. Touristen, sagt man. Sie kommen aus Sydney oder Toronto, aus irgendeinem Nest bei Chicago oder auch nur von England drüben. Sie kommen mit ihren Frauen, mieten sich hier ein und laufen dann wochenlang herum. Touristen anderer Art. Sie fahren durch das Gelände, sehen, suchen, schnuppern wie Hunde, jeder für sich ganz privat. Sie stehen auf Bunkerresten, klettern Anhöhen hoch, streifen durch Wiesen, bleiben unter Apfelbäumen stehen und sagen immer zu ihrer Frau: Hier, hier, hier genau muß es gewesen sein, oder nicht? Was meinst du, Mary? Es sind lauter verrückte, beschädigte Einzelgänger, die den Augenblick von damals suchen, die verlorene Zeit. Hier bin ich doch damals gelandet mit meinem Fallschirm, hier luden wir aus. Oder war es doch woanders? Hinterher sieht immer alles so ähnlich aus: Hysterien der Vergangenheit. Das ist nicht mehr einzuholen. Sie sind auf der Suche nach Overlord.

Nein, das führt eigentlich zu nichts. Es ist besser, sich an das Zuverlässige und amtlich Beglaubigte zu halten. Die strenge Dame in ihrem blauen Schneiderkostüm neulich, die in Utah Beach im »Museum of the American Landing« – es heißt tatsächlich so – sechsmal am Tag die ganze Operation vorführt, auf sie zum Beispiel ist Verlaß. Das Museum wirkt zunächst klein, ärmlich, eigentlich enttäuschend. Nur so die üblichen Stücke: Waffen, Uniformen, Landkarten, viele Fotos. Draußen ein paar Panzer auf Sockeln. Kinder klettern da rum. Aber dann, immer zur vollen Stunde, wird die Bühne geöffnet. Zunächst wird auf einer kleinen Leinwand ein Film gezeigt, der eigentlich auch enttäuschend ist, da er die große, die von mir immer erwartete Vision der ganzen Armada nicht zeigt. Damals waren die Filmreporter noch nicht so weit. Eine Männerstimme spricht in dem lyrisch angehobenen, etwas pathetischen Ton, mit dem man auch im französischen Rundfunk Baudelaire oder Claudel zitiert. Es klingt immer so feierlich. Wenn der Film dem Ende zugeht, merkt man es sehr frühzeitig nicht nur am Flimmern. Es setzt Musik ein, erst leise untermalend, dann langsam anschwellend und schließlich zu einem triumphalen Finale sich steigernd: Ein rauschhafter, tosender Schlußakkord steht jetzt im Raum wie bei einer Tschaikowsky-Symphonie. Gloire, gloire – ach, war das so?

Dann wird eine rosa Falttür geöffnet. Die Besucher treten in einen großen sechseckigen Raum ein, wo man wie durch sechs Bunkerschlitze die ganze Landefront übersehen kann. Es glitzert Sonne über dem Meer. Die strenge Dame tritt in die Mitte des Raumes. Da ist unter Glas das Departement Calvados in einer bunten Reliefkarte nachgebildet. Sie hat einen dicken Schlüsselbund bei sich und beginnt nun zu schließen, drückt einen Schlüssel da rein, dann woanders. Sie handhabt ihre Schlüssel wie ein Klavierspieler, rasend schnell, schiebt und drückt und zieht wieder heraus, und dabei beginnt ganz Calvados zu leben. Man sieht kleine Soldatentrupps aus dem Wasser kriechen, woanders ziehen sie schon aufrecht über die Straßen, winzige Panzer quälen sich Berge hoch, und dort drüben, wo so ein stubsiger kleiner Bauer mit seiner Frau steht, beginnt eine flackernde Schlacht. Man sieht es blitzen und brennen, dann ziehen sich die Hakenkreuze zurück. Offen gesagt: Mir gefallen die Leute nicht, die ich hier immer wieder in diesen Mausoleen des Krieges traf. Es sind so runde, einfältige Gesichter, engstirnig, die Nase am Glas plattgedrückt. Bauerngesichter, Nationalistengesichter. Ich sehe hier nie einen Intellektuellen, nie einen jungen, netten, intelligenten Franzosen, wie man sie aus Paris kennt. Natürlich: Vergangenheit. Das ist nun wieder die Geschichte mit den Jungen, die gähnen und lieber weggehen.

Jetzt werden die Schießscharten verdunkelt, Jalousien fallen schnatternd herunter. Die Sonne, die eben noch in weißen Spritzern über dem Meer lag, ist weg. Es ist halbdunkel im großen Raum. Jetzt sieht man, daß neben den Schießscharten je zwei Kästen aufgestellt sind, die wie Fernseh-Apparate aussehen. Die strenge Dame nestelt wieder an ihrem Schlüsselbund. Sie ist vor ein kleines Schaltpult getreten und regelt daran – fast wie ein Tonmeister. Sie zieht Hebel herunter, drückt auf Knöpfe, und plötzlich beginnen diese zwölf Fernseh-Apparate zu leuchten, zu tanzen und laut zu knattern. Es sind keine Fernseh-Apparate, sondern kleine, wütende Diorama-Kästen. So etwas sah ich noch nie. Sie leuchten, sie strahlen, sie funkeln und flackern, sie tanzen das große Ballett Vergangenheit, die doch noch Gegenwart ist – in mir. In zwölf lebenden Bildern wird sechsmal am Tag für drei Francs Eintritt die Geschichte wiederhergestellt, die ich suche, die ich nicht fasse und nicht beschreiben kann: täuschend ähnlich. Da werden Schiffe ausgeladen, da werden lange, schwarze Eisentrossen ins Meer geworfen; man sieht, wie dann später Panzer darüber rollen, und in einem anderen Kasten fallen Fallschirmjäger vom Himmel. Das muß wohl Pegasus Bridge sein. Oder ist das nicht Sainte-Mère-Église? Woanders gehen jetzt Lastensegler nieder, und viele kleine Männchen hüpfen eilig heraus. Das hast du doch immer gesucht hier am Strand: den Augenblick der Freiheit. Sei ehrlich: Soldatenspiele, das ist jetzt im kleinen Kasperle-Theater von Utah Beach sechsmal am Tag zu besichtigen. Es ist vollautomatisch, beinah getanzt.

Cherbourg ist auch nicht mehr

Ob es die Meerestiere waren? Gestern abend, als der Kellner im Speisesaal des »Oasis« diese Schüssel mit Muscheln vor mich hinstellte, schwarze Muscheln, naßglänzend, in einer dünnen Zwiebelsoße und viel Petersilie darüber, sehr köstlich, kam mir der Gedanke: Natürlich, die Muscheln von Cherbourg. Da mußt du doch auch noch hin. Das gab es doch einmal. Letztes Kapitel: Gefangenschaft.

Ich bin also heute nach Cherbourg gefahren. Man täuscht sich immer als Sammler des Krieges. Man meint, da war doch keine Landung, kein Overlord, und also muß das langweilig sein. Es ist nicht wichtig; die Perspektive der Spezialisten. Auch neigte ich zu dem Glauben, daß die Halbinsel ganz oben reizlos sei. Ein fades Gemisch, das sich schon langsam abwendet von der Normandie und etwas zur Bretagne überneigt. Tatsächlich war es ein Abenteuer, sehr überraschend. Die Landschaft wird, je mehr man sich Cherbourg nähert, immer lebendiger, zerrissener, aufgeregter. Die Stadt liegt auf einem Berg. Man muß sich in vielen Kurven und Schleifen umständlich hochwinden, und dann, oben, liegt die Stadt plötzlich wie ein kleines Genua weit und breit ausschwingend da, zum Meer hin in vielen Terrassen sanft abfallend. So eine richtige Hafengebärde, halboffener Mund, große Umarmung und weite Einladung ans Meer: Kommt alle her zu mir aus der Welt.

Cherbourg ist eine schöne Stadt. Ich bin den ganzen Tag durch die Straßen gelaufen und war überrascht und entzückt von so viel Vergangenheit, dem Geschmack der Geschichte, dem salzigen Fischgeruch aus dem Hafen. Man meint, an allen Straßenecken stünden Heringsfässer, Tonnen von Krabben und Muscheln herum. Frische Langusten und Hummern sind in vielen Schaufenstern zu sehen. Auch hier ist gekämpft und zerstört worden, aber weniger erbittert. Cherbourg fiel den Alliierten als erster natürlicher Hafen, nachdem sie sich in der Normandie weit ausgebreitet hatten, nicht kampflos, aber doch auch nicht total zertrümmert in die Hand. Einiges blieb. Gott sei Dank, sage ich. Man merkt erst in diesen grauen, verwinkelten Hafengassen Cherbourgs, wieviel in den Städten der Normandie verlorenging. Saint-Lô, Lisieux, Evreux, sie sind alle komplett und modern wiederaufgebaut. Der Krieg ist weggewischt aus ihren Gesichtern, aber etwas fehlt: die blätternde, bröckelnde Haut der Vergangenheit, der Faltenwurf der Zeit, das schöne Gebrechen, zuletzt. Man muß das feststellen, aber soll es nun auch nicht zu sehr beklagen, denn das eben ist ja der Lauf der Welt: hinfallen und wieder aufstehen und wieder zerbrochen werden und dann wieder aufgebaut werden. Das eben ist doch der Lauf der Welt, daß man wieder neu anfangen muß. Auch kommt das Alter, das schöne Gebrechen, immer von selbst. Zeit rinnt von selbst. Auch das neue, saubere, ein wenig zu glatte Gesicht von Caen wird einmal wieder mürbe werden. In der Rue Saint-Pierre fängt das jetzt schon an.

Ja, ich bin den ganzen Tag durch Cherbourg gelaufen. Es ist da, es ist wirklich da und manches noch aus sehr alter Zeit, aber das, was ich suchte, war ja nicht sein Salzgeschmack, die schöne Fassade der Fäulnis, die Kirche de la Trinité, 15. Jahrhundert. Ich war auf der Suche nach meinem Cherbourg, nach der Stadt und mir: Gefangenschaft. Ich lag zum Schluß als Kriegsgefangener hier in der Stadt. Zum Schluß wurden nämlich alle deutschen Soldaten gefangen, und ich kam ausgerechnet hierher.

Es sind nur noch Reste, Fetzen, Nebelschwaden, die kommen und gehen, aufreißen: Stellenweise kann man jetzt durchgucken. Es muß irgendwo hier oben in den Bergen gewesen sein. Wo war es denn nur? Ich weiß, daß alles sehr hell war – zum Schluß. Der Berg war weiß, kalt und weißstaubig. Ich erinnere mich an gelben Lehm. Es war ein riesiges Lager der Amerikaner, noch größer, aber nicht so geleckt wie Saint Laurent Cemetery. Es war eine endlose weiße Stacheldrahtwelt, flach und kalt und spröde wie eine Mondlandschaft, vielleicht wie das Meer der Ruhe. Es gab viele Zäune zwischen der Leere: Cages, die Käfige, die nun langsam gefüllt wurden. Da wurden tatsächlich die Nazis von den Mitläufern getrennt. Es ist kaum zu fassen; damals unterschied man noch: Die mit der Blutgruppe unter dem Arm, die SS-Leute, kamen alle in besondere Käfige. Die saßen so kauernd und verbissen da, auch daran erinnere ich mich.

Auf den breiten Kieswegen – oder war es doch Lehm? –, auf diesen Lagerstraßen zwischen den Käfigen, die auf jeden Fall hell waren, zogen Hitlers Soldaten ein, Tag und Nacht, wochenlang: staubbedeckt. Auch ich war darunter gewesen, am Anfang. Das werde ich nie vergessen: gefangen und frei, hinter Stacheldraht und doch glücklich. Das Tier war besiegt, und ich lebte noch. Man nannte das damals: die Freiheit der Gefangenen.

Und das ist mein Bild vom Ende der Invasion. Le Débarquement liegt noch nicht ganz im Sterben. Letzter Akt der Schlacht – das ist noch lebendig in mir. Über die hellen Lagerstraßen ziehen die endlosen, grauen Heere, Armeen, die nun nur noch geschlagen sind, sie ziehen wie betäubt, schwer und erschöpft, in breiten Kolonnen, in träger Sechserreihe. Es ist, wie wenn eine endlose, graue Herde sich buckelnd über die Straße wälzt: wilde Tiere, die nun aber nur müde, unendlich erschöpft sind. Junge Farbige aus den Staaten stehen am Rand, treiben sie manchmal mit »Let's go« und »Go on« an, aber die Herde wird dadurch nicht schneller. Manche Farbigen haben kleine Stöckchen in der Hand und wippen damit: Go on und let's go. Manchmal klatscht es auf einen Rücken. Büffelherden, sie werden nicht schneller.

So ist das also am Ende. Eine Art Völkerwanderung der Herrenrasse, nun alles gemischt: die blauen Uniformen der Luftwaffe, die alten, abgerissenen Grünröcke des Heeres; es waren auch blaue Marineuniformen darunter. Es kommen Stabsoffiziere mit roten Streifen an den Hosen und Generäle, noch immer mit goldenen Schulterstücken. Alles rein in die Käfige und dann abschließen und viel Stacheldraht darum. Go on. Jetzt kommt Führung, deutsche Elite. So etwas sah ich nur in der Wochenschau, ich sah sie nie als Gefreiter. Wieder Generäle und alle mit roten Hosenstreifen. Die Herren von Kleist und von Prittwitz, gute Rasse, altes Preußentum. Junker aus Pommern, vielleicht auch aus Mecklenburg. Die blauen Augen der Herren sind erloschen. Das scharf geschnittene Profil, die wülstigen Augenbrauen: alles versteinert, eingefroren. Denkmale, die immer noch gehen, sehr träge. So ungefähr habt ihr doch einmal die Völker im Osten über die Straßen getrieben. Untermenschen und Übermenschen, wie sich zum Schluß alles ähnlich wird. Die Slawen und Germanen – das ist nun fast gleich. Ich hockte in meinem Käfig, ich hatte Hunger, ich war gierig nach Nikotin. Ich dachte: Sieh dir das an. Vergiß es nie, halte das fest. Das gibt es nur einmal in deinem Leben, du Zeitgenosse Adolf Hitlers.

Triumph des Verlierens: Gerechtigkeit in der Geschichte. Cherbourg – das wird es nie wieder geben später.

Nein, ich habe diese kahle, lehmige Bergkuppe nicht mehr gefunden. Vielleicht sind da jetzt Häuser, eine Neubau-Siedlung, wo Autos stehen, Radfahrer kurven, Kinder spielen. Ich sage nur: Cherbourg ist schön. Cherbourg ist alt. Cherbourg ist auch nicht mehr.

(1971)

Im Staat der Juden

Reisetagebuch aus Israel

Rückblickend blieben vor allem Bilder, nichts als Bilder. Der Reisende erinnerte sich an den ersten Abend in Tel Aviv. Er war etwas enttäuscht von den flachen, niedrigen Häusern der Stadt, den schmalen, altmodischen Läden, den wenigen Menschen auf der Ben Yehuda Street. Der Reisende erinnerte sich an Beersheba, die Wüstenstadt. Den Nachmittag war er in der Innenstadt durch den Beduinenmarkt gelaufen, ein exotisches, uraltes Stück wie aus Tausendundeiner Nacht: Zelte, Kameltreiber, Wüstensöhne. Draußen am Stadtrand, gleich neben seinem modernen Hotel, war er in eine Nebenstraße geraten. Plötzlich war alles wie zu Hause, wie in Deutschland, fast wie in Berlin-Eichkamp.

Er ging durch zierliche, schmale Bürgerstraßen: Zweifamilienhäuser. Väter, die im Vorgarten Rasen sprengten, Mütter, die nach ihren Kindern riefen: David und Rachel, die spielten Hopse draußen. Der schwarze Himmel der Negevwüste darüber. Feierabend: Dann schreien immer Kinder in Israel. Er sah in die Fenster. Ein rothaariger Junge saß an einem Eßtisch über Papier gebeugt und schrieb. Bücher, überall in den Wohnungen hier hohe, moderne Bücherregale an den Wänden. Er erinnerte sich an die Sonnenuntergänge in Eilat. Die Sonne geht über der Wüste Sinai im Winter etwa um 16.30 Uhr unter. Er saß immer am Hotelfenster und spürte, daß dies der große und feierliche Augenblick der Wüste war. Ist die Sonne hinter den Bergen versunken, dann beginnt der Himmel noch einmal zu flammen, von unten rot aufzuleuchten. Zunächst orange, dann blutrot, dann violett, und dann verfärbt er sich rasch in ein fades Grau, und ganz plötzlich ist pechschwarze Nacht eingefallen.

Er erinnerte sich an die Frau in Tiberias. Er hatte bei ihr einen Kaffee bestellt, dabei kam man ins Reden. Die junge Frau, schwarz, graziös, noch Ende Dreißig mädchenhaft zierlich geblieben, war beim Reden plötzlich wieder ein Kind geworden, war beim Abstellen der Kaffeetasse wieder das Mädchen von damals, blieb störrisch und einsam vor ihm stehen und sagte immer wieder mit traurigem Trotz: »Ach, niemand hat mir damals geholfen, alle haben doch zugesehen, alle.« Sie sagte das so, als wenn sie hinzufügen wollte: Sie doch auch, mein Herr. Der Reisende dachte, sie muß damals zehn oder elf Jahre gewesen sein, und ging. Er erinnerte sich an die vielen Liebespaare im Land: in Jaffa, Netanya, in Jerusalem. Sie waren unglaublich verspielt und zärtlich und fast etwas schamlos in Israel. Das gefiel ihm, ein Volk, das die Liebe liebt, ein Volk ohne Christentum – das schien ihm gut. Er erinnerte sich an die vielen Friseurläden in Haifa, wo ältere Damen in langen Reihen unter Blechhauben saßen, der Dauerwellen wegen. Lauter Jüdinnen, hier war das ganz normal und natürlich. Alle waren in Israel jüdisch. Das mußte man auch erst lernen.

Jerusalem: Er hatte noch das Geratter so vieler Bulldozer im Kopf. Irgendwo wurden hier immer Mauern eingerissen, Felsblöcke zerschlagen, Steine weggeräumt. Traktoren und Mischmaschinen dazwischen. Die Araber standen daneben, reglos. Nur die große, grüne Perlenkette glitt lautlos durch ihre Hände. Auf den Straßen donnerten die schweren, alten Omnibusse. Man spürte die unglaubliche Energie und Kraft, zu ändern, anzufangen, Ordnung in ein Stück des Orients zu bringen. Das Benzin der Autos ist ungereinigt wie das Sowjetbenzin. Die Abgase riechen süßlich wie im Sozialismus. Aufbau – das riecht überall gleich in der Welt. Er dachte auch an die Busfahrt nach Sde Boker, dem Kibbuz Ben Gurions.

Der Busfahrer nahm die steile Wüstenstraße in einem verwegenen und mörderischen Tempo. Der Wagen tanzte und flog dem alten Staatsgründer entgegen. Es war wie ein donnernder Staubritt über Wüstenpisten, und jede volle Stunde stellte der Busfahrer pünktlich zum Gongschlag das Radio ein. Hier wollten die Leute noch Nachrichten hören, jede Stunde. Kol Israel sprach in den dunklen gurgelnden Lauten des Hebräischen von der *Frankfurter Allgemeinen Zeitung* und von de Gaulle. Kol Israel, so ließ er sich später übersetzen, zitierte um zwölf Uhr mittags einen Leitartikel aus Frankfurt, in dem die mächtige deutsche Zeitung heute morgen den General antisemitischer Äußerungen wegen getadelt hatte. Hinterher kam ein Schlager, den jeder kennt, ein Schlager von Klasse, hätte Benn gesagt. Er klang im Bus viel ernster als sonst in der Musikbox. Sentimentalität ist ja oft ganz nahe an der Wirklichkeit. »Bei mir biste scheen, please let me explain...« Auch das war ihm in Erinnerung geblieben: Israels Busgedonner, ein Wüstenstaub, die *Frankfurter Allgemeine Zeitung* und dieser Schlager dazu. Was heißt denn hier schön? dachte er. Please let me explain.

Das alles, und manches mehr, hatte er von dieser Reise mitgebracht. Leuchtende, sonnige, strahlende Bilder, und trotzdem: Er zögerte. Die Reise hatte ihn verwirrt und ratlos gemacht – er wußte nicht, wie. Irgendwo war er wie ein Schüler in seiner Rechenaufgabe hängengeblieben. Es gab in dieser Aufgabe mehrere Unbekannte, die lösten sich nicht. Er bewunderte die Bundesdeutschen, all die Journalisten, Reporter und Fernsehleute, die mit glänzenden Augen und klikkenden Kameras durch das Land zogen, knipsten und drehten; für das Erste, das Zweite, das Dritte. Er erinnerte sich an den Radioreporter aus Berlin, der, sechzigjährig, weißhaarig, im Presseamt in Tel Aviv immer so atemlos beschwörend ins Telefon gerufen hatte: »Nein, glauben Sie mir doch, da hängen sich doch alle dran! Das ist doch nicht nur für uns! Hören Sie doch: Da ziehen alle deutschen Sender mit – natürlich.«

Der Mann wollte Ben Gurion für den Schulfunk interviewen und rief, als er den Reisenden sah, mit der etwas senilen Frische der Sechzigjährigen: »Hallo, mein Lieber, daß wir uns hier treffen, wir sind morgen beim Alten bestellt.« Und war dann blitzschnell verschwunden.

Alle Deutschen schienen ihm in Israel immer so atemlos – atemlos, alles schön zu finden. Ihm lag das nicht. Alle Deutschen schienen hier so sicher und vertraut zu sein, kannten sich aus, gingen überall ein und aus wie gute alte Bekannte. Auch das lag ihm nicht – als Deutschem. Er war auf eine schwierige und verzwickte Gesellschaft gestoßen. Das meiste begriff er nicht. Es lag wohl doch zu weit weg: viertausend Jahre weit. Er hatte es gesehen, staunend wahrgenommen, einiges begriff er, aber das meiste nicht. Ein Gefühl von Fremdheit war auf der Reise geblieben. Schon in Tel Aviv hatte er mit Notizen begonnen. Er hatte in sein Tagebuch geschrieben:

Wer eine Stadt kennenlernen will, muß sie sich immer noch erlaufen. Autos taugen für Neugierige nicht. Ich bin also den ganzen Tag durch Tel Aviv gelaufen. Ein gelbliches, bräunliches Meer von flachen Landhäusern mit ein paar enormen Hochhäusern dazwischen: das neue Schalom-Warenhaus, der Turm von EL AL, das Hilton-Hotel; in ihrer hochmütigen Gebärde drücken sie die Stadt noch flacher zusammen – wie einen Pappkarton. Israels Frankfurt am Main, hatte man mir gesagt. Das stimmt, was die Wirtschaft betrifft: Die Banken, Versicherungen, Reisebüros und Fluggesellschaften sind hier zu Hause, nur muß man sich alles viel kleiner, viel bescheidener vorstellen. Israel ist ein armes Land, so scheint es wenigstens. Ein Land, das am Anfang, im Aufbau, noch ganz in der Entwicklung steht. Eine Volksdemokratie ohne Sozialismus, könnte man sagen. Alle Entwicklungsländer haben gewisse Gemeinsamkeiten: strahlende Neubauten, aber daneben gleich zerfallene Hütten, Reste von Elendsquartieren. Auf Tel Avivs Mittelmeerstraße fiel mir dieses Stadium aller jungen Staaten besonders auf. Gleich hinter dem strahlenden DAN-Hotel stößt man am Strand auf verkommene Wohnhäuser, wahrscheinlich die Reste arabischer Siedlungen.

Das Verzwickte an Tel Aviv scheint mir zu sein, daß es sich ganz modern, ganz europäisch gibt, aber doch den Geschmack des Orients nicht ganz wegwischen kann. Die Macht der Erde. Zwischen all den Autotypen aus Frankreich, zwischen den unzähligen Verkehrsampeln aus Deutschland riecht man Moschus, Ambra, Knoblauch. Ich sah ein Möbelgeschäft; von der Straßenfront modern, elegant wie in Düsseldorf oder Frankfurt: skandinavische Wohnkultur in den Fenstern. Ich trat durch die Autoausfahrt in das Hofinnere. Da öffnete sich plötzlich ein orientalischer Garten – Palmen, Kakteen, Mittelmeer-Vegetation, Grillen zirpten, die Luft ist weich und mild und riecht süßlich: Arabien.

Es gibt hier eine City, die in den Abendstunden durchaus großstädtische Züge zeigt. Die Dizengoff Street, die Frishmann Street; viele kleine Cafés, Espressobars, Parfümerieläden, Buchhandlungen. Wenn man eintritt, spricht einen ein älterer Herr in freundlichem Deutsch an, ob man die neuen Kafka-Briefe, die letzte Benjamin-Ausgabe oder den *Spiegel* haben wolle. Die deutsche Kultur ist hier stark vertreten. Aber das Stück spielt im Vorderen Orient, in Palästina, in Israel. Wüstensand rinnt dazwischen. Steht man draußen mit seinem Kafka, so fegt plötzlich der Sandsturm der Negevwüste durch die Blätter. Israel? Ein heißes, helles, hartes Land, irgendwo zwischen Asien und Afrika. Man muß sich erst daran gewöhnen, daß hier die Juden zu Hause sein sollen. Wieso eigentlich? Das ist eine lange Geschichte, die ich nicht klären werde. Mein erster Eindruck jedenfalls war: Schade, so weit weg – und im Orient.

Zu Hause, hinterher, später hatte der Reisende diesem Gefühl der Fremdheit nachgeforscht. Es bestürzte ihn, seine deutschen Kollegen so vergnüglich und vertraut durchs Land reisen zu sehen. Ihm gelang das nicht. Was war das? Bei dem Schriftsteller Elias Canetti hatte er einen ersten Hinweis gefunden. Er las: »Kein Volk ist schwieriger zu begreifen als die Juden. Sie sind über die ganze bewohnte Erde verbreitet, ihr Stammland war ihnen verloren. Ihre Fähigkeit zur Anpassung ist berühmt und berüchtigt, doch der Grad ihrer Anpassung ist ungeheuer variabel. Es gibt unter ihnen Inder, Spanier und Chinesen. Sie tragen Sprachen und Kulturen von einem Land ins andere mit sich und hüten sie zäher als Besitz. Narren mögen von ihrer Gleichheit überall fabeln; wer sie kennt, wird eher zur Meinung neigen, daß es unter ihnen viel mehr verschiedene Typen gibt als unter jedem anderen Volk. Die Variationsbreite der Juden in Wesen und Erscheinung gehört zum Erstaunlichsten, das einem unterkommen kann. Die populäre Sage, daß es unter ihnen die besten wie die schlechtesten Menschen gibt, drückt die Tatsache auf naive Weise aus. Sie sind anders als die andern. Aber in Wirklichkeit sind sie, wenn man so sagen könnte, untereinander am meisten anders.«

Als Tourist muß man sich an verschiedenes hier erst gewöhnen. Schabbat zum Beispiel, das hatte ich mir so streng nicht vorgestellt. Also: Präzis bei Sonnenuntergang an jedem Freitag erstirbt hier im Hotel Deborah jeder Service. Heute in Tel Aviv um 16.40 Uhr, wie die Zeitungen melden. Sie legen ein rituelles Deckchen an der Rezeption aus. Das heißt: Feierabend. Es wird keine Kasse, kein Telefon, kein Journal, kein Ankömmling mehr bedient. Schabbat: Ruhe, wirkliche Ruhe ist das. Relax yourself, die große Entspannung; niemand faßt mehr etwas an. Sie haben den üblichen Lift, der zwölf Stockwerke bedient, abgeschlossen und einen Schabbatlift in Gang gesetzt. Er funktioniert vollautomatisch wie ein Paternoster. Die Knöpfe zum Drücken sind im Inneren mit einer Plastikfolie sorgfältig abgedeckt. Sie lassen das Licht hier die ganze Nacht brennen oder rufen Ungläubige zu Hilfe, den Schalter abzudrehen. Die Männer im Deborah tragen jetzt alle schwarze Käppchen auf dem Hinterkopf, manche haben sich über den dunklen Anzug einen kurzen weißen Überhang gelegt, der mich an etwas ärmliche Meßgewänder erinnert.

Gebetbücher in den Händen. Manche Frauen tragen Perükken. Die Kinder in feinem Sonntagsstaat lärmen wie immer. Aus der Synagoge im zweiten Stock ist Gemurmel und vereinzelt Gesang zu hören.

Die Tel Aviver, die ihn in diesem orthodoxen Hotel besuchten, blickten erstaunt und verblüfft auf diese fromme Gemeinde, die hier geduldig auf ihren Schabbatlift wartete. Der klingelte langsam durch zwölf Stockwerke. Und alle trugen schwarze Hüte. »Ach«, sagten sie unwirsch, »fallen Sie doch nicht darauf herein! Das sind doch nicht wir – ich bitte Sie! Das sind doch unsere amerikanischen Brüder, die uns in Frömmigkeit immer übertreffen wollen, weil sie nicht nach Israel ziehen. Da wollen sie uns als Besucher immer zeigen, was jüdische Sitte ist.«

»King David«. Ich habe heute in Jerusalems vornehmstem Hotel zu Mittag gegessen. Hier regierten früher die Engländer, manchmal ging hier auch eine Bombe hoch. Heute kann man hier Mosche Dajan und andere Minister ein- und ausgehen sehen. Für mich als Neuling war es noch etwas kompliziert, mich zurechtzufinden. Ich wurde im Empfang zunächst gefragt, ob ich den vegetarischen oder den koscheren Speisesaal besuchen wolle. Mich verwirrte das. Etwas ratlos entschied ich mich für den koscheren. Bei der Bestellung gab mir der Kellner streng zu verstehen, daß ich meine Zigarre ausmachen solle. Tatsächlich stand da ein Schild an der Wand: »It's not allowed to smoke at Saturday.« Der Kellner legte mir nahe, ob ich nicht beim Essen einen Hut aufsetzen wolle – man schätze das hier. Das koschere Essen ist vortrefflich; scharf, würzig, gar nicht fettarm. Koscher ist nicht nur das Verbot von Blut und Schweinefleisch, wie ich dachte. Es betrifft vor allem die radikale Trennung von Milchprodukten und Fleischprodukten, eine schwierige und subtile Sache vor allem schon für die Köche beim Zubereiten. Bereits die Auswahl der Töpfe und Pfannen ist streng rituell zu handhaben. Entsteht hier eine Verwechslung zwischen Milchigem und Fleischigem, so ist der Topf unrein, und alles muß noch einmal von vorne beginnen. Ich muß das erst langsam lernen. Ich machte zum Beispiel den Fehler, mir beim abschließenden Kaffee ein Tröpfchen Milch zu erbitten. Der Kellner weigerte sich. Einen Augenblick sah er mich mit merkwürdig angstvollem Ausdruck an: Ob ich denn vergessen hätte, daß ich zuvor Hammelfleisch gegessen hätte? Ich müßte jetzt mindestens sechs Stunden warten – mit Milch.

Den Reisenden erstaunt es nicht, daß es das gab. Überall, wo man hinkommt, gibt es andere Sitten, und nichts ist ehrwürdiger als ein frommer Brauch. Es erstaunte ihn, diese Sitte hier als Staatsgesetz vorzufinden – verbindlich für Gläubige und Ungläubige, sogar für Touristen aus Deutschland. Er war in eine moderne und aufgeklärte Gesellschaft geraten, er war jetzt in einer sehr offenen und liberalen Demokratie – das hatte er sofort gespürt –, über der aber dennoch Teile einer uralten Theokratie herrschten. Eine ungewöhnliche Freiheit der Bürger gab es hier, aber zugleich auch Zwänge, Tabureste, die streng beachtet wurden. Dem Jerusalemer Oberrabbinat oblag zum Beispiel die Kontrolle der Fleischerläden und der Küchen in Hotels und Restaurants. Oder die Liebespaare, die lebten hier wirklich frei, aber wenn sie dann heiraten wollten, war das nur rituell vor dem Rabbiner möglich, was ganz neuartige Probleme schuf, wenn junge Einwanderer aus sozialistischen Ländern heiraten wollten. Auch war die Ehe zwischen Juden und Nichtjuden streng verboten. Das erinnerte den Reisenden an die Nürnberger Gesetze, beinah. Die Verwickeltheit dieser neuen Gesellschaft war damit nicht erschöpft. Es galt zu verstehen, daß es neben diesen Orthodoxen, die trotz ihrer Minderheit einen beträchtlichen Druck auf die liberale Gesellschaft ausübten, zugleich Ultra-Orthodoxe gab, die nun wieder diese Orthodoxen, ja den ganzen Staat Israel verneinten.

Ich bin heute in Mea Schearim gewesen. Eine märchenhafte, phantastische Welt, wie eine Theateraufführung. Ich bin immer wieder stehengeblieben, erstaunt, verblüfft, fragte mich: Träumst du auch nicht? Daß es so etwas noch gibt – im

20. Jahrhundert. Hier lebt im Nordosten Jerusalems die Sekte der Neture Karta, der »Schützer der Stadt«. Sie kommen aus Osteuropa, wo sie sich im 16. und 17. Jahrhundert ansiedelten. Denn eigentlich kamen sie aus Deutschland, aus Nürnberg und Umgebung. Diese Zeit, diesen Stil haben sie streng gewahrt. Die Männer tragen alle die Kleidung des Hans Sachs und sprechen ein Jiddisch, das in seiner Mischung aus Mittelhochdeutsch mit etwas Hebräisch, etwas Slawisch noch immer gut verständlich bleibt. Die Männer haben einen langen, schwarzen Rock an, darüber einen glänzenden, feinseidenen Kaftan mit Gürtel, seidenweiße Strümpfe mit Lackschühchen, auf dem Kopf tragen sie einen breiten, kostbaren Pelzhut. Und wenn sie sprechen, klingt es eben fast wie die Meistersinger von Nürnberg. Am Schabbat stehen sie hier in kleinen schwarzen Gruppen zusammen, reden, diskutieren, lesen in Gebetbüchern, kommen aus Synagogen, gehen in Synagogen. Der flache, braune Pelzhut sieht wie ein riesiges Wagenrad aus, das jeder kunstvoll und stolz auf dem Kopf balanciert. Ihre Gesichter: Ich habe so etwas Zartes, Fremdartiges und vollkommen Vergeistigtes bei Männern noch nie gesehen. Die Haut ist schneeweiß und von mädchenhafter Weichheit, vollkommen transparent, trotzdem spürt man einen rätselhaften männlichen Willen und Intellekt am Werk. Man könnte sagen: Asketenhaut, Theologenhaut, papierweiß geworden vom immerwährenden Studium der Bibeltexte, aber das Faszinierende ist, daß sie auch bei den älteren Männern nicht verdorrt, vertrocknet, eingefallen ist oder vom Fett des Zölibats aufgeschwemmt ist wie bei christlichen Theologen. Die Gesichter sind erfüllt von dem kalten und bleichen Glanz vollkommen introvertierter Rechtgläubigkeit. Sie lesen. Sie gehen keiner Arbeit nach, zahlen dem Staat keine Steuern, verweigern ihm jede Mitarbeit. Ein ganzes Leben lang lesen sie in der Thora, dem Talmud, in ihren Gebetbüchern; schon seit Jahrhunderten lesen sie der Wiederkunft des Messias entgegen. Sie bekämpfen den Staat, der dieser Wiederkunft ungläubig vorgegriffen hat. Es sind die

Anarchisten des Alten Bundes. Manchmal werfen sie mit Steinen, wenn ein israelischer Wagen am Schabbat durch ihre Straßen fährt, manchmal spannen sie ein Seil über die Straße, um die Missetäter, die Jahwes Gebote schänden, an Ort und Stelle zu strafen. Ernährt werden sie von ihren Glaubensbrüdern in Amerika. Auch ihr Oberrabbiner sitzt in New York. Er würde den Staat Israel nie betreten.

Das alles erstaunte und verwirrte den Reisenden. Dies war ein rätselhaftes und schwieriges Land, »untereinander, wenn man so sagen könnte, am meisten anders«. Natürlich gab es zugleich auch andere Jugend. Er war ihr auf der Herzelstraße in Haifa, in den Cafés und Kinos von Tel Aviv und Jerusalem immer wieder begegnet. Er hatte sie manchmal im Auto auf der Landstraße mitgenommen: die Sabras, wie man hier sagte, die junge Generation, die schon im Land geboren war. Sabras, Kakteenfrüchte: außen stachlig, innen süß. Die waren wieder anders: naturhaft, derb, braungebrannt und ein wenig ungebildet, wie ihm schien. Sie sagten »Schalom« und legten ihr Schießgewehr auf die Knie: im Auto, im Café, im Kino – zu weiteren Aussprachen waren sie nicht geneigt. Bei den bleichen Mystikern von Mea Schearim war ihm die unendlich verfeinerte und hochritualisierte Höflichkeit aufgefallen, sie begrüßten sich untereinander wie Könige. Die hier glichen eher jungen Wilden, salopp, drahtig, wortkarg und herzlich unreflektiert. Sie hatten die Last ihrer Eltern abgeworfen, wollten weder von Auschwitz noch von den Vereinten Nationen etwas wissen. Einmal war er mit ihnen ins Gespräch gekommen. Sie sagten nur: »Ach, hören Sie doch auf mit der Weltpolitik. Was interessiert uns das? Hier sind wir, hier bleiben wir – tot oder lebendig. Hier schlagen wir uns durch – lebendig oder tot. Aus, Schluß, Ende.« In Eilat am Roten Meer war der Reisende aber wieder auf eine andere Jugend gestoßen.

Eilat allein ist eine Reise wert: das Florida, das Miami Beach von Israel – nur winzig. Ein Dorado der Jugend, die das Abenteuer sucht. Es regnete in Galiläa; es war kalt und neblig in Syrien. »Fliegen Sie nach Eilat«, sagten alle, die mich frieren sahen. »Da haben Sie garantiert Sommer: dreihundertfünfundsechzig Tage im Jahr.« Sie haben nicht übertrieben. Als die Maschine über dem Roten Meer drehte und nach Eilat einschwebte, spürte ich, wie wir plötzlich in den Sommer eintauchten. Es wurde ganz hell, ganz weiß – und richtig heiß in der kleinen Sportmaschine. Die Leute sprangen auf wie von der Sonne gestochen. Beim Aussteigen schlug einem die Hitze der Negevwüste entgegen. Dicke Mäntel, dicke Pullover und Regenschirme am See Genezareth. Alles wird abgeworfen. Hier stehen die Leute in kurzer, weißer Hose, in Polohemden und Tennisschuhen, Strandatmosphäre: Sonnenschirme, Sonnenbrillen, Liegestühle, der Geruch von Nivea – das ist offenbar auf der ganzen Welt gleich.

Ich bin eine Woche in Eilat gewesen. Die Stadt ist pure Jugend; erst 1952 wurde sie auf dem Nichts der Wüste begründet. Eine Mischung aus Kriegshafen, Badekurort und Pionierstadt: Meerwasserentsalzung wird hier geübt. In Glasbooten kann man die tropische Fauna des Meeresgrundes besichtigen. Hochzeitspaare verbringen hier ihre Flitterwochen. Europas und Amerikas Beatniks hausen am Strand. Ein winziger Zipfel, wo Jordanien, Saudi-Arabien und Ägypten direkt an Israel grenzen. Überall in den Straßen ein Hinweisschild, das mich interessierte: »The end of the world-Club«. Es tröstet, am Ende der Welt noch einen Klub zu finden.

Die Stadt selbst ist ein Muster israelischer Kolonisation: intelligent, praktisch, futurologisch angelegt. Aus dem Gelbbraun der kahlen Negevberge erheben sich große, weiße, moderne Wohnblocks. Breite Straßen mit Zebrastreifen und vielen Verkehrsampeln, die einstweilen noch einen Verkehr regeln, der nicht da ist. Rathaus, Krankenhaus, Kino, Kasernen, überall die Hinweistafel: »The end of the world-Club«. Wer hierher zieht, erhält Steuernachlaß. Ich lernte einen jungen Ingenieur kennen, hellblond und mit blauen Augen, Sohn eines Journalisten aus Kassel. Der junge Mann trug eine Milchkanne und ein dunkelhäutiges, putziges Kind mit sich, vielleicht zwei oder drei Jahre alt. Er lud mich ein mitzukommen. Zu Hause lagen auf einem Reißbrett technische Zeichnungen. Wahrscheinlich hatten sie etwas mit dem Projekt der Meerwasserentsalzung zu tun. Im Bücherregal unsere gute alte deutsche Bildung, wahrscheinlich vom Vater vererbt: Goethe, Schiller, Stifter, Theodor Storm am Fuß des Sinai. Dann trat seine Frau ein. Ich war verblüfft: eine komplette Inderin, jung und schön, wie man Inderinnen aus den Werbeprospekten der Reisebüros kennt; sogar das schwarze Tupferchen auf der Stirn trug sie noch. Eine Inderin? Das Mädchen kam aus einer jüdischen Gemeinde in Kalkutta. Seit fünfhundert Jahren hatte diese Gemeinde unter anderen Religionen und Sekten gelebt. Seit fünf Jahren leben sie hier in Eilat. Die jungen Leute sprachen englisch miteinander und lernten eben Hebräisch. Junge Intelligenz im Siedlerland. Nein, sagten sie, sie seien nicht orthodox, überhaupt nicht gläubig, eher sozialistisch. Kinder zweier Kulturen aus Kassel und Kalkutta. Was verband sie – außer der Liebe? Eine uralte Erinnerung an dieses Land? Ein neuer Entschluß, Israelis zu werden? Was ist das: Jude sein, wenn man die Religion abgestreift hat? Was denn? Ich habe es nicht herausbekommen.

Am schwierigsten war es ihm mit der älteren Generation, den früheren Deutschen aus Berlin, aus München, aus Frankfurt ergangen. Wie merkwürdig. Gerade weil er so offen, so freundschaftlich, so mühelos bei ihnen Eingang fand, stieß er hier schneller auf jene Grenze, auf die er in Israel oft gestoßen war. Man kam immer bis zu einem gewissen Punkt, dann nicht weiter. Sie saßen zu Hause um den Kaffeetisch: der Kinderarzt aus Würzburg, der jetzt in Jaffa praktizierte, der Kaufmann aus Berlin, der jetzt in Haifa bei der Hafengesellschaft arbeitete, die Dame aus München, die in ihrem eleganten Seidenkleid noch immer einen Rest Münchener Schönheit ausstrahlte; sie sprach noch immer ein gutes Bayerisch. Menschen, die übriggeblieben waren mit einer furchtbaren Vergangenheit, Flüchtlinge, Heimatlose, Reste, die Hitler und uns Deutschen entkommen sind: Irgend etwas hatte sich nun in ihnen verschlossen, war hart und versteinert geworden – natürlich. Sie waren jetzt sehr national, sehr hart und eigentlich viel militanter als ihre Regierung, so schien es ihm. »Mein Gott«, sagte die Dame aus München und rührte dabei in ihrer Kaffeetasse, »wir stehen jetzt fünfundvierzig Kilometer vor Amman, fünfzig Kilometer von Damaskus entfernt, und nach Kairo sind es auch nur noch hundert. Warum gehen wir denn nicht hin und räumen auf? Wie soll denn Frieden werden, wenn wir nicht die Hauptstädte besetzen?« Sie waren alle sehr liebenswürdig und kultiviert und ziemlich nationalistisch geworden. Der Reisende verstand solche Verhärtung; sie erschreckte ihn. Sie hatten so ein verblüffend einfaches und klares Weltbild. »Ach, die Araber«, sagten sie manchmal, »mit denen würden wir schon fertig, wenn nur die Russen nicht wären. Der Kommunismus verdirbt uns die ganze Welt.«

Gestern sind wir in der Wüste Judäa gewesen. Ein Wunder unserer Erde, ich zögere nicht, das zu sagen. Die Abfahrt von Jerusalem nach Jericho ist ein Wunder. Ich werde es nie vergessen. König Hussein hat hier wirklich ein Paradies verloren – vorläufig wenigstens. In Jerusalem war es hell, sonnig und sehr kalt. Immerhin liegt es 850 Meter hoch und hat mehr Regenniederschlag als London. Das vergißt man leicht. Es war also ein strahlender, kalter, blauer Himmel. Über die Nablus Road verläßt man den arabischen Teil der Stadt, eine Zollkontrolle unterwegs, dann versinkt man langsam in einer Märchenwelt, man verliert sich in einer Urlandschaft, einer Kinderwelt – so etwas hat man schon oft geträumt. Es war mir, als erinnerte ich mich an alles. Woran? Urerinnern, Urformen, Vergessen und Wiederfinden – das alles liegt wohl in ganz frühen archaischen Schichten in uns. Zauberlandschaft: Hier liegt sie draußen. Über eine weich geschlungene Straße sinkt man immer mehr in die Erde, in ihren Schoß, in ihre Träume, in eine rätselhafte Bergwüste, in tiefe Täler. Lauter kahle, harte Kegelberge, die wie braune Zuckerhüte zu umfahren sind. Man rutscht immer tiefer ins Labyrinth, es gibt keine Spur von Vegetation, von Leben mehr. Man dreht sich und dreht sich. Die Straße ist zwanzig Kilometer lang, eine einzige Kurve, die fällt, die müde, die taumeln und träumerisch macht. Narkosen der Tiefe – was überwältigt uns hier? Was zieht herunter? Jedes Gefühl für Raum und Zeit geht verloren. Nur spitze, braune Zuckerhüte, süßer Grund. Wohin führt das? Ein Straßenschild kündigt an, daß wir soeben den Meeresspiegel erreicht haben. Es geht weiter ins Unterirdische, in die Talsohle der Welt, den tiefsten Punkt der Erde. Rechts wird der Blick auf das Tote Meer frei, eine hellblaue Lauge, schwer, von weißen Salzgebirgen umgeben. Auch so etwas kann man eigentlich nur träumen. Das gibt es nicht wirklich. Man fährt bis zum tiefsten Punkt unserer Welt: Das ist Jericho, 400 Meter unter dem Meeresspiegel. Und plötzlich hält man – vor einer Oase. Plötzlich schlägt das tote, braune Gestein, die Verlorenheit in der Wüste, das Fallen im Nichts in die Geborgenheit einer kleinen, grünen Zauberinsel um. Jericho: eine Märchenstadt, die Mauern von Jericho und die Trompeten der Juden, daran erinnert man sich dunkel aus Kindheitstagen, aus Stunden im Religionsunterricht, damals, es hing eine Landkarte an der Tafel; es war immer so langweilig. Man steigt aus. Hitze schlägt einem entgegen mitten im Winter, eine Helligkeit, die sticht und schmerzt. Man sucht nach der Sonnenbrille, nach der Mütze, springt in den Schatten einer Mauer und steht plötzlich da an der weißen Wand, blickt empor: hohe, sattgrüne Palmen im blauen Himmel, Bananenstauden wachsen hier, Orangenbäume, Feigen und Datteln, es riecht wie in einem Parfümerieladen, und irgendwo hinter Büschen das große Oasenglück; da hört man das Wasser rauschen. Ist das also das Paradies? Und bitte: Warum liegen Paradiese immer im Süden?

Das heutige Jericho ist eine kleine jordanische Wüstenstadt, ein arabischer Marktflecken mit einem israelischen Militär-Kommandanten. Es sind nur acht Kilometer zur Waffenstillstandslinie, zur berühmten Allenby Bridge über den Jordan. Jericho besitzt riesige Flüchtlingslager, die heute fast leer stehen. Die palästinensischen Flüchtlinge, die hier lebten, sind vor den einrückenden Israelis wieder geflohen. Angst vor den Juden – so etwas gibt es jetzt. Man sieht ihre neuen Zeltlager hinter dem Jordan mit bloßen Augen. Alte Heimsuchung, neue Heimsuchung – warum sind Paradiese immer der Hölle so nahe? Jericho ist auch eine Stadt des Leidens, sie wuchs in viertausend Jahren aus Schmerz, Unterwerfung, Unterdrückung, eine uralte, versteinerte Stadt, die in der Wüste kochte und dabei auch einige Weltreligionen ausbrütete: natürlich Erlösungsreligionen. Man versteht hier bald, warum das Paradies mild und grün, die Hölle heiß und warum Gott nur einer sein kann. Dieser kahle, unbarmherzige Himmel brennt alle anderen Götter weg – eifersüchtig. In den Nebeln Nordeuropas mögen Riesen und Gnomen herrschen, im griechischen Schattenreich Nymphen und Dämonen. Jericho liegt nackt, vollkommen hilflos leidend zwischen Wüste und Himmel, und ob das nun Jahwe, Jesus oder Mohammed heißt: Hier kann nur ein Gott sein – ewig, allmächtig, manchmal auch gnädig.

Warum war es dem Reisenden nicht gelungen, sich mit Jerusalem anzufreunden? Er verstand die Stadt nicht; sie war das Fremdeste in der Fremde. Chiffren, Hieroglyphen, eine verschlüsselte Welt uralter Zeichen. Überall Kirchen, Klöster, Kapellen, Tempel, Moscheen, und alles heilig. Heilige Berge, der Berg Zion, der Ölberg, der Berg der Ärgernisse, heilige Gärten und Täler: Gethsemane, Golgatha und das Kidrontal. Heilige Grotten und Gräber: das Grab Absaloms, das Grab des Jakobus, des Zacharias, dann war aber auch an das Grab Josaphats zu denken. Die Protestanten, eigenbrötlerisch und naturliebend, wie sie sind, besaßen hier sogar ein Privatgrab Christi: das Gartengrab, das nicht zu verwechseln war mit dem richtigen, dem römischen, armenischen, koptischen und griechischen Grab Christi. Überall heilige Brunnen, Steine und Bäume und viele schwarze Löcher, in die man hineinkriechen mußte. Unten war nichts, überhaupt nichts als schlechte Luft und flackerndes Kerzenlicht über Geröll, aber es wurde versichert, hier sei einmal, der Tradition nach, wahrscheinlich: Was? Wer? Jesus? Jakobus? Mohammed oder Abraham? Oder war es König Salomon gewesen, der doch die Königin von Saba...? Daran erinnerte er sich dunkel. Und wie war das mit der Königin Helena gewesen? Nein, nicht die Helena, die andere Helena Adiabene, die Königinmutter, die doch zum Judentum übergetreten war, Sie erinnern sich doch. Er hatte das Haus des Annas, die Königsgräber, die Grotte Jeremias, das Grab der Heiligen Jungfrau, die Kapelle der Kleiderverteilung, das Tor des heiligen Stefan, die Grotte zum Todeskampf, die Kirche der heiligen Anna – mit vollem Ablaß – besichtigt. Aber dann mußte auch das Haus der Eltern Mariens noch wahrgenommen werden, so versicherte man ihm. Er war etwas erschöpft und kreislauflabil durch die Via Dolorosa gewankt. Da war überhaupt nichts zu sehen, nur schmale, bunte Basare, das quirlende Leben arabischer Altstädte, aber sein Führer hatte ihm bedeutet, daß hier der Ecce-Homo-Bogen, dort aber die Kirche der Schwestern Zions zu beachten sei. Dann war der Turm der Erlöserkirche zu besteigen, Wilhelm II. hatte sie 1898 eingeweiht. Das roch man noch heute hier: Es roch ganz preußisch und protestantisch mitten in Jerusalem – also nach Bohnerwachs.

Ach, er war in ein Treibhaus der Religionen geraten, in einen Dschungel der Heiligtümer, und wo beides ist, ist auch immer Blut und Mord und Krieg zu Hause gewesen. Was hatten die Menschen hier aufeinander eingeschlagen, wieviel Haß und Blut und Bestialität waren hier versammelt und aufbewahrt in dreitausendjährigen Folianten. Jerusalem war keine Polis, es war ein Schatzhaus der Götter und Krieger, ein Tresor aus Gold und Menschenblut, der öffnete sich ihm nicht. Er hatte alles nur wie durch dicke Schaufensterscheiben gesehen, war oft verwirrt und müde und manchmal auch entsetzt gewesen. Nur zwei Eindrücke hatte er hier notiert:

Sie haben mich an das Grab Christi gezerrt. Das ist in der Altstadt nicht zu vermeiden. Hunderte von Arabern leben seit vielen hundert Jahren davon, stehen in den Straßen herum, suchen, lassen in der Hand die große Perlenkette gleiten, schnuppern nach Christen, nach Touristen, schnuppern nach Dollars. Wer nicht Jude, nicht Araber ist, ist hier immer Christ. Das Spiel ist seit Ewigkeit eingespielt, sie geben sich Zeichen, Signale, erkennen einen wie der Staatssicherheitsdienst unbarmherzig, und dann wird man weitergereicht nach eisernen Regeln. Also: das Grab Christi – selbst »Polyglott«, mein Reiseführer, spricht von »einer gewissen Enttäuschung«. Dem kann man schwer widersprechen. Die Grabeskirche besteht aus einem dunklen und häßlichen Konglomerat von vielen Kapellen, Altären und Sonderkirchen in vielen Stockwerken, und wie an allen Verkehrszentren der Welt wird auch hier immer gebaut, erweitert, erneuert, noch schöner, noch älter gemacht. Bauschutt überall, Holzverschalungen, Stahlstreben, Mörtel und viele Backsteine, über die man im heiligen Dunkel leicht stolpern kann.

Woran liegt es eigentlich, daß es im Heiligen Land so gut wie keine Kunst gibt? Was an den Wänden hängt, ist alles trivial, unglaublich geschmacklos. Warum muß man erst den Abstand von Rom, von Madrid, von Chartres haben, um christliche Kunst zu finden? Auch sind die subtilen Besitzverhältnisse der Konfessionen streng zu beachten. Sonst gibt es rasch Schlägereien unter den Brüdern. Es gelang mir, an der Adamaskapelle, am Salbungsstein, am Stabat-Mater-Altar, sogar an der Rotunde unbehelligt vorbeizukommen. Ich sah auch das Christusgrab von innen, »ein überladener und stilloser Bau«, wie »Polyglott« meint; auch dem kann man schwer widersprechen. Ich wußte aber nicht, daß die koptische Kirche noch eine Schmalseite des Grabes von außen für sich allein besitzt. Ein koptischer Priester winkte mir zu, nahm mich an die Hand, führte mich in die Kapelle, wo Dunkelheit herrschte. Der heilige Mann zerrte mich plötzlich herunter, hieß mich im Dunkeln knien, nahm ganz vertraulich meine Hand und sagte mit dunkler, würdiger Stimme: »Please, Sir: touch the stone, please!« Er legte meine Hand auf den Fels des Grabes, entzündete in der Dunkelheit eine Kerze, führte die Kerze an den Felsen, wo meine Hand lag, und ich sah plötzlich das Grab im milden Licht: Da lagen Tausende von grünen Dollarnoten drin, und der heilige Mann fragte mich ernst: »Please, Sir, how many?« Soll ich nun auch noch hinzufügen, daß es zum Letzten kam? Ich hatte nämlich nur Reiseschecks bei mir. Der heilige Mann erwies sich als guter Wechsler im Tempel.

Am anderen Tag hatte der Reisende in Jerusalem notiert: Ich bin den Abend an der Klagemauer gewesen, fast vier Stunden lang. Es ist wieder Schabbat. Die Klagemauer: Man hat so viel darüber gehört; man hat es oft im Fernsehen, in der Zeitung gesehen. Meistens enttäuscht dann die Wirklichkeit. Sie hält der Phantasie nicht mehr stand. Hier ist es umgekehrt. Es war für mich wie in Mea Schearim: reines Erstaunen, grenzenloses Verwundern – ein großes, rätselhaftes Schauspiel der Nation. So also spricht der Herr mit seinem Volk, das Volk mit seinem Herrn? Angst und Zittern, große Unterwerfung, große Beschwörung, Verbeugung – also spricht der Herr? Die Israelis haben die historische Tempelmauer noch etwas tiefer ausgegraben und den Platz davor, auf dem arabische Häuser standen, planiert; ein gewaltiger Betplatz der Juden ist so entstanden, und jeden Freitagnachmittag versammeln sie sich hier: die Ultra-Orthodoxen, die »Schützer der Stadt«, die Chassidim, die Rabbiner – die orthodoxen und die liberalen –, israelische Bürger, Gläubige und Ungläubige. Es ist eine einzige, große, schwarze, wogende Versammlung von weit über tausend Männern, die dicht gedrängt vor einer etwa fünfzig Meter hohen Steinwand stehen, der Tempelmauer, und beten, jeder für sich. Sie stehen ohne jeden Abstand, direkt auf Zentimeternähe an der Wand.

Was ich nicht wußte, was ich erst jetzt sah, ist, daß die Männer einen eigenen, strengen Bewegungsritus beim Beten haben. Sie stehen ganz eng gedrängt und zucken etwa alle drei Sekunden mit ihrem Oberkörper heftig nach vorne. Wahrscheinlich soll das eine Verbeugung sein, aber sie wird so hart, so abrupt und blitzschnell vollzogen, daß die Bewegung etwas Anfallartiges, Insektenhaftes bekommt. Aus welchen Tiefen kommt das? Ich sah in Harlems Kirchen die Neger schreien, tanzen, zucken, sich auf dem Boden wälzen – das alles war beinah verständlich und einfühlbar. Das war etwas, was aus dem Bauch, wahrscheinlich aus dem Sonnengeflecht kommt, und in den Ekstasen des Schmerzes oder der Sexualität sind wir ja auch so. Jüdische Frömmigkeit, wie sie sich hier vollzieht, kommt aus viel tieferen, früheren, entfernteren Schichten. Da muß sich ein großes Drama der Macht abspielen, da geht es um Herrschaft, Unterwerfung, der Schrei Jeremias und der Schrei des Schakals in der Wüste ist darin, und wie er dann aufgehoben, aufgenommen wird, der Mensch, und erhört, sich plötzlich im Kreise zu drehen anfängt und singt. Welch ein Volk. Alle Erinnerungen der Völker sind in ihm versammelt, alle Religionen kehren in seiner Frömmigkeit noch einmal wieder. Da hinten stehen orientalische Juden, Jemeniten, die singen wieder anders, und dazwischen stehen Gelbe, Braune und Schwarze: Jeder betet und zuckt und singt auf seine Weise. Jeder ist ganz allein mit seinem Herrn. Manchmal bilden sich Ansätze zu einer Gruppe. Da dreht sich einer um, stimmt plötzlich laut einen Psalm an, die anderen stimmen ein, kurze Zeit bildet sich eine Gruppe, die laut psalmodiert. Aber daneben hat sich jetzt ein anderer Vorbeter noch stärker durchgesetzt und zieht die Gesichter der Männer zu sich: Die Gruppe fließt über zu ihm, kann sich aber auch nicht halten, zerfällt plötzlich. Sie drehen sich wieder zur Mauer, jeder für sich, verneigen sich. Dann beginnt das Spiel, das Angst und Herrschaft und Erbarmen heißt, von neuem. Was ist das? Lauter Söhne, die gegen den Vater kämpfen? Ein Drama der Autorität, das ist sicher. Aber wo kommt diese Gewalt der Unterwerfung, dieser Starrsinn der Formen über viertausend Jahre her? Was ist das für ein Bund, von dem wir anderen ausgeschlossen sind?

Natürlich gab es auch ganz andere Bürger im Land. Der Reisende erinnerte sich an den jungen Journalisten in Tel

Aviv, einen witzigen, aufgeklärten, politischen Kopf, der ihm immer abwehrend gesagt hatte: »Ach, fallen Sie doch nur nicht darauf herein: Heilige Steine und Stätten bei uns, das ist doch nur eine Ideologie unserer Konservativen. Die schrecken vor nichts zurück. Die gehen bis in die frühe Bronzezeit zurück, um mit der Bibel nachzuweisen, was wir alles noch erobern sollen. Auch Israel hat seine Bernt von Heiselers und Armin Mohlers. Wir leben doch jetzt in den Gründerjahren. Da gibt es Richard-Wagner-Töne bei uns.«

Er erinnerte sich an den Buchhändler in Tel Aviv, mit dem er oft bei einer vortrefflichen Gulaschsuppe zusammengesessen hatte und der ihm erwidert hatte: »Die Juden? Was fragen Sie immer nach den Juden? Was wollen Sie da ergründen? Die wird es in wenigen Generationen nicht mehr geben bei uns. Es wird nur noch Israelis geben, so, wie es eben auch Ägypter, Spanier, Franzosen gibt. Israel ist das Ende der Judenfrage – Gott sei Dank. Wir wollen einfach sein wie alle: eine Nation.«

Dann gab es wieder andere im Land, die diese Sehnsucht nach Staatlichkeit mächtig moralisch aufluden; strenge und eifernde Zionisten, die in Israel so etwas wie das Reich Gottes auf Erden sahen. Nulla salus extra Israel, hätte man sagen können. Für Juden ist kein Heil in der Welt – außer in Israel. Sie gebrauchen große Worte, sprachen von totaler Alija, sprachen von »jüdischer Seinsfülle« in Israel und von »jüdischer Seinslüge« draußen in der Welt. Anstrengende und angestrengte Begriffe, die den Reisenden an Paul de Lagarde und Martin Heidegger erinnerten. Erde, Heimat und Volk wurden hier plötzlich zu habgierigen und eifersüchtigen Begriffen, die dem einzelnen das Recht absprachen, außerhalb seines Volkes wertvoll zu sein. Es wehrt sich etwas in dem Reisenden dagegen, in dem Landarbeiter im Kibbuz die »jüdische Seinsfülle« zu sehen, in dem Philosophen Ernst Bloch aber, wie ihm ein Schriftsteller erklärt hatte, »die jüdische Seinslüge«.

Dieses winzige Land: In seinen alten Grenzen ist es kaum größer als Hessen. Es müßte vor allem Geologen, Botaniker interessieren. Welche Unterschiede des Klimas, der Flora, welch ein Gefälle der Natur, wenn man nur zwei oder drei Stunden Autofahrt hinter sich hat. Seit einigen Tagen bin ich wieder in Obergaliläa. Es ist die Landschaft um Nazareth. Der Tiberiassee, Kapernaum, der Taborberg, der Berg der Seligpreisungen, die Landschaft der Bergpredigt. Ihre Lobpreisung der Sanftmütigen ist wohl an eine so milde und sanfte Natur gebunden. Man müßte eine Soziologie der Bergpredigt erarbeiten: wahrscheinlich die Ideologie eines Hirtenstammes. Undenkbar dasselbe 300 Kilometer weiter in der Wüste. Der Regen hat sich verzogen. Es ist grün, frisch, lieblich hier oben. Wenn ich morgens das Fenster öffne, fällt ein strahlender, blanker Maitag ins Zimmer, ein klein wenig tropisch angeheizt. Feigen, Ölbäume, Eukalyptus im Garten, aber auch Eichen und Pflaumenbäume. Mimosen und viele rote Blüten auf dem Rasen. Ein blühender, paradiesischer Garten, könnte man sagen, wenn man nicht wüßte, daß all das die Leute vom Kibbuz seit fünfzig Jahren mit ihren Händen erarbeitet haben. Am Anfang war hier ja nichts, nichts als Felsen, Steine, Trockenheit und Lebensgefahr. Sie haben die Steine weggetragen, das Land urbar gemacht, bewässert, bebaut, gesät, sich zur Wehr gesetzt, geschossen und wieder neu gesät – erst nach vielen Jahren begann die Ernte der Zitrusfrüchte. Die gewaltige Kulturleistung der Kibbuzim ist bekannt. Man sieht sie im ganzen Lande. Wo immer Israelis gesiedelt haben, dort ist es grün, sauber, menschenfreundlich.

Abends Vortrag eines alten Mitgliedes über das Leben im Kibbuz. Zufällig sind hessische Vertreter der Gewerkschaft IG Bau, Steine, Erden hier zu Besuch. Die hessischen Gewerkschaftsfunktionäre wirken etwas klobiger, etwas schwerfälliger als die Arbeiter hier. Zugleich spürt man, daß sie aus einer modernen Industriegesellschaft kommen; sie mißtrauen etwas dem Glück der Erdarbeit. Wieviel Maschinen man habe, und warum man nicht noch mehr rationalisiere? Kein Privatbesitz? fragt einer. Ob das nicht die Arbeitsleistung mindere? Und die Familie, sei die hier nicht in ihrer

Würde in Frage gestellt? Der Vortragende ist ein älterer, schlanker Herr, vielleicht sechzigjährig, er ist noch ein Idealist der ersten Stunde, er hat sich mit dem Namen Joseph Rosenbaum vorgestellt, ein Herr aus Göttingen, der mit den menschenfreundlichen Gebärden ergrauter Jugendbewegter den Männern aus Hessen zu erklären versucht, wie alles gekommen sei. Ja, auch er habe einmal an die Kultur, an den Geist wie alle Juden geglaubt. Er habe in Göttingen als junger Mann Philosophie studiert, nichts als Hegel, Kant, Aristoteles, aber dann, als Hitler kam, sei bei ihm die Erkenntnis, die große Wandlung gekommen. Schluß mit dem Geist, Schluß mit der Kultur. Die Antwort auf Hitler habe einfach gelautet: Bauer werden, sich eine Heimat suchen, auf dem Lande arbeiten; Bau, Steine, Erde. Er habe seine Bücher geschlossen und sei nach Palästina ausgewandert, das damals noch unter englischer Verwaltung stand. Er sei hier ins Kibbuz Ayelet Hashahar gekommen, habe dreißig Jahre lang nichts als Steine getragen, Furchen gezogen, Wasserleitungen gelegt, gesät, geschossen und geerntet. Jetzt hier, das sei ja ein Paradies. Aber damals? Ein erfülltes Leben, sagte er. Er sagte nicht »Seinsfülle«, aber wenn er heute zurückblicke, wenn er einmal sterben werde, so wisse er, ein erfülltes Leben geführt zu haben. Und später erzählte er von der Jugend, die er hier im Kibbuz zu betreuen habe. Er sage den jungen Leuten, die fort wollten, immer: Bitte, wenn ihr wollt, geht nur. Ihr könnt ruhig austreten, wenn ihr wollt. Geht nur nach Tel Aviv, und das Wort Tel Aviv klang in seinem Mund jetzt fast wie Baal Babylon. Treibt euch nur herum in der großen, fernen Stadt. Eines Tages werdet ihr doch zurückkommen. Das Glück, der Sinn, der Friede ist hier. Es wartet auf euch die Erde.

Dieser Gefühlshaltung war der Reisende im Lande oft begegnet. Jüdische Sehnsucht nach Geborgenheit, nach Heimat, nach Erde – er verstand sie, mit etwas Skepsis. Er verstand, daß die Entrechteten, die Unterdrückten und Flüchtlinge so vieler Völker eine rührende Dankbarkeit für das Land zeigten, in dem es normal war, ein Jude zu sein. Normal auch, als Jude Bauer, Busfahrer oder Soldat zu sein. Es war etwas Romantisches und Jugendbewegtes dabei, natürlich. Die Art, wie die Männer hier im Lande sich kleideten: bewußt salopp, betont einfach und etwas hinterwäldlerisch, wie sie mit Stolz keine Jackettanzüge, keine Krawatten mehr trugen, sondern einfach das kurzärmelige, offene Hemd, den Schillerkragen Ben Gurions – darin lag ein ganzes Programm, das hieß: Zurück zur Natur, die Erde heilt. Sehr wahr, sehr richtig, dachte er oft; nur: Auf dem Asphalt waren sie doch auch sehr gut; von Karl Marx bis Trotzkij, von Heine bis Kafka. Da blieb etwas für die Menschheit übrig – für uns alle. Für die junge Nation hier war es natürlich sehr wichtig, gute Landarbeiter, gute Busfahrer und erstklassige Soldaten zu haben. Nationen sind unglaublich egoistisch und müssen's wohl sein. Aber für die Menschheit wäre es doch schade, wenn sie hier rückwirkend alle: von Freud bis Einstein, von Bloch bis Peter Weiss, heimführen würden, der Seinsfülle wegen. So wird eine Nation – unter Verlusten. Etwas wird aufgebaut, und etwas geht dabei auch verloren.

Heute nachmittag im Gazastreifen gewesen. Wir fanden in der Stadt Gaza einen unbeschreiblichen Wirrwarr vor. Schabbat: Tausende von Israelis strömen mit ihren Autos herein, man erkennt sie an ihren großen, gelbbraunen Nummernschildern. Man kann hier arabischen Kleinkram billig kaufen. Die Straßen waren überfüllt, verstopft, blockiert, ein irres Gedränge, Geschiebe, Geschrei. Handkarren, Radfahrer, Maulesel, Moslems, viele Mercedes dazwischen. Alle Armen in Gaza, hörte ich, fahren Mercedes im Gazastreifen. Untertürkheim muß da einmal mit Kairo einen seltsamen Vertrag geschlossen haben. Die Stadt mit ihren gewaltigen Flüchtlingslagern gleicht einem kranken, wilden Bienenschwarm der Armseligkeiten. Alles jagt, schreit, rennt durcheinander. Die unklare Zukunft dieses Gebiets ist von jeder Straßenecke abzulesen. Warum schreibt eigentlich meine deutschsprachige israelische Zeitung, die ich hier täglich lese, *Jedioth Chadashoth,* wenn sie aus den besetzten Gebieten berichtet, immer von »befreitem Territorium«? Was wurde hier in Gaza befreit? Die Erde, die Flüchtlinge, die Araber?

Frau Dr. A., die uns fuhr, bat mich, die Autofenster zu schließen. »Ansteckungsgefahr«, sagte sie. Sie ist Ärztin in Tel Aviv. Wir sind also in Gaza nicht ausgestiegen, sondern immer nur im Kreis gefahren, wenn man dieses Gestocke in den überfüllten Straßen überhaupt fahren nennen soll. Alles sei krank, schmutzig, unterentwickelt und nicht ungefährlich hier, meinte unsere Führerin. Ein bißchen war mir das doch – darf ich das sagen? –, als wenn ich mit einem ostelbischen Baron 1942 in ein polnisches Getto eingefahren wäre: zu den Juden. Es ist wirklich unheimlich schmutzig in Gaza und auch nicht ganz ungefährlich – nur: War das im Warschauer Getto 1942 nicht auch so? So etwas ist nicht »Natur«, nicht »Volk«. Es ist gesellschaftlich produziert und vermittelt. Zum großen Teil ist es Schuld der Ägypter; man weiß das. Nur, wie schnell manche Israelis heute solche Opfer-Existenzen vergessen. Ich schwieg auf der Rückfahrt. Ich war betroffen und dachte: Ein bißchen zu hart, ein klein wenig zu selbstsicher gegenüber dem Elend der Armen sind manche hier schon geworden. So wird eine Nation – unter humanen Verlusten.

Der Reisende hatte diese Erfahrung öfters gemacht, in Nazareth, in Haifa, in Hebron. Vor allem unter den alten Europäern, die hier lebten, gab es einen Hochmut der Eisschränke, der Air-condition, der Zivilisation, der sich in dem Satz spiegelte, den er häufig gehört hatte: »Die Araber, sagt man, wohnen in der Wüste? Ach, wo die Araber wohnen, ist immer Wüste.« Trotzdem war diese Haltung bestimmter Einwanderergruppen nicht typisch für die Politik und Praxis dieses Staates. Diesen jungen Staat Israel kennzeichnet eine seltene und im Grunde rätselhafte Mischung aus Härte und Humanität. Sie schlugen blitzschnell zu, unglaublich hart – trotzdem waren sie vollkommen frei von Brutalität, dem Haß, den vielen kleinen Gemeinheiten aller Siegernationen. Sie waren zugleich menschlich, hilfsbereit und vernünftig.

Nicht einmal der letzte Sieg hatte ihnen wirklich süß geschmeckt. Sie gedachten nach dem Sieg auch sofort der Opfer ihrer Feinde. Sie veranstalteten keine Siegesparade; es gab kein nationales Fest nach dem Junikrieg. Sie gingen sofort wieder an ihre Arbeit, in ihre Fabriken, Büros, Kibbuzim oder Hotels. Sie wollten dieses Gebiet für die Juden. Das war ein Nationalismus gegen den anderen, der zionistische stand unglaublich hart gegen den arabischen. Die Zionisten siegten. Triumphiert haben sie deswegen nicht.

Ich bin jetzt viel durch die eroberten Gebiete gefahren. Schon zwei Wochen nach dem Krieg fuhren Touristenbusse nach Sinai ein – Schlafsack und Kochgeschirr sind mitzubringen. Israel ist trotz aller Bedrohungen im Inneren eine offene, freizügige Gesellschaft. Jeder kann tun, was er will. Es fehlt die Grundkategorie aller deutschen Politiker: die Angst. Keine Spionagehysterie wie im Osten, keine militärische Wichtigtuerei wie bei deutschen Militärs. Man sieht fast keine Soldaten. Wo stecken die eigentlich? Das Wichtigste, so hörte ich, soll alles unterirdisch liegen: Flugplätze, Munitionsdepots, Nachschublager, Befehlszentralen. Wie die Ägypter sollen sie auch schon eine kleine Atombombe haben. Im Orient pendelt sich immer alles aus. In solchen Wüsten bleibt auch Karl Marx stecken.

Ich war in Jordanien auf der Westbank. König Hussein braucht sich dieses Gebietes nicht zu schämen. Es ist landwirtschaftlich gut entwickelt. Ich war in der Wüste Sinai. Schlimm – da liegen Ägyptens Reste herum. Am schlimmsten war es in Syrien, hinter dem Tiberiassee, die Golan Heights: entsetzlich. Die Israelis waren in einer schlechten Lage hier. Die Syrer saßen oben in den Bergen, hatten die Golan Heights zu einer gewaltigen Bergfestung ausgebaut, fast wie die Maginotlinie, und schossen von oben, wenn sie gerade Lust hatten, in die israelischen Kibbuzim, die im Tal liegen.

Sie haben viele Landarbeiter verloren. Sie haben das hingenommen, verbissen – natürlich warteten sie auf den Tag der

Revanche. Am Ende des Junikrieges war er gekommen. Da sind sie mit dem Waffenstillstandstermin sozusagen um die Wette gelaufen – bergauf. Sie haben mit den Golan Heights aufgeräumt: entsetzlich. Wir sind einen Tag kreuz und quer gefahren, ein mörderisches Schlachtfeld noch immer. Tot, tot, tot, alles tot hier. Von dieser Befestigung ist nichts mehr geblieben. Alles gesprengt, in die Luft gejagt, zerbombt, zerrissen. Die Stadt Kuneitra gleicht einem Geisterhaus. Wir irrten einen Vormittag durch die Ruinen der syrischen Stadt. Einmal kam uns ein UN-Jeep entgegen; auch er wirkte geisterhaft. Die sind hier machtlos. Auch die Vereinten Nationen bleiben hier stecken, wie Karl Marx. Einmal trafen wir auf zwei Soldaten. In einer zerfetzten Bar der Syrer, »Moulin Rouge«, war noch zu lesen, hatten zwei junge Israelis Wache bezogen. Sie saßen in Klubsesseln, die sie nach draußen in die Sonne gerückt hatten. Sie rauchten. Alle israelischen Soldaten, die ich auf Wache traf, sitzen immer in Sesseln, in Liegestühlen, rauchen, trinken Obstsaft, malen Männchen auf Zigarettenschachteln, sind entspannt und blitzschnell auf dem Posten. Sie sagten »Schalom« und hielten ihr Schießgewehr auf den Knien.

Hinterher wußte der Reisende, daß dieser Junisieg die Nation nicht nur gesichert, sondern auch in eine tiefe Krise ihres Selbstbewußtseins gerissen hatte. Israel, das immer ein mehr historischer als geographischer Begriff war, war plötzlich beides. Anstelle von 20 000 Quadratkilometern vor dem Kriege kontrollierte es plötzlich 90 000 Quadratkilometer. Und das war nicht nur ein quantitatives Problem. Der Sieg hatte die Juden zum erstenmal mit den wirklichen Stätten ihrer Vergangenheit konfrontiert. Nicht Tel Aviv und nicht Haifa, diese jungen und modernen Zentren, waren ihnen von ihrem Gott verheißen worden, wohl aber das, was sie jetzt besaßen: die Tempelreste in Ostjerusalem, Hebron mit den Gräbern der Patriarchen, in Bethlehem das Grab der Rachel; es gab den Berg Sinai, wo einmal der Bund geschlossen wurde, und Samaria und den Jordan, und das alles gab plötzlich den konservativen und religiösen Kreisen im Land einen ungeahnten Aufschwung. Wie es in der Bundesrepublik das »Kuratorium Unteilbares Deutschland« gab, so gab es hier plötzlich die »Bewegung für das ganze Israel«. Lauter religiöse Nationalisten, die immer »Heilig, heilig, heilig« riefen. Jeder Stein aus Feindesland sei dem Volk verheißen, nichts dürfe preisgegeben werden. Gott selber habe...

Traum von heute nacht. Wir sind also mit diesem Bus, der donnerte, der flog, der so herzzerreißend schön sang: »Bei mir biste scheen, please let me explain« in das Kibbuz Sde Boker zu Ben Gurion gefahren. Mir träumte: David Ben Gurion saß auf freiem Feld zwischen Felsbrocken auf einer Apfelsinenkiste. Ein alter, kleiner, stämmiger Mann mit einem intelligenten, verschmitzten Bauernschädel. Er trug einen hochgeschlossenen schwarzen Anzug im Mao-Look. Ich glaube, er sortierte gerade Bohnen. Es können aber auch Erbsen gewesen sein. Er sah überhaupt nicht auf, beachtete mich nicht, sagte dann aber so vor sich hin: »Na und? Wie war's?« Ich trat etwas auf der Stelle und wußte nicht, was und wie – die jungen Nationen sind doch alle so empfindlich. Sie sind wie junge Frauen. Im Grunde wollen sie immer nur Schmeichelndes hören. »Tja«, sagte ich also, »wunderschön, Herr Ben Gurion, wunderschön«. – »Wir haben manches geschafft«, murmelte der Alte, »aber noch mehr liegt vor uns. Wir haben die verstreuten Gemeinden aus der Welt heimgeholt. Wir haben das Land bevölkert, besiedelt und kultiviert, wir hatten die Kluft zwischen den Gebildeten aus Europa und den Primitiven aus Afrika zu schließen, wir mußten eine uralte Sprache neu beleben und unsere Grenzen sichern und müssen jetzt in der Zukunft einen Weg zu unseren Nachbarn suchen. Wissen Sie, das erwählte Volk wollte immer ein Licht für die anderen Völker sein. Das versuchen wir hier auch, ein Modell für alle jungen Nationen zu bilden.«

»Ja, Herr Ben Gurion«, sagte ich, »ich sah es, so ist es, aber ich kann nicht aus meiner Haut; ich empfinde auch die Verluste. Vom Judentum, das der Welt ein Licht war, geht auch manches kaputt hier. Vieles wird dunkel hier. Ich sehe ja ein: Der Staat der Juden mußte sein, nach allem, was die Völker, nach allem, was besonders mein Volk, was wir Deutsche den Juden antaten. Ich weiß das. Aber wissen Sie auch, was Sie der Menschheit antun, indem Sie aus lauter intelligenten, bösartigen, witzigen Einzelgängern draußen hier ein Volk von Bananenpflückern und glücklichen Bauern machen? Völkische Einheit? Ach, ich war nie ein Völkischer. Das macht es mir jetzt schwer in Israel. Also noch ein Staat mehr auf der Welt, und die Juden zum Schluß eine so intakte und normale Nation wie die Libanesen – schade um diese lange und große Leidensgeschichte.« Dann erwachte ich etwas verzweifelt. Ich erwachte voller Angst. Ich hatte dem Vater widersprochen.

Dem Reisenden war nicht wohl nach diesem Traum. Er flog nachdenklich nach Hause, nach Deutschland. Er wäre sich gern auf die Schliche gekommen, woher dieser Widerspruch, dieser Protest eigentlich kam. Jede Reise, das wußte er, war im Grunde eine Reise zu einem selbst. Er hatte gesehen, wie die Juden hier entschlossen waren, eine Nation zu werden. Nicht alle, im Grunde nur ein sehr kleiner Teil vom Ganzen, ein Sechstel nur aller Juden, aber dieses Sechstel wog. Es trieb die Geschichte voran. Sie wollten einfach eine Nation werden mit richtigen Arbeitern, Bauern, Handwerkern und vielen vortrefflichen Soldaten. Sogar eine ganz ordentliche Kriminalität hatten sie schon im Lande und ein vorzügliches modernes Gefängniswesen. Auf beides war man stolz in Israel. Er hatte den enormen Ernüchterungsprozeß beobachtet, der immer eintrat, wenn viele einzelne zusammenkamen, um einen Staat zu bilden. Ein Riesenanspruch des Leidens wurde da aufgegeben. Genie war nicht gefragt. Kafka war nicht mehr wichtig. Es ist natürlich unglaublich banal, Straßen zu bauen, Wasserleitungen zu legen, Apfelsinen zu pflücken. Zuletzt zu Hause, später, hinterher, hatte er seinem Reisetagebuch noch diesen Nachtrag zugefügt:

Ich weiß nicht, wahrscheinlich, vielleicht: Wenn ich mich

nach Freud richtig analysiere, so ist es doch ein Stück gekränkter Narzißmus in mir. Ach, »gekränkter Narzißmus«, eine jüdische Diaspora-Wahrheit, wie ich jetzt weiß: zersetzend und schön. So etwas wird Israel lange nicht mehr hervorbringen. Zu so etwas gehört nicht nur das Alte Testament, dazu gehört auch Wien, etwas Verfall. Also: Du hast die Juden immer geliebt und bewundert, aber wahrscheinlich doch nur, weil sie litten und einsam waren – von Heine bis Kafka. Die haben der Welt ein Zeichen gesetzt. Das bleibt. Es ist kränkend für dich, nun zu sehen, wie sie hier den Mantel des Schmerzes abwerfen, normal sein wollen – wie alle. Es ist interessant, faszinierend, etwas befremdend und auch etwas kränkend. Es zerstört deine Projektionen, deine Selbstliebe. Das machte dich fremd in Israel. Das wird man den Juden ja erst zuletzt verzeihen: daß sie nicht mehr leiden wollen – das nicht. Wo steht aber geschrieben, daß man leiden muß? Nicht in ihrer Bibel. Das sagte erst Christus.

(1971)

Diese brave Welt
Moskauer Impressionen

Warum fährt ein Bürger der Bundesrepublik nach Moskau? Warum fährt ein westdeutscher Intellektueller an einem warmen, strahlenden Septembertag in die Hauptstadt der Sowjetunion? Es gibt lockendere Ziele, schönere Hauptstädte, billigere Reiseländer, Landschaften in südlichem Licht, Orte in herrlicher Ungebundenheit. Warum sagt der Bundesdeutsche trotzdem: »Moskau«? Das Wort klingt kühl, nicht so freundlich wie Rom oder Paris. Nach Moskau geht man nicht zum Spaß. Man geht sehr ernst. Man will etwas erfahren, bekunden, bewirken: am besten Entspannung und Frieden natürlich. Aber wie macht man das?

Es kam eine Einladung, es kam ein Brief, man könne in Sachen des Friedens zwei Wochen nach Moskau und Leningrad fliegen. Ich sagte mir, das kennst du nicht, das kennt hier niemand in deinem Freundeskreis. Was weißt du denn über Moskau, ehrlich? Moskau ist eine leere Stelle auf dem Atlas deiner Erfahrung. Täglich hört man von Moskau im Radio und Fernsehen, täglich liest man Meldungen: »Moskau sucht Absprache mit USA« – »Bonn weist Moskaus Forderung zurück« – »Moskau läßt sich durch Peking nicht provozieren«. Wie sieht das aus? Wie lebt man dort? Man müßte es einmal sehen. Moskau ist für mich ein Begriff ohne Anschauung. Begriffe ohne Anschauung sind leer. Auf diese Leere kann man vieles projizieren. Projektionen sind schlecht, Erfahrungen gut. Deshalb fuhr ich nach Moskau.

Als wir im Omnibus vom Flughafen Scheremetjewo in die Stadt Moskau fahren, merke ich, daß so viel naive Erwartung nicht ganz stimmt. Wir alle bringen unser eigenes Schicksal, unsere eigene Vergangenheit, unsere dunkle deutsche Geschichte mit. Erste Häuserblocks tauchen auf, quer in die Landschaft gestellt, hohe kahle Wohnblocks, vereinzelte Fabriken, Brücken, Vorstadtlandschaft, Birkenwäldchen, Peripherie einer Weltstadt, weit und kalt, steinernes Vorspiel, viel Leere dazwischen. Es ist dämmrig draußen, es ist dämmrig im Bus, wir sind müde, erschöpft und neugierig. Jemand sagt: »Bis hierhin sind die Deutschen gekommen, genau bis zu diesem Punkt vor Moskau.« Die Deutschen? Wer ist das? Sind wir das hier in diesem Omnibus? Wer von uns ist bis hierher gekommen? Jeder denkt, es werden wohl die anderen gewesen sein, die anderen Deutschen zu Hause. Wir sind achtunddreißig freundliche Bundesrepublikaner, die nach Moskau reisen. Hitlers Krieg ist längst vergessen.

Wir kommen aus Frankfurt und Hamburg, aus Düsseldorf und Köln, den Zentren des neuen Goldes. Die Menschen in Frankfurt haben Hitler vergessen, sie haben den Krieg vergessen. Die Deutschen hungern nach Wohlstand, ein jeder sucht seinen Erfolg. Man nennt das die freie Wirtschaft, eine christliche Ordnung, wie man hört, und wenn man in Frankfurt auf den Sachsenhäuserberg, auf den Lerchesberg fährt, sieht man die Früchte. Da wohnt die neudeutsche Prominenz in kostbaren Villen mit Butler und Gartengrill, mit rokokohaften Zäunen, abgetrennt von den anderen, die es nicht schafften. Die große Gleichheit von 1948 ist wieder aufgehoben. Millionäre gibt es viele in unserem Land. Sie haben ihr Kopfgeld wundersam vermehrt. Es gibt wieder Arme und Reiche in unserem Land; das ist nur natürlich, sagt man. Ich mißtraue dieser Natur. Sie riecht mir ein wenig nach Dschungel und Raubtiermoral. Es ist nur natürlich, daß der Löwe das Lamm frißt. Ist es deswegen gerecht?

Also auch das – natürlich: der uralte Traum der Linken, Traum der Gerechtigkeit. Er wird jetzt in dem rumpelnden

Bus während dieser dämmrigen Stunde wieder wach. Ich bin müde und doch voll Erwartung. Wir kommen aus einem kapitalistischen Land. Etwas wie Hoffnung ist in mir; seltsamer, traumhafter Augenblick. Sie haben hier das verwegenste Experiment der Geschichte gewagt. Wir fahren in eine Weltstadt ohne Kapital. Wir fahren in eine mächtige Metropole, in der es keine Klassen und keine Unternehmer, keine Münemanns und keine Neckermanns gibt; das Geld regiert hier nicht. Und ich sage zu meinem Nachbarn: Es ist doch ein Abenteuer, eine Stadt von sechs Millionen ganz ohne Privatkapital. Wie mag das funktionieren?

Das Hotel Metropol liegt am Revolutionsplatz im Zentrum der Stadt, gleich neben dem Roten Platz, und sieht von außen aus wie alle Moskauer Häuser der City: schwerfällig, altmodisch, triumphaler Jugendstil. Auf dem Dach des Hauses zuckt eine Lichtreklame grün und weiß und empfiehlt den Moskauern, sich bei Flugreisen um die Welt der staatlichen Fluggesellschaft Aeroflot zu bedienen. Eine altmodische Drehtür, die heimtückisch ist. In der Hotelhalle drängen sich viele Menschen an vielen Schaltern, Farbige stehen in Gruppen herum, Berge von Koffern warten. Viele Ausländer in Delegationen, Zimmernummern werden aufgerufen. Jemand drückt mir ein Stück weiße Kreide in die Hand, jeder hat seinen Koffer mit seiner Zimmernummer zu beschriften.

Offenbar sind Fahrstühle in Moskau noch immer Engpässe. Die Moskauer Häuser sind hoch und wollen wie die Wolkenkratzer Amerikas immer höher hinaus, aber ihre Fahrstühle erinnern eher an Altberliner Wohnhäuser in der Meineckestraße. Sie sind aus dunklem Holz, schwerfällig und mit Spiegeln ausgeschlagen, sie nehmen höchstens sechs Fahrgäste mit. Der Fahrstuhlführer, ein winziger, glatzköpfiger Greis, zeigte die mürrische Interesselosigkeit eines Kriegsveteranen, der noch mit Siebzig im Staatsdienst steht. Der Fahrstuhl hat für viele Platz, aber der Alte weist die Eindringlinge, die die sechs übersteigen, mit hoheitsvoller Gebärde zurück. Verstaatlichte Fahrstühle dulden keine Ausnahme.

Die Sowjetunion ist ein mächtiges Land. Sie beweist diese Macht ihren Gästen zunächst mit ihren Fremdenhotels, die alle etwas Mammuthaftes haben. Es erwarten einen überall weite, lange Flure, Flure wie Rollschuhbahnen, Zimmerfluchten, die sich irgendwo im Unendlichen zu verlieren scheinen.

Ausgeblichene alte Farben, unpersönliche Atmosphäre, Staatshotel, Wartesaal 2. Klasse; im Hintergrund noch etwas von der Pracht des alten Rußlands spürbar, heruntergekommen, aber sauber, peinliche Sauberkeit überall. Mein Zimmer ist kein Zimmer, sondern fast eine Suite, ein überdimensionales Appartement mit Vorraum, einem großen, viereckigen Badezimmer, einem Salon, der an eine Ibsen-Wohnung erinnert: Ein mächtiger Kronleuchter mit gleißendem Licht, ovaler Pilztisch, ein mächtiges Samtvertiko, Samtsessel, Kommoden und Anrichten, Wasserkaraffen stehen herum – hier könnte eine Familie wohnen, und so ähnlich wohnten ja auch bei uns die Großbürger um 1880. Es wird gebeten, den Balkon nicht zu betreten, er sei baufällig. Erst dahinter links das Schlafzimmer, das prachtvoll und kalt wirkt. Durch das Fenster blickt man links auf den Roten Platz. Vor dem Balkonfenster liegt das Bolschoitheater, ein weißer, korinthischer Tempel von mächtigen Ausmaßen. Breite Straßen, die jetzt in den Abendstunden von einem beträchtlichen Verkehr erfüllt sind. Omnibusse, Lastwagen, Taxis surren. Und ich stehe am Balkon, rieche zum erstenmal den starken, süßlichen Benzingeruch aller sozialistischen Länder: Minol, das ungereinigte Sowjetbenzin, das heute Ost-Berlin mit Peking in einer Duftwolke verbindet, unverwechselbarer, fortschrittlicher Straßengeruch, und denke, du bist also da, du bist in Moskau, du wohnst im Zentrum der roten Metropole. Hier schlägt das Herz des Sozialismus. Von hier aus wird die neue Welt regiert. Warum sieht sie so schwer und klassizistisch aus?

Man sage nicht, der erste Eindruck sei zu flüchtig. Der erste Blick kann ungemein enthüllend sein, erkenntnisreicher als der zweite. Der Fremde sieht mit neuen, unverbrauchten, weitgeöffneten Augen. Nur wer als Fremder in ein Zimmer tritt, kann den Geruch dort riechen. Der Speisesaal im »Metropol« riecht nicht. Er flammt im milden Licht pompöser Kronleuchter, er summt die Sprachen aller Welt, er plätschert grünes Wasser vor sich hin, das ein elektrischer Springbrunnen in der Mitte des Saales den Gästen aus aller Welt zur Erquickung bietet. Der Speisesaal des »Metropol« ist ein Salon der alten Welt, der jetzt der neuen Gastlichkeit der Sowjets dient. Er faßt wohl tausend Gäste, die hier in Gruppen sitzen, Afrikaner und Kubaner, Farbige und Leute aus der Inneren Mongolei. Drüben sitzt eine DDR-Delegation. Sie lachen, sprechen sächsisch, sehen uns und übersehen uns deutlich.

Ein sowjetisches Abendessen ist reichlich und nahrhaft, gesund und einfach. Es gefällt mir, meinem verwöhnten Reisegenossen mißfällt es. Es erinnert an eine unvergleichliche Mischung aus Londoner Küche und Berlin Aschinger; kleine Hors d'œuvres, eine Kohlsuppe, der rote Borschtsch, ein Hauptgang: schlechtes Schnitzel oder Huhn, meistens aber Frikadellen mit etwas grüner Gurke, danach Kuchen und Tee. Viele Flaschen stehen auf allen Tischen: Mineralwasser, das mit seinem hohen Jodgehalt stark nach Zahnarzt schmeckt, Desinfektionswasser; Pflaumensprudel, bräunlich und fade. Beides kaum genießbar. Man greift zur Wasserkaraffe. Sie fehlt nie. Sie wird ein Symbol werden auf dieser Reise. Wo immer du hinkommst in Rußland, wo immer ein Tisch steht, wo immer Kultur herrscht – und wo herrscht sie hier nicht? –, dort wartet auch diese hohe, jugendstilige Karaffe mit lauem Wasser. Man kann in der Sowjetunion nicht mehr verdursten.

Die Revolution hat deutliche Vereinfachungen gebracht. Man braucht als Eingeladener keine komplizierten Speisekartenprobleme zu lösen. Es gibt sie nicht. In der Sowjetunion kommt alles von selbst. Du mußt Geduld haben, du mußt warten; viele Kellner stehen untätig herum, auch sie warten. Der Staat ist ein mächtiger und weiser Mann und hat alles schon vorher gewußt; er hat dieses Essen schon von langer Hand in seinem Siebenjahresplan vorausgeplant. Es kann nichts danebengehen. Nur Geduld mußt du haben. Irgendwann wird es kommen, irgendwann werden die Genossen aus der Küche die Genossen Kellner rufen, und ungeheuer viele Kellner werden mit ungeheuer großen Tabletts alles bringen: alles gleich, alles gerecht, ein Teller wie der andere, sie werden es über tausend Leute im »Metropol« verteilen, und tausend Leute werden die grünen Gurken dankbar essen. Das Huhn ist schon ziemlich kalt, die Frikadellen auch, und das Wasser lauwarm. Immerhin: Wir essen zum erstenmal sozialistisch, schmackhaft, einfach und langweilig. Wir essen es mit jenem Gefühl der Dankbarkeit, das uns nun nicht mehr verlassen wird.

So gegen halb acht treffen überall in den Speisesälen der Sozialistischen Republiken Kapellen ein und rüsten sich zum Spiel. Es gibt legitime und historische Vorbilder dafür: den Zarenhof und die festlichen Säle der Fürsten. Wer speiste da ohne Musik? Es ist auch heute kulturvoll, mit Musik zu speisen. Also schlürft man hier seinen Borschtsch bei Balalaikaklängen, bei Walzerklängen, im Rhythmus eines langsamen Foxtrotts. Später kommt eine Sängerin, starkhüftig und vollbusig, ergreift mit resoluter Gebärde das Mikrophon und beginnt Arien zu singen; sie singt Millöcker und Johann Strauß, sie singt Paul Lincke und Puccini – mit schriller Stimme gibt sie Einlagen zu, ein Querschnitt durch das Kleinbürgerrepertoire von 1920. Man klatscht, man lächelt nachsichtig, man ist begeistert. Einige, die noch auf Essen warten, legen rasch einen Tanz ein und ziehen mit langen schleppenden Schritten einen Tango durch den Saal. Das ist eine freie Gesellschaft. Hier kann man tanzend essen. Die Delegationen sind glücklich. Die Musik ist jetzt so laut, daß ich meine eigene Stimme nicht mehr höre. Frohsinn erfüllt den Saal. Und ich denke: Immerhin – vor hundert Jahren waren sie leibeigen. Und hungerten und waren entrechtet, nun singen sie schon – immerhin. Aber in Zürich wäre alles kleiner, delikater und leiser. Es gibt eine Kultur der Ausbeutung, die ungemein menschlich ist. Es gibt eine Kultur der Gleichheit, die ungemein gerecht ist. Aber warum ist sie so laut und langweilig?

Der Rote Platz mit dem Kreml ist der Mittelpunkt von Moskau, das Zentrum des Imperiums. Hier schlägt rubinrot, tonnenschwer und des Nachts erleuchtet das Herz der Sowjetmacht. Aber wer glaubt, hier begännen auch die Führungen der Fremden durch die Stadt, verkennt den Ernst der Lage. Der Rote Platz ist ein Mekka des Sozialismus, ein Petersdom der neuen Welt, ein Heiligtum, dem sich der Fremde erst nach Tagen der Erkenntnis nähern soll. Man muß dafür reif und würdig werden, man muß die Errungenschaften des Sozialismus gesehen haben, muß wenigstens die Grundlagen der neuen Lehre begreifen, muß aus dem Stadium gesellschaftlicher Unterentwickeltheit erlöst werden, das jeder Besucher aus Westeuropa mitbringt. Jede Reise in die Sowjetunion gleicht dem Besuch einer Volkshochschule: Kursus in Sozialismus. Man wird auf das freundlichste belehrt, man wird ausgiebig unterwiesen. Die Damen von Intourist sind liebenswürdig und hilfreich, aber im Grunde sind sie alle Nachhilfelehrerinnen. Sie heißen Tamara, Marella und Natascha. Der Besucher weiß sehr bald, daß er gar nichts weiß; er fügt sich sehr schnell in die Rolle des Schülers. Die Sowjetunion ist ein einziges, riesiges Internat, in dem es immer etwas zu lernen, zu verstehen, nachzuholen gibt. Der Besucher aus dem Westen ist so etwas wie ein Analphabet des Fortschritts, er begreift sehr bald, wie tief unten er gesellschaftswissenschaftlich steht und daß er noch einmal ganz von vorn anfangen muß. Westlicher Hochmut wandelt sich bald in östliche Demut. Ein Gefühl von Dankbarkeit entsteht. Das ist das erste Stadium der Erkenntnis.

Es ist neun Uhr morgens, ich gehe über den Revolutionsplatz zum Gorki-Prospekt. Es ist ein strahlender, warmer Herbsttag, Septembersonne liegt über Moskau. Es riecht überall nach Minol, es riecht nach Fortschritt. Die Straßen sind hier so breit wie bei uns lang; die Plätze sind riesig und wirken sehr leer; die Häuser gleichen alle monumentalen Klötzen, sie sind zehn, fünfzehn oder zwanzig Stockwerke hoch, erheben sich streng und kalt und gewaltig über den Spaziergänger. Es sind schwere, wuchtige Quader, meist bräunlich oder gelb, an denen man eigentlich nur in Delegationen vorbeigehen kann. Sie erdrücken den einzelnen. Schon die Moskauer Mauern belehren einen über die Macht des Kollektivs, über die Hilflosigkeit des Individuums. Eine Weile stehe ich vor dem Leninmuseum, das in pseudorussischem Stil in rotem Backstein gewaltig daliegt. Ein Relief zeigt einen vorwärtsstürmenden Revolutionär in der anstrengenden Gebärde immerwährenden Sieges.

Menschen umdrängen einen Bücherkarren. Da liegen altmodisch und haltbar gebunden die Klassiker des französischen Realismus. Ich lese Zola und Balzac, Victor Hugo und Stendhal. Keine Groschenhefte, keine Kriminalromane, keine Comic strips, gute Literatur für das Volk. Der Realismus des 19., des bürgerlichen Jahrhunderts feiert hier seine jüngsten Triumphe. Die Leute kaufen den *»Bauch von Paris«* und kaufen die *»Affäre Dreyfus«;* die Bücher sind billig und belehren über die sozialen Verhältnisse in Paris vor hundert Jahren. Vor hundert Jahren? Gewiß, aber die Zeit scheint hier zusammengeschrumpft. Was sind hundert Jahre? Die Vorhalle der Metrostation Revolutionsplatz ruft das Gefühl von 1880 hervor. Mächtige Marmorblöcke, die mit Skulpturen geschmückt sind und im Stil der Großväter die Taten der Revolution erzählen. Was ist die Zeit? Moskau ist architektonisch eine zurückgestellte Uhr. Was sind hundert Jahre? Zola wirkt hier gegenwärtig.

Der Gorki-Prospekt, auch Twerskaja genannt, ist die Hauptverkehrsader der Innenstadt, des größten Stadtviertels von Moskau: Krasnaja Presnja. Das Haus des Ministerrats liegt hier, das Haus des Moskauer Sowjet, das Hotel National, die Hauptpost, das Intouristbüro, das Revolutionsmuseum; der Puschkinplatz. Der Gorki-Prospekt ist zwölfbahnig, er war früher eine enge und altmodische Straße und wurde von Stalin zur Hauptverkehrsader umgebaut. Moskau ist heute eine Stadt von sechs Millionen Einwohnern, aber seine Straßen und Plätze, seine Bürgersteige und Unterführungen sind schon jetzt für eine Stadt von zwölf Millionen projektiert. Moskau ist eine Stadt der Zukunft. Alles wirkt noch etwas zu weit, zu groß, zu leer, zu hoch. Man sagt, der Gorki-Prospekt sei der belebteste Boulevard der Stadt, aber dieser Boulevard wirkt merkwürdig kalt und leer. Eine monumentale, saubere Prachtstraße, ohne Gesicht, ohne Seele, ohne die intimen Schwingungen, die in London, in Paris, in Rom eine klassische Flanierstraße hat. Das Individuum ist hier noch nicht eingekehrt. Die Moskauer sind sauber gekleidet, sie tragen keine Wattejacken und keine Stoffstiefel mehr. Sie wohnen in Steinhäusern. Sie tragen Jackettanzüge und Lederhalbschuhe, sehen aus, wie bei uns einfache Leute in der Vorstadt aussehen. Nichts elegant, nichts schön, niemand, nach dem man sich umsehen würde, aber auch niemand, der durch Armut und Elend auffiele. Dies ist eine brave, farblose, fleißige Arbeitsgesellschaft.

Die großen Boulevards unserer westlichen Welt sind erotische Wanderausstellungen, Zirkusse der Hoffnung: Teenager werben mit koketten Pullovern und hochgesteckten Frisuren, Twens kokettieren mit Brechtfrisuren und Jazzkellerbart, und aus jedem Schaufenster, aus jeder Kinoreklame zwischen Mailand und West-Berlin sieht dich eine Versuchung, ein schönes Laster an. Das sei weit von Moskau. Die Moskauer sind nicht lasterhaft, locken nicht mit Versuchungen, sie stellen sich nicht zur Schau. Der Kapitalismus ist Exhibitionismus, der Sozialismus ist Keuschheit der Seele. Der Gorki-Prospekt ist voll eilender, fleißiger Menschen: gedrungene, stämmige Körper, östliche Rundschädel, blond oder ein farbloses Hellbraun, die meisten haben etwas zerknitterte Warenhausgesichter und tragen etwas verblaßte Warenhauskleider. Manche Männer haben Aktentaschen bei sich, aber die sehen aus, als hätten sie darin nur Butterbrote in

Blechdosen. Die Moskauer sind ernsthafte Straßenbenutzer, korrekt und anständig, fast wie aus einer Polizeiverordnung. Staatsbürger, frisch aus der Verfassung geschnitten, jeder Bürger eine juristische Person, einwandfrei, wachsam, eifrig. Jeder Untersuchungsrichter wäre gegen sie machtlos. Da gibt es nichts, was zu beanstanden ist. Ein Geruch von Bravheit und Wohlanständigkeit liegt in der Luft.

Tagelang bin ich so durch die Moskauer Straßen geschlendert: Puschkinstraße, Karl-Marx-Prospekt, Kremlkai, Petrowkastraße, Straße des 25. Oktober, Kalininstraße, Kirowstraße, immer in der Hoffnung, etwas Ungewöhnliches, etwas Abweichendes zu finden, immer auf der Suche nach den feinen Nuancen der Stadtviertel, den Gerüchen, den unendlichen Differenzen der Quartiere, wie man sie aus Paris kennt. Aber solche atmosphärischen Temperaturstürze, solche Aufschwünge im soziologischen Planquadrat einer Weltstadt gibt es hier nicht. Nur gelegentlich die Reste des alten, zaristischen Moskau. Plötzlich zwischen den kalten, wuchtigen Klötzen der Partei- und Wohnhäuser eine kleine russische Kirche, die mit ihren goldenen oder grünen Zwiebeltürmchen verzaubert und orientalisch anmutet. Schläft hier Byzanz? Plötzlich eine grüne rokokohafte Fassade, Palais des alten Adels, in dem jetzt der Schriftstellerverband oder ein Komitee für irgendeine fortschrittliche Sache wohnt. Neben dem wilhelminisch-barocken Kaufhaus GUM läuft direkt eine stille, wenig beachtete Straße auf den Roten Platz zu. Herrliche alte Großbürgerhäuser, nur vier bis fünf Stockwerke hoch, stilvolles Biedermeier, hinter deren kronleuchtererhellten Fenstern man in große, festliche Salons blickt; Gobelins an den Wänden, Skulpturen im Flur, wertvolle Gemälde. Wohnte hier einst der Adel? Waren hier die Gesandten Frankreichs und Englands zu Hause?

Moskaus beklemmende Häßlichkeit ist kein ästhetisches Problem, sondern ein historisch-gesellschaftliches. Erst allmählich wird das dem Fremden klar. Jede Stadt ist eine steinerne Gesellschaftsordnung. Warum kann man durch Paris und London, durch Mailand und Rom stundenlang mit entzückten Augen wandern? Die bürgerliche Gesellschaft ist eine Gesellschaft von vielen einzelnen, der Kapitalismus war ein Sieg der Persönlichkeit, unzählige Individuen wandeln dauernd das Bild unserer Städte. Der Kapitalismus ist eine exhibitionistische Gesellschaftsordnung. Er stellt aus, stellt dar; ganz Paris hat etwas von einer einzigen Ausstellung, einer Galerie, von einer Selbstdarstellung des bürgerlichen Warenkosmos: Produkt und Fetisch zugleich. Wer ausstellt, reißt Mauern ein, legt Steinwände nieder, bekennt sich zum Glas. Viel Licht, viel Farbe und Dekoration. Der Kapitalismus zeigt vor – wie ein Exhibitionist. Hier in Moskau haben sie nie einen entwickelten Kapitalismus erlebt. Niemand hat die dicken Steinquader niedergerissen, hat die feudale Strenge zerbrochen, hat die Stadt zu einer gläsernen Ausstellung umgebaut. Die Ware wurde nie ein gleißender Fetisch. Die Moskauer sind von einem finsteren, zaristischen Mittelalter direkt in die große sozialistische Hoffnung gesprungen. Sozialismus heißt Verteilen, und etwas davon haben hier alle Geschäfte. Es sind Magazine, in denen abgegeben, weitergereicht wird. Es sind bessere Verpflegungsdepots und Kleiderkammern, in denen man seinen egalitären Konsumanspruch befriedigen kann. Alle sind ja Genossen, keiner beutet den Menschen mehr aus. Das bedeutet: Die Verkäuferinnen sind gleichgültig, uninteressiert – wie Knipser der Bundesbahn.

Ich stehe vor einem Tabakkiosk in der Karl-Marx-Straße, ganz nahe bei der Lubjanka. Es ist neun Uhr morgens. Um neun Uhr beginnen alle Moskauer zu arbeiten, von montags bis freitags sieben und am Sonnabend sechs Stunden. Es ist zehn nach neun, als eine ältere Frau kommt, die hier offenbar Vorrechte besitzt. Man weicht ehrerbietig zurück. Zwanzig oder fünfundzwanzig Leute stehen vor dem Kiosk Schlange. Die Frau läßt sich langsam in ihrem Holzkasten nieder, kramt in ihrer Handtasche, kämmt sich, beginnt dann die Tabakwaren im Regal umzustapeln, ordnet die Häufchen einmal nach links, einmal nach rechts, die Moskauer stehen geduldig im

Glied, niemand findet ihre kommerzielle Interesselosigkeit unhöflich. Du mußt Geduld haben, Genosse, der Staat hat ernstere Probleme im Kopf als Zigaretten. Er hat Sorgen mit den Chinesen, und schließlich ist auch die Abgabe von Tabak eine ernste Handlung. Sie will vorbereitet sein.

Die Frau hat sich jetzt einen Holzkasten vorgenommen, in dem sie Kopeken sortiert, und plötzlich schiebt sie das Glasfensterchen ruckartig hoch und beginnt zu verteilen. Sie sieht niemand an, wechselt mit niemand ein Wort, sondern verteilt. Ihre Arme machen immer die gleichen, mechanischen Wege. Es ist wie ein Fließband: Sie faßt, sie greift und legt heraus und nimmt ein und faßt wieder und greift. Sie wird das bis fünf Uhr tun, das ist Moskauer Rhythmus. Sicher werden dann immer noch ein paar Leute Schlange stehen, aber Punkt fünf Uhr wird sie das Glasfensterchen ruckartig herunterschieben. Es ist aus, Schluß für heute, Feierabend, Genosse, du mußt morgen wiederkommen, spare dein Geld, rauchen ist ungesund. Wenn du klug bist, Genosse, so gehe nach Hause und lerne etwas. Es gibt immer etwas zu lernen: Elektrotechnik oder Maisanbau, Tiefbaustatik oder Englisch oder die Geschichte der KPdSU (B), letzte Fassung. Wer weiß, wie lange sie noch gilt?

Aber vielleicht geht der junge Mann nicht nach Hause, vielleicht geht er wie ich des Abends zum Manegeplatz, um sich zu amüsieren? Sechs Millionen Moskauer wollen nicht nur arbeiten und lernen, sie wollen glücklich sein. Die Freude ist das Öl des Sozialismus. Natürlich gibt es kein Nachtleben in Moskau, natürlich gibt es keine Bars und kein Strip-tease, denn der fortschrittliche Mann spielt nicht mit der Frau, er sieht in ihr immer den Freund und Partner. Er raucht nicht, er trinkt nicht, er ist treu. Es gibt einige Cafés und Bierstuben, verschiedene nationale Speiselokale und achtunddreißig Bühnen in Moskau, die meistens ausverkauft sind, denn die Moskauer sind begeisterte und leidenschaftliche Theaterfreunde. Man muß sich in Moskau des Abends nicht langweilen, es gibt genügend Grünanlagen, Kulturparks, wo man sich zwischen Limonadenständen und Riesenrad ergehen kann. Lenin, wohl zwanzig Meter groß, wacht riesig und gipsweiß darüber. Er trägt einen Jackettanzug aus Gips, eine weiße Weste aus Gips, einen vorwärtsstürmenden Kinnbart aus Gips. Seine weiße Krawatte aus Gips scheint zwei bis drei Meter lang zu sein.

Also Manegeplatz: Marstall, ein altmodischer, monumentaler Saal, in dem früher die Aristokraten ritten, außen hellgelb und weiß wie preußische Schlösser. Heute eine permanente Kunstausstellung, zugleich auch Tanzpalast der Moskauer Jugend: Treffpunkt der Teenager und Twens. Ich betrete das Zentrum der tanzenden Moskauer Jugend, und ich glaube meinen Augen nicht zu trauen: ein unübersehbarer, endloser Saal, kahl und nüchtern. Ich schätze, es werden zwei- bis dreitausend Jugendliche sein, eine Massenversammlung, die mit großer Entschlossenheit tanzt. Die Decke ist freitragend und ohne Säulen, ein Saal zum Marschieren. Und in diesem Saal ist nichts, gar nichts, nichts außer diesen tanzenden Tausenden, eine große, drängende, erfüllte Leere, kein Stuhl, kein Tisch, keine Schanktheke, kein Kellner, keine Nische. An der Mauer ein paar Bänke, wo Mädchen wie in der Tanzstunde sitzen: Mauerblümchen, auch hier.

Vorn sitzt eine Kapelle, die bunt und glitzernd aussieht wie eine westliche Tanzkapelle, ihre Musik ist nicht so altmodisch wie im »Metropol«, sie spielen Weisen der vierziger Jahre, und zwischendurch treten Schlagersänger und Akrobaten auf und ernten rauschenden Applaus. Die Mädchen sind ordentlich und freundlich gekleidet. Die jungen Männer haben fast alle dunkelblaue Anzüge an und weiße Hemden, und viele tragen eine Krawatte. Es ist ein unübersehbares Gewoge im Saal, niemand darf rauchen, niemand etwas trinken, niemand kann sich setzen oder heimlich flirten. Hier sind dreitausend Jugendliche fest zum Tanz entschlossen. Um elf Uhr verlöschen einige Lichter, die glitzernde Kapelle rückt plötzlich ab, aber am anderen Ende des Saales hat sich eine neue kleine Kapelle aufgebaut. Dreitausend Pioniere strömen geschlossen hinüber, und siehe da: Diese kleine Kapelle des nächtlichen Ausklangs spielt etwas, das ganz offenkundig Moskauer Jazz sein soll. Vielleicht ist es eine Studentenband? Der Saxophonist bläst amüsante und beinah frivole Kadenzen. Zwei Mädchen, die miteinander tanzen, versuchen ganz einsam auf dem leeren Parkett vor der ersten Kapelle so etwas wie einen Twist miteinander, es sieht hilflos und komisch aus und hat etwas Rührendes in seiner bemühten Verworfenheit. Sie wirken wie Clowns auf dem leeren Parkett. Das alles dauert eine gute Viertelstunde, dann gehen auch hier die Lichter aus, die Kapelle packt ein, und dreitausend Jugendliche strömen hinaus auf den Manegeplatz, verlaufen sich im Dunkel der breiten, leeren Moskauer Straßen.

Um Mitternacht, auch am Samstagabend, ist Moskau so still und tot wie Zürich und London. Die Pioniere gehen schlafen. Und über dem Roten Platz glüht der mächtige Rubin des Sowjetsternes, warm und verheißend. Die Basiliuskathedrale ist mit ihren vielen goldenen Türmen wie ein russisches Wintermärchen, vom mächtigen Kremlturm schlägt es zwölf, und hinter diesem ungeheuren Marmorgebirge ist irgendwo Lenin aufgebahrt. Er schläft den aufmerksamen, hellwachen Schlaf der Revolution. Ja, Lenin hat an den Schlaf der Welt gerührt. Man spürt es hier. Was haben wir eigentlich gegen den Kommunismus? Dies ist eine neue, brave Welt.

Das Kloster Sagorsk liegt etwa siebzig Kilometer außerhalb von Moskau. Wir sind Gäste des Patriarchen von Moskau. Sein Stellvertreter Nikodim wird uns empfangen. Es geht das Gerücht, die Kirche werde in der Sowjetunion verfolgt, das Christentum leide. Es ist die immerwährende Aufgabe der russischen Kirche, solchen Gerüchten entgegenzuwirken. Dazu empfängt sie westliche Delegationen. Denn Sagorsk ist ein altes, ehrwürdiges Zentrum mit vielen Museen, Kirchen und Klöstern, mit einer geistlichen Residenz des Patriarchen und einem Priesterseminar, an dem noch immer hundert Studenten im Jahr Theologie studieren. Sagorsk ist ein herrliches Museum der Vorgeschichte des Sowjetvolkes. Die Sowjets sind vorbildliche Konservatoren, die Tradition ist seit Stalin eine mächtige Säule der sozialistischen Ideologie, und so gehört auch Sagorsk, wie die großen Zaren, zur historischen Selbstdarstellung der neuen Welt. Die Kirche war böse, aber sie war auch in böser Zeit ein starker Pfeiler der russischen Geschichte. In Sagorsk ist sie heute zu besichtigen: konserviert, restauriert und ausgestopft.

Kleinstadtluft, ländliches Fluidum, Frauen mit Kopftüchern und weiten Bauernröcken und Krückstock, wie man sie aus alten Büchern kennt. Sie bekreuzigen sich in der großen Doppelgebärde der Byzantiner, sie werfen sich nieder, liegen auf dem Steinboden, den sie mit der Stirn berühren. Sie beten laut und leiernd Litaneien, denen ein Priester merkwürdig kalt und herrisch respondiert. Die Liturgie der Orthodoxen ist orientalisch-feierlich und menschenunfreundlich. Die mächtigen Baßstimmen der Popen kommen wie aus dem Kellergeschoß der Geschichte, Botschaft aus der Tiefe, viel Dunkel, viel Weihrauch und flackernder Kerzenglanz: unsagbare Hoheit am Altar, unsagbare Unterwerfung im Volk. Sehr wenig Kontakt zwischen beiden. Menschenunfreundlicher Ritus. Wenn man diese Liturgie begriffen hat, hat man viel von dem neuen Sowjetstil begriffen. Auch Marx und Lenin stehen auf solchen Altären. Sehr hoch und feierlich. Endloses Gemurmel der Priester, die ihre Bücher auslegen; Suslow-Gemurmel, Parteiideologie, große Unterwerfung im Volk: Der Kreml ist gut.

Und doch wirken die Priester in dieser nüchternen und monotonen Arbeitslandschaft der neuen Sowjetgesellschaft fast exotisch. Mit ihren großen, schwarzen Talaren, mit dem schweren goldenen Doppelkreuz auf der Brust, mit ihren Bärten und langen Haaren scheinen sie wie ehrwürdige Petrefakte. Das Kreuz, es ist nicht zu leugnen, es ist noch da, sie tragen es auf der Brust. Tragen sie die Botschaft ihres Gottes durch diese Epoche? Ist diese Gebärde von braven Restauratoren eine Taktik, zu überleben? Sie loben den Staat, die Fortschritte der Gesellschaft. Die Kirche, so sagen sie, sei in der Vergangenheit böse und selbstsüchtig gewesen. Erst der Sowjetstaat habe die Kirche wieder auf ihre geistliche Mitte, ihre Botschaft der Liebe zurückverwiesen.

Wer heute zu uns kommt, sagen sie, kann sich keine Vorteile mehr versprechen, er kommt aus dem Geist Christi. Das ist wohl wahr. Aber ist es die ganze Wahrheit? Das Kreuz auf der Brust bleibt hier ein Widerspruch: Das Kreuz sagt nicht Erde, sondern Himmel, es sagt nicht Gerechtigkeit, sondern Liebe, es unterläuft den Humanismus der Revolution mit der Erbsünde, es müßte ein Ärgernis sein, aber das ist es nicht. Die Priester wirken hier alle wie geistliche Archäologen, sie verwalten ein großes Museum, sie sind Konservatoren und kundige Ikonographen. Mit mächtigen Schlüsseln öffnen sie Säle der Vergangenheit und führen durch Kunstgalerien sakraler Geschichte. Ikonen überall, strahlende Kreuze unter Glasvitrinen, der goldgestickte Ornat, überall Perlen und Edelsteine, Insignien der Macht – dem Volke geraubt. Sie erklären das, wie es bei uns Kunsthistoriker tun: stilgeschichtlich, wissenschaftlich. Die Kirche ist eine herrliche Phase der Kunstgeschichte. »Ja, Sie haben recht, ukrainischer Stil des siebzehnten Jahrhunderts.« Sie blicken starr auf diese ästhetischen Kategorien und blicken betreten weg von dem, was diese Schönheit sagen wollte: So schön, ihr Russen, schöner noch ist euer Gott.

Mit der russisch-orthodoxen Kirche ist eine Aussprache vorgesehen. Das gehört zum Ritual. Wieder wie überall im Lande der lange grüne Tisch, auf dem Wasserkaraffen stehen. Sie sitzen uns gegenüber in ihrem Talar mit weißen und schwarzen Kopfbedeckungen, mit schwarzen Bärten und Augen, die bei einigen müde, bei anderen milde und bei einem glühend sind. Die Situation ist nicht ohne Peinlichkeit. Der Metropolit und der Seminardirektor, der Professor für Kirchengeschichte und der Kunstwissenschaftler, sie werden von Touristen aus der Bundesrepublik auf Freiheitlichkeit examiniert. Inquisition der Demokraten! Wieviel Christen gibt es noch in Ihrem Lande? Wieviel Taufen jährlich? Haben Sie genügend Priesternachwuchs? Wie ist Ihre finanzielle Situation, und wie stehen Sie zur atheistischen Propaganda des Staates? Gehobene Touristenfragen, die peinlich sind. Aber die Situation ist für sie nicht neu. Es ist die politische Aufgabe der Kirche, ihre eigene Freiheit gerecht und klug, mäßig und bedachtsam zu demonstrieren. Die Zeit, da man Christen kreuzigte, ist längst vorbei. Das war Vorgeschichte. Heute biegt man sie sich zurecht. Sie lassen sich mühelos biegen. Nein, es gehe der Kirche gut, man sehe es ja, es gebe viel Nachwuchs, aber man könne der Fülle wegen nur eine beschränkte Anzahl aufnehmen, es gebe viele Taufen, viele Kirchen, aber Statistiken gebe es nicht darüber. Der Atheismus? Er sei Staatssache. Ob man nicht wisse, daß in der Sowjetunion Kirche und Staat getrennt sind?

Sie wechseln sich ab. Sie reagieren überlegt und geschickt. Sie winden sich durch alle Fragen mit der unangreifbaren Dialektik marxistischer Jesuiten. Die meisten wirken harmlos und in ihrer freundlichen Introvertiertheit etwas kastriert. Nur Nikodim, Metropolit von Leningrad, der sie anführt, er ist kaum Ende Dreißig, wirkt kraftvoll, gespannt und ganz gegenwärtig. Sein Gesicht ist undurchsichtig, verschlagene Klugheit, kapaunhaft, ein Zug von Leiden, wohlgenährt und noch etwas dahinter, das man nicht definieren kann. Sein Gesicht ist ruhig und undurchdringlich, aber seine Hände sind nervös, sie liegen auf dem Tisch und spielen mit der großen schwarzen Quaste seines Talars. Die Aussprache dauert mehr als eine Stunde, und während dieser Stunde bewegen seine Hände in dauernder Unruhe die Quaste hin und her. Er hat die Quaste zu einem länglichen Stoffstab zusammengedreht und schiebt sie pausenlos durch die geöffnete Faust. Mit der rechten Hand schiebt er den Stab jetzt durch die halbgeöffnete Linke und dann wieder umgekehrt. Die Bewegung wirkt zwanghaft und zugleich obszön. Diese Hände sind ohne Kontrolle, so merkt man, und sie bewegen sich, während das Gesicht unbeweglich bleibt, in einer Art, die an Selbstbefriedigung erinnern könnte. Aber vielleicht will er mit dieser Faust nur unbewußt den schmalen Raum abstecken, durch den sich die Kirche hier zwängt?

Und dann, nachdem die Aussprache beendet und von den Touristen alles Kirchliche für gut befunden wurde, gibt es auf Einladung der Kirche ein Essen, das ohnegleichen ist. Ein altrussisches Festmahl in dem großen bunten Speisesaal des Konvents, das Rußlands Ehre auch bei dem verstocktesten Antikommunisten wiederherstellen könnte. Die Tische bersten von Kostbarkeiten, von Kaviar und Krimsekt, von Wodka, georgischen Weinen und herrlichen Likören. Kunstvolle Speisen sind angerichtet, leckere Früchte, ein kaltes Büfett, das jedem Staatsbankett im Kreml Ehre machen würde. Nikodim singt, seine Stimme klingt tief und feierlich durch den Saal, sie klingt wie die Stimme Schaljapins, und die anderen Würdenträger respondieren mit ihren Bässen. Man segnet das Mahl ein, man betet und beginnt wieder zu singen. Alles wirkt wie in einer russischen Oper: Fürst Igor ist auferstanden, gleich werden die Kosaken hereinsprengen und die Herrschaft des Zaren ausrufen. Aber es sind nur Novizen und junge Theologen, die kommen und mit anmutiger Gebärde aufwarten. Was sind das für Menschen? Wer studiert heute in der Sowjetunion Theologie? Sie sehen aus wie Seminaristen der ganzen Welt, schüchtern und bleich, vereinzelt und sehr demütig. Ich weiß nicht, ob es einen politischen Widerstand in diesem Lande gibt, es ihn überhaupt geben kann, ob es einen Sinn hat, ihn zu suchen, denn dieses Land war immer unfrei, wurde immer geknechtet, die Revolution war für das Volk gewiß ein Fortschritt. Aber wenn es hier Widerstand gibt, Widerstand nicht als politische Revolte, sondern als geistiges Nein zur Gesellschaft, dann von diesen Seminaristen, diesen jungen Theologen. Indem sie ihr Leben der Kirche weihen, machten sie die Revolution innerlich rückgängig, machen sie ihre eigene Jugend und Erziehung rückgängig: Zwanzig Jahre lang als junge Pioniere erzogen, immer fleißig für den Sowjetstaat gestrebt, und dann plötzlich Priester Jesu

Christi – das ist eine Art des Versagens, die an Widerstand grenzt. Sie entziehen sich der neuen Gesellschaft. Wer sich der totalen Gesellschaft entzieht – ist der für sie?

Man hat gegessen, man hat getrunken. Man ist satt, ist etwas angeheitert, ist beglückt über so viel Freundschaft und meint schon, es ginge dem Ende entgegen. Da tun sich plötzlich die Türen neu auf, und andere Novizen und andere Theologen bringen unübersehbare Mengen von Suppen und danach Braten herein. Ein neuer Akt der Oper beginnt. Was wir für das köstliche Mahl hielten, war nur die Vorspeise, und wer sich voreilig am kalten Büfett satt aß, hat nun das Nachsehen. Nun erst beginnt es wirklich: Huhn und Hammel, neue georgische Weine, viele Gemüse und hinterher herrliche Süßspeisen, natürlich auch Kuchen und Tee. Es ist eine Orgie des Essens. Viele sind nun schon angetrunken, fröhliche Gespräche im Saal, schüchterne Trinksprüche, ja: Die Deutschen sind gut, Rußland ist gut, die Kirche ist gut, und der Sowjetstaat ist mächtig, und wir alle sind glücklich und dankbar und taumeln ein wenig. Und wieder die Frage: Was habt ihr eigentlich gegen den Kommunismus? Dies ist eine brave und fortschrittliche Kirche. Sie ist nicht so anmaßend und herrisch wie in Spanien, nicht so reich wie in Deutschland, nicht so puritanisch wie in England. Ist sie nicht die Kirche Christi?

Nikodim ist aufgestanden und singt wieder, wir stehen auch, auf schwachen Füßen, man hat uns betrunken gemacht, gewiß. Aber war es nicht der süße Wein des Glaubens? Nikodim singt laut wie ein Opernsänger. Er sagt Gott Dank, ehrwürdig und theatralisch. Er singt halb wie ein Pope und halb wie ein verdienter Schauspieler des Volkes – vielleicht ist das beides hier nicht so weit voneinander entfernt. Aber wer bezahlt eigentlich die Zeche? Die Kirche oder die Partei? Die Meinungen darüber gehen auseinander. Sagorsk ist ein undurchsichtiger Ort.

Im Laufe einer Moskau-Reise durchläuft jeder Eingeladene ungefähr die gleichen Stationen und Wege. Lies es bei Truman Capote, bei Wolfgang Koeppen, bei Rudolf Hagelstange nach – es sind immer die gleichen Personen und Häuser, dieselben Besuche und Empfänge. Es warten viele Museen und Schulen auf einen, es warten achtzig Akademien, viele Gewerkschaftshäuser, Pionierpaläste, Ausstellungen und Kulturparks, es warten unzählige Lenindenkmäler und dreiundzwanzig Lenin-Wohnungen in der Sowjetunion – man sollte sie eigentlich alle besichtigen. Es gibt viele Komitees, die warten und eine Aussprache suchen – in der Sowjetunion spricht man sich immer aus. Sie sitzen in den gut renovierten Häusern des Adels: der Journalistenverband, der Schriftstellerverband, das Friedenskomitee. Das Haus der Freundschaft. Stets ein Leninbild an der Wand, die Komitees sitzen wie immer an langen grünen Tischen, haben Wasserkaraffen vor sich, Lysolwasser und Pflaumensprudel. Es sind Herren in gesetztem Alter, die gar nicht wie Revolutionäre oder Bolschewiken aussehen, sondern genauso bürgerlich verbraucht wie bei uns ergraute Akademiesekretäre und Vorsitzende des badischen Schriftstellerverbandes. Sie wirken zunächst bürokratischer, aber gewinnen sehr bald durch eine temperamentvolle, ja überströmende Herzlichkeit.

Im Haus der Freundschaft stehen kleine Schilder auf den grünen Tischen. Darauf steht: Gewerkschaftsfragen, Fragen der Kunst, Außenpolitik, Fragen der Religion, Probleme der Literatur. Entsprechende Spezialisten sitzen vor den entsprechenden Schildern, und nach einem Eröffnungsritual, das überall gleich herzlich ist, beginnt man sich zu gruppieren und diskutiert los. Die Wahrheit ist rasch zu finden. Ich sitze genau zwischen den Fragen der Literatur und denen der Religion. Links diskutiert man über Böll und rechts über Jesus. Der rechte Herr fragt: Kennt man in der Bundesrepublik nicht die Ergebnisse der historischen Leben-Jesu-Forscher? Wir bejahen das. Natürlich. Gewiß. David Friedrich Strauß gewiß, das gab es einmal um die Jahrhundertwende bei uns. Na und? fragt der Herr erstaunt. Wenn das bekannt ist, so weiß doch jeder, daß Jesus nie gelebt hat. Wie können Sie noch an ihn glauben? Bei uns ist die Religion überholt. Links spricht ein Dozent über Böll. Ich sage: Aber der ist doch katholisch. Wie paßt das eigentlich zu Ihrem Atheismus? Es paßt, höre ich, das Katholische sei nicht wichtig bei Böll, wichtig sei nur die soziale Information. Ich sage, das sei nun wieder bei uns überholt, daß man soziale Information aus Kunst beziehe. Das könne das Fernsehen doch besser. So geht das Gespräch hin und her, und ich höre plötzlich jemanden über Malerei sprechen. Er erklärt den Gästen aus Deutschland, warum die abstrakte Malerei überholt sei. In der Sowjetunion stehe immer der Mensch im Mittelpunkt. Das klingt wie bei einer Sonntagspredigt der CSU in Augsburg. Der Sozialismus sei ein Humanismus, und eine Malerei, die das Bild des Menschen nicht mehr male, sei eben unmenschlich, sei vom Humanismus Rußlands überholt. Warum wir im Westen noch immer so rückständig malten? Verdutzte Gesichter bei uns. Gelächter, irgendwie ist das komisch und wie alles Komische gar nicht so leicht zu widerlegen.

Was ist mit ihnen? Sie sind Aufklärer der frühesten Stunde und huldigen einem naiven und handfesten Realismus. Sie sind wie vierzehnjährige Jungen bei uns, die gerade ihre Karl-May-Phase hinter sich haben und sich zum erstenmal knabenhaft naiv der Welt zuwenden, an ihre einfache, ungebrochene Wirklichkeit glauben. Alles ist zählbar, meßbar, berechenbar, alles kann man machen und manipulieren. Es ist eine Aufklärung, die nichts mit unserer Aufklärung, mit Voltaire und Lessing zu tun hat. Es fehlen jeder Witz, jede Ironie, jeder Sinn für Gebrochenheit. Es ist die Aufklärung eines Bauernvolkes, ein schlichter und rustikaler Rationalismus, noch frisch und unreflektiert. Sie wollen schon denken, gewiß, aber sie wollen noch nicht über das Denken selber denken. Das ist es. Sie haben die zweite Stufe der Reflexion noch nicht erreicht.

Dafür gibt es viel Begeisterung in der Sowjetunion: Einladung beim Friedenskomitee. Die Herren, die jetzt um den grünen Tisch sitzen, sind begeisterte Friedensfreunde und versuchen, uns mit fröhlicher Stimme und rudernden Armbewegungen in diese Friedensbegeisterung einzustimmen. Der Vorsitzende hat eine lange Rede gehalten, die zum Schluß begeistert zu Frieden und Freundschaft aufrief und prasselnden Applaus bekam. Andere Herren stehen auf und bekennen sich auch zu Freundschaft und Frieden. Es wird viel und überzeugend von Völkerversöhnung und Brüderlichkeit gesprochen, man diskutiert enthusiastisch neue Möglichkeiten, den Frieden zu fördern. Nachdenkliche Gesichter: Vielleicht sollte man gemeinsam ein Fernsehspiel machen, meinten zwei Herren vom Rundfunk. Andere meinen, auch der Film könne den Frieden fördern. Gewiß, überhaupt die Kultur, sie sei eine große Friedensmacht. So geht das den ganzen Nachmittag. Die Stimmung steigt, die Ansprachen werden lauter, die Vorschläge kühner, man spricht jetzt vom Tierschutz, der auch schon große Fortschritte gemacht habe. Es geht jetzt zu wie in den Hinterzimmern eines sozial-humanitären Vereins in Basel oder St. Gallen. Gleich wird jemand den Vegetarismus oder den Kampf gegen den Alkohol ausrufen, und auch die Heilsarmee wäre hier willkommen. Es ist eine große Stunde des deutschen Idealismus in Moskau, eine Stunde des bürgerlichen 19. Jahrhunderts, man muß den Frieden nur wollen, Freunde, wie ihn schon Schiller und Goethe und Beethoven wollten, und mir fällt plötzlich die böse Weihnachtserzählung von Heinrich Böll ein, in der ein automatischer Engel vom festlich geschmückten Christbaum herab immer »Frieden, Frieden« ruft, während die Familie vergrämt um den Weihnachtstisch hockt.

Bin ich ein Kriegstreiber, weil ich das alles komisch finde? Bin ich ein Imperialist, ein Revanchist, ein NATO-Literat, wenn mich so viel Begeisterung nur enttäuscht? Ich hatte mir Aussprachen mit Sowjetmenschen anders vorgestellt: nüchterner, realistischer. Darf ich sagen: marxistischer? Ich hatte immer geglaubt, in Rußland Marxisten zu treffen, Leute, mit denen man eine scharfe Klinge der Dialektik wechseln könne. Der Marxismus ist bei uns eine Methode des Denkens, die genau und unbestechlich registriert, die scharf analysiert und daraus vernünftige und zwingende Schlußfolgerungen zieht. Er ist eben »zersetzend« – das ist seine beste Seite. Aber was ist hier? Hat sich das Erbe von Marx in freundlichen Schaum aufgelöst? Nur Begeisterung und ländliche Aufklärungsphilosophie? Und zum erstenmal wird mir bewußt, daß ich in diesen Moskauer Tagen eigentlich noch keinem Marxisten begegnet bin. Wo sind die hier eigentlich? Die Dialektiker, die an Hegel und Marx geschult sind? Wo sind die Schärfe ihres Arguments, die Unangreifbarkeit ihrer Logik? Gibt es das überhaupt in der Sowjetunion: Marxisten? Ich habe sie nicht gefunden.

Was ich gefunden habe, was ich auf der Straße, in Cafés, in Schulen immer wieder traf, waren viele gesunde, freundliche Menschen, auf deren Gesicht ein neugieriges Zucken entstand, wenn ich sagte, ich sei aus der Bundesrepublik. Das Ballett war langweilig, die Tänzer vorzüglich, die Choreographie trivial. Das Publikum raste. Ich bin in der Pause gegangen, ich kann nicht mehr, ich will nicht mehr. Der Reisende ist voller Erwartung, der Moskau-Reisende ist voller moralischer Hoffnungen. Ich bin frustriert. Was ich fand, war die Machtergreifung des Kleinbürgertums: Neckermann-Kitsch, aber durchleuchtet von der Hoheit und Autorität seiner Verstaatlichung. Ich kam nicht mit großer Hoffnung, aber mit mancher Erwartung. Ich sehne mich nach dem Privaten, dem Kleinen, Intimen, ich habe Hunger nach Kapitalismus und Ausbeutung, schon träume ich nachts von der Bahnhofstraße in Zürich, auch Frankfurt wäre ganz akzeptabel, und Mailand wäre die schönste Stadt. Ich möchte einmal in einem Café sitzen, das nur zehn Tische hat, wo das Licht nicht immer gleißend hell brennt, sondern diskret verdunkelt wie in einer Bar. Ich möchte meine Garderobe auch einmal über den Stuhl legen dürfen, ich möchte im Café einmal rauchen und auf der Straße einen Zigarrenstummel einfach wegwerfen ohne Schuldgefühle, und gelegentlich an einer

Straßenecke würde ich gern einmal eine Herrentoilette finden, nicht immer ein Lenindenkmal. Das alles sind westliche Entbehrungen, die auf die Dauer das Gleichgewicht stören. Wer hätte gedacht, daß das Leben von solchen Dingen abhängt?

Ich weiß, ich werde es nicht schaffen. Nie werde ich den Kanon des Fortschrittes erlernen, ich bin ein Sohn des verrotteten Westens. Ich liebe das Zwielicht, das Gebrochene und Ironische, ich habe einen deutlichen Hang nach unten und bin ermüdet von dem dauernden proletarischen Aufblick nach oben, diesem ermüdenden Eifer, sich emporzubilden. Das alles strengt an. Ja, ich bin auf dem besten Wege, ungerecht zu werden. Ich weiß, so persönlich, so subjektiv darf man die Sowjetunion nicht sehen.

Man sagt es mir täglich: Du mußt es objektiver sehen, und ich bemühe mich um solche Objektivität täglich mehr. Morgens wache ich manchmal mit dem Gedanken auf, dies sei keine Reise mehr, sondern meine wirkliche, reale Existenz. Millionen von Menschen leben doch so. Du mußt es auch lernen. Du mußt es objektiver sehen. Man muß doch nicht unbedingt im Westen geboren sein? Es könnte auch sein, daß dich das Schicksal im Krieg nach Minsk oder Smolensk oder nach Alma Ata verschlug. Was dann? Ich gehe durch die Straßen der Stadt und sage mir: Du mußt dich eben abfinden, mußt dich einrichten, es ist nun einmal so.

An den Benzingeruch könnte man sich sicher gewöhnen. Im Warenhaus GUM suche ich mir schon die Zimmereinrichtung aus, Möbel sind knapp und Teppiche nicht zu sehen, aber einen Radioapparat könnte ich mir kaufen, und schöne Schallplatten gibt es, und ich würde täglich die *Prawda* oder den *Daily Worker* lesen und nachts die Deutsche Welle hören. Ich fürchte, es würde schlimm mit mir enden. Ich wäre oft traurig hier, und Trauer ist natürlich eine Provokation der Sowjetmacht, Melancholie ein Produkt des kapitalistischen Antagonismus. Was ist nur mit mir, warum erquicken mich die Gesetze der Ausbeutung, und warum lähmt mich diese außerordentliche, diese vollkommene Gerechtigkeit?

Also: Ich bin in der Pause aus dem Ballett gegangen. Auf der Bühne war ein deutscher Märchenwald zu sehen, innig und schön, wie bei Caspar David Friedrich, und ein Försterhaus mit einem Burschen war da, und ein Mädchen kam in einem langen, rosa Nachthemd hereingeschwebt und wehrte ganz deutlich die Werbungen des Burschen ab. Da bin ich gegangen, das genügte mir. Es war unhöflich, ich weiß es, eine Rücksichtslosigkeit gegenüber Intourist, eine Taktlosigkeit gegenüber dem Friedenskomitee, das uns geladen hatte, und natürlich auch eine Provokation der Sowjetmacht, die mit mir eine erstaunliche Langmut zeigte.

Ich schlich an den Moskauer Mauern entlang, die so hoch und dick waren wie jetzt meine Melancholie. Da war im Dunkel eine Tür. Man weiß in Moskau nie, ob solche Türen in ein Gemüsegeschäft oder in ein Parteibüro führen, aber siehe da: Es war ein Café, oder richtiger gesagt, eine Bierschwemme, dunkel und herrlich verkommen, wie am Stuttgarter Platz in Berlin. Das gefiel mir. Eigentlich war der Bierausschank nicht gestattet, wie ich hörte, aber ich bekam Bier, das lauwarm und fade schmeckte. Eigentlich war das Rauchen verboten, aber die jungen Männer hier rauchten alle, und zwei begannen sich sehr für mich zu interessieren, als ich mir eine lange dünne Virginia aus Österreich ansteckte. Das erregte Verwundern, noch mehr mein Gasfeuerzeug. Sie erzählten, tranken, waren lustig, einer zitierte Puschkin. Der Kellner wollte die Jugend immer erziehen und bestand darauf, daß hier kein Bier getrunken und nicht geraucht werden dürfe, aber das kümmerte niemand, und nach einer Weile begannen sie, aus ihren Taschen rosa Zehnrubelscheine zu ziehen, und machten mir Angebote. Ich war sehr verblüfft. Alle waren Studenten, wie ich hörte, und als ich sie fragte, was sie studierten, sagte der eine, er studiere Clown, ein anderer studierte Gärtner und ein dritter Radiotechnik. Die Studenten hatten viel Geld in der Tasche, drei von ihnen folgten mir auf die Straße. Es hatte zu regnen begonnen, es goß ganz plötzlich wie im Orient und schüttete Wasser, aber die drei ließen sich nicht abweisen, sie hakten sich ein, und während das Wasser auf uns niederplatschte, wurden ihre Angebote konkreter: Ob ich Blue jeans hätte? Sie böten mir für eine Hose zwanzig Rubel, das sind achtundachtzig Mark. Ob ich ein Nylonhemd hätte, zehn Rubel, ein Paar spitze Schuhe? Auch an meinem Regenmantel waren sie zu erstaunlichen Höchstgeboten interessiert. Als ich das alles ablehnte, gingen sie herunter und fragten wenigstens nach Kugelschreibern und Kaugummi. Für alles sehr lukrative Preise, hier sofort in bar, aber nur im Dunkeln. Aber das erstaunlichste war, daß sie sich auch durch den Hotelportier nicht abschrecken ließen. Sie kamen mit, sie taten, was zu Stalins Zeiten kein Russe gewagt hätte, sie tummelten sich ungeniert im Ausländerhotel, und wenn nicht diese herrlich unpraktischen Fahrstühle gewesen wären, zu denen ich als sechster Mann zusteigen konnte, so wären sie mir sicher aufs Zimmer gefolgt, immer in der Hoffnung, gebrauchte Textilien des Kapitalismus kaufen zu können.

Und während ich durch die endlosen Flure des »Metropol« meine nächtliche Wanderung antrat, dachte ich: So ist nun der Mensch. 1917 diese Revolution, so viel Blut und Schweiß und Erziehung zum Sozialismus. Es ist ein Jammer mit dem Menschen. Das Handeln kann er nicht lassen.

Weitere Tage sind vergangen, randvolle Reisetage der Belehrung und Aufklärung. Ich habe den Standpunkt der Objektivität zurückgewonnen. Ich weiß nun die Leistungen der Revolution zu würdigen: zweihundertzwanzig Millionen Menschen, die noch vor hundert Jahren Leibeigene waren, in Stofflumpen und Wattejacken herumliefen und in dürftigen Holzkaten wohnten, zu achtzig Prozent waren sie Analphabeten. Es ist nicht zu leugnen, es ist ein gewaltiger Fortschritt, heute können hier alle lesen und die meisten schreiben, sehr viele wohnen in Steinhäusern und tragen Lederschuhe und

Kleider wie in Europa, und alle lernen und bilden sich fort. Bin ich nun würdig, Lenin zu sehen? Darf ich mich in die endlose Kette derer einreihen, die aus Kasachstan, aus der Ukraine, aus Usbekistan, aus Grusien, Aserbaidschan, aus Armenien, Turkmenien und Tadschikistan kamen, um auf dem Roten Platz den Vater des Vaterlandes, um Lenin zu sehen?

Man kennt das Bild, man hat es oft im Fernsehen gesehen, diese endlose, geduldige Schlange, die sich in kunstvollen Windungen über den Roten Platz fortbewegt. Bauersfrauen und Soldaten, Traktoristen aus Armenien und Junge Pioniere aus Leningrad: Pilger nach Moskau. Moskau ist ihr Traum, einmal in Moskau gewesen und den roten Zaren gesehen – davon wird man noch lange in der Mongolei sprechen. Niemand zwingt sie hierher, keine Polizei, kein kommandiertes Massenaufgebot wie in der DDR. Moskau war immer der Traum dieses Volkes und der Rote Platz sein Heiligtum. Hier wurden im Mittelalter blutige Schlachten gegen die Tataren geschlagen. Die Patriarchen zogen über diesen Platz am Palmsonntag, auf Eseln reitend. Die Zarenprozession nahm hier ihren Weg in den Kreml. In jedem Jahrhundert brachen hier Revolutionen aus, und in jedem Jahrhundert wurden hier Revolutionäre geköpft – ein blutiger Platz der Geschichte, so rot von Blut wie der Tower in London. Der Rote Platz wirkt heute sehr leer, sehr kalt und wuchtig. Wir gehen brav in Zweierreihe, wie Schüler beim Klassenausflug, wir winden uns langsam in der Schlange voran, eine Prozession von Lehrlingen in Sozialismus, die erste Weihen empfangen sollen.

Nach all den architektonischen Merkwürdigkeiten, die ich in Moskau sah, den wildwüchsigen Phantasien eines tatarischen Nachklassizismus, wirkt das Lenin-Mausoleum überraschend ruhig und sachlich. Schwarze Marmorblöcke in erträglichen Proportionen, alles etwas zu dick und quadratisch, aber immerhin schon von gerader Linie und klaren Fluchten. Es wird dunkel, wir passieren den Keller, geschichtet aus den schönsten Marmoren der Union, wie ich höre. Und dann sind wir plötzlich da. Aus dem Dunkel leuchtet ferne ein Licht, es sieht wie eine rosa Glühbirne aus, und als ich näher komme, sehe ich, daß es Lenins Schädel ist, dessen kahler Kopf, zartrosa glühend, wie von innen angestrahlt wirkt. Der Kopf scheint vom Zentrum her zu leuchten, eine mystische Irritation, denn nun zeigt es sich, daß der ganze Körper von oben hell angestrahlt ist. Der Leichnam liegt da, wie wenn er vorgestern gestorben und gestern durch die Künste raffinierter amerikanischer Totenkosmetik gegangen wäre. Er trägt einen schwarzen Jackettanzug und die Krawatte, die ich so oft in mächtigen Gipsmodellen sah. Seine Hände sind nicht gefaltet, die Gesichtszüge sind weiß und wächsern und erinnern mich in ihrer präparierten Schönheit einen Augenblick an Marlene Dietrich. Amerika und Rußland, sie wollen beide den Tod nicht wahrhaben. Die Sowjets haben auch die Religion abgeschafft, gut, aber siehe da, hier steht schon ein neuer Hochaltar, und wie die Russen jetzt vorbeiziehen, das zeigt alle Züge tiefer religiöser Ergriffenheit. Warum bekreuzigen sie sich nicht? Oder tut es diese alte Frau dort hinten heimlich? Sicher ist: Lenin ist in diesem Volk an die Stelle Gottes gerückt, sie sind noch zu unterwürfig, um ohne einen Gott leben zu können. Lenin ist ein Geheimnis, es wird mir hier klar, Lenin ist trinitarisch: Er ist der Vater des Vaterlandes, er ist der Sohn der Revolution, der Heilige Geist der Partei. In jeder Sitzung des Zentralkomitees ist er mystisch anwesend. Lenin bleibt das Pfingstereignis des Sozialismus. Hier im Kreml lebt er ewig fort.

Und ich denke: So hat sich ein Volk aus der Tiefe befreit. Lenin ist wirklich groß. Er ist größer als Napoleon oder Bismarck, er ist einer der wenigen Beweger der Welt. Er hat das größte Experiment der Geschichte in Gang gebracht; das Unglück ist nur, daß er es hier in Rußland tat. Hier in Rußland stehen die Uhren der Geschichte noch immer anders. Rußland kommt aus einem Jahrtausend der Unterdrückung. Sie haben nie einen Descartes gehabt, keine Aufklärung, keine Französische Revolution, kein bürgerliches Jahrhundert, nie einen funktionierenden Kapitalismus. Moskau kommt aus einem anderen Kulturkreis: Es wurde einst in Byzanz getauft, und byzantinisch sind heute noch seine Riten und Gebräuche. Moskau ist ungeheuer verspätet. Und alle Kosmonauten können nicht darüber hinwegtäuschen, daß man den Geist des Mittelalters erst langsam zu überwinden lernt. Noch immer heißt hier die soziale Grundformel Unterwerfung – und nicht Demokratie; das ist Kritik und Kontrolle. Die Person, der einzelne ist noch immer nicht da. Sie stehen erst am Anfang der Aufklärung und übertreiben sie, wie alle Anfänger, maßlos. Aber sie haben die Aufklärung, sie werden sie halten. Ich denke: Sie werden es schon noch schaffen.

Und später dann, kurz vor dem Abschied, stehen sie alle da, die bürgerlich aussehenden Herren von der *Iswestija* und von *Sowjetunion heute,* die Herren vom Rundfunk und unsere Lehrerinnen von Intourist, die Sprecher des Friedenskomitees und viele andere Herren, die im Laufe der zwei Wochen auf geheimnisvolle Weise dazukamen. Und in ihren Gesichtern sind fragende Unsicherheit, Herzlichkeit, Erwartung und Neugier: Wie war es nun? War es nicht gut? War es nicht schön? Haben wir es nicht geschafft? Blumen in ihren Armen und viele russische Puppen, die jetzt verteilt werden. Großer Abschiedsbahnhof: Man möchte noch rasch ein Interview und eine Aufnahme für den Moskauer Rundfunk. Die Söhne der Revolution stehen nach fünfzig Jahren erwartungsvoll da und erhoffen von den Söhnen des Kapitalismus frohe Bestätigung. Wenn die Kapitalisten jetzt sagen, daß alles gut war, dann sind wir doch auf dem richtigen Weg, nicht wahr? Den Westen einholen, den Westen überholen, ist es nicht das?

(1967)

New York
Essay der Freiheit

New York war immer nur ein Traum von mir, und wie jeder Traum, der über Nacht plötzlich Wirklichkeit wird, begann auch New York für mich mit einer tiefen Enttäuschung. Aufwachend aus meinem langen Lesetraum von der leuchtenden, herrlichen Stadt, fand ich New York sehr alt und schmutzig vor. Schwarze Verbrauchtheit lag über der Straße, der ich in den letzten Wochen in meinen Hoffnungen und Phantasien entgegengefiebert hatte.

Es war Freitag, der 10. Juni, abends so kurz nach zehn. Ich stand auf der Fifth Avenue, fühlte die Unruhe, die Neugier, die Ratlosigkeit aller Ankömmlinge in mir und dachte: Welch ein Augenblick, du setzt deine ersten Schritte auf einen neuen Kontinent. Du solltest einfach mal losgehen, solltest dich treiben lassen, jetzt so eine Stunde vorm Schlafengehen. Sehen, hören, riechen, schmecken, solche ersten Gänge sind wichtig. Sie entscheiden. Jetzt bist du noch voller Erwartung, alles ist möglich. Heute mittag noch in Frankfurt auf der Zeil und jetzt zehn Uhr abends in Manhattan auf der Fifth Avenue. Das ergibt eine Schärfe der Optik, eine Frische des Sehens, die du nie wieder erreichen wirst. Sie mußt du nützen. Nie wieder wirst du so unwissend, so neugierig, so vollkommen unschuldig dieser Stadt gegenübertreten können, sie fragen: Wie siehst du aus, New York?

An diesem Abend sah es nur enttäuschend aus, trostlos und schmutzig. Liegt es daran, daß wir darüber zu viel gelesen und gehört haben, daß wir im Film und Fernsehen zu oft ein vorfabriziertes Bild dieses technischen Märchenlandes geliefert bekommen? Tragen wir nicht alle dieses neonstrahlende, aluminiumschlanke Wolkenkratzer-Image mit uns, das Pan American so erfolgreich an Europa verkauft? So ist es nicht. Es ist eine Täuschung. Man muß das vergessen. New York ist ganz anders.

Ich stand auf der Fifth Avenue, blickte die schnurgerade Straße herunter, die jetzt kurz nach zehn leer und dunkel dalag, wie erschöpft und verbraucht von der Geschäftigkeit eines Tages. Die Straße sah aus wie ein unaufgeräumtes, leeres Bett. Ein Geschmack von Öl und Eisen in der Luft. Kein Publikum, kein Weltstadtkorso, nur die Reste des Tages: Papier und Pappe von Bechern, Zeitungen, Eisstiele, Bonbontüten, plattgedrückt, schwarzgetreten. Ein Farbiger ging vorüber, ein alter Mann wühlte in einem Papierkorb; Traurigkeit lag über dem Asphalt.

Ich blickte empor, suchte den Himmel und sah zum erstenmal diese unheimlichen Straßenfassaden, die für New York typisch sind; niemand erzählt sie uns. Zwölf oder fünfzehn Stockwerke hoch zieht sich eine schwarze Steinwand, die mich in ihrer monotonen Häßlichkeit sofort an eine Gefängnisfassade erinnert. Uralter Backsteinstil wie in Altberlin oder London Eastend, nur sehr viel höher, unverputzt, von trostloser Schwärze mit Hunderten von hohen, schmalen Fensterchen, die mit ihren winzigen Glasscheiben wie vergittert wirken. Unter jedem Fenster streckt sich ein schwarzer Eisenkasten brutal und kantig heraus. Er pustet.

Ich gehe weiter, biege in eine Querstraße ein, lasse mich treiben. Hier ziehen sich an den schwarzen Häuserwänden Eisentreppen entlang. Sie führen an der Außenwand in einem schwarzen Zickzack wie Diagonalen in einem Winkel von fünfundvierzig Grad halbschräg hoch, laufen dann waagerecht zurück, bilden einen kleinen Balkon, um im nächsten Stock wieder halbschräg weiterzuklettern; zugleich baumeln lange Eisentreppen herunter. Das sind die Feuerleitern, die

»fire escapes«, sie sollen bei jeder Gefahr einen bequemen Abstieg zur Straße bieten. Blickt man auf die andere Straßenseite, so wirkt dieses Eisensystem vor den Fenstern wie ein Zickzackgestänge der Angst: die Maltechnik von Buffet, so sah er Großstadtwände. Blickt man auf der eigenen Seite die Front herunter, so verwirrt sich der Blick in der unendlichen Wiederholung des Systems: Eisengestrüpp, Eisenbefall, der sich wie abstrakter Efeu die Wände hochzieht, die schwarzen Vogelkäfige der Air-condition dazwischen. Es ist wie eine Orgie in schwarzem, schmutzigem Eisen, ein Anblick von gewaltiger und imponierender Häßlichkeit. Ich frage mich: Warum sagt uns das niemand über New York?

Natürlich zieht es den Fremden zum Times Square. Irgendwo hatten sie gesagt: Zweiundvierzigste Straße, du mußt nur immer geradeaus gehen. Irgendwann kommst du dahin. Du mußt das sehen: Irgendwann findest du es ganz von selbst, dieses strahlende, zuckende Glasherz New Yorks, von dem berühmte Globetrotter schon im 19. Jahrhundert schrieben, Times Square verkörpere den Mittelpunkt der Welt; von hier aus werde die Erde vermessen. In der Tat gehört Times Square neben dem Grand Canyon und den Niagarafällen zu den Weltwundern Amerikas. Du mußt nur immer geradeaus gehen, hatten sie gesagt. Weltwunder kann man nicht verfehlen.

Neue Enttäuschung unterwegs: Die Straße, auf der ich jetzt gehe, ist etwas breiter. Sie ist schwarz und alt, ist dunkel und schmutzig, aber doch etwas belebter. Ein paar Burschen kommen mir entgegen, Transistorengeräte schlenkernd, ein paar gelbe Taxis surren an mir vorüber, Eisengitter vor Schaufenstern, zerbeulte Jalousien, Feuerleitern an den Wänden. An jeder Straßenkreuzung lese ich jetzt in der Richtung, in der ich gehe, auf den kurzen gelben Schildern das Wort, das in uns so unerhörte Phantasien und Hoffnungen weckt, das Wunderwort, die große Weltstadtverheißung, und denke: Das kann es doch unmöglich sein? Aber es steht auf den Schildern, sie mehren sich, an jeder Straßenecke steht:

Broadway, 32. Straße, Broadway, 33. Straße, Broadway, 34. Straße. Und ich frage mich, ich zögere, gehe zurück, lese aufs neue, frage Passanten, ich versichere mich bei einem Polizisten: »Ach bitte, wo ist denn hier der Broadway?«

Er war es, er war es seit langem, wie mir höflich und ernst Bescheid gegeben wurde. Ich lief durch das nächtliche New York, ich lief durch Manhattans berühmteste Straße und merkte es nicht. Ich wußte noch nicht, daß Broadway wie eine endlose, traurige Diagonale quer durch Manhattan zieht: alt, grau und häßlich, und nur auf der kurzen Kreuzung zwischen der 42. und der 45. Straße zum Times Square aufflammt. Da allerdings reißt sich der Broadway aus seiner schwarzen Großstadt-Traurigkeit unvermittelt zu einer Orgie von Licht, zu einem elektrischen Feuerwerk von bizarrer Phantastik empor.

Was ist es, das den Times Square für den New-York-Anfänger so enttäuschend macht? Natürlich, man bringt noch europäische Vorstellungen mit, denkt bei dem Wort Platz an etwas Großes, Geräumiges, Freies, das etwas repräsentiert: einen Sieg, einen Helden, eine Idee. Man denkt an die Place de la Concorde in Paris, an den Trafalgar Square in London, denkt an die Piazza Navona in Rom: Springbrunnen, Obelisken und viele Bänke unter grünen Bäumen. O holder Wahnsinn Europas, laß alle Hoffnung fahren. Times Square ist gar kein Platz, ist gar nichts, sondern bezeichnet nur das Häuserquadrat, wo der Broadway zwischen der 42. und der 44. Straße die Siebente Avenue kreuzt – nicht mehr. Der Times Square repräsentiert nichts als das hochkommerzialisierte Massenvergnügen im technischen Zeitalter, ist einfach ein Orkan von Licht, von greller, zuckender, rasender Leuchtreklame, die den Fremden plötzlich überfällt, blendet und ihm eine Vielfalt vortäuscht, die nicht erfüllt wird. Coca-Cola-Ausschank, Cafébars, Show Business, Playhouses, Kinos mit glitzernder Leuchtschrift, Drugstores, Schuhgeschäfte, Eisläden, Buchläden, die Aktmagazine aller Art anbieten, Souvenirkästen mit dem Kitsch aller Fremdenindustrien, offene

Bartheken, an denen zermürbte Großstadtgesichter eine farbige Limonade trinken, Steakbratereien, wo riesige Fleischstücke ins Feuer geworfen werden und wo vor staunenden Augen das atavistische Vergnügen der Fleischverbrennung öffentlich zelebriert wird, automatische Spielhallen, wo Halbwüchsige das Vergnügen der Menschenerschießung für zehn Cent üben. Zwei alte Frauen, die mit einem gelben Plakat von Bar zu Bar ziehen und das Jüngste Gericht verkünden. »The End Is Near«, ist zu lesen. Sie erwecken bei den hemdsärmeligen Gästen nicht Schrecken, sondern Heiterkeit. Die alten Frauen kreischen, man lacht. Gehören sie mit zu den Requisiten des Amusement?

Was ist Times Square? Ein Schaltbrett elektrischer Lustbarkeiten. Horror und Sex, Verbrechen und Lust geben sich hier ein funkelndes Fest öffentlich lizenzierter Schaustellung, die zugleich starr und automatenhaft wirkt. Leben, das über Schienen, Triebhaftigkeit, die über Transformatoren läuft, elektrisch herauf- und heruntergespannt und irgendwo ferngesteuert. Du kannst hundert Meter weitergehen und stehst wieder vor der gleichen Lichtorgie mit denselben Krawattengeschäften, denselben Transistorenläden, denselben Sex-Magazinen. Die gleichen Hamburger und Frankfurter und Cheeseburger und die gleichen Steaks, die sich zu unheimlichen Bergen blutigen Fleisches häufen. Wieder ein Kino, das das Verbrechen des Jahrhunderts verspricht, wieder ein Playhouse, das in glitzernder Laufschrift die nackteste Schau der Welt anbietet. Laß dich nicht bluffen. Verworfenheit lockt nur von außen. Kein Ticket für einen Dollar fünfundzwanzig wird sie dir einlösen.

Was also ist Times Square? Der uralte Jahrmarkt im elektronischen Zeitalter. Eine gleißende Drehorgel verklemmter Massenbefriedigung, grell und geheimnisvoll, brutal und direkt, ein Kampfplatz der Industrien, die Vergnügen wie Zahnpasta produzieren: Verbrauchen, verbrauchen, verbrauchen, heißt hier die Parole. »Things go better with Coke«, steht hier geschrieben. Es steht hier geschrieben auf leuchtendem Grund: »Remember, you have a friend – The Chase Manhattan Bank.«

Wieviel taugen solche Anfänger-Impressionen? Was sind sie wert, um die Stadt zu erfahren, zu verstehen, in ihrem Inneren freizulegen? An diesem Abend ging ich enttäuscht nach Hause, entmutigt und etwas verstört. Mein Traum war kaputt, meine Hoffnung enttäuscht. Ich wußte noch nicht, daß dies eine notwendige und heilsame Enttäuschung war, der Anfang des großen Ernüchterungsprozesses, die Stimme der Stadt, die da sagt: Du wirst mich nicht sehen mit deinen alten Augen, du wirst mich nicht hören mit deinen alten Ohren. Shut up! Du kannst mich nur sehen mit neuen Augen, du kannst mich nur hören mit neuen Ohren, denn ich bin die neue Welt. Ich werde dich schütteln und stoßen, ich werde dich schlagen und schocken, bis du entzwei bist. Denn ich bin die neue Welt.

New York hat nichts von der Freundlichkeit unserer europäischen Metropolen, nichts von der Schönheit Roms, nichts von dem einladenden Charme von Paris, nichts von der vornehmen Verschlossenheit Londons – New York geht auf den Fremden zunächst wie ein Faustschlag nieder, zwingt ihn zu Boden und sagt: Ich bin anders, begreife das doch. Laß dich nicht täuschen durch meine Fassaden, diese Masken Europas, diese Echos der Welt: die englischen Worte, die deutschen Namen, die italienischen Kirchen, diese spanischen Laute. Ich bin das nicht: Europa, nur etwas größer. Ich bin etwas anderes und Neues. Das mußt du erst langsam lernen.

Also lerne: New York ist eine Inselstadt, die aus fünf Stadtteilen, Boroughs genannt, besteht. Nur der nördliche Stadtteil Bronx gehört mit seinen eineinhalb Millionen Einwohnern zum amerikanischen Festland. Brooklyn und Queens, die mit vier Millionen Einwohnern die ausgedehntesten Wohnviertel besitzen, gehören zu Long Island. Die Stadtteile Manhattan und Richmond sind Inseln für sich. Die Stadt umfaßt dreitausendzweihundert Quadratmeilen mit über acht

Millionen Einwohnern. Lerne weiter: Die Stadt ist nicht geschichtlich gewachsen wie andere Städte der Welt, sie wurde von Anfang an gemacht, und zwar nach den strengen Regeln demokratischer Rationalität. Das bedeutet: kein beherrschender Mittelpunkt, kein historisches Stadtzentrum, sondern fast vollkommene Gleichheit der Planung. Jeder Stadtteil wird zunächst durch ein Parallelsystem breiter, beherrschender Avenuen gegliedert, zu denen die numerierten Straßen wie Rippen das Quersystem bilden. Also ein gewaltiges Schachbrett, ein Rastersystem. Die Sechste Avenue, Avenue of the Americas, teilt die Straßen in East und West auf. Das bedeutet: äußerste Vernünftigkeit und Leichtigkeit der Orientierung. Es bedeutet auch: Mangel an Verschlungenheit, Verwinkeltheit, die Abwesenheit des Geheimnisses.

Lerne schließlich: Auch die Bevölkerung ist nicht gewachsen, sondern »gemacht« – durch Einwanderung. Hier lebt kein Volk, hier leben die Ausgeworfenen und Verfolgten vieler Völker: ein Kosmos von Exilierten. Seit dreihundert Jahren treffen hier im Hafen die Flüchtlinge und Auswanderer aller Nationen ein. Die Stadt zählt heute über zwei Millionen Juden, über eine Million Puertoricaner und Spanier, eine Million Italiener, eine Million Neger, eine halbe Million Iren, und so geht das weiter. Das macht das einmalige politisch-moralische Klima der Stadt aus: Sie ist süchtig nach Freiheit. Es kamen immer nur die Auswanderer, die Flüchtlinge, die Exilierten aller Völker und sagten: Laßt uns hier die Stadt der Freiheit bauen. »Sendet die Heimatlosen, die Sturmgepeitschten her zu mir« – steht in schlechten Versen zu Füßen der Freiheitsstatue auf Liberty Island. Sie kamen und bauten sich New York zu einer Traumstadt der Freiheit mit allen Herrlichkeiten und Schrecken solcher Träume.

Wenn du das begriffen hast, daß die Stadt von der Wurzel her etwas anderes und Einmaliges ist, kannst du anfangen, sie ins Auge zu fassen. Sieh dir an diese Burg der Freiheit, diesen dreihundertjährigen Essay in Stein. Wie ist er geraten? Betrachte Manhattan, das kleinste Borough der Stadt, und ist doch das größte Wunder, das Menschen je schufen. Von Staten Island her gesehen liegt es wie ein Gebirge aus Glas und Stahl, das aus der Ferne an eine Alpenlandschaft, an gewaltige Felsmassive in der Zentralschweiz erinnert, so schieben sich die grauen Riesen der Wolkenkratzer kolossal ineinander, überlagern sich, bilden Schluchten und Gipfel, stürzen in scharfen Linien ab, reißen sich wieder zu geschuppten Spitzen empor. Es ist eine Landschaft gigantischer Geometrie. Die Insel ist hier »downtown« im alten Gebiet von Wallstreet, ganz schmal, der Boden knapp und horrend teuer, und diese Enge trieb alle Häuser wie Pilze in einer Regennacht in eine bizarre und groteske Höhe. Häuser? Was Big Business hier schon in den dreißiger Jahren in die Höhe trieb, sind keine Häuser mehr, es sind Kathedralen der Bürokratie, Türme des Kapitals, Pyramiden des Goldes, hoch in den Himmel geschichtet.

Der Anblick Manhattans hat etwas Phantastisches und Abstruses, etwas Faszinierendes und Erschreckendes; man kommt davon nicht mehr los. Er wirkt triumphal und gigantisch in einem Augenblick: ein unbeschreiblicher Sieg des menschlichen Geistes, und er wirkt im nächsten Augenblick hybrid, eine Krankheit, eine Wucherung wilder Steinzellen wie Krebs. Sieh dir das an: So starben auch einmal die Dinosaurier aus am Wahnsinn der Größe. So gehen Kulturen, am Krebs ihrer Maßlosigkeit wuchernd, wieder zugrunde. New York – was ist das? Die herrlichste Pyramide der Freiheit oder ein Steinbruch fürs dritte Jahrtausend?

Dialektik der Erfahrung, Ambivalenz der Gefühle, das Hin- und Hergerissensein zwischen Bewunderung und Erschrecken, das wird dich nun nicht mehr verlassen. Dieser Zwiespalt begleitet dich durch die ganze Stadt. Es sind die zwei Seiten der Freiheit. Und jeder Tag ist in sich zerrissen, kennt die grauen Stunden der Resignation, der depressiven Verstimmung, wo du nur fliehen willst, nur weg, nur weg hier: Die Stadt ist die Hölle. Und jeder Tag bringt diese Augenblicke reinen Entzückens, diese Aufschwünge heller Begeisterung: Wie bist du schön und lebendig, New York. Es ist so schwer, über New York etwas Gültiges auszumachen, weil es immer das ist, was man gerade sieht, erlebt, sagt – aber auch sein Gegenteil. Die Stadt ist im einzelnen von beklemmender Häßlichkeit und ist doch im ganzen unzweifelhaft schön. Sie ist unendlich grausam und doch so menschenfreundlich organisiert. Sie ist modern und uralt, naiv und raffiniert, hier gilt nur das Geld, und doch ist das Geld hier nicht viel wert. Kein New Yorker würde mit so viel Starrsinn und Habsucht an seinen Dollars hängen, wie ein Genfer oder Züricher an seinen Franken hängt. New York ist puritanisch-verklemmt und bebt doch schamlos vor Sex. Es ist reine Diesseitigkeit, radikalste Weltimmanenz und ist doch eine fromme Stadt. Alles ist hier privat, und doch ist alles Private zugleich vollkommen öffentlich. Jede Bank, jedes Polizeibüro, selbst FBI sind zu besichtigen. Man kann von New York nur in Gegensätzen sprechen. Nur im Zusammenfall dieser Gegensätze leuchtet die Wahrheit der Stadt für einen Augenblick auf. Sie ist auf keine Formel zu bringen.

Natürlich gibt es Schwerpunkte, beherrschende Zentren, die ausstrahlen und Überblick bieten. Der Blick vom Empire State Building zum Beispiel, unzählige Male bestaunt, bewundert, beschrieben, er nutzt sich nicht ab, bleibt jeden Morgen die gewaltigste Vision, die je der Mensch dem Menschen bereitet hat. Mitten in Manhattan, Fifth Avenue, an der 34. Straße, schwebst du in einem der vierundsiebzig Lifte hundertundzwei Stockwerke hoch, du schwebst über vierhundert Meter empor und blickst dann auf diese wuchernde Wabenwelt. Mit einem Blick umfaßt du die ganze Insel aus Stein, aus Beton, aus Glas und Stahl, die unter dir in bläulichem Licht emporbrandet und manchmal etwas aufrauscht – der Anblick ist vollkommen phantastisch und vollkommen real zugleich. Graublaue Türme, gläserne Fassaden, schwarze Klötze und dazwischen die schnurgeraden Schluchten der Avenuen und Straßen, in denen winzige, bunte Spielautos in endlosen Bändern dahinrollen – ist das also das Leben? Mit einem Blick siehst du vom Hudson zum East River über den Central Park nach Harlem hinauf. Fragendes Wiedererkennen in luftiger Höhe, kindliche Freude: Pennsylvania Station? Battery Park? Lexington Avenue? Oder Madison? Und natürlich der lange Querstrich da: Das ist doch der endlose Broadway? Von hier oben sieht er ganz freundlich aus. Es gibt Schwerpunkte, die man mühelos wiedererkennt. Natürlich United Nations, am East River. Aber das gewaltige Lichtbrett am Ufer ist eigentlich gar nicht das Haus der Vereinten Nationen. Das Haus, in dem die Vollversammlung und der Sicherheitsrat tagen, ist ein niedriger Flachbau mit Kuppeldach daneben, den niemand beachtet. Das Lichtbrett ist nur das Verwaltungsgebäude, ein Bürohaus für kleine Angestellte und das Heer der Journalisten. Auch das Chrysler Building ist unverkennbar mit seinem blanken, gotisch geschuppten Helm, spitz wie ein Bischofshut. Und das hier, natürlich: 444 Building, der Wolkenkratzer an der Madison Avenue, Hausnummer 444. Und gleich daneben 666 Building, Fifth Avenue, Hausnummer 666, und daneben, richtig, das Museum of Modern Art – der Anblick ist vollkommen real, alles liegt zum Greifen da wie auf einem Stadtplan und wirkt doch zugleich vollkommen unwirklich, eine Landschaft der Phantasie. Manhattan vom Empire State Building aus – das könnte ein Gott oder ein Dämon gezaubert haben. Ich frage mich ernstlich: Kommt das noch aus Menschenhand?

Ein anderes Wunder ist Park Avenue, von der 53. Straße herunter zur 42. Straße gesehen. Das war mein Traum von New York, hier steht er wirklich da in den schlanken, grünen Glaswolkenkratzern der letzten Jahre, die alle, dicht an dicht, in den Himmel wachsen: ein neues Zentrum der Hochfinanz. Ich lese: Chemical Bank, New York Trust, First National City Bank, Manufacturers Hanover Trust, Bankers Trust. Ach, Park Avenue hier in Midtown ist keine Straße mehr: Es ist ein gewaltiger Hausflur der Hochfinanz, der auf der Höhe der 42. Straße durch das monumentale Quergebäude von Pan American abgeschlossen, zugestellt wird. Walter Gropius hat es gebaut: ein schönes achteckiges Monstrum, auf dessen Dach Helikopter wie taumelnde Hornissen abfliegen und landen. Die Erde bebt manchmal, denn unter dem Riesen von Pan Am liegt Grand Central Station, New Yorks Hauptbahnhof; er wurde von Gropius einfach überbaut. Eine halbe Million Menschen laufen hier täglich unterirdisch durch, um zu ihren Zügen zu kommen. Sie laufen an gläsernen Palästen vorbei, die bis zum Himmel nur aus Fenstern bestehen. Der Blick nach oben, ein Blick der Touristen, der Fremden, Provinzler, macht schwindlig. Wo immer du hinsiehst: nur zartgrünes Glas, wo hinter tausend Fenstern, die niemand mehr öffnen kann, verwaltet, geschrieben, gebucht und registriert wird. Die Park Avenue ist wie ein Traum von der neuen, verwalteten Welt, ein Blick in die kommende Weltbürokratie, kein Alptraum, wie Kafka ihn meinte, aber vollkommen abstrakt, anonym, von jener sublimen Schönheit, die nur die Geometrie dem Geist vermittelt. Park Avenue ist ein Fest für Gehirne, die sehen wollen. Es ist reine Mathematik und Musik für Augen.

Soll ich nun weiter aufzählen? Soll ich den Kreislauf der großen Zentren und Zahlen beginnen, das Sightseeing der Erinnerung, das jeder New Yorker Besucher, bestürzt und ratlos, mit nach Hause bringt? Soll ich das Rockefeller Center loben: eine Stadt in der Stadt mit hundert Firmen, zweihundert Läden und dreißig exklusiven Restaurants und fünfzehn Häusern, in denen alles noch einmal da ist; Theater und Kino, Radio und Fernsehen, Nachrichtenagenturen, Fluggesellschaften, Ölfirmen, La Maison Française, Palazzo Italia, British Empire Building und, schließlich, Time and Life Building, wo Amerikas öffentliche Meinung gemacht wird? Soll ich das Lincoln Center hinzunehmen, das neue Kultur-Zentrum New Yorks mit seiner neuen Metropolitan Opera, seinem Haus der New Yorker Philharmoniker, seinem Haus fürs Repertoire-Theater »The Vivian Beaumont Theater«, dem »New York State Theater« fürs Musical und schließlich dem »Library Museum of the Performing Art«, ein Teil der berühmten New York Public Library, in dem die Dokumente von Musik, Theater und Ballett gesammelt und ausgestellt werden? Lincoln Center ist wie ein Anfall von Kunst, ein krampfartiges Zusammenzucken von Kultur in diesem Organismus von Wirtschaft und Handel, eine späte Wiedergutmachung der Kaufmannsstadt an den Geist. Es ist schön und imponierend und erinnert doch etwas an die Kulturpaläste der Sowjetunion. Die Kunst im Zeitalter der Massenzivilisation.

Die Gegensätze, die Widersprüche, die gesellschaftlichen Antinomien der Stadt, sie machen mich krank wie Wetterstürze. Es schlägt plötzlich um: Eben warst du noch auf dem Broadway, und wenige hundert Meter weiter stehst du jetzt auf der Bowery, und alle Kraft und alles Leben sind verschwunden. Die Bowery war einmal eine vornehme Straße, heute ist sie ein Elendsquartier, eines von vielen. Die Bowery ist die Straße der alten Männer, die aufgegeben und kapituliert haben; hier liegen sie auf dem Asphalt. Eines Tages konnten sie nicht mehr, sie konnten diesen ewigen, wahnsinnigen Kampf um den Job, den Dollar, das Business nicht mehr leisten, vielleicht wollten sie es auch nicht mehr, diese tägliche Show des Keep-smiling, dieses Sichaufschminken, Sichjüngermachen: »Hey, Joe« und »Hallo, Sam«, dieses tägliche Potpourri von Goodwill, von Fröhlichkeit und Raubtiergelüst. Die Show war aus, die Kraft gebrochen, das Stück, das Freiheit hieß, zu Ende, sie ließen sich fallen, und nun liegen sie hier ausgestreckt auf der Straße, krümmen sich um Laternen herum, hocken auf eisernen Treppen, starren ins Leere, wickeln sich in Zeitungspapier ein, strecken sich auf dem Asphalt, die Arme liegen wie ausgerenkt daneben und die Finger gespreizt, Geschwüre von Syphilis zwischen den Fingern. Paß nur auf, daß du nicht darauftrittst. Sie liegen wie Abfall aus Fleisch auf der Straße, die Stadt hat sie ausgespuckt, Auswurf und Abfall des Kapitalismus, verfaulende Reste der Freiheit. Eine Kirche daneben. Privatkirche des Mister Tom Nonnan. Der Mann betreibt eine Sekte wie ein Coca-Cola-Geschäft. Er wirbt mit einem rot-weißen Plakat: »If you haven't a friend in the world, you can find one here.« Aber die alten Männer der Bowery wollen auch dieses Geschäft mit dem Privatgott von Tom Nonnan nicht mehr. Sie wollen nur liegen, schlafen, vergessen. Ein Arm reckt sich hoch, die Finger gespreizt, eine Stimme kommt aus Papier: »One quarter, please, Sir!« Ein Vierteldollar Alkohol. Das ist der Gott der Bowery.

Ja, und wieder einige Straßenzüge weiter: Greenwich Village, das große, bunte Dorf der gewollten, der kunstvoll arrangierten Armut. Hier liegen sie auch, nicht auf Asphalt, sondern auf Gras – und protestieren. Sie protestieren gegen Wallstreet und Park Avenue, gegen das Leben in der 125. Straße und gegen Madison Avenue – liegend.

Hier ist das Künstler-, das Studenten- und Literatenviertel, die grüne Oase des Individualismus: Jeder darf im Dorf einmal sein, wie er wirklich ist. Hier ist die Freihandelszone für Intellektuelle, für Neger und Weltverbesserer jeglicher Art. Protestsong und Beatmusik, Gitarre und Laute, Marihuana und LSD sollen hier zu Hause sein; ich fand es nie.

Greenwich Village ist die Welt der Beatniks und Gammler, der Pazifisten, Sektierer, der Lebenskünstler und unerkannten Genies. New Yorks Anti-Amerikanismus stellt sich hier aus: Die alte Freiheit wird mit einer neuen bekämpft. Man ist links und schräg und trägt lange Haare, man ist gegen den Vietnamkrieg und läuft also barfuß. Man entdeckt für die Stadt der Vernunft den Zenbuddhismus durch Drogen, der Himmel ist im Grunde eine Pille, du kannst sie an verborgenen Ecken kaufen und wirst die Ekstasen und Nirwanagesichte der heiligen Hildegard finden.

Hier um den Washington Square blühen die geheimen, verbotenen Paradiese der Amerikaner: faul sein, schmutzig sein, dagegen sein, anormal sein, sich nicht waschen, stinken, die Haare so lang wie Jesus und das Hemd wie Ghandi heraus, die Hosen kunstvoll zerfranst und barfuß über den glühheißen Asphalt eines Sommertages. Das sind die verborgenen Gelüste der Stadt. Hier leben sie. Sie nennen es »underground«, und es klingt wie eine Führung durch Subway-Distrikte. Aber es ist längst eine Touristen-Attraktion daraus geworden, die findige Regisseure an jedem Wochenende farbenfroh neu inszenieren. *Mad Magazine* und *Evergreen Review* haben daraus ein spektakuläres Verlegergeschäft gemacht: »We invite you in the underground!« Man kann das abonnieren. An jedem Wochenende wird hier durch den Untergrund geführt. In der Bleeker Street blüht das »underground cinema«, Playhouses dazwischen, in denen langhaarige Jünglinge ekstatisch Mikrophone umklammern und in stampfenden Rhythmen die Wutschreie der Jugend gegen die Nation ausstoßen. Der kleine »underground«-Raum brüllt und bebt, er zuckt und rast vor Widerstand. Der Eintritt kostet drei Dollar fünfzig, der Raum ist air-conditioned – Gott sei Dank. An der Kasse zum Untergrund: Eiskrem und Coca-Cola.

Ist Greenwich Village das Saint-Germain-des-Prés von New York? Es ist es – rein soziologisch, aber es ist auch ganz anders. Es ist knallhart, brutal und charmelos, von der grellen Direktheit der Bilderbücher für Kinder. Hilflosigkeit liegt über dem Aufwand an Kraft. Die Farben sind alle signalrot, fettgelb, giftgrün, es fehlen die Nuancen, die Zwischentöne. Hilflosigkeit und neuer Zwang liegen darüber. Ein Hauch von Terrorismus. Der Individualismus als Gruppendiktat, das Einzelgängertum als Zwangsauflage. Es ist ein sehr amerikanischer Anarchismus, den Greenwich Village produziert. Trotzphase auf der Analstufe, der Schmutz ein Fetisch der Freiheit.

Neue Verwandlung der Szene, wieder ein anderes Planquadrat, die Stadt ist so groß. Ich sitze in der Subway und fahre nach Coney Island. Alle haben mich davor gewarnt, alle haben gelacht und abgewehrt: »Machen Sie nur das nicht, es ist die Hölle – unbeschreiblich.« Das zog mich an. Von der Innenstadt fährt der Expreß fast eine Stunde quer durch Brooklyn. Die Subway rattert und schlägt durch die schwärzeste Nacht, sie fährt mit ohrenbetäubendem Lärm, Brooklyn Manhattan Transit, Independent Lines, sie schüttelt und donnert und ist die Stimme der Stadt, die sagt: Ich werde dich schlagen, bis du mich siehst. Es ist dunkel, aber dann wird es hell, die Unterirdische steigt auf, fliegt hoch, fliegt an Häusern, Höfen, zementierten Plätzen mit Baseball-Jugend vorbei, Kleingärten, Müllplätze und Autowracks, Kings Highway heißt die Station; es ist alles nur wie durch Staubwolken zu ahnen, denn die Subway hat die schmutzigsten Fenster der Welt. Jetzt sieht man es. Der Staub von Manhattan, der Staub von Bronx und Queens liegen dick darüber: Straßenstaub, Kellerstaub, Eisenstaub, Menschenstaub, der sich eingenistet und festgeklebt hat. Niemand sieht das hier mehr.

Und dann sind wir plötzlich da. Wir sind in Coney Island, wir sind am Atlantischen Ozean, dem großen Badestrand von New York, einem von vieren, wo an jedem Wochenende bei gutem Wetter Millionen liegen, laufen, baden und glücklich sind, wirklich: Es ist unbeschreiblich. So etwas gibt es nicht in Europa, Zwergenland; Berlin-Wannsee und der Strand von Rimini sind ein Privatbad dagegen. Das allein hat die Reise gelohnt, hier hast du Amerika, Riesenland, hier hast du das kommende, große Massenzeitalter, von dem unsere Kulturkritiker düster unken, ein Alptraum Ortegas und Jüngers. Hier hast du den Traum und kannst sagen, ihn mitgeträumt zu haben.

Warum schlägt mir das Herz höher? Warum schäme ich mich nicht, es zu sagen? Es ist die Lust des Erkennens, ich habe Hunger nach Welt, nach Wahrheit, ich bin fasziniert von Gesellschaft: Hier hast du die Wahrheit der kommenden Gesellschaft vor Augen. So wird sie sein. Greif zu, faß an, überschaue das Ganze, streichle es mit deinen Blicken, hier hast du das 21. Jahrhundert in Fleisch und Blut vor dir im Sand, und es ist glücklich, ja. Es ist eine Sekunde der Wahrheit, zum erstenmal über die breiten hölzernen Promenaden von Coney

Island zu gehen: ein Ozean von Leibern. Wo immer du hinsiehst, nach beiden Seiten ein endloser Strand, der weiß, der braun, der fleckig und flimmernd von Menschen ist. Man sieht kaum Strand, denn überall wimmelt es von Leibern, von Armen und Beinen und Strohhüten und Badetüchern, und so geht es dauernd weiter. Eine halbe Stunde kann man auf der Holzpromenade spazieren und meint doch, am gleichen Punkt geblieben zu sein. Es flimmert überall von Menschen. Dies ist das Schauspiel der Millionen, die glücklich sind. Würstchenbuden, Hot Dogs, Schießstände, Wahrsager, Rollschuhbahnen, Juxbuden, Riesenräder am Rand. Du kannst Go-cart fahren und raffiniert durch die Lüfte schaukeln, du kannst Eis lutschen oder dich zu einer neuen Sekte bekehren lassen, du kannst angeln, Jazz machen, Pappmenschen erschießen und drollige Puppen erwürgen – o Märchenland, Wunderland, Alptraumland: Coney Island – wer bin ich denn? Ich bin ein Sohn des alten Europas, ich komme aus Deutschland, Dichterland, Denkerland, Henkerland: Seid umschlungen, Millionen, Schillerland. Nun gib's doch zu: Hier wird sie wahr, die Neunte Symphonie. Diesen Kuß der ganzen Welt. Es ist schön, in dieser Zeit Amerikas zu leben.

Neuer Umschlag: Ich bin im Museum of Modern Art. Hier hängen die Schätze Europas: Cézanne, Chagall und Matisse, Buffet und Picasso – und wie sie hängen; kein europäischer Museumsdirektor kann es so schön, so weiträumig und elegant hängen. Es ist nichts von der Müdigkeit und Muffigkeit kontinentaler Rumpelkammern der Kunst zu spüren. Es ist Donnerstagabend, und jeden Donnerstag abend findet hier vor den Meistern der Moderne ein Jazzkonzert statt, das erlesene Saxophonisten und die raffiniertesten Trompeter und Schlagzeuger der Staaten vereint. Es ist Donnerstagabend, ich stehe vor dem breiten Picasso-Gemälde, das Guernica heißt, ich sehe in Spaniens Schmerz und höre aus der Ferne die hellen, verspielten Kapriolen und Kadenzen des Saxophons kommen, wie sie den Raum, der groß und leer ist, ganz langsam erfüllen, an den Wänden emporlaufen, die Bilder abtasten, zurückkehren. Die Trompete zieht darüber eine lange melodische Schleife und kehrt wieder zurück, der dunkle Rhythmus der Trommeln darunter.

Ich trete auf den Hof, diesen herrlichen Innenhof des Museum of Modern Art, den niemand vergessen kann, der ihn nachts sah. Der Anblick ist vollkommen schön. Darf ich sagen: überwältigend? Er ist es. Mitten im Innenhof ragen hier die nächtlichen Wolkenkratzer von Manhattan auf, stehen, wie riesige Bäume, die brennen, im Himmel. Die schlanken, kubischen Türme sind erleuchtet, sie strahlen aus tausend Fenstern. Das hieß eben noch NBC Building oder 666 Building oder Time and Life Building, aber jetzt, wo die Jazzgruppe das alles umspielt, vereint und umzingelt, heißt es einfach: moderne Kunst. Manhattans jüngste Architektur ist hier zu einer immerwährenden Ausstellung ihrer selbst zusammengetreten. Sie lebt draußen und ist doch hier drinnen ein Teil der Kunst, ist selber Museum, stellt sich dar als ein Teil der »modern art«. Es ist ein bestürzender Augenblick, wo alles zusammenschießt. Ein Fest sublimer Verfeinerung, nur Licht und Glas, nur Farbe und Ton – eine Insel abstrakter Sensibilität mitten im Steinklotz Manhattan.

Welcher Deutsche, der Sammy Davis hörte, der Baldwin las, kennt Harlem nicht? Meint, es zu kennen? Meint, Bescheid zu wissen über das schwarze Getto Manhattans, das die Kraft und die Leidenschaft der unterdrückten Rasse staut? Man las von verwinkelten Gassen, von Nachtklubs und Hinterhofschuppen, in denen sich schwarze Jazzbands in wilder Melancholie Luft machen. So stellt man sich's vor, aber so ist es nicht. Es ist viel banaler. Harlem ist einfach Manhattan »uptown«; es liegt auf dem großen Schachbrettmuster der Stadt genauso offen, genauso rechtwinklig und rational da wie alle anderen Stadtteile auch. Die Straßen in Harlem sind genauso breit und geheimnisvoll wie hier überall, sie heißen auch Park Avenue, auch Madison Avenue, auch Fifth Avenue und wirken doch wie die armen, verkommenen Geschwister, die heruntergekommenen Verwandten, deren glanzvoller Name nur noch ein Hohn auf die Wirklichkeit ist. Denn hier ist das Viertel mit der größten Armut, der größten Arbeitslosigkeit, der höchsten Sterblichkeitsziffer von New York. Die Bevölkerungsdichte ist unüberbietbar und die tiefste Wurzel der Explosionen hier: Zweihunderttausend Menschen wohnen allein in East Harlem auf einer Quadratmeile. Eine gestaute, eine gepreßte Welt, Getto, das doch von außen banal und geheimnisvoll wirkt – manches erinnert nur an Berlin-Moabit oder auch an die Kantstraße. So ungefähr. Hohe, graue Mietshäuser, Warenhäuser, Möbelgeschäfte, Radioläden, etwas verkommener, etwas ärmer, aber doch vollgestopft mit den Requisiten der Nation. Nur daß es hier keine Hast und kein Tempo gibt.

Die Harlemer lehnen in den Fenstern, sitzen auf den Treppen und Feuerleitern, spielen Karten, laufen Bällen nach. Die erwachsene Jugend strebt den Weißen nach. Irgendein Tausendkünstler hat ein Haarglättungsmittel erfunden und hier unter die Leute gebracht. Die jungen Mädchen zeigen stolz ihre glatten, langsträhnigen Schöpfe, die jungen Burschen sind auch entkräuselt, sie tragen lange, glatte, fettig glänzende Nackenhaare, sehen von hinten aus wie Gigolos in Mailand, Turin oder Madrid.

Nur der Schmutz, der Straßenschmutz von Harlem erfüllt uralte Leseerwartung. Die Lenox Avenue ist übersät mit Abfall. Zeitungspapier und Pappreste, ein einziger öffentlicher Papierkorb, in dem die Füße raschelnd spazierengehen. Die Lenox Avenue ist wie ein unaufgeräumtes Schlachtfeld wilder amerikanischer Verbraucherleidenschaft. Alles zum Aufziehen, zum Aufschlitzen, zum schnellen Benutzen, zum Wegwerfen gemacht. Harlems farbige Bevölkerung verbraucht öffentlich und wirft öffentlich weg. Übt sie darin nicht die wichtigste Tugend der Vereinigten Staaten? Sie demonstriert auf eine unübersehbare Weise, was es zunächst einmal heißt, ein Amerikaner zu sein.

Das Zentrum von Harlem ist die Siebente Avenue Ecke 125. Straße. Die 125. Straße ist wieder so eine Art Kantstraße, leider, aber hier täuschen die Fassaden, denn diese Ecke ist brisant. Alle Unruhen in Harlem, alle Explosionen der angestauten Leidenschaften beginnen hier unmittelbar vor einem Haus der schwarzen Bücher, das auf seinem Schild den beruhigenden Hinweis gibt: »Das Haus des gesunden Menschenverstandes und Heim der wirklichen Werbung«. Der gesunde Menschenverstand hat hier seine Grenze, hier schlägt er um, denn an dieser Ecke ist die farbige Agitation zu Hause, hier werden flammende Reden und mitternächtliche Versammlungen gehalten. Die Zeit von Martin Luther King ist hier vorbei. Das Stichwort heißt Black Power. Die Schwarzen sind eine Macht, und die Moslems organisieren sie gegen den »Goddam White Man«, wie ein Buchtitel hier heißt. Bin ich der gottverfluchte weiße Mann?

Liegt es an dieser Verschärfung des Rassenkampfes, daß Harlem heute in seiner früheren Tradition als exotisches Vergnügungsviertel tot ist? Seit den letzten großen Unruhen betritt kein New Yorker die Stadt der Farbigen mehr. Es ist ein schweigender Boykott. Andererseits ist die Integration der Farbigen in den anderen Teilen New Yorks so weit vorangeschritten, daß die erfolgreichsten farbigen Musiker und Tänzer längst vom großen Show Business weggeholt wurden. Viele junge Farbige ziehen aus dem Getto der 125. Straße zum Washington Square nach Greenwich Village, wo sie sich in die Phalanx der intellektuellen Protestjugend einordnen. Die berühmten Bands sind längst aus Harlem ausgezogen. »He went downtown« ist hier eine stehende Redensart, und die Harlemer sagen das nüchtern-resigniert, wie die Berliner immer wieder sagen. »Der is nach'm Westen gegangen.«

Geblieben ist der Mann auf der Straße, die Masse der Bevölkerung, in einem Zustand dumpfer Resignation und gefährlicher Ratlosigkeit. Geblieben sind die sonntäglichen Feste schwarzer Frömmigkeit. Man kennt sie. Nirgends gibt es so viele Kirchen, Kapellen und Predigthäuser wie hier rund um die 125. Straße. Meist unscheinbar von außen, nüchtern und weltlich die Fassade, fast wie ein Reise- oder ein Wettbüro, aber darüber steht: The Greater Refuge Temple, Bishop William L. Bonner, Pastor. Hier wird unverändert das zweiteilige Schauspiel schwarzer Christianität zelebriert. Der erste Teil ist angelsächsisch, schmeckt unverkennbar nach einer Sonntagsschule in Liverpool oder London. In frommen Chören, in ernsten Gebeten und donnernden Predigten werden das Stück von der Sünde und Verlorenheit und das Gegenstück von Jesus, dem lieben schwarzen Mann, aufgeführt. Das Stück, das über zwei Stunden dauert, ist aber nur eine Vorübung, noch ganz in der Bravheit schwarzer Missionsschüler und englischer Methodistensöhne geraten. Es braucht seine Zeit, und wer den Gottesdienst in Bishop Bonners Tempel schon mittags um halb eins verläßt, wird nichts von dem Ausbruch schwarzer Leidenschaften erlebt haben.

Erst allmählich löst sich die englische Starre. Eine ältere Frau mit einem großen, blumenüberladenen Sonntagshut beginnt plötzlich vor mir zu schreien. Niemanden wundert das hier, keiner dreht sich um. Sie schreit in spitzen, schrillen Tönen: »Help, Jesus, help, o Lord, help my soul!« Andere Frauen beginnen zu schreien, jede für sich, ein Pfingstfest privater Entzückung, privater Ängste und Offenbarungen beginnt. Eine Jazzkapelle, die bisher von dem sanften Harmonium auf der rechten Seite übertönt war, ergreift auf der linken Seite die Herrschaft, sie schlägt mit melodisch scharfen Rhythmen in das Offenbarungsgeschehen ein, intoniert immer wieder die gleiche freudige Tanzmelodie, die die Gemeinde lauter und lauter mitsummt. Und dann stürzen die ersten Heimgesuchten vor, laufen durch den breiten Gang, werfen sich vor der Altarbank nieder, Zuckungen in den Gliedern, Angst im Rücken. Sie stoßen laute, gellende Schreie aus, reißen sich hoch, wie wenn sie körperlich kämpften, fallen wieder zusammen, springen auf, halten sich die Ohren erschreckt zu, rollen auf dem Boden, schreien und stöhnen. Angst ist jetzt überall eingebrochen, die Jazzband heizt an, wird lauter und lauter, das Schlagzeug ist jetzt eine Trommel im Urwald und schlägt durch in die schwärzesten Tiefen, und das Saxophon und die Klarinette darüber verheißen spätere Freude und himmlischen Geist. Jetzt ist nur noch Tanz in Bishop Bonners Tempel. Eine ganze Sonntagsgemeinde, die kleinbürgerlich-frömmelnd begann, ist in wildester Auflösung, ist Schrei und Ekstase, ist Kampf und Schlachtfeld dunkler Dämonen.

Was ist das? Das ist ein komplettes Symptombild religiöser Schizophrenien mit deutlichen Untertönen sexueller Erregung. Ein Ausbruch archaischer Ängste und ein Entzücken im Stil eines allgemeinen Orgasmus. Sie zittern vor der Altarbank, zucken und rutschen, werfen den Kopf schief hoch, lassen ihn kraftlos fallen, schreien. Aber es ist auch etwas anderes: Pastor Bonner geht wie ein Priester, der Hostien austeilt, von einem zum anderen. Er verteilt keine Hostien, Symbole sind hier nicht vonnöten. Er beschwört. Er legt die Hand auf den Kopf des Wahngeschüttelten, er betet und spricht, treibt aus, weist die Dämonen mit lauter Stimme weg. Er segnet. Der Kampf wird entschieden im Zeichen der Bibel. Jesus, der liebe schwarze Heiland, wird siegen.

Das Schlachtfeld beginnt sich zu beruhigen. Milder Gospelsang klingt nun durch den Saal. Jetzt wird die Kollekte nach vorne gebracht. Auf großen Schalen auf der Altarbank häufen sich Dollarnoten zu grünen Bergen. In Manhattans ärmstem Stadtteil werden die größten Opfer gebracht. Keiner gibt Münzen, manche Zehn- oder Zwanzigdollarnoten. Die Kirche ist ein Sozialinstitut für alle und auch ein Geschäft, das sich lohnen muß. Es lohnt sich in Harlem noch immer, eine Kirche zu betreiben. Ein Night Club lohnt sich in Harlem nicht mehr.

Einige Gerüchte über New York müssen zerstört werden. Ein Kosmos der Völker, ein Schmelztiegel der Nationen, Engländer und Franzosen, Iren und Italiener, Spanier und Juden, Deutsche und Griechen – natürlich. Aber das Gerücht, das sich so hartnäckig damit verbindet, man könne deshalb hier auch bei diesen vielen Völkern »so typisch« zu Gast sein, ist eine liebenswerte Selbsttäuschung, die die New Yorker verbreiten. Sie stimmt nicht. Es kann keine Rede davon sein; eine wirkliche Pariser Atmosphäre, eine unverfälschte neapolitanische Heiterkeit, das echte Flair Münchener Boheme wird man an keiner Ecke der Weltstadt finden. Wie wenig die New Yorker doch von Europa wissen! In allen Stadtteilen gibt es die nationalen Quartiere, in denen die Sprachen, die Speisen, die Sitten, die Spezialitäten des Landes geboten werden. Gleich hinter Wallstreet beginnt Chinatown, und gleich hinter Chinatown beginnt die Italienerstadt. Es gibt diese Zentrierungen, aber sieh nur etwas genauer in sie hinein, rieche die Gerüche hier, beobachte die Gebärden, lies in diesen unendlich erschöpften Gesichtern, die müde auf schwarzen Feuerleitern sitzen, und du spürst sofort die Gebrochenheit der Nationalität, die Zerstörung der völkischen Herkunft, die Verkrampfung und Erstarrung der nationalen Riten. Die Stadt ist viel zu gewaltig und elementar, um nicht sofort zu verändern. Das sind wohl noch Juden, die in Brooklyn leben, aber es sind schon in der ersten Generation unverkennbar amerikanische Juden geworden, das sind wohl noch Italiener, aber es sind längst italienische New Yorker. Niemand kann sich der Gewalt dieser Stadt entziehen, die da sagt: Ich koche die Völker. Am groteskesten treiben es zweifellos die Deutschen in ihrer Stadt. Sieh dir das an: Yorkville genannt; es ist eine komische und gespenstische Illusion, was hier auf der Sechsundachtzigsten Straße als »Deutschland« der Welt verkauft wird.

Die 86. Straße: deutsche Schilder und Namen überall, oft in verzitterter Gotik geschrieben, Fraktur, höfische Lettern, uralt und urdeutsch. Deutsche Geschäfte, die Blutwurst, und Reisebüros, die Rheinland verkaufen. Deutsches Bier, Moselwein und deutsches Heimweh werden hier offeriert. Café Geiger und Café Hindenburg: Das Bild des bürstenhaarigen Feldmarschalls hängt im Fenster, und auf einer sahnebekränzten Torte steht süß und ernst vermahnend: »Die Treue ist das Mark der Ehre«. Altnazis und Juden, deutsche Touristen und Amerikaner, die für Heidelberg schwärmen, geben sich hier bei Sauerbraten, Kohl und Schrammelmusik ein düsteres Fest verlorener Gemütlichkeit. Im Hofbräuhaus spielt eine krachlederne Kapelle Weisen von 1910. »Muß i' denn, muß i' denn zum Städtele 'naus.« Das ist zwar schwäbisch, aber hier wird auf bayerisch gespielt; es ist so gemütlich. Trachtenvereine feiern Wiedersehen in altväterlichen Beinkleidern und wunderlich bunten Jäckchen, die offenbar rheinhessisch oder fränkisch sein sollen. Kein Mensch in Rheinhessen oder Franken trägt solche Gewänder mehr. In Brooklyn gibt es Hunderte solcher Traditionsvereine, die sich mit Fähnchen und kurzen Hosen, mit Gesang und Bier zu fröhlichem Deutschsein am Wochenende treffen. O Deutschland, deine Söhne in den Staaten: Sie tragen ein Heimatbild vor sich her, das schauerlich und grotesk ist, das aus brauner Soße und Fachwerkhäusern, aus Eisbein und Innerlichkeit besteht. Wilhelm II. und Hindenburg, Hitler und Adenauer könnte man hier im trauten Verein in einem Hinterzimmer beim Skat treffen, so schrieb Rudolf Hagelstange, als er das sah. Er hat recht. Man muß unser Deutschland verteidigen. So schlimm, wie die New Yorker es spielen, ist Deutschland nicht mehr.

Tragödie der Ausgestoßenen, Heimweh des Herzens – das mußt du gesehen haben, sagten sie, das ist unvorstellbar, das findest du höchstens noch in Tel Aviv einmal. Ich fuhr also nach Washington Heights und sah sie dort sitzen. Es war am höchsten Punkt von Manhattan, gleich unter den »Cloisters«, der New Yorker Klosterstadt, die John D. Rockefeller in Spanien fein säuberlich abtragen und in Manhattan fein säuberlich neu aufbauen ließ. Ein echtes Klostersystem mit Weihrauchgeruch an den Wänden und Gregorianik vom Tonband, Mittelalter zum Greifen und Hören, Gotik zum Fühlen, alles echt. Hier wird es von den New Yorkern befühlt und befaßt. Es fühlt sich so alt an: Geschichte ist das.

Darunter im Fort Tryon Park diese kleine, verborgene Cafeteria, um die sich niemand mehr kümmern würde, wäre sie nicht seit den dreißiger Jahren der einsame Treffpunkt der deutschen Juden. Die Cafeteria ist städtisch betrieben, ist also ganz billig und schlecht, kein New Yorker benutzt sie. So ist sie eine Enklave der Goldschmidts aus Breslau, der Wittkowskis aus Gleiwitz, der Cohns aus Leipzig, der Rosenbaums aus Dresden geworden. Und natürlich auch die aus Frankfurt, aus Stuttgart und Ulm sitzen hier. Sie sitzen auf altmodischen, harten Klappstühlen im Garten, trinken Kaffee, essen Torte und sprechen nicht englisch, nicht amerikanisch, nicht einmal richtig deutsch: Sie sprechen nur oberschlesisch und sächsisch, ostpreußisch und thüringisch und natürlich auch schwäbisch und bayerisch. Ein Pfingstfest der deutschen Dialekte ist hier zusammen, ein Café Kranzler im Grünen wie ein Wachsfigurenkabinett, alles so täuschend ähnlich wie 1930. Das ganze große, weite Reich der Deutschen, wie Hitler sich's träumte, ist hier zusammen in allen Gauen. Hier lebt noch Deutschland von der Maas bis an die Memel, von der Etsch bis an den Belt – und sind doch deutsche Juden. Ich meine, sie waren für Zyklon B und die schwarze Wand bestimmt.

Ist es nun jüdische Selbstironie, also Galgenhumor, daß sie sich heute noch hier in Washington Heights selber nur »Das Vierte Reich« nennen? Irgendwann sind sie rausgekommen, 33, 34 oder vielleicht auch erst 38. Irgendwann legten sie mit ihrem letzten Geld aus Europa an der Westside, an einer Kaimauer des Hudson an. »Sendet die Heimatlosen, die Sturmgepeitschten her zu mir.« Sie hatten Hitler überstanden, der Spuk lag weit hinter dem Meer. Washington Heights war damals ein schlechtes, armseliges Wohnquartier. Es war billig. Hier wurde der Professor aus Breslau Taxifahrer, der Kunsthistoriker aus Königsberg Hosenverkäufer, die Ullstein-Journalistin aus Berlin Friseuse. New York war grausam und hart, aber es war auch menschlich und gut. Es sagte 33: Ihr seid keine Untermenschen, ihr seid kein Geziefer, kein

Geschwür der Völker. Faschismus ist Lüge. Ihr seid wie wir alle. Give him a chance!

New York hat auf diese Weise zahllosen deutschen Juden das Leben gerettet, aber das hindert die Goldschmidts und Cohns nicht, hier im Fort Tryon Park in der städtischen Cafeteria an jedem sonnigen Nachmittag seltsame, bizarre Feste des Deutschseins zu feiern. Natürlich sind alle schon älter. Sie haben in der 170. oder 180. Straße wieder solide bürgerliche Berufe. Die blondgefärbte, hochbusige Dame mit dem blumenbedruckten Kleid, die sich jetzt in steifer preußischer Gebärde Kaffee eingießt, sie wirkt so deutsch, sieht aus wie aus Hannover, eine Wachsfigur aus dem Hannover von 1930. Hier lebt's noch. Das Ehepaar an meinem Tisch, das in handfestem Badisch hajo und hano von Freiburg im Breisgau spricht – ist das denn New York? Es ist es. Es hat etwas Rührendes und etwas Gespenstisches, wie hier das Vierte Reich beieinandersitzt, Kaffee trinkt, Torte schleckt, deutscher Größe und Vergangenheit nachsinnt, deutsche Zeitungen liest, deutsche Rundfunksendungen abhört. Sie können diese schreckliche, gefährliche Liebe zu Deutschland nicht lassen. Und wenn sie sterben, und natürlich sterben sie jetzt langsam aus, so kannst du es in ihrer deutschen Zeitung, im *Aufbau,* in jeder Todesanzeige lesen: »Mein geliebter Mann, Herr Mendel Lewin, New York, früher Breslau. Sally Königsberger, New York, früher Königsberg. Nathan Goldstrom, New York, früher Heidelberg.« Du kannst es jede Woche in der Zeitung lesen, daß sie diesem Land bis zum Tode die Treue halten. Chiffren des Erkennens der Sterbenden: Max Ascher, Jackson Heights, New York, früher Berlin-Charlottenburg. Rosa Feigenbaum, New York City, früher Rülzheim/Pfalz. Ich denke: Sie können es auf den Tod nicht lassen.

Sequenz der Bilder, Sturzbach der Erinnerung, Dialektik der Erfahrung – New York, was bist du eigentlich? Du zerfällst immer mehr, wirst immer fremder, je mehr ich dich kenne. Bist du der Mann in der Westside Bar, der mir hart und vierschrötig das Wechselgeld hinknallt, daß die Münzen wieder hochspringen und eine Weile auf der braunen, schweren Eichentheke tanzen? Bist du der Farbige in der Show der 42. Straße, der steppt und tanzt und mit krächzender Kehle singt und Frohsinn verkauft? Bist du die alte Frau am Broadway, die mit einem selbstgemalten Schild für Gotteslohn wirbt: »Invest your money in God – it pays!« Bist du Madison Avenue, die Zentrale der Werbung, die Hochburg der Slogans und Spots, wo die Television-Fernsteuerung der »consumer personality« betrieben wird? Bist du die Hausfrau in Jackson Heights, die, weißgepudert und hochgeschminkt, ihr Drahtwägelchen durch die 75. Straße rollt, um bei Marx & Berliner Konserven und Fertiggerichte für die Woche zu kaufen? Sie ist wie eine Maske, so freundlich, zu mir: »Glad to see you here.« Bist du der Urwald der Schilder auf der 14. Straße, das magische Geflimmer von Worten und Zeichen, die niemand mehr liest? Bist du der alte Mann aus Europa, der Politiker aus Berlin, der jetzt unter einer kleinen Glühlampe in Jamaica, 179. Straße, nachdenklich seine Memoiren der Weimarer Republik schreibt? Was ist New York? Gibt es so etwas wie eine Seele der Stadt? Ist ihre Analyse möglich?

Im Untersten, glaube ich, ist einfach Kraft, reine Dynamik. Sieh dir das an, wieviel geballte Kraft und Energie die Stadt dauernd ausströmt. Es ist jeden Morgen wie heißer Dampf, der zischend aus einer gewaltigen Lokomotive entweicht. Die Stadt bebt und vibriert jeden Morgen vor Kraft. Sie zittert – unerlöst. Geh an die Westside, mach den häßlichsten, schmutzigsten Spaziergang Manhattans, immer an Docks, an Hafenanlagen, Kaimauern, an Silos und Kühlhäusern vorbei. Hier ist der Bauch von New York. Sie entladen aus den schwarzen Schiffsleibern millionenfach Fleisch, nichts als rohes, rotes, gefrorenes Fleisch. Blutige Ochsen und Kühe werden im Blut steifgefroren verladen, eine Versammlung von Schweinen, die fettgelb ist und nach unten hängt – kilometerlang. Die Stadt ist pure, blinde Kraft. Sie schlägt dich und schüttelt dich und wirft dich zu Boden. Sie rattert in ohrenbetäubendem Lärm durch die Nacht. Sie knallt alles hin. Sie stoßen, sie checken. Ihr Lieblingswort: to check. Das heißt: anweisen, schimpfen, kontrollieren, stocken, stoßen und hemmen. Du hörst das Wort hundertmal jeden Tag. In diesem Wort ist die Kraft New Yorks versammelt. Hier wird alles gecheckt.

Daneben aber ist – Angst. New York ist erfüllt von unbeschreiblichen Ängsten, sie geistern Tag und Nacht durch die Stadt. Die Angst, daß Feuer ausbrechen könnte, die Angst, den Ausgang nicht zu finden, die Angst, nicht beachtet zu werden oder verlorenzugehen, die Angst, nicht normal zu sein, die Angst vor dem Alkohol, dem Verbrechen, dem Wahnsinn. Immer ist man hier auf den Ausbruch des Ungeheuerlichen gefaßt. Überall Notrufe, Signalanlagen, Alarmknöpfe, Hinweisschilder: What to do in case of fire! Ja, was soll man tun? Die Stadt ist von einer unbändigen Feuerhysterie beherrscht. Darum überall an den Hauswänden diese abscheulichen »fire escapes« und unten vor der Hauswand diese wütend hervorgestreckten Hydranten: Knallrot und giftiggelb stehen sie wie eiserne Bulldoggen bissig da, phallische Aggressionen – Wasserwerfer, Wachhunde auf allen Wegen.

Den ganzen Tag über jagen gewaltige Feuerlöschzüge durch die Straßen. Sie stoßen kein helles, sieghaftes Tati-tata aus wie bei uns. Sie nähern sich mit einem undefinierbaren, tiefen Gejaule. Sie heulen in jenen unterirdischen Saug- und Pumplauten, mit denen sich die Marsbewohner bei uns einmal anmelden werden: Hui, hui, hui, hui, jault es durch alle Straßen. Das Viertel wird abgeriegelt. Lautsprecherwagen geben präzise Rettungsanweisungen, Sprungtücher werden ausgebreitet, blitzschnell wird ein Strom Wasser hochgeschossen. Ach, was soll denn hier brennen, hier ist doch alles aus Eisen, aus Stein und Glas. Es kohlte nur irgendwo ein Taschentuch, oder in einem Kochtopf war eben die Suppe angebrannt. Einerlei: Eine Katastrophe wird immer erwartet. Man kann es nicht oft genug üben: What to do in case of fire?

Dann die Angst. Wächst sie aus der Enge dieser wuchernden Wabenwelt? Träumen sie nachts davon, eingeschlossen, verriegelt, gefangen zu sein? Eine Welt ohne Türen? Über jeder Tür in New York prangt von innen dieses gelbe, rettende Schild: »Exit«. Kirchentüren, Subwaytüren, Toilettentüren, Türen in Bars und Drug-stores, Büros und Cafeterias – wo immer nur eine Tür denkbar ist, ist die frohe, glückliche Botschaft über der Tür noch einmal in hohen Lettern befestigt: Ausgang. Jauchzende Erkenntnis: Die Tür ist wirklich eine Tür, sie ist offen, es steht ja geschrieben. Und dann muß auch jede Tür immer offenstehen. In jeder Wohnung, in jedem Büro, alle Türen in New York haben Tag und Nacht offen zu sein. Es könnte ja sein, es wäre ja möglich, daß plötzlich eine Katastrophe ausbricht. Was dann? Wer in dieser Stadt eine Tür hinter sich schließt, macht sich verdächtig. Er handelt gegen die tiefsten Ängste Amerikas.

Gewaltige Kraft und gewaltige Ängste – das würde nicht gehen, wenn es nicht zusammengehalten, gebündelt, beherrscht würde durch einen immensen Aufwand an praktischer Rationalität. Die Ratio steuert das Ganze gegen. Sie herrscht. Es ist alles so vernünftig und praktisch in dieser Stadt: die Straßeneinteilung, das Zahlensystem, die Telefondienste, dieser Urwald von blanken Automaten, der einen überall hilfreich umgibt. Das Denken in Dollars und der Text der Verfassung, alles strahlt reine Vernunft und Lust am Funktionieren aus. Es ist einfach leicht, hier zu leben, denn alles ist organisiert, funktioniert intelligent und vernünftig. Die höchsten Wolkenkratzer haben alle nur einen Briefkasten unten. Aber in jedem Stockwerk ist ein schmaler Schlitz für einen Briefschacht aus Glas, der nach unten führt. Da sieht man dann seine Postkarte durch siebenundzwanzig Stockwerke fallen – wer kommt schon sonst auf der Welt auf so einfache und vernünftige Lösungen?

Die Verluste solcher Rationalität sind enorm. Es fällt so viel aus, was das Leben aromatisch, blutwarm und verzwickt macht. Die Stadt kocht vor Lebenskraft und ist doch eiskalt. Sie sind so nett und hilfreich zu dir, wenn du kommst. Aber wenn du eine Minute zu lang bleibst, werfen sie dich aus wie Automaten. Sie lassen dich eiskalt fallen wie die Milch aus ihren Automaten. Nur keine Umwege, nur keine Brechungen, nur nicht das komplizierte Spiel der Verdrängungen, das Kultur hervorzaubern könnte. Es belastet. Die Stadt hat etwas verblüffend Direktes und Nacktes. Das gibt ihr jenen Zug infantiler Obszönität, der dir aus allen Schaufenstern entgegenleuchtet. Alles grell und hart und direkt: einfach schamlos. Alles immer nur es selbst. Es ist so praktisch: Man ißt nur, um satt zu werden, man verbraucht, wirft weg, steigt wieder ein, fährt weiter – das Leben ist ein funktionierendes Fest der Ratio, die frei und arm zugleich macht. Übrigens: Es macht wirklich frei.

Steht es in einem Gegensatz dazu, daß die Stadt zugleich die liebenswertesten Züge grotesker Verspieltheit zeigt? Gewiß, New York ist grau, hart und vernünftig, aber sieh dir die Farben der Taxis, dieses herrlich verspielte Kindergelb und Puppenstubenrot an, vergiß nicht die vielen Metaphern reiner Clownerie, die die Stadt in pittoresker Lustigkeit durchhüpfen: diese rotblauen Briefkästen, die wie gewaltige Papierkörbe onkelhaft auf den Straßen stehen. Sie sammeln den Abfall von morgen schon heute. Erinnere dich der vielen orange und marineblauen Baldachine, die vor den Hoteltüren und Funeral Homes fürstliche Empfänge versprechen. Welch ein Aufwand um nichts. Die Plakate in der Subway, die die subtilsten und witzigsten sind, die ich kenne: »You must not be Jewish for this bread!« Werbung für Matzen. Und wie der Neger lustig in die Matze beißt. Bedenke auch die Humanität einer Stadt, die in alle Bauzäune offizielle kleine Sehschlitze für die Neugierigen einbauen läßt. Da stehen sie dann an der Bretterwand und frönen ganz offen der Lust des Erspähens. Reines Voyeurtum – hier ist's erlaubt. Sie bauen hier Pennsylvania Station um. Darüber steht: Bethlehem Steel. Wer möchte nicht auf der Neunten Avenue Stahl aus Bethlehem besichtigen? Und wo gibt es bei uns Polizisten, die nachmittags große gelbe Stoppschilder eilfertig anschleppen: »Playstreet

– closed!« Manhattans Kinder spielen auf den größten Straßen – amtlich. Und wo gibt es eine Zigaretten-Reklame wie die am Times Square von Camel? Der bunte Mann auf dem hohen Plakat stößt echte Rauchwolken aus. Herrliche Qualmringe ziehen genüßlich über die Straße. Jeder darf einmal dran riechen. Und die Privatautos erst, diese verrückten Spielzeuge der Amerikaner: von vorne blinkende Urwaldvisionen, Raubtiergesichter in Blech, grotesk und böse mit Fratzen des Dschungels. Chromzähne, die sagen: Du, ich beiße dich! Und von der Seite: reine Meterware vom Band. Braune, gelbe und blaue Stoffballen zum Abschneiden: Wie lang hätten Sie's denn gern – Ihr Auto?

Die letzte Nacht. Meine Zeit ist um. Ich fliege morgen. Ich sitze in einer Wohnung, die in Queens liegt, in Jackson Heights in der 75. Straße. Ich zog inzwischen hierher. Ich bin ganz allein. Die Neonröhren summen, der Fernseher spielt, er hat dreizehn Kanäle, das Radio läuft, der Eisschrank knackt manchmal aus der Küche, eine gewaltige Air-condition-Maschine fächert mir vom Fenster milde Polarluft entgegen. Ich bin ganz allein unter lauter fleißigen, netten Maschinen Amerikas, es ist Mitternacht, und ich denke: Das war es also. Das Spiel ist aus. Der Vorhang zu. Das war New York. Wie war es eigentlich? War es nun schön? War es schrecklich? Sie werden dich fragen, und du mußt eine Antwort wissen. Alle werden dich nun in Deutschland fragen: Wie war's denn nun in Amerika, na? Und du mußt dann sagen: Wunderschön war's, oder: Ach, ziemlich schrecklich. Irgend so etwas mußt du bereithalten. Ich kann das nicht. Ich weiß das nicht. Ich bin nur vier Wochen durch die Straßen von New York gelaufen, an Wolkenkratzern und Feuerleitern, an schamlosen Schaufenstern und hochverzäunten Baseballplätzen vorbei, hinter denen halbwüchsige Neger wie Gazellen sprangen und Hunde den Asphalt ableckten. Es war ein Sammeln und Suchen, ein Sehen und Schmecken, ich bin mit der Subway durch viele Nächte gefahren, habe mich schlagen und schütteln lassen. Die Stadt ging auf mich wie ein Faustschlag nieder und hat mich wieder erhoben und neu entzückt. Die alten Augen, die neuen Ohren, die neuen Augen, die alten Ohren – wie war's denn nun?

Vielleicht soherum: Ich fahre gern zurück, ja. Schon seit Wochen spüre ich so etwas wie Heimweh. Ich ertappe mich öfters dabei, wie ich nach der Flugkarte suche, prüfe, ob auch das Datum stimmt. Die Nachricht vom Streik der amerikanischen Linien erschreckte mich. Nur nicht den Rückflug versäumen. Die Stadt ist erregend, aber es fehlt auch so viel. Was ist es denn? Es ist schwer zu beschreiben. Ist es einfach die Heimat, die Last der Geschichte, der Boden Europas, aus dem Kathedralen wuchsen? Stimme ich auch diesen Choral unserer Abendländer an? Ich auch? Wann ging ich denn in Kathedralen? Ich habe es kaum beachtet in Deutschland. Ich war nie stolz darauf: Geschichte und Volk und Kultur, was besagt das schon? Hier draußen wird's spürbar. In seiner Abwesenheit wird es offenbar. Das gibt es, und dieses Etwas fehlt hier.

Und doch: Etwas wird bleiben. Das geht nicht mehr unter wie andere Reisen. Das war wie ein Schock, ein Streifschuß der anderen Welt. Da bleiben Narben. Du gehst gern nach Deutschland zurück, aber wenn du ehrlich bist: Du wirst nicht mehr ganz der alte sein, wenn du dort ankommst. Etwas hat sich verändert. Ein Bazillus hat dich beflogen. Du wirst dich immer wieder gelegentlich bei dem Satz ertappen: »Ja, aber in Amerika, wissen Sie...« Immer wieder wird in deine abendlichen Gespräche dieser Satz einschießen: »In New York damals, wissen Sie...« Das wird wie eine Krankheit, eine Infektion der Stadt, ein Bumerang der Erinnerung werden: »Wissen Sie, in Amerika, da ist das so.«

Ich glaube, das genau ist es. Man hat die Unschuld Europas verloren, wenn man einmal in New York war. Der Hochmut der Erstgeborenen wurde gebrochen. Das ist eine neue Welt. Mit ihr muß man rechnen.

(1967)

An den Küsten Kaliforniens
Bilder aus dem fernen Westen

Einflugschneisen

Immer wieder dieser Augenblick ganz am Anfang: Augenblick, wenn die Maschine sich senkt, wenn sie kurvt und kreist, weite Schleifen zieht, manchmal schwankt, manchmal etwas zittert, vom Heck her. Augenblick, wenn die Leute, die sich angeschnallt haben, aufrecht und schweigsam dasitzen, erwartungsvoll, auch etwas gespannt, sozusagen mit gut kontrollierter Todesverachtung. Jede Landung ist ja ein Sprung. Immerhin springt man vom Himmel zur Erde herab.

Was bleibt von solchen Augenblicken? Was nimmt man wahr? Was sieht man? Ist schon etwas zu sehen – von Los Angeles? Ich sage: Nein. Es ist dunkel. Es ist beinah Nacht. Es ist gar nichts zu sehen. Es ist zehn Uhr abends hier, obwohl es sieben Uhr morgens ist, in Europa und auf meiner Armbanduhr und in meinem Kopf. In meinem Kopf vor allem. Eine Nacht ging verloren im langgezogenen Licht dieses Nonstopflugs. Sie steckt mir jetzt in den Knochen. Verkatert fühle ich mich, müde, trotzdem überwach. Es ist ein dummes Gefühl im Hinterkopf: Da schläft etwas und ist doch wach.

Jetzt kommt etwas. Wir fliegen tief. Wir schweben ein – über Wäldern, Wiesen, Baumkronen. Mein erster Eindruck: tief dunkelgrün. Es müssen Parkanlagen, Vorstädte, sehr luxuriöse Villenorte sein. Ich sehe hell erleuchtete Straßen. Wie breit die sind. Eigentlich sind es Lichtquadrate. Das Grün ist von neonstrahlendem Gitterwerk unterteilt. Amerikas

Schachbrettmuster, from block to block. Jetzt kommt Wasser, pechschwarz. Ich sehe die Küste, das Meer, eine Strandpromenade mit Farbspielen, phantastisch. Ist das ein Lunapark? Ich sehe lauter grüne, rote, gelbe, blaue Lichter, die sich in schönen Girlanden die Uferstraße langziehen. Die Lichter leuchten nicht wie bei uns. Sie strahlen, sie flammen, sie erblühen wie Plastikblüten, die von innen erleuchtet sind. Wie großartig hier alles ist. Schade, jetzt ist es weg. Jetzt kommen wieder Grünflächen, Parks, jetzt Gärten. Schön sieht das aus. In jedem Garten ist in der Mitte ein Swimming-pool, der grün leuchtet, aber das Wasser ist blau, kolossal blau, blauer geht es nicht. Wir schweben durch Reklame- und Plastik-Landschaften. Ich glaube, Wüstenrot macht solche Prospekte bei uns. Strahlende Hausvisionen: dein Eigenheim, bitte. Wir schweben ganz tief über zartgrünen Gärten, in denen weiße Villen stehen. Wie eine Ausstellung; Menschen sind nicht zu sehen. Das sieht schon sehr einladend aus: Kalifornien von oben.

Was bleibt weiter von solchen Anfängen? Erste Eindrücke im Flughafen bei der Paß- und Zollkontrolle. Wie geduldig die Leute sich anstellen in Schlangen. Keiner drängelt, niemand will vor. Die Polizisten: kolossale Standbilder der Staatsmacht in Blau. Sie stehen wie Panzerschränke da, sie platzen vor Kraft, manche vor Fett. Sie sind schwer bewaffnet. Natürlich sind das Bullen. Dagegen sind unsere Grünen blasse Schulbuben. Man spürt wieder den anderen Rhythmus, den schweren Takt, diese Wucht und Gewalt, die Amerika hat. Für mich ist es jedesmal wie ein Schock, ein Faustschlag, der mich trifft. Mit welcher Kraft die hier leben. Sie reißt mich hoch und runter. Es ist aber auch Form, Eleganz, kalter Stil dabei. Brutalität und Sensibilität sind die Elemente, aus denen sich der Kontinent mischt, für mich jedesmal neu, überall anders. Wie diesmal: Kalifornien?

Die alte Dame vor mir in der Zollschlange. Eine US-Lady, wie von American Express herausgeputzt: weißhaarig mit violettem Stich, hochonduliert, zähe Pergamenthaut, unerhört jung aufgefrischt. Auf allgemeinem Hellrosa blüht starkes Wangenrot. Ein kostbarer Nerz über Knochenresten. Sie wird jetzt gefilzt. Sie wird vom Zoll auseinandergenommen wie ein altes Auto. Aber dann die Höflichkeit und Hilfsbereitschaft dieser rabiaten Kontrolleure. Wie der Zöllner der Lady wieder alles zusammenpackt, den Koffer ordnet, schließt, dem Gepäckträger winkt, die Hand an die Mütze legt, beinah salutiert und Thank you, Madam, sagt. Have a nice time here. You are welcome in Los Angeles. Er spricht es wie ein Fernsehstar, wie ein Quizmaster, so elegant und glatt, und hat jetzt schon mich am Bändel, endlich.

Los Angeles begann dann erst draußen vor der Tür. Ich schnupperte, und mein erster Eindruck war: warm, weich, mild. Mein Gott, wie verführerisch die Atmosphäre hier ist. Es war dunkel. Es war eine laue Mainacht, jetzt im November. Man spürte Subtropen. Es glitzerte Licht in der Ferne. Mit dem Taxi dauerte es eine halbe Stunde, bis man das Gefühl hatte: Jetzt kommt etwas wie City. Man erkennt es am Straßensystem, das wächst, immer breiter wird, sich auffaltet wie ein Fächer. Der Highway wird ein Labyrinth. Er steht auf hohen Brückenpfeilern, führt in mächtigen Betonschwingungen langsam nach Downtown hinein. Man schwebt, und jetzt tauchen auch die ersten grünen Hinweisschilder mit Namen auf, die einem vertraut und märchenhaft fremd sind: kalifornische Mythen. Man liest: Hollywood Freeway. Das kennst du, nicht wahr? Man liest: Santa Monica Freeway, San Bernardino Freeway, Golden State Freeway. Jetzt rutscht man also hinein in den Traum vom Goldenen Westen. Was ist Westen? Es war immer die Hoffnung, der Traum, die Sehnsucht. Der Treck ging immer nach Westen: Abenteuer, Landsucher, Goldgräber. Im Westen würde Reichtum sein: Sonne, Licht, Gold, blühende Erde, alle Schätze und Ausschweifungen der Welt. Der Westen war immer ein Synonym für das ganz große Glück in Amerika: Utopia der Kapitalisten.

Und im »Biltmore« empfing mich tatsächlich ein Vorgeschmack. Es empfing mich die Pracht, der Reichtum, die ausschweifende und ziemlich pompöse Gebärde der alten Zeit. Alles falsch, dafür noch schöner, noch echter. Im »Biltmore« steigen Kaufleute, Ingenieure, Bankleute und Farmer ab. Man riecht die Zeit, als der Mann noch etwas galt, auf der Bank und im Sattel. Amerika ist ja nicht nur modern, immer das Neueste und letzte präsentierend. Es ist auch erzkonservativ, sehr patriotisch, mit strengen Sitten, die puritanisch sind. Es hält fest. Es hingen die Fahnen der Nation wie stolze Hotelangebinde in der Lobby. Das Vaterland empfiehlt dieses Haus, aber dieses Haus empfiehlt auch das Vaterland. Lauter Plüsch, Brokat und Samt an den Wänden. Ältere Herren im Smoking gingen mit noch älteren Damen im Ballkleid zum Dinner. Ein ständiger Nationalfeiertag für Kaufleute ist das »Biltmore«. Das soll Spätkapitalismus sein? Ich weiß nicht so recht. Hier blüht das System in Manneskraft. Starke Identität ist zu spüren.

Meine letzte Einflugschneise dann um Mitternacht: An der Bar im »Biltmore« saß tatsächlich Joyce, immer noch. Ich mußte lachen. Sie saß unverändert wie vor einem Jahr, als ich das erstemal hier war, an ihrem großen Konzertflügel. Joyce ist ein Pferd, das singt. Sie drehte sich immer noch strahlend und langsam um ihre eigene Achse. Sie sang mit ihrem zu breiten Mund immer noch die alten Kaufmannsschlager: »Hallo Dolly« und »You are my lucky star« und natürlich: »Margie, my honey bee, my melody«. Sie griff eisern in die Tasten. Ihre hochgelackierten Fingernägel funkelten. Um sie herum rund im Kreis saßen immer noch dieselben rüden Burschen, smarte Großhändler, tranken Whisky für einen Dollar dreißig, summten manchmal die Melodie etwas verschämt und doch zu laut mit, warfen ihr gelegentlich eine Dollarnote zu. Joyce dankte sehr hoheitsvoll, nur mit dem Hochziehen einer Augenbraue, das Lächeln andeuten sollte, nur mit einem halben Blick, der sah und auch übersah. Sie schien jünger geworden. Sie wirkte straffer. Sie war noch fröhlicher als voriges Jahr. Ob ihr Mann endlich tot ist? dachte ich. Ob sie einen neuen Lover hat, oder ob es ihr neues Make-up ist? Ich setzte mich an die Bar. Ich steckte ihr einen Dollar zu. Joyce nickte. Sie lächelte wieder für eine Sekunde. Du bist da? lächelte sie. Du bist in Los Angeles? You are welcome here.

America-City

Nein, ich werde nicht versuchen, die Stadt zu beschreiben. Es ist unmöglich, eigentlich auch unnötig. Sie ist ohne Eigenart, ohne Lokalkolorit. Ein Gesicht ist nicht zu erkennen. Ob es überhaupt eine Stadt ist? Los Angeles ist mit Sicherheit nur eines: endlos. Es zieht sich endlos hin: ein Meer von Städten, die nie recht beginnen, nie ganz aufhören, darin durchaus dem Ruhrgebiet ähnlich. Fünfzig Vorstädte vergeblich auf der Suche nach einer Stadt. Es gibt keine City, kein urbanes Zentrum, um das das Leben kreist, keine Plätze, wo Menschen sich treffen könnten. Immer nur Hochhäuser, Brücken, Tankstellen, Warenhäuser, Parkplätze, Einfahrten und Ausfahrten von Highways, dann wieder ein paar Hochhäuser, wie zufällig hierhingestellt. Es genügt zu wissen, daß auf einem Stadtgebiet von der halben Größe des Saarlands siebeneinhalb Millionen Menschen leben und daß die Stadt dauernd wächst: jährlich um eine Viertelmillion. Westküste; also Mexikaner, Chinesen, Japaner und Philippiner fallen auf.

Und doch ist die Stadt faszinierend. Ich meine, man muß sie gesehen haben: ihre Größe, die eben nicht mehr Größe, sondern Monstrosität ist, ihre technische Entwickeltheit, die eben nicht mehr Entwickeltheit ist, sondern industrielle Phantastik, die schön und praktisch ist und dann auch umschlägt in Absurdität. Man muß ihren Reichtum und ihre Verödung gespürt haben, diese ungeheure Langeweile und Einsamkeit, die mitten aus ihren dröhnenden Vergnügungszentren aufbrechen kann. Enjoy yourself, heißt die Parole.

Los Angeles ist nicht irgendwas. Es ist typisch, es ist haargenau die Stadt, die den Staat präsentiert – unbewußt. Überall in den großen Städten des Landes muß man skeptische Abstriche machen, das berühmte: Jaja, aber Boston? Ja, schon, aber doch auch wieder zu fein, zu neuenglisch für Amerika, nicht? St. Louis, Chicago, Denver, Oklahoma, New Orleans und Washington – ja, schon Amerika, aber doch nicht nur typisch, doch sehr eigenartig, nicht wahr? Jedermann weiß, daß New York und San Francisco ganz unamerikanische Städte sind, extreme Randprodukte. Wenn du Amerika direkt und in Reinkultur sehen willst, sozusagen in schamloser Nacktheit, hinreißend und zerschmetternd, mußt du nach Los Angeles gehen. Es ist nicht eigenartig. Es ist die amerikanischste Stadt. Mehr noch: Es ist Amerika selber. Ihr Name ist falsch. Mit Engeln hat sie schon gar nichts zu tun. Sie müßte Amerika heißen, ganz einfach: Amerika-City. Das ist der amerikanische Traum in Stein, leicht versteinert. Der Traum wird übrigens LA genannt am Ort.

Man kann sagen: Behauptungen, Erklärungen, Spruchweisheiten. Wo weißt du das eigentlich her? Hast du das tatsächlich gesehen in der Stadt? Ich sage: Nein, natürlich nicht, aber das ist es ja eben; das ist das Problem von Los Angeles – zu sehen gibt es da wenig. Die Stadt ist zu groß, zu auseinandergerissen, zu planlos. Man kann ja auch nichts mehr zu Fuß machen. Es gibt kaum Fußgängerwege, mit Recht. Die Stadt war von Anfang an nur für Autos gedacht und gebaut, Privatautos, meine ich, denn städtische Verkehrsmittel sind hier dünn gesät, eher kümmerlich. Also das kann ich sagen: Ich sah eine Stadt, traumhaft für Autofahrer. Wie es fließt und strömt, gleitet und immer nur fährt – ein unübersehbarer Massenverkehr, der nicht stockt, der sich nicht staut, obwohl das natürlich Umweltprobleme erzeugt. Die Stadt hat die größte Smogdichte der Welt. Man sieht immer nur Privatautos über Brücken, über Highways und durch Tunnels fliegen und wie dieser Individualismus dann langsam umschlägt ins Kollektive, was komisch, auch etwas beängstigend wirkt. Stell dir das vor: eine Siebenmillionenstadt dauernd auf Rädern. Sie ziehen wie endlose Schlangen die Freeways entlang, Millionen sitzen in diesen bequemen, sehr schönen Schlitten, die nicht zu verachten sind, haben die gleiche Zigarette oder den gleichen Kaugummi im Mund, hören den gleichen Disc-Jockey aus einem Radio, das vierzehn Programme anbietet, aber im Grunde ist es immer dasselbe: immer Folk, Pop, Jazz und dann die forsche, unerhört fröhliche Männerstimme, die zu neuem Verbrauch animiert. Sie hören dasselbe, sie sehen dasselbe, sie denken dasselbe. Sie streben alle zum gleichen Eigenheim und zum selben Eisschrank und werden wohl auch, wie ich meine, mit derselben Frau schließlich ins Bett gehen: sie hochgeschminkt, er eher gelangweilt, werden dieselben Träume haben, lonely in the crowd. Mit Kapitalismus, meine ich, hat das zunächst wenig zu tun. Das sind die typischen Endresultate durchorganisierter Massengesellschaften. Égalité: Die Welt ist nun wirklich gleich. Amerika liegt hier nur vorne, und Los Angeles ist sein stählerner Traum. Ja, sprich es nur aus, obwohl es banal ist: ein Alptraum für uns Europäer. Die Zukunft, wenn sie so weitergeht, wird eine Paradies-Hölle sein. Wir werden alles haben, nichts mehr sein.

Natürlich sind auch das wieder Behauptungen, Erklärungen, Spruchweisheiten. Es gibt andere Punkte in Los Angeles. Es gibt so viele Städte in dieser Stadt, die dann doch entzücken. Wie schön, sagt man. Pasadena etwa oder Glendale, Beverly Hills oder Hollywood, der Distrikt von Long Beach oder Anaheim, wo Disneyland liegt – keine Mickymaus-Stadt, vielmehr eine großartige Ausstellung und Selbstdemonstration der amerikanischen Idee: ihrer Vergangenheit, ihrer Gegenwart, ihrer Zukunft. Die Geschichte dieses Kontinents ist hier nachgebaut und wie sie einmal weitergehen soll, von Computern und Satelliten gesteuert. Disneyland ist keine Kinderstadt, es sei denn, man sieht diese Idee radikaler Machbarkeit der Welt durch technischen Fortschritt als den Traum sehr großer Kinder an. Einiges spricht dafür, und in sehr vielem, was hier zu sehen ist, sind sich die Amerikaner mit den Sowjets auch einig. US und SU sind nicht so weit entfernt, wie wir immer glauben in Kleineuropa, Zwergenland. Hochindustrialisierte Massengesellschaften werden sich langsam ähnlicher, leider.

Ich will etwas über Hollywood sagen. Zunächst: So passé, so uninteressant und nur gestorben, wie man bei uns sagt, ist Hollywood nicht; vielleicht der Sunset-Strip, der ist tatsächlich passé, aber in der Filmstadt wird immer noch produziert. Immerhin wurden Welterfolge wie die Hitchcock-Filme oder *»Der Pate«* hier gedreht. Hollywood ist wieder im Kommen. Es dreht jetzt Horrorfilme. Die Aufträge fürs Fernsehen wachsen dauernd. Auch die echte, harte Pornoindustrie, die mindestens die westliche Welt subkutan konsumiert, ist in Los Angeles zu Hause. Seine strahlende Zeit, die Zeit der zwanziger und dreißiger Jahre, als von diesem Ort aus die ganze Welt beherrscht wurde im Flimmer- und Showgeschäft, ist dahin. Das ist wahr. Es ist mit Hollywood wie überhaupt mit dem Kapitalismus: Der Glanz, der Mythos ist weg. Geschäftlich aber ist man sehr tüchtig. Man weiß sich anzupassen. Man wird immer totgesagt und überlebt dann doch – auf etwas unheimliche Weise.

Das Schönste an Hollywood schien mir die Landschaft. Ich möchte sie nordisch-mediterran nennen. Es liegt ein Licht, eine Sonne, südliche Anmut über dieser Stadt sanfter Hügel, daß man sagen könnte: Toskana. Und doch fehlt das Liebliche, Süßliche, diese Postkarten-Idyllik, die Italien fast zu schön macht: weiblich. In Hollywood spürt man Männlichkeit, also Kraft, eine Größe, Endlosigkeit des Raums, auch Einsamkeit, Kühle und kollektiven Wohlstand, der an Schweden erinnert. Man fährt mit dem Bus hoch in die Berge, Richtung Norden. Man steigt in ein kleines, buntes Kinderbähnchen um und kurvt dann zwei Stunden lang durch ein Studiogelände. The Universal City Studio Tour heißt das. Sie ist ziemlich teuer: sieben Dollar, glaube ich. Die großen Filmgesellschaften vermieten halbtägig ihre Gelände an Touristenbus-Gesellschaften. Der Zuschauer muß noch immer den Jahrmarkt bezahlen.

Trotzdem, es ist lustig, auch lehrreich. Es ist ein Lehrstück in amerikanischem Rentabilitätsdenken. Die Welt ist nämlich auf einem sanften, zartgrünen Hügelgelände noch einmal nachgebaut – für Filmzwecke. Hollywood ist die Welt als Kulisse. Man fährt durch Wälder, durch stille Täler, durch schroffe Gebirgsmassive. Man besucht Dörfer, Kleinstädte, Großstadtecken. Man sitzt in dem Bähnchen, lutscht an seinem Eis, kaut an seinem Gummi, leise Musik tropft vom Waggondach herunter, und plötzlich fährt man in Frankreich ein: Normandie. Ile-de-France, eine Ecke in Paris: Bistros, Cafés, Zeitungskioske, eine Präfektur, alles von hinten mit klobigen Holzbalken gestützt. Rückwärts haben sie sich keine Mühe gegeben, aber von vorne: täuschend ähnlich. Man riecht Pernod und Rotwein. Natürlich ist England sehr wichtig, gut vertreten, der Kriminalfilme wegen. Der Bahnführer hat eine elektronische Schaltung neben sich und kann alles in Bewegung setzen. Bei der Einfahrt in London begann über einer Brücke sofort der typische Londoner Nebel zu ziehen. Wir kamen an einem irischen Schloß vorbei: Es brannte lichterloh. Hellgelbe Flammen schlugen aus den Fenstern, die schon sehr geschwärzt waren von all dem Gaslicht. Wir kamen an Hitchcocks berühmtem Giebelhaus aus dem Film »*Psycho*« vorbei. Es steht immer noch unheimlich drohend da auf einer Anhöhe, nur sehr viel einsamer. Wir erreichten einen breiten Fluß. Im gelb aufgewühlten Wasser schwammen Krokodile, und Haie öffneten schnappend ihr Maul. Dann empfing uns Enge und Stille. Kirchenglocken läuteten. Wir waren in Nürnberg oder Bamberg. Plötzlich war die Welt Bayern, Franken. Wahrscheinlich für all die Nazifilme, dachte ich, die im amerikanischen Fernsehen immer noch populär sind. Der böse Held ist immer ein deutscher Offizier, am besten ein SS-Mann. Hinterher wird eben immer alles Theater. Zum Schluß ist Geschichte ein Kinostoff.

Kalifornien heißt Perfektion; noch perfekter geht es nicht. So war auch das Regencafé am Ende der Hollywood-Tour ein unüberbietbarer Höhepunkt. Ich mußte wieder lachen. Kalifornien ist das Land des Lichts, der Sonne. Es hat mit ernsten Wasserversorgungsproblemen zu kämpfen. Es ist zu trocken. Also ist Regen eine Sensation. Wir saßen draußen im Sonnenschein in einem Waldcafé, und dann regnete es alle zehn Minuten für präzis zwei Minuten, sozusagen als Getränke-Einlage. Es goß und troff, es regnete kolossal und lief gut ab an den Dächern. Dampfer fuhren auf dem See, der direkt vor unserem Tischchen begann. Kriegsschiffe kreuzten auf. Zum Abschluß der Regenphase gab es mehrere Böllerschüsse aus dem Kreuzer, eine Art Seeschlacht im kleinen für fünfzehn Sekunden bei Kaffee oder Kuchen oder Coca-Cola. Man nimmt das sehr amüsiert mit. Fabelhaft, dachte ich wieder, Hollywood ist die Schöpfung noch einmal, der Kosmos in Pappe.

Und ich erzähle dies nicht nur zum Spaß. Ich erzähle es, um wieder ein Element von Los Angeles, also Amerika deutlich zu machen. Die Stadt ist ein Kunstprodukt, unglaublich artifiziell und gemacht. Nicht daß wir Europäer aus reiner Natur, aus sumpfigen Waldmythen kämen. Natürlich ist auch Europa ein Kunstprodukt, aber wie ehrwürdig und von langer Hand vorbereitet. Wie lange hat die Künstlerhand an Paris gearbeitet, nicht wahr? In Los Angeles ist die Künstlichkeit auf letzter Produktionsstufe angesiedelt, vorwiegend auf Nylon und Dralonfaser und Plastiksubstraten. Die Welt als Chemiefaser, ein Supermarkt zum Träumen, dann zum Wegwerfen.

Nein, ich will damit die Stadt nicht heruntermachen. Mir ist nichts widerwärtiger als die üblichen Reaktionen, diese Ressentiments deutscher Kleinbürger, die, nach Kalifornien verschlagen, nur die Nase rümpfen und sagen: Also bei uns in Dresden und Zwickau war die Welt doch gemütlicher. Man müßte das eigentlich sächsisch sagen, um die Ressentiments der Provinz hörbar zu machen. Man müßte hinzufügen: Bei Gott, und natürlich, ihr habt schon recht. Nur: Hier an der Westküste Nordamerikas geht es um Gesellschaftsprobleme – im Weltmaßstab. Es wurde das kühnste Experiment unserer Geschichte in Gang gebracht: Eine verschwenderische

Natur wurde mit den ungeheuren Produktivkräften einer freien Gesellschaft den Massen nutzbar gemacht. Das bleibt imponierend: Prometheus im kybernetischen Zeitalter und für sehr viele.

Es gibt hier Slums, es gibt sehr viel Arbeitslosigkeit in diesem Traumland, in dem sich ja jeder ansiedeln kann mit amerikanischem Paß. Die Bevölkerungsdichte ist viel zu hoch. Aber selbst die Armut spielt hier auf anderem Level. Auch ein Farbiger, der arbeitslos ist, hat noch seine Wohnung mit Air-condition und mit seinem alten Ford vor der Tür. Das gehört dazu wie bei uns Schuhsohlen. Es wurde ein Experiment gemacht. Das Experiment hieß: die totale Auswertung der Erde durch totale Privatwirtschaft. Wenn man Los Angeles heute so sieht, möchte man sagen: Das Experiment ist nicht gelungen. Ganz so hemmungslos frei geht es nicht. Etwas stimmt hier nicht. Aber um zu dieser Erkenntnis zu kommen, mußte das Experiment angesetzt werden. Los Angeles ist ein Labor, in dem die Problematik der fortgeschrittensten Industriegesellschaften abgefragt wird. Das kommt auf uns alle zu. Das werden unsere Probleme auch sein, übermorgen. Es ist gut zu wissen, was geht und was nicht geht für die Menschheit. Also trägt die Stadt doch nicht den falschen Namen? Engel und Dämonen sind doch verwandt?

Die Tage von Palm Springs

Jetzt wird alles kleiner, persönlicher, beinah menschlich. Eigentlich handelt es sich jetzt nur noch um ein Auto, um den Führersitz eines schlanken Zweisitzers. Überschaubare Verhältnisse. Ich sitze, ich schwitze und versuche, etwas verzweifelt, mich zurechtzufinden in diesem strahlenden Ding, das schön und starr, verlockend und eiskalt ist wie alle Dinger in Los Angeles. Etwas verrückt, dieses Vorhaben: sich beim erstbesten Büro einen amerikanischen Wagen mieten, sich mitten im Cityverkehr von Los Angeles reinsetzen, keine

Ahnung haben von all diesen raffinierten Extras eines Plymouth Duster, die Air-condition, die Automatik, die Lenkhilfe, die vielen Sicherheitsgurte und all die Signale, die sofort aufleuchten oder bösartig brummen, wenn man etwas falsch gemacht hat – was brummt denn jetzt schon wieder, ist die Tür nicht fest zu? –, und dann sagen: Jetzt fahren wir los. Was meinst du? Nichts wie weg. LA ist unerträglich. Was hältst du von Palm Springs? Der Name klingt schön. Es soll in der Wüste liegen. Ob wir es damit versuchen, zunächst einmal?

Aufregend und etwas verrückt und ziemlich strapaziös ist das am Anfang, aber wirklich nur am Anfang. Man sitzt wie eine Heuschrecke, so starr und etwas verschreckt, hinter seinem Lenkrad, hat unzählige Knöpfe und Tasten vor sich, die man nicht versteht. Wie ist das zum Beispiel mit der Automatik, wenn man sie nicht kennt? Wie kommt man bitte in den Leerlauf vor Rotampeln, wenn es keine Kupplung mehr gibt? Und wie viele Rotampeln gibt es in Los Angeles, nicht wahr? Ich schaltete zunächst immer auf Parken, was barer Unsinn ist, wenn man dann wieder anfahren muß. Hinterher ist man ja immer klüger. Ich wollte das Radio probieren; es war aber die Air-condition. Statt Musik blies mir eisige Kälte ins Gesicht. Einmal blieb auch der Motor stehen, weil ich meinen Sicherheitsgurt leichtfertig gelöst hatte. Man ist also wieder Fahrschüler, lernt kalifornische Sitten. Hoffentlich schaffst du es, dachte ich. Hoffentlich kommt bloß kein Regen. Wo ist denn der Knopf für den Scheibenwischer? Hoffentlich wird es nicht dunkel. Von dem Lichtschalter habe ich auch keine Ahnung. Man kann ja nicht anhalten auf den Freeways, um alles gemütlich auszuprobieren. Wer hält oder gar zu Fuß geht hierzulande, ist immer verdächtig. Stillstand ist kriminell. Man wird von der Polizei aufgegriffen. Also fahr weiter, dachte ich, du wirst es schon lernen.

Lernen muß man vor allem die amerikanische Fahrweise. Sie ist viel angenehmer und menschlicher als unsere. Wir sind ja heute gewohnt, die Amerikaner als unglaublich brutal und aggressiv einzustufen, dies mindestens seit Vietnam; aber man muß auch sagen: Wenigstens untereinander und miteinander sind sie das zivilisierteste und höflichste Volk, das ich kenne. Es kommt noch vor den Schweden, und immerhin will das etwas heißen. Ich möchte es Ensemblegeist nennen, was man lernt. Sie spielen wie eine riesige, anonyme Schauspielertruppe, fahrend, unerhört sicher und kombinationsreich miteinander, geben sich Zeichen, Stichworte, treten zurück, lassen den anderen jetzt an die Rampe. Ich bin kein Soziologe. Gesellschaftswissenschaftliche Aussagen stehen mir nicht zu; aber wenigstens das amerikanische Fahrverhalten möchte ich als klassenlos bezeichnen. Es gibt keine Armen und Reichen, keine Großen und Kleinen hinter dem Steuer. Alle fahren die gleichen viel zu großen Modelle auf leeren Autobahnen, die nach unseren Vorstellungen viel zu breit sind, und dann höchstens achtzig oder neunzig Kilometer pro Stunde, also viel zu langsam. Wer ist hier eigentlich der Brutale und Aggressive, wenn man an unsere Autobahnen denkt?

Blick auf die Landschaft: kahle Kegelberge, braun, gelb, grau; viel Geröll und Felsbrocken. Manchmal Kakteen und Palmen am Rand. Man zieht sanfte Steigungen hoch. Salzseen, Laken kommen, die langsam versanden in einer Hochebene, die wie eine Steppe wirkt. Es ist nur noch Sand und Geröll zu sehen, Grasbüschel, ausgedörrtes Sträucherwerk. Es beginnt das, was man The Desert nennt. Die Großartigkeit der richtigen Wüste etwa in Nevada hat sie hier nicht. Es versickert und versteppt nur, und dann ist plötzlich das grüne Ausfahrtschild da: »Palm Springs«, steht geschrieben. Mitten in diesem ausgedörrten, steinernen Hochland liegt ein Kurort, ein Badeparadies, das verblüfft. Nun sieh bloß, sagt man, einfahrend, ist das elegant, ist das schön hier und alles schneeweiß, die Häuser. Das sieht viel luxuriöser als Deauville oder Montreux aus, auch moderner. Ich hatte das gar nicht erwartet in Amerika: Badekultur. Das ist eine Oase, wirklich. Hier bleiben wir – ja?

Was soll ich nun sagen? Wie soll ich's erzählen? Wie sag

ich's denn meinem Kind, zu Hause, daß sie schön waren, sehr schön – die Tage von Palm Springs? Es ist befriedigend für unsereinen, zu denken: Es ist November. Es ist eigentlich dunkel und regennaß. Die Leute husten und frösteln jetzt in Deutschland. Recht so. Und hier? Hier hat die Saison eben begonnen. Von Oktober bis April ist Sommersaison – im Winter. Jetzt ist die Wüste erträglich. Man bleibt dann, sucht sich sein Motel, geht durch den Ort. Es gehen einem dabei zum erstenmal ganz die Augen auf, wie einer jungen Katze. Man sieht und hört und riecht und schmeckt und begreift so langsam, worauf man sich eigentlich einließ, an die Westküste Amerikas fliegend. Es ist kolossal. Kalifornien – erst hier, in den kleineren, überschaubaren Maßen eines Badeortes, wird es faßbar – ist eine kolossale Übertreibung. Es ist unsere Welt, in den Superlativ hochgeputscht. Es ist maßlos übertrieben – alles. Nun sieh bloß den Himmel, sagt man, der ist doch nicht blau. Er ist superblau. So ein Blau kennen wir nicht in Europa. Das Grün der Pflanzen ist grüner; weiße Wolken sind schneeweiß, weißer geht es nicht. Rote Dahlien blühen märchenhaft rot, und wenn sich ein Zierstrauch zu Gelb entschieden hat, ist es ein so entschiedenes Gelb, daß man wieder sagt: So ein Gelb gibt es doch gar nicht. Das habe ich noch nie gesehen. Es herrscht die Maßlosigkeit, die Perfektheit, auch die Gelecktheit von Hollywood-Produktionen überall. Schon die Natur ist ein Superstar, ein Breitwandfilm in Technicolor. Kalifornien – das ist Superwelt.

Palm Springs war wie eine Theaterinszenierung für mich: die Welt, noch schöner, noch intensiver, noch glücklicher ausgeleuchtet. Ich war sprachlos, sagte nur manchmal: Das kann doch nicht sein. Auch so ein Slogan für Supermärkte. Jeder Sonnenuntergang war hier ein Stück, von Metro-Goldwyn-Mayer bestellt: wie der gelbe Ball langsam absackte und dann den blauen Himmel einfärbte, erst in Hellblau, dann fast in Weiß, das langsam in Rötlich, Rot, Blutrot und schließlich in ein prangendes Knallrot überging, für das ich nur das Wort »kalifornisch« gebrauchen kann, weil unbeschreiblich. Da muß die amerikanische Farbenindustrie dahinterstecken, sagte ich mißtrauisch. So viele Farben gibt es doch nicht – in Wirklichkeit. Was ist Wirklichkeit? Und später der Mond: wieder diese Operetten-Schönheit, eine Kitschpostkarte. Der Mond von Palm Springs war ein Reklamemond, so groß, so feuergelb und nah, beinah zum Anfassen. Jetzt verstehe ich die Amerikaner mit ihren Mondflügen, sagte ich spöttisch. Der ist ja hier tatsächlich ganz nah, ein Katzensprung. Und was dann später entsteht, wenn die Nacht einbricht – man kann es nicht nur Hollywood in die Schuhe schieben. Es muß mit der Wüste zusammenhängen. Der Nachthimmel von Palm Springs ist unerhört intensiv. Das Schwarz ist viel schwärzer, und die Sterne leuchten nicht wie in unseren Filmproduktionen. Sie funkeln und strahlen und glitzern wie mächtige Diamantenbrocken. Das Firmament brennt. Und manchmal fällt ein Diamantsplitter herunter direkt in den Swimming-pool, der seinerseits leuchtet in starkem Türkis. Es war eine Sternschnuppe, die sich im Wasser spiegelte. Es war schon märchenhaft hier, will ich sagen. Palm Springs war eine Glücksmaschine, perfekt. Wir lagen im Liegestuhl draußen bis spät in die Nacht, sahen zum Himmel auf, gingen manchmal schwimmen, noch um Mitternacht. Man fühlt sich wie ein Delphin, man sitzt unter Lotos- und Kaktusblüten. Der Fernseher gab eben Nachrichten durch. Ach, laß das, sagte ich. Was geht uns das an? Weißt du, wenn ich jetzt hier so liege, so luxuriös und schön, und daran denke, daß zwei Drittel der Welt noch hungern und nichts zu beißen haben: Amerika mutet mich an wie die Antike. Das ist doch nicht Wirklichkeit, das ist Mythos hier. So stelle ich mir das Imperium Romanum vor. Ich meine, so ausschweifend, so luxuriös bei so viel Welt-Elend. Palm Springs – das ist spätes Rom, durch Hollywood dividiert. Das ist Hadrian und die Glücksmaschine.

Pazifische Küste

Jetzt kommen lauter Ich-möchte-gern-Geschichten. Ich möchte jetzt gern ans Meer, an die Küste, den Pazifik sehen. Ich möchte hier weg. Merkwürdig, wie zuviel Schönheit, Zauber und Zuckerguß bald umschlägt in Unruhe, Gereiztheit, Langeweile und schon eine Spur von Verödung. Ich möchte weg, bloß woandershin. Immer unterwegs sein, fahren, fahren, fahren, immer weiterfahren: allways on the road. Immer hübsch dynamisch. Wenn das Leben Bewegung ist, und einiges spricht dafür, dann ist Amerika sehr lebendig. Es ist dauernd unterwegs und auf Rädern. Wohin eigentlich? In welche Richtung geht der Prozeß? Wohin will denn Amerika mit seiner rasenden Kraft?

Also, ich möchte ans Meer. Man muß dazu noch einmal durch Los Angeles, quer durch America-City, ein Alptraum für mich. Aber wenigstens diese erste Ich-möchte-gern-Geschichte ist mir gelungen. Man muß sich die Namen und Nummern der Freeways gut einbleuen. Man muß dann ganz stur auf seiner Route und möglichst auch auf seiner Lane bleiben, muß vor sich hin beten: San Bernardino Freeway, Hollywood Freeway, dann Santa Monica Freeway. Blick nicht auf die vielen Straßen, die außerdem noch auf dich zukommen, wieder abzweigen, diese Hunderte von Ausfahrten, die auch möglich wären. Es ist ein gigantisches Betonlabyrinth, durch das man fährt. Am besten, man schließt die Augen, macht alle Schotten dicht. Nur manchmal vorsichtig blinzeln: Steht da schon Santa Monica Freeway in frohem Hellgrün? Also jetzt sind wir richtig. Man atmet auf, sackt etwas zusammen – relaxing. Nun laß doch den Schlitten laufen, der findet selber hin.

Es ist so: Ich möchte eigentlich gern nach Santa Monica in den Ort. Ich habe mir zu Hause Namen und Adressen aufgeschrieben, die wichtig sind. Santa Monica ist ja nicht irgendein Badeort zwischen Hollywood und dem Meer. Es war der Ort der deutschen Emigration in den dreißiger und vierziger

Jahren. Deutsche Schriftsteller lebten hier, vor Hitler geflüchtet. Sie kamen nach Santa Monica, weil sie auf Hollywood hofften – als Arbeitgeber. Es war der einzige Ort in Amerika, wo Schriftsteller einen Job finden konnten, als Drehbuchautoren, Verfasser von Treatments und ähnlichem. Es ist oft dann anders gekommen. Immerhin, ich möchte gern Brechts Haus sehen. Ich habe mir alles zusammengefragt, schön ordentlich zusammengestellt nach meiner Art und bin wohl ausgestattet: Brecht, Bertolt, 1036, 26th Street, Santa Monica, Telefon Santa Monica 54943. Ob ich da anrufe? Ich möchte gern. Ob er sich hier seine Tui-Geschichte ausgedacht hat? Ich möchte gern Thomas Mann sehen oder wenigstens das, was von ihm hier blieb: 1150 San Remo Drive, Pacific Palisades, Telefon Santa Monica 54403. Also nur fünfhundert Nummern auseinander, die beiden Intimfeinde. Merkwürdigerweise fehlt mir die Adresse von Heinrich Mann. Ich möchte Adornos Haus sehen: 316 Kenter Avenue, Brentwood Hights. Wie mag der fragile Mann sich gefühlt haben in dieser Welt der Riesen? Hat er hier seine Studie über die autoritäre Persönlichkeit verfaßt? Und von Brecht wurde er doch auch bekämpft, als Tui, nicht wahr? Ob er oft mit Schönberg telefoniert hat? Der wohnte 116 North Rackingham Avenue, Brentwood, West Los Angeles. Alles präzis notiert, nicht wahr? Das Merkwürdige ist, daß Schönbergs Telefonnummer schon die Vorwahl von Arizona benötigt. Adorno mußte also wählen: Arizona 35077. Ja, auch Kortners Haus wäre zu besichtigen und schließlich die Wohnung von Feuchtwanger: 520 Paseo del Miramar, Pacific Palisades. Wie schön sich das spricht. Alles spanisch, also mexikanisch.

Du kannst übrigens wirklich zu Feuchtwangers, hatten die Freunde zu Hause gesagt, Feuchtwangers Frau, Frau Martha, lebt immer noch dort. Ach, diese Witwen. Man kennt das: nicht totzukriegen. Wie gesagt: Ich möchte das alles gern, aber ich tue es nicht. Ich hatte mir das zu Hause leicht vorgestellt: die Stätten der Emigration im Vorübergehen. Das kannst du mitnehmen. Santa Monica klingt heimisch, richtig katholisch, aber wie es jetzt vor mir liegt, vor meinen Augen, ist es wieder mein Kalifornien-Erlebnis, das beängstigt: der endlose Raum. Das ist ja riesig. Kein Badeort – ein weißes Meer, lang hingestreckt, allerdings ohne Hochhäuser. Wo soll man anfangen? Man fühlt sich wieder verloren in Steinwüsten, sagt resignierend: Komm, lassen wir das. Das hat keinen Sinn. Daß man das niemals zulernt in Deutschland, wie riesig die Ausmaße hier sind. Vielleicht später einmal. Ich möchte gern, aber ich tue es nicht. Da drüben ist übrigens das Meer.

Man sollte sich den Pazifik, aus dem Autofenster gesehen, nicht anders vorstellen als das Mittelmeer. Meer ist immer Meer – mehr ist zunächst nicht zu sehen. Man kann nicht nach China rübersehen. Man sieht auch hier nur am Horizont eine Linie, die flimmert, zittert, die Welt abschließt mit einem betonten Strich. Es ist nur alles größer, weiter, wilder. Kalifornische Kraft: Das Meer wirft seine Wogen mit elementarer Wucht an den Strand. Wie das rauscht und strömt, gischtet und brandet, hin und her reißt, gewaltigen Ohrfeigen gleich. Man kann sich ihnen nicht aussetzen. Kein Mensch badet hier. Es ist wohl auch mit Haien und anderen Raubfischen zu rechnen. Man fährt an der Küste entlang. Man hört die Brandung strömen und rauschen, schwer einatmen, schwer ausstoßen, donnernd, linker Hand, und rechts sieht man die Villen und Gärten, wo Kakteen und Palmen stehen, den Swimming-pool formschön umrandend. Das ist die Reklame-Landschaft, die Wüstenrot-Welt, die ich zuvor beschrieb. Ich meine: So, wie uns zu Hause die Welt auf Prospekten dargestellt wird, so ist sie konkret in Kalifornien. Ein Reklametraum ist hier Wirklichkeit, gewiß nicht für alle, aber doch für Millionen.

Santa Monica, Ventura, Santa Barbara – wer sich etwas auskennt in Welt und Geschichte, weiß, daß dies nicht irgendeine Straße ist. Es ist die berühmte One, später auch One-O-One, auch Camino Real genannt, der Königsweg, der tief aus Mexiko bis hinauf nach Alaska führt. Ein mythischer Pfad, den Stillen Ozean entlang. Es soll die schönste Straße der Welt sein. Man müßte sie wohl mit Samt beziehen, mit Purpur auslegen. Von Mexiko aus wurde einmal dieses Land entdeckt, missioniert, also erobert. Kalifornien ist ja ein spanisches Wort. Es heißt »caliente fornilla« und meint: heißes Ofenloch – bei Gott. The famous Mission Street, sagen die Yankees, oder auch King's Highway. Das klingt fast wie eine Whiskymarke aus Kentucky, Jim Beam genannt, ist aber spanisch-katholisch zu verstehen. Jesuiten und Franziskaner hatten ihre fromme Hand im Spiel. Die katholische Kirche war damals auch groß im Nehmen. Die Nordamerikaner haben sich dann in der Mitte des 19. Jahrhunderts das Land unter den Nagel gerissen. Damals war so etwas noch leicht. Wenn man daran denkt, wie mühselig sich Israel heute sein kleines Land erkämpfen und zusammenhalten muß. Damals, es war am 9. Juli 1846, fuhr Captain J. B. Montgomery vor der Bucht von San Francisco vor, gab von seinem Schiff aus drei Schüsse ab. Auf dem Fort wurde das Sternenbanner gehißt. Von Stund' an gehörte Kalifornien zu Amerika. Es wurde 1850 als einunddreißigster Staat in die Union aufgenommen. US-Imperialismus und SU-Imperialismus – heute ist das doch viel schwerer geworden. Gibt es so etwas wie ein Weltgewissen? Es gibt auf jeden Fall die UNO heute, die solche Aktionen doch deutlich mißbilligen würde. Hat die UNO eigentlich den Einmarsch der Russen in Prag mißbilligt? Gibt es Fortschritt in der Geschichte?

Jetzt will ich nur noch das Fahrvergnügen erwähnen – ein privater Reise- und Touristeneindruck, das ist zuzugeben, immerhin. Es ist schön und besänftigend, hier am Ozean amerikanisch zu fahren, langsam, auf fast leeren Straßen und in einer perfekten Zivilisation. Man findet auf den Highways alles – bis auf Tankstellen und Raststätten. Merkwürdigerweise muß man zum Tanken und Essen immer rausfahren. Dafür nimmt kein amerikanischer Tankwart Trinkgeld entgegen. Er gibt einem noch den letzten Penny zurück und sieht einen etwas fassungslos an, wenn man ihm dann einen Quarter in die Hand drücken möchte. No, Sir, thank you, nothing for me. Auf so kleine Beträge lassen sie sich nicht ein. Man steigt etwas beschämt ein, fädelt sich wieder in die Nordbahn ein. Man fährt ja nicht hier, man gleitet, man schwebt den Pazifik entlang wie eine Taube. Die One-O-One fährt sich tatsächlich wie mit Samt ausgelegt. Man sieht den ganzen Tag über das Meer und wie es glitzert. Man hat einen endlosen Himmel vor sich und die Sonne, die zu heiß ist. Man hat vor sich die Kühlerhaube, die zittert, manchmal sich hebt, manchmal sich etwas senkt. Man stellt die Air-condition ein – jetzt klappt das. Frische Kühle kommt einem entgegen im November-Hochsommer. Weißt du, sagt man, es wird uns ja niemand glauben hinterher in Deutschland, weil wir doch zu Hause so fabelhaft klare Negativ-Klischees von Amerika haben. Camino Real, wir sind mittendrin in Kalifornien, auch »caliente fornilla« genannt, das heißt Ofenloch. Ich fühle mich wohler hier, ach – beinah glücklich. Ich spüre Zärtlichkeit in der Luft.

Der Geist Henry Millers

Ja, wenn man das macht, wenn man zwei bis drei Tage lang im Auto so weiterfährt, mal tief in die kahle, gelbbraune Bergkegellandschaft versinkt, die wie Jugoslawien oder Griechenland wirkt, mal an korsischen Felshängen beängstigende Gebirgsstraßen hochzieht, dann wieder runter ans zischende, glitzernde Meer stürzt, dann wieder langsam sich anhebt, schließlich sogar San Simeon und Hearst-Castle hinter sich hat, und das will was heißen, das ist eine Pracht, wie Schloß Versailles, nur pompöser – dann kommt man tatsächlich nach Big Sur, dem Ort des Schweigens. Es ist der stillste Punkt in Amerika, ein Heiligtum für Eingeweihte. Wenn man hier Big Sur sagt, ist es, als wenn man in Frankfurt Paestum sagt. Die Götter sind nahe. Ein Ort zum Andächtig- und Frommwerden. Das ist doch wirklich unglaublich mit dir,

Tizian, sage ich etwas scheinheilig entrüstet zu dem Jungen, dem Fünfzehnjährigen aus Hamburg, den wir für ein paar Tage hinten auf dem Notsitz im Auto zu Gast haben. Wir fahren nach Big Sur, und du liest den *Spiegel* da hinten. Merkst du denn gar nicht, was jetzt kommt, Tizian?

Tatsächlich ist nicht viel zu merken, zunächst. Es ist nur Ruhe zu spüren, wachsende Einsamkeit, eine Natur, die erhabener, in ihrer Einfachheit immer großartiger wird. Es geht höher auf der Felsenstraße und führt dann ganz oben in endlose, stille Wälder, die an tiefen Schwarzwald erinnern. Man sagt: Das ist ja die Bühler Höhe, wie die Schwarzwaldhochstraße, aber spürt auch die Gewaltigkeit Kaliforniens. Man müßte das Wort »majestätisch« gebrauchen, wenn es nicht verbraucht wäre. Tannenwälder, tiefe Schluchten, schwarze Urwald-Einsamkeit, in der noch Wölfe und Klapperschlangen hausen sollen. Tief unten manchmal der Ozean, der rauscht und schlägt und weißglänzend gischtet. Licht und Dunkelheit sind hier noch heller, noch dunkler. Die Luft ist trocken und frisch, ganz rein. Das Wort ist indianisch: Big Sur. Man müßte das Wort »paradiesisch« benutzen, wenn es nicht auch verbraucht wäre. Darf ich sagen: Big Sur ist wieder sehr kalifornisch – ein Super-Paradies für Naturanbeter und einsame Waldläufer?

Henry Miller kam im Mai 1944 zum erstenmal hierher und blieb dann eine Weile. Es trieb ihn die Frage aller Sensiblen, aller Künstler und schöpferischen Geister in Amerika: Wie werde ich heil in einer kaputten Welt? Wie macht man es denn in diesem gigantischen Standard-Oil- und Coca-Cola-Imperium, ein natürlicher, ursprünglicher Mensch zu bleiben? Er wollte sich nicht verheizen lassen und brachte eine ungeheure Wut auf den Utilitarismus, das Profit- und Erfolgsdenken dieser höchsten Zivilisation der Menschheit mit, der er zugehörte, die er haßte, von der er nicht freikam. Sehr gut, dieser Recreation-Impuls der Künstler, will mir scheinen. Wie natürlich und berechtigt. Aber schwingt für uns Späte nicht auch immer ein Hauch von Faschismus mit in soviel Naturvergottung, Antiintellektualismus und Zivilisationsfeindlichkeit? Kann man, in die Moral und die Genüsse der modernen Industriegesellschaft einmal eingeweiht, wirklich zurück in die erste Unschuld der Erde? Der Dichter versuchte es, übrigens genau zu der Zeit, als die Macht der Amerikaner und der Russen in Deutschland den Faschismus austrat. Miller zog sich von 1944 bis 1947 mit einigen Freunden in dieses Paradies zurück. Sein Rousseau-Erlebnis, das große Zurück zur Natur, zur Urmutter Erde, zu ihren heilenden Kräften, und der Haß auf den Vater, den Staat. Man kann das alles in seinem Buch *»Big Sur und die Orangen des Hieronymus Bosch«* nachlesen. Der Meister kam, der Meister ging. Etwas von Legende, also Gerücht, ist geblieben, ein Hauch von Erhebung. Lauter Eremiten hausen jetzt hier. Die Gemeinde der Hinterbliebenen, die Nachlaßverwalter der Millerschen Sex-Religion, die damals in Armut und Anmut zelebriert wurde.

Big Sur ist kein Ort. Es ist eine Weltanschauung. Es ist eine Straße purer Waldeinsamkeit. Manchmal ein Schild, das einlädt: das Nepenthe House, das Rast, Besinnung und schöne Jugend vereint in Restaurants, Bars und Terrassen. Dann lange nichts als Wälder. Dann das »Big Sur Lodge«, ein Motel im Forsthaus-Stil, wo eine hagere, ältere Frau, die mich an Mathilde Ludendorff erinnert, bescheidene Fremdenzimmer anbietet. Dann wieder nichts als Kurven, Tannendunkel, jähe Ausblicke. Es riecht würzig und rein. Ich rieche es beim Aussteigen aus dem Auto. Ein Zaun, ein Garten, ein Holzhaus. Es wirkt alles vergessen, verwahrlost, versunken. Wir klingeln am Gartenzaun, und dann kommt er tatsächlich heraus, der für mich auch ein Kunstprodukt, eine Literatur-Legende, ein Gerücht aus Lesestunden ist. Nein, nicht Henry Miller, der ist längst auf und davon. Emil Weiss – »mein Freund Emil White!«. Ich hatte den Namen unzähligemal in *»Big Sur«* gelesen.

Übrigens kein sehr bedeutendes Buch. Nur die ersten zwanzig Seiten lassen noch die lapidare Kraft des *»Wende-*

kreis«-Dichters erkennen. Die restlichen vierhundert Seiten ergehen sich in Episoden, Impressionen, Erinnerungen, die merkwürdig obenhin bis geschwätzig wirken. An die Stelle von Geschlechtskraft ist die Redseligkeit alter Männer getreten. Immerhin, Emil Weiss hat die Heimkehr des Dichters zur Mutter Erde in erster Stunde in den vierziger Jahren getreulich mitgemacht. Es ging um die existentielle Identität des amerikanischen Geistes in den Köpfen einiger Verrückter, in denen aber vielleicht doch der moralische Anspruch der Nation lebte. Jetzt steht er vor mir, der Sancho Pansa des Don Quichotte. Emil Weiss ist ein Berliner, ein jüdischer Maler der zwanziger Jahre, der auch emigrierte vor Hitler wie die von Santa Monica. Hier fand er seine Ordnung, seinen Freund, seinen Frieden. Er muß wohl schon Anfang Siebzig sein. Er ist klein, ein stilles, etwas verschrumpeltes Männchen, das deutlich verstört ist von soviel Weltandrang: uns. Leere, etwas ratlose Augen. Das beredte Schweigen aller Introvertierten. War ein Traum um seine Stirn, oder fiel ihm nur nichts mehr ein? Das Geniale und das Läppische sind schwer zu unterscheiden.

Und drinnen dann die Erstarrungen, Pedanterien und Absonderlichkeiten aller Epigonen, die volle, die leere Welt aller Jünger. Miller wohnt längst wieder bei Los Angeles, aber hier ist aufbewahrt, was der Meister damals meinte, schrieb, malte und auf vielen Zetteln hinterließ. Nicht gerade ein komplettes Henry-Miller-Museum, wohl aber ein Atelier, das zur Gedenkstätte wurde. Emil Weiss schlägt Bücher auf, die ihm der Meister widmete. Er holt Briefe hervor, die in jüngster Zeit kamen, er führt uns an Aquarellen vorbei, die Miller hier malte. In den Bücherregalen die Schriften des Dichters in sehr vielen Sprachen. Mir fällt ein Radioapparat auf, der mit einem mächtigen Kurzwellenteil bestückt ist. Hörte der Eremit manchmal die Deutsche Welle? dachte ich. Braucht man das doch?

Was geschieht? Was macht ihr jetzt? Ich meine: Nach der Liebe und Naturandacht – was dann? Aus dem Kult der Einsamkeit ist längst eine strenge Schule der Zweisamkeit geworden. Sensitivity-Training heißt das Schlüsselwort. Ach, diese Amerikaner, wie praktisch und organisationstüchtig, wie erschreckend anstrengend selbst ihre Wendungen zur Entspannung noch sind. Es gibt tief in den Wäldern verstreut jetzt Institute, Sanatorien, Hochschulen, die die Leute auf Sensibilität trimmen. Emil Weiss zeigt den Lehrplan des Esalen-Instituts, wo er offenbar auch mitmischt, der Schlingel. Der Wochenplan des Instituts ist groß und festlich gedruckt wie ein Staatsvertrag oder die Speisekarte des »Waldorf-Astoria«. Mächtig viel hat ein Gast zu tun. Den ganzen Tag wird trainiert. In meiner sachlichen Sprache gesagt, handelt es sich um eine kompakte Gruppentherapie polyglottester Art. Der von den Puritanern unterdrückte, auf Leistung getrimmte, mißhandelte Körper soll entspannt, gelockert und zu seiner eigenen Ausdruckskraft geführt werden. Man fällt in die Hände von Pädagogen, Psychoanalytikern, Theologen, Ärzten, Turnlehrern, Tanzmeistern und anderen Seelenfreunden. Mein Fall ist das nicht. Es ist zu perfekt, zu amerikanisch. Etwas Freud, etwas Joga, etwas Henry Miller und etwas Rudolf Steiner, ein Hauch von Anthroposophie, ein Rüchlein von Marxismus sogar, und das alles in Bewegung umgesetzt: immer schwingen, bitte, tanzen, sich fallen, bitte, sich treiben lassen, sich berühren mit den Händen, den Füßen; also Körpergefühle der Kommunikation für Kontaktlose. Es geht um das Selbstgefühl durch Körperkontakt mit Gruppendynamik. Es soll die Sprache des Leibes zurückgewonnen werden. Das Ziel heißt Gestaltbewußtsein. Wir Deutsche haben auch unser Scherflein beigetragen. »Gestalt awareness«, steht als Heilswort auf der Speisekarte geschrieben.

Wir gingen. Man geht nicht ganz unverändert aus solchen Weihestätten hervor. Der Geist von Big Sur macht stiller, nachdenklicher, eben sensibler. Ich weiß nicht, sagte ich schließlich, wieder im Auto sitzend – glaubst du wirklich, daß Mister White nur vom Malen, Tanzen und Lieben lebt? Ich traue dem Frieden nicht ganz. Ich sah so viele Papiere auf seinem Schreibtisch: Geschäftspapiere. Am Klingelknopf unter seinem Namensschild steht doch auch dieses widerwärtige Wort: Real Estate, das man so oft hier in Kalifornien findet. Ob er mit Immobilien handelt? Ob er Wohnungen vermittelt? Ich weiß es natürlich nicht, aber mir bleibt das Gefühl: Wenn ich mich in Big Sur einmal ansiedeln werde, und ich werde das einmal, mit Siebzig, es ist ein Glanzpunkt am Ende – bei ihm bin ich richtig, in Grundstücksfragen.

Erhebung in Carmel

Carmel, das ganz unten liegt am Meer, war dann der Höhepunkt. So kommt Hochmut doch vor dem Fall. Ich fiel. Ich fiel immer tiefer. Der Ort hat mich berührt, getroffen, hat mich stumm gemacht, beinah fertig. Ich weiß auch nicht, wie. Carmel übt einen tiefen, etwas unheimlichen Zauber aus. Es reißt Schichten im Menschen auf, die vielleicht besser verschlossen blieben. Es ist, als wenn der Kosmos sich offenbaren wollte. Alles ist elementar, ursprünglich, gewaltig und rein. Es ist, als wenn die Erde sprechen könnte. Sie sagt: Ich bin groß, ich bin endlos, ich bin tief. Ich singe das Lied von der Erde. Ich weiß, das klingt etwas nach Nietzsche, nach Hamsun und Mahler, also zweiter Hand. Tatsächlich liegen uns solche Erfahrungen nicht, und doch war ich getroffen, wie ein Wild, das nun endlich erlegt war. Ich war am Ziel meiner Reise. Ich spürte: Weiter geht es nicht. Ich spreche übrigens nicht vom Ort, nicht von Carmel Village und Carmel Valley. Darüber wird noch zu reden sein. Ich meine die Küste. Sie sah ich zuerst. Sie hielt mich dann.

Ich bin also jeden Tag in Carmel ans Meer gegangen, übrigens allein. Vielleicht gehört die Einsamkeit zu solchen Erfahrungen. Erst sie macht uns reif, nach unten. Man geht auch hier nicht ans Meer, um zu baden. Dazu ist die Natur zu gewaltig. Man schlürft nur am Rande, man macht Wassertreten, läuft ziellos an der Küste entlang, die gefährlich und sanft, die heroisch und trotzdem zärtlich ist und die einen immer weiterführt, herauslockt zu endlosen Wanderungen. Den ganzen Tag kann man so, in strahlender Einsamkeit verloren, den weichen, weißen Sand von Carmel mit den Füßen tasten. Es ist sonnig, aber nicht heiß. Man hat die Kleider abgelegt, trägt eine Sporthose, trägt seine Sachen in der einen Hand, leichtgeschürzt, schwerelos. Es ist, wie wenn man flöge. Der Wind weht. Er streichelt einem kalt über die Schultern, den Rücken, den Leib entlang. Es prickelt und sprüht alles von Sonne, von Elektrizität, von Salz und Sand natürlich, den einem der Wind manchmal ins Gesicht bläst. Man spürt den Pazifik unter den Fußsohlen: kalt. Manchmal sieht man fern in den Dünen in Sandmulden einsame Rauchfahnen hochgehen. Das sind wohl die Hippie-Kommunen, die hier hausen, mit Kochen, mit Sonnenanbetung, mit Haschisch und Liebe befaßt. Man geht nicht hin. Man geht weiter. Man ist tief versunken und schwebt doch. Ist das also das Glück? Das Höchste, das wir erreichen können, für Augenblicke wenigstens: vollkommen eins zu sein mit der Erde?

Man kann natürlich sagen: Meereswanderungen mit Körpergefühl, mein Gott, das gibt es auch anderswo. Wohl wahr, aber hier kommt dieses Anderswo unserer ganzen Erde zusammen. Alle Schönheit ist versammelt zum Weltkongreß und ist zugleich ins Heroische hochgetrieben. Komisch ist das für einen Europäer, der die Welt nur getrennt und in Teilen kennt. Man denkt: Die Luft ist eigentlich so herb und elektrisch wie auf Sylt; nordisches Reizklima. Aber die Pflanzen und Blüten: reines Capri. Uralte Zypressen stehen vom Wind zerzaust wie versteinert am Strand, neigen sich mit ihren Kronen tief bis zur Erde. Der Duft von Thymian und Fenchel dazu. Man sagt also: Reine Provence. Die Vegetation ist wie in Les Baux oder Saint-Raphaël, nur großartiger. Das ist doch Südfrankreich. Aber die Wolken, der Himmel, so weit – das hast du doch nur in Lappland einmal gesehen, nicht weit von Kiruna. Da war der Himmel auch ein endloser Raum, der blau niederfiel. Und Seelöwen hocken hier in ihren dunkelbraunen Pelzen auf Felsbrocken. Man sieht riesige Vogelscharen, die dichtgedrängt auf den Klippen hocken. Sie hokken und lauern zu Tausenden. Das sind übrigens die Vögel von Hitchcock. Hier filmte er sie damals, denn hier hausen sie tatsächlich: so massenhaft, drohend mit ihren Schnäbeln. Und schließlich das Exotischste: der Schmetterlingskult. Auch etwas, das man nicht in Amerika erwarten würde. Es handelt sich um eine besondere Art, das versteht sich: Königsschmetterlinge. Also noch größer, noch bunter, noch prächtiger. Sie kommen Ende Oktober aus Kanada angeflogen, nisten hier in ungeheuren Schwärmen auf Bäumen, die eigens für sie reserviert sind. Carmel bietet Heimatrecht. Ich las das Schild, das die Gemeindeverwaltung vor den Bäumen angebracht hatte: »Butterflies must not be molested – Schmetterlinge dürfen nicht gestört werden!« Bitte, das ist der Geist vor Ort.

Erhebung in Carmel – ja, ja, ich war etwas berauscht und außer mir, ich weiß es wohl. Ganz Kalifornien ist eigentlich kein Land, sondern ein Zustand, in den man gerät: Euphorie. Es muß ja wohl seine Ursache haben, warum sich alle Blumenkinder und Hypersensiblen, so viele Künstler und andere Verrückte hier unten ansiedeln und warum selbst der Genuß von Haschisch hier weniger strafwürdig ist als anderswo. Das Land ist ein Rausch. Ich hatte ein Gefühl des Schwebens und Gleitens, selbst im Auto. Ich fuhr nachmittags immer die Orte ab. Carmel Village und Carmel Valley sind nicht Kurorte in unserem Sinn. Es handelt sich um ein riesiges Idyllen-Territorium, durch das man mit dem Auto zwei Stunden fahren kann. Wieder dieses Super-Gefühl: Carmel Valley könnte man mit dem Schwarzwald, etwa dem Glottertal, vergleichen, nur eben größer, weiter, einsamer. Ich hatte wieder das Gefühl, nicht auf Asphalt, sondern auf Samt zu fahren. Wie weich, geschmeidig und zärtlich dieses brutale Amerika sein kann.

Carmel Village ist ein pittoreskes Landhaus-Idyll, das an Frankreich, die Normandie erinnert. Diese verfluchten Europa-Erinnerungen immer, nicht wahr? Immer sagt man: Fast so wie. Amerika auf Europas Krücken. Es ist so, man braucht diese Krücken, aber es ist dann eben doch wieder anders: nur es selbst. Carmel Village ist ganz still und verschwiegen. Hier ist alles verboten, was stören könnte; selbst Postboten sind nicht erlaubt. Die kleinen Villen sind bunt gestrichen, verspielt, pittoresk. Verwilderte Gärten, windschiefe Zäune, aber doch sehr gekonnt und gepflegt die Verkommenheit. Man geht wie berauscht durch den Ort, denkt: Alles nachgemacht, nein, alles echt. Das hat schon Stil. Carmel ist auch eine Weltanschauung. Sie heißt Schönheit. Sie heißt Butterfly. Wir stellen nur die Schönheit der Erde dar, wie Schmetterlinge.

Ja, ich war getroffen und ziemlich entfremdet. Das muß ich einräumen: Carmel hatte es geschafft. Ich war so fertig, daß ich zum Schluß auch dieses Bild schön fand. Nein, nicht schön, aber doch wahr, stimmig, glaubwürdig. Eine komische Sache war das zum Schluß. Ich saß wieder am Strand. Man wird ja ohnehin hier ein Sandhocker, ein Wassertier. Der Abend zog auf. Die Dämmerung fiel ein. Es war übrigens kein schönes Wetter die letzten Tage gewesen. Dicke Wolken standen am Himmel. Von Monterey her kündigten sich Nebelschwaden an. Es gibt dann unglaubliche Himmelsverzerrungen. Abendröte, mit Nebel verrastert. Die Natur sah drohend aus. Man spürte ihre Kraft, aufzuwühlen, umzupflügen. Irgendwie lag Zerstörung in der Luft. War ein Unwetter, vielleicht ein Hurrikan im Anzug?

Eine ältere Frau kam die Ocean Street herunter. Sie stapfte durch die Dünen zum Meer, das aufgeregt schlug und brandete, manchmal tobte wie eine zürnende Gottheit. Das Meer war ein Orkan, der sich noch zusammennahm, nur zischte, die Zähne fletschte. Die Frau hatte einen alten Trainingsanzug an, sie blieb vor der Brandung stehen. Sie blieb still stehen. Es war, als wenn sie das Kommen und Gehen der Wellen besänftigen wollte. Nein, nicht besänftigen. Sie meditierte, sie nahm an und hin und betete vielleicht an. Man weiß nicht.

Jedenfalls kniete sie später nieder und hob die Arme, hielt beide Arme halbschräg von sich gestreckt, als wenn sie den ganzen Kosmos umarmen, verehren wollte. Unter ihrem Kopftuch wehten weiße Haare wirr heraus.

Ich meine: Es war ein Bild, das wir aus Vegetariergazetten, von Sonnenblumenölbüchsen und Pflanzenmargarine kennen, Deli-Reform, glaube ich, also reines Reformhaus-Kunstgewerbe. Und doch stimmte es – hier. Ich konnte es hinnehmen. Ich mußte nicht lachen. Ich mußte an Franziskus denken, die Schöpfung beschwörend. Ich sah die komische Alte am Meer ihren Jogakult treiben und spürte: Sie hat recht. Carmel ist ein Ort zum Niederknien. Es begann dann leicht zu nieseln.

(1975)

Nachwort

Die hier gesammelten Reisebilder stellen einen Querschnitt durch Arbeiten dar, die heute zu ihrem größeren Teil in Buchform vergriffen sind. Es handelt sich um zwölf Kapitel, die in den Jahren 1967 bis 1975 erschienen. Diese Reisebilder, soweit sie dem Publikum noch in Erinnerung sind, haben zu ihrer Zeit ihre Freunde gefunden. Nicht zuletzt diesen interessierten Lesern will dieser Band eine Neubegegnung ermöglichen.

Unabhängig davon stellt sich natürlich die tiefere Frage nach der publizistischen Legitimation solcher Neuvorlagen. Soll man, darf man überhaupt so dem Augenblick verhafteten Gebilden, wie es Reiseessays ihrer Natur nach sind, losgelöst von der Stunde ihrer ersten Präsentation, sozusagen das höhere Lebensrecht ihrer Auferstehung zubilligen? Ist da die zarte Blüte der Impressionen nicht welk geworden? Stimmt das denn alles noch? Stellt sich die Welt aus der Optik der achtziger Jahre nicht schon wieder anders dar?

Fragen dieser Art müssen möglich sein. Ich halte sie nur im Fall dieser Texte für inadäquat. Es werden hier nicht aktuelle Reportagen neu aufgelegt. Aus dem Unterschiedlichen und Vielfältigen, das ein zeitkritischer Autor in acht Jahren produzierte, habe ich hier nur solche Beiträge gesammelt, die ich als überlebenswürdig, als typisch und gültig empfinde, was meine Art Weltbeschreibung betrifft. Kein Kapitel verleugnet den Augenblick seines Entstehens. Jedes legt aber zugleich auch davon Zeugnis ab, daß und wie sich ein engagierter Zeigenosse von der vertrackten Kompliziertheit dieser Welt betreffen läßt. Es geht immer um Augenblicke erster Entdeckung, die ihren spezifischen und unwiederholbaren Reiz haben. Die moralische Betroffenheit, meine ich, gibt diesen Texten unverändert eine andere, tiefere Aktualität.

Es handelt sich um die Betroffenheit eines Deutschen. Es handelt sich um einen Deutschen, dessen Jugend durch die Nazizeit verdorben wurde. »Unterwegs« heißt hier also nicht: da und dort, überall, beliebig. Hier reist einer mit dem Gepäck deutscher Vergangenheit. Er hat seine Frustrationen. Er sucht also aufmerksam und nervös eine andere, bessere Welt. Wo ist nun nach Hitler der Staat, wo ist die Gesellschaft, die zu akzeptieren wäre, vom Bürgersinn her? Diese Frage zieht sich als Leitmotiv durch alle Kapitel.

Es ist für diesen Deutschen selbstverständlich, daß er in Berlin beginnt und den Augenblick der deutschen Teilung untersucht. Es ist nur sinnvoll, daß dann ganz Deutschland zum Thema wird. Es kann auch nicht ausbleiben, daß die Texte, dann weiter ausgreifend in die Welt, zu einem dauernden Neuabwägen der beiden Weltsysteme heute voranschreiten. Ost oder West? wird immer wieder gewogen, gefragt.

Merkwürdigerweise hat mir dieser Aufbruch in die Welt inzwischen den Ruf eines »Reiseschriftstellers« eingebracht. Obwohl ich der heute aussterbenden Zunft professioneller Reiseschriftsteller durchaus mit Respekt gegenüberstehe (sie hatte im 18. und im 19. Jahrhundert stolze Namen aufzuweisen), halte ich dieses Etikett in meinem Fall für ein Mißverständnis. Reiseschriftsteller, die sich selber als frustriert, ja kaputt im Sinne meines Buchs *»Das zerbrochene Haus«* verstehen, wären schlechte Vertreter ihres Geschäfts. Der Reiseschriftsteller hat möglichst viel unverstellte Außenwelt einzubringen. Seine Berichte sind um so besser, je weniger er selbst darin eine beherrschende Rolle spielt. Seine persönlichen Schmerzen sind uninteressant. Ich aber habe aus der schmerzlichen Subjektivität meiner Erkundungen nie einen

Hehl gemacht. Im Gegenteil: Ich habe immer versucht, mich ganz, fast hemmungslos subjektiv einzubringen in den Prozeß meiner Fremderfahrung. »Ich bin wie ein Thermometer. Ich muß eintauchen in die Masse. Ich muß das Klima fühlen – am Leib«, heißt es bezeichnenderweise hier in dem Kapitel *›Böhmische Melancholien‹* einmal, fast programmatisch. Es ist geradezu das Stilprinzip der hier gesammelten Texte, daß das Ich durchgängig zum Medium, ja zum Maßstab der Fremderfahrung wird. So sind alle »Reisebeschreibungen« zugleich auch verschleierte Selbstporträts. Wie nicht?

Man kann eine solche Position als subjektivistisch ablehnen. Und dies ist gelegentlich geschehen. Für mich war es die unerläßliche Voraussetzung, so viele Fremde, so viel Außenwelt glaubwürdig einzubringen. Nie habe ich mich als Fachmann für ein Land ausgegeben. Nie habe ich mich als Kenner verstellt, was Reiseschriftsteller oft tun. Immer habe ich mein Gefühl der Fremde, ja Befremdung zum Ausgangspunkt aller Erfahrungen gemacht. Nur das Handwerk des Schreibens stand mir zur Verfügung. Insofern verstehe ich mich nicht als Reiseschriftsteller, sondern als Schriftsteller auf Reisen. Der kleine Unterschied ist entscheidend.

So sind hier Prosastücke vom Unterwegssein entstanden, die mir auch deswegen zur Neuvorlage legitimiert scheinen, weil sie literarischer Natur sind. Es sind eigentlich Erzählungen, Reise-Erzählungen, die von der Sprache, der Dynamik und Intensität ihres Erzähltons leben. Jeder Autor hat natürlich auch sein Stück Überlebenshoffnung, literarisch. Ich wünschte mir, wenn vieles, was ich publizistisch schrieb von 1967 bis 1975, vergangen, vergessen sein wird, daß diese zwölf Kapitel hier als exemplarisch blieben, eine kleine Weile wenigstens.

Die Texte werden hier, von geringfügigen aktuellen Bezügen abgesehen, unverändert gedruckt. Das Jahr ihrer ersten Buchpublikation ist jeweils am Kapitelende ausgewiesen.

Frankfurt am Main, im Januar 1980 *Horst Krüger*